現代社会を学ぶ

社会の再想像＝再創造のために

内海博文［編著］

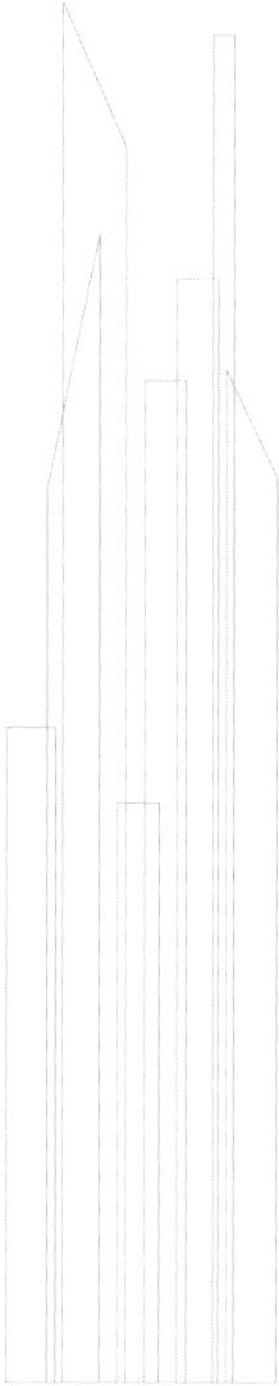

ミネルヴァ書房

はしがき

本書は社会学／人類学の教科書である。大学や専門学校で社会学／人類学を学ぶ学生や院生とともに、社会学／人類学に興味がある社会人や高校生を読者として想定している。社会学／人類学に触れることを通じて、人間の世界への好奇心や「ものの見方」を広げたり深めたりしてもらいたい、というのがこの教科書のねらいである。

では、人間世界への好奇心や「ものの見方」を広げたり深めたりするとはどういうことか。

車の運転に喩えておこう。慣れないころの車の運転はつかれる。周りをすべて見ようとするからだろう。しかし毎日乗っていると、まもなく車の運転は楽になる。運転に必要な情報と不必要な情報を、意識しなくても選り分けられるようになるからだろう。これと同じように、生きていくのに有益とされる情報を無意識に選り分けられるようになれば、生きていくのは楽になる。「よけいなこと」に気を使わなくてもいいからである。世の中にあふれる情報にフィルターをかけ、ある種のものをシャットアウトすることは、大人になる過程で身につける技術である。でもそうなると「よけいなこと」は目や耳に入らなくなる。見えているのに見ていないもの。聞こえているのに聞いていないもの。そんなものが増えていく。

人間の世界への好奇心や「ものの見方」を深めたり広げたりするとは、自分たちの暮らしをよく眺め、私たちがシャットアウトしがちな情報に目や耳を傾けることである。そのようにして、自分が当たり前だと思っている「ものの見方」――ある種の情報をシャットアウトしている私たち自身の「ものの見方」――から距離をとり、修正していくことである。いわば、「よけいなこと」がまだ多くないがゆえにちょっとしたことで大騒ぎし、なにがそんなにおもしろいのかと思うものに夢中になる子どもたちの「ものの見方」を、自分のフィルターに逆らって取り戻すことである。

もし子どもたちだけでなく、大人たちも人間の世界へのそんな好奇心をもつようになればどうなるか。私たちの日々の暮らしの大半は、人の目を引きやすい派手なことに支えられているのではない。私たちが重要ではないとして無自覚にシャットアウトしがちな、無数の地味なことや些細なことに支えられている。目立つことやわかりやすいこと以外のことに目を向け耳を傾ける人が増えるとき、私たちにとって人間の世界は、もう少し楽しんで生きられるものになるだろう。

私たちは、そうしたことにつながる力が社会学／人類学にはあると思っている。だから、より多くの人々が社会学／人類学に関心をもち、ふだんの生活のなかで「社会学／人類学をする」人が増えてくれれば、私たちとしては嬉しいことである。そんな誘いにうっかりのってみませんか、というのが本書のねらいである。

なおこの教科書には、社会学と人類学という二つの学問を組み込んでいる。出自も経歴も違う社会学と人類学は、独自の知見を蓄積してきた別の学問である。そんな社会学と人類学を教科書で並列するのは、珍しいことかもしれない。だが人間の世界を扱う学問のなかでも社会学と人類学は、比較的近い学問である。現代において人間の世界を扱うには、社会学と人類学がそれぞれの専門を大事にしつつ、互いが蓄積してきた知見を学び合うことが有益である、と私たちは考える。もっといえば、社会学や人類学だけでなく、他の分野とのあいだでもそうしたことができれば、と思っている。これは現時点での私たちの（とくに編者の力量の）限界である。もちろん社会学と人類学に限っても乗り越えなければならない課題は多くある。この教科書での実験が、今後のためのステップの一つになってくれれば、と思う。

二〇一四年一月一五日

編　者

現代社会を学ぶ――社会の再想像＝再創造のために　目次

はしがき

序章　社会学／人類学への招待

内海博文

自分にとって「当たり前」の光景から少しだけ距離をとり，自分がそのなかで生きている「社会」について調べたり表現したりしてみる。「社会学／人類学をする」ことは，誰にでも始められる。（撮影：森田良成）

1　社会学／人類学とはどんな学問か

社会学／人類学の授業や教科書には、しばしば次のような説明が登場する。

「社会」や「人類」といった言葉が示すように、社会学／人類学が相手にするのは人間の世界である。ただし人間の世界を扱う学問には、ほかにも多くのものがある。たとえば、政治学や経済学、法学や経営学、心理学や言語学、歴史学や芸術学、哲学などである。人間の世界を扱っているがゆえに、これらの学問と社会学／人類学には重なり合うところがある。だがやはりそこには違いもある。歴史学が過去を扱うのに対し、社会学／人類学は「現代社会」に関心をもつ。政治学や経済学、経営学も「現代社会」を相手にするが、これらが関心をもつのは人間世界のなかでも特定の側面（政治的な活動や経済活動、組織運営など）である。それに対し社会学／人類学は、政治学や経済学などが関心をもつ人間の営みに違った観点からアプローチしたり、人間世界のなかでも政治学や経済学などが扱わない面に目を向ける。さらに社会学／人類学は、法学や心理学、言語学や芸術学、哲学と同じく、心や言葉や思考、法律や芸術といった人間的な現象に関心をもつ。ただし社会学／人類学は、これらの現象を「社会」とのかかわりのなかで理解しようとする。

こうした説明は、それなりに有益な整理の仕方である。ただしそれは、人間の世界を扱う学問の世界がどんなふうに分かれているか、という学問同士の棲み分けの話である。学問の世界がどんなふうに分かれていようとも、私たちが生きている実際の人間世界はそんなふうに都合よくは分かれていない。たとえば、歴史は現在につながっている。政治や経済、経営といった人間の活動は、人間世界の多くの活動と分離しがたく絡み合っている。法律や芸術、心や言葉、そして社会といった人間的な現象も、それぞれ単独に存在しているのではなく、相互に深くかかわりあいながら存在している。だから人間の世界を扱う諸学問も、実際には深いかかわりをもっている。そのことに自覚的な専門家たちは、自分の専門を大切にしつつも、安易に自分の専門に閉じこもることなく、他の分野から多くのことを学んできた。社会学／人類学は、政治学や経済学、法学や経営学、心理学や言語学、歴史学や芸術学、哲学や地理学といった他の分野から多くを吸収してきたし、逆に、政治学や経済学、法学や経営学、心理学や言語学、歴史学や芸術学、哲学や地理学にも、社会学／人類学の影響がみられる。同じ人間の世界を扱っているのだから、当たり前といえば当たり前の話である。

なのに、もし学問分野という狭い学問世界での違いばかりを強調すれば、肝心の人間世界は十分に理解できない。だからこの教科書では、社会学／人類学は他の学問とはぜんぜん違うとか、社会学／人類学はこんな点で他の学問よりも優れているといった、いかにも広告的な売り込み方は（あまり）しない。人間の世界を扱う他の学問同様、社会学／人類学も人間世界のさまざまな事象を対象とする学問である。専門家でもないかぎり、まずはこれで十分である。社会学／人類学が蓄積してきた知見はたしかに他の学問とはしばしば違っているが、それは実際に社会学／人類学に触れていくなかで徐々に明らかになるだろう。ともあれ「現代社会」に関心ある人にとって社会学／人類学は、他の学問と同じ程度にはおもしろいと私たちは考える。もし学んでいくなかで社会学／人類学の見方がおもしろくないと思えば、ほかにも学問はたくさんあるし、学んでいくなかで特定の人間的現象に関心が出てくれれば、それを専門的に学べばいいだろう。

だが、これだけではさすがに不親切すぎるだろう。私たちが思う社会学／人類学のおもしろさを、あえて二つだけ挙げておくことにしよう。

2　柔軟性のレッスンとしての社会学／人類学

第一に、私たちが社会学／人類学をおもしろいと思うのは、人間の世界に関する自分たちの「ものの見方」が変わっていくからである。AからBへと単に変わるだけではない。それまで自分が当たり前だと思ってきた「ものの見方」から距離をとり、自分や他者の「ものの見方」も「社会」に強い影響を受けたものであることに気づくとき、人間の世界がそれまでとは違った姿で見えてくる。

たとえば読者が学生なら、学校での生活を考えてみてもいいだろう。学生にとって学校は「社会」のすべてのようにすら思われるときがある。その「社会」において、たとえば「友だち」があまりいない人は、切実な孤独を感じるかもしれない。

「友だち」がたくさんいると思っている人も、「本当に自分は彼ら／彼女らと通じ合っているのか」と感じることがあるかもしれない。学校という「社会」についての社会学／人類学の知見は、そこでの「友だち」の世界が、しばしば過剰な同調の圧力に満ちたものであることを教えている。誰かが強制しなくても、同じことをしなければはじかれると思う人たちが空気を読み合って「友だち」というパフォーマンスを互いに繰り返す。教員たちも学生におけるそうした同質化を、陰に陽に促進する。そんなふうにして維持される「友だち」の世界は、あたかも一つの演劇のようである。そのことに思いいたるとき、学校のどこにも居場所がなく息苦しいと思っていた人は、それが自分だけのことではないと気づくかもしれない。学校での「友だち」の輪こそ自分の居場所だと思っていた人も、そこが誰にとっても安心していられる居場所ではないことに気づくかもしれない。だが、だからといって「友だち」なんて幻想だとも思う必要もない。「友だち」であろうとして必死に同質化することをやめるとき、むしろほんとうに「友だち」だと思える関係ができる、といったこともあるだろう。似ていることにもとづいた親密さだけでなく、違っていることにもとづいた親密さも人間世界の重要な要素である。それも社会学／人類学が教えるところである。

あるいは読者が社会人なら、会社での仕事を思い浮かべてもいいだろう。会社にはたいてい面倒な上司がいる。たとえば、仕事の相談をしたら「自分で考えろ」と突き返し、相談しなかったら「なぜもっと早く相談しなかった」と怒る上司。理由もいわずに「お前はダメだ」と決めつけることで、部下のやる気を損なうことしかできない上司。コミュニケーション能力に乏しい上司のもとで日々働かざるをえない人は、それが上司の個人的な性格に由来する状況であるように思いやすい。だが社会学／人類学の知見からすれば、それは組織という「社会」でよくみられる現象である。組織の中間管理職は、たとえば上からと下からの圧力にはさまれている。だがそんな二重の圧力にうまく対処できる有能な人は、まれである。だから中間管理職のポジションにある多くの人は、もともとの性格がどうであれ、上司としての面子は保ちながら責任は回避するようにふるまいがちである。そんなふうに会社という組織は、体面維持のゲームという側面をもつ。むろんこう思ったからといって、状況が劇的に変わるわけではない。だが会社をそうしたゲームに見立てることで、上司の支離滅裂さに悩まされたり腹を立てたりしている人も、もっと違った身の処し方ができるかもしれない。

社会学／人類学が蓄積してきたそれぞれの知見は、それほど派手なものではない。いまでは現実の人間世界に浸透した知見も少なくない。即効性があるわけでもないし、実効性がいつでもどこでも保証されているものでもない。だが社会学／人類学という学問は、総体として、自分に見えている世界が、複雑な社会関係に埋め込まれた一つの「世界の見え方」にすぎないことを教えてくれる。それ以外にも世界を眺める観点があることを教えてくれる。そのようにして、私たちにそれまでとは違ったふうにふるまう可能性を開いてくれる。それはある意味で、それまで自分が信じていた世界をぐらつかせる経験である。だが、それまでの自分の「ものの見方」から距離をとるという経験を繰り返すなかで、人間世界についての私たちの「ものの見方」は、より多くの出来事に対処できる柔軟さを増していく。社会学／人類学とは、人間世界についてのそれなりに検証されてきた堅実な知識の集積である。と同時に、総体としての社会学／人類学は、一つの見方に凝り固まらずに自分の「ものの見方」を更新させていく練習でもある。柔軟性のレッスンとしての社会学／人類学。それが社会学／人類学という学問のおもしろさの一つである。

3 「社会学／人類学をする」ことは誰にでもできる

第二に、私たちが社会学／人類学をおもしろいと思うのは、人間の世界に関心ある人なら誰にでも「社会学／人類学をする」ことができるからである。

この教科書を書いている執筆者たちは、いちおう社会学／人類学の専門家とされる者たちである。ふつう専門家とは、特定の技術や知識を修めたと認められる人の集団のことである。その場合、専門的な技能や知識は専門家だけがもっていて、それ以外の人はそうした技能や知識をもたない非専門家（素人）とされる。

だが「社会学／人類学をする」ことに関していえば、専門家だけでなく、それ以外の学生や社会人にもできると私たちは考える。もとより、社会学／人類学に関して医師免許のような国家資格があるわけではない。私たちが大学や専門学校などで社会学／人類学を教えているのも、たいていは専門的な社会学者／人類学者を育てるためではない。社会学／人類学の専門家にならない人たちに社会学／人類学に触れてもらい、卒業後もその経験をもって世の中を渡っていってもらいたいからである。その前提にあるのは、「社会学／人類学をする」ことは専門家の専売特許ではないという考えである。

なぜ誰にでも「社会学／人類学をする」ことができると思うのか。

なによりの理由は、誰もが「社会」を生きている、という単純な事実である。人は生涯にわたって「社会」から逃れることはできない。たとえ人とのかかわりを避けて家や無人島に引きこもろうとも、そのこと自体社会的な行為である。そこまでではなくても、外出するときはそれなりの格好をしている人が、自分の部屋に戻ってきたらラフな格好をするといった行為も、社会的な行為である。ラフな格好でどこまで外出できるか、という実験をしてみれば、その人が生きている「社会」のかたちが少なからずみえてくるだろう。そんなふうに、私たちの生のすべてが「社会」とのかかわりのなかにある。たとえ高校生や大学生であっても、少なくとも十数年から二〇年ほどのあいだに、家族や友人関係、学校やバイト先といったそれなりに多様な「社会」を経験してきている。だから社会学／人類学は、専門家にしかできないことではない。そのための素材は誰もがもっている。

ただし「社会」について考えることは、誰もが経験してきているわけではない。「社会」について考えると聞いて私たちにそれなりに馴染みがあるのは、たとえば地理・歴史・公民といった「社会科」の授業である。小学校から習ってきたそれらも、たしかに「社会」について考えるうえで有益な情報である。だが「社会科」で私たちが習ってきたのは、「社会」についてのかなり圧縮された情報である。それら圧縮された情報と自分の生活の結びつきはなかなか見えてこないし、なによりそれらの情報は現実の「社会」のほんの断片にすぎない。そうした情報は、自分が日々経験している現実に関連した知識へと変換されなければ、かえって現実の「社会」を見えなくさせかねない。ある種の評論家が、自分のことを棚に上げて「社会」を語るようなものである。

これに対し社会学／人類学は、私たちの誰もが持つ「社会」の経験からスタートする。つまり社会学／人類学では、自分もまた避けがたくそのなかに埋め込まれたものとして「社会」をイメージする。そのうえで、「社会」のなかの自分の「ものの見方」から少しだけ距離をとる。自分もまたそのなかで生きる「社会」を作り出しているのはどのような要素か、それらはどのように関連しておりどのように作用しているのか。そんなことを自分で調べたり、社会学／人類学の知見を利用しながら考える。こうした分析を通じて自分の埋め込まれた「社会」の姿をとらえなおし、自分の惰性化した「ものの見方」から距離をとる。それが「社会学／人類学をする」ことである。

とはいえ、こういったからといって「社会学／人類学をする」ことは、やはり特別なことではない。「社会学／人類学をする」ための思考法は、一部の人間にしかできない特殊なものではなく、たいてい常識的なものだからである。

たとえば、社会学／人類学が好む思考法に「比較」がある。「比較」とは文字どおり、なにかとなにかを比べることである。社会学／人類学では、たとえばある「社会」を、それを構成する要素に分解し、それらの要素や要素同士の関係を、他の「社会」のそれらと比べたりする。これは私たちが、私的な場面であれ職場であれ、よくやっていることである。一例を挙げよう。「いまどきの若者は、ネットやスマホに夢中だから対人的なコミュニケーション力が低い」といわれることがある。そこでは「いまどきの若者」が過去の若者と比較されている。「いまどきの若者」という一つの「社会」を分解して、「ネットやスマホに夢中」と「対人的なコミュニケーション力が低い」という構成要素が抽出されている。その場合、対照されている過去がいつのことかはたいてい定かではない。過去や現在の若者に多様な人がいることも無視されている。「ネットやスマホに夢中」という要素で「いまどきの若者」を代表させることの妥当性や、「いまどきの若者」は「対人的なコミュニケーション力が低い」という主張の妥当性も問われていない。だがそんな問題はありながらも私たちはこの手の話をよく耳にする。私たちの思考にとって比較は常識的な技法である。

あるいは「総合」というものも、社会学／人類学が好む技法である。「総合」というと大げさだが、要するに別々のものをくっつけることである。関係があると思われる複数の事柄（たとえば、家族のことと仕事のこと、など）や、あまり関係がないと思われている複数の事柄（たとえば、遊びと学問、など）を結びつけて、一つの事柄として理解することである。これも私たちが、ふだんよくやっていることである。先の例をもう一度使えば、そこでは「ネットやスマホに夢中」であることを理由に、「いまどきの若者」の「対人的なコミュニケーション力が低い」と主張されている。「ネットやスマホに夢中」であることと「対人的なコミュニケーション力が低い」ことがどう関係しているのかはわからない。そもそも、そこでいわれる「ネットやスマホ」がなにを指しており、「対人的なコミュニケーション力」がなんのことであるのかもわからない。それでも「ネットやスマホ」と「対人的なコミュニケーション力」が、しばしばくっつけられる。私たちの思考にとって総合は常識的な技法である。

こうした比較や総合は、社会学／人類学とっても重要な技法である。この教科書でも比較や総合があちこちで用いられている。基本的に社会学／人類学は、そんな当たり前の思考法を用いる（数学の「背理法」のような「証明」を用いることもあるが、それだって理解できないほど特別ではない）。それがふだんの思考と違うのは、多様な視点とデータにもとづいて、比較や総合をより厳密に行うということぐらいである。やはり先の「ネットやスマホ」の例でいえば、そこで挙げたさまざまな疑問——対照されている過去がいつのことか、過去や現在の若者は一様か、「いまどきの若者」は「ネットやスマホ」とはなんであり、「対人的なコミュニケーション力」とはなにか、「ネットやスマホに夢中」であることは「対人的なコミュニケーション力が低い」ことと者以外は夢中ではないのか、「いまどきの若者」は「対人的なコミュニケーション力が低い」のか、「ネットやスマホに夢中」なのか、若者以外は夢中ではないのか、「いまどきの若者」は「対人的なコミュニケーション力が低い」ことどう関係しているのか、など——に注意を払いながら、「いまどきの若者は、ネットやスマホに夢中だから対人的なコミュニケーション力が低い」という主張の妥当性をより厳密に検討するわけである。

しかしより厳密に行うといっても、社会学／人類学がいつも正しい知見に辿りつけるわけではない。厳密にしたつもりでも足らないことは多いしまちがっていることも少なくない。それほど人間の世界は広くて複雑であり、しかも変化する。だから社会学／人類学が完成をみることはない。しかしそれはそれでかまわない。社会学／人類学は、個人的な作業ではなく集団的な作業だからである。足らないところは別の誰かが付け足せばいいし、まちがっていれば誰かが修正すればいい。

常識的な思考を厳密かつ集団的に繰り返すことで、ときに常識に沿うような、ときに常識とは異なる「ものの見方」を導き出す。そのようにして、地道かつ柔軟に自分たちの「ものの見方」をアップデートさせていく。それが「社会学／人類学をする」ことだとすれば、それは専門家にしかできないことではない。やりたいと思いさえすれば、いつでもどこでも誰にでもできる。もちろんそんな柔軟性のレッスンは、社会学／人類学にしかできないことではない。ただ私たちは、誰にでもできるという点で、社会学／人類学は少しだけ際立っていると考える。扱う領域が際立って多様であるという間口の広さゆえに、「社会学／人類学をする」ことは、より多くの人にとって気軽に始めやすく、楽しみながら続けやすいからである。私たちが社会学／人類学をおもしろいと思うもう一つの理由がこれである。

4 本書の構成と使い方

大学などで社会学／人類学を教えるときに私たちが重視するのは、社会学／人類学の知識を覚えること以上に、自分で「社会学／人類学をする」ことである。社会学／人類学が蓄積してきた知見を軽視しているわけではない。社会学／人類学の知識自体は大事だと思っているし、それらに数多く触れられるように多様な講義科目を用意する。だがそうした知識は「答え」ではない。あくまで、人間の世界について自分自身で考えていくのに役に立つ道具である。だからそうした知識を覚えてもらう前に、次のようなことを実感してもらいたいと考える。すなわち、自分以外の誰かが「答え」をもっているのではなく、自分でなにかを調べて表現してもいいということ、お互いにそうしあうことでなにかが起こるということ、そうしたプロセスのなかに、手っ取り早い「答えもどき」とは別種の「答え」があるということ、である。だからゼミではどんなに素朴でも自分で調べてきたことを発表してもらう。試験やレポートでは知識よりも自分が調べて考えたことを論述してもらう。卒論でも借り物の知識ではなく自分が調べて考えたことを表現してもらう。それは時間がかかることかもしれない。進展がなかなか目に見えず、行きつ戻りつの過程かもしれない。だが社会学／人類学を学ぶとは、そんなふうにして自分で「社会学／人類学をする」こと以外ではありえない。

この教科書は、そんな地道な柔軟性のレッスンへの招待である。

教科書の構成は、「はしがき」と「あとがき」を除けば、第Ⅰ部、第Ⅱ部、第Ⅲ部、読書案内、事項・人名索引に分けられる。以下、それぞれの内容を簡単に解説しておこう。

第Ⅰ部と第Ⅱ部の構成

本書の大半を占めるのが、第Ⅰ部と第Ⅱ部である。

第Ⅰ部には「身近なものの意外な広がり」という見出しがついている。ここでは、私たちにとって比較的身近だと思われる現象から始めて、それが社会的な広がりをもっているという方向での「ものの見方」のアップデートが意図されている。第1章から第6章までがこれにあたる。

第Ⅱ部には「遠いものの思いがけない近さ」という見出しがついている。ここでは、私たちにとって比較的縁遠いと思われがちな現象から始めて、それが私たちの暮らしと深く結びついているという方向での「ものの見方」のアップデートが意図されている。第7章から第12章までこれにあたる。

第Ⅰ部と第Ⅱ部のそれぞれの章には、「消費」や「風俗」、「移動」といった具合に、私たちの生活の断面を示す一つの言葉が割り当てられている。それらの言葉にもとづいて、第1章から第12章までの各章では、おおまかには以下のような4節構成で議論が展開される。1節では、その言葉に関連する具体的な場面や問いが示される。ある言葉をもとにして、議論の舞台を設定するわけである。続く2節では、1節で示した具体的な場面や問いに関して、これまで社会学／人類学が蓄積してきた知見を整理している。1節で示した具体的な場面や問いについて考えていく手がかりとして、である。3節では、2節で整理した社会学／人類学の知見をふまえつつ、今後重要になる（であろうと執筆者たちが考える）論点が示されている。社会学／人類学的な議論をさらに先に進めるためである。最後の4節では、あらためて1節で示した具体的な場面や問いに戻っている。従来的な社会学／人類学の知見を整理した2節と、今後の社会学／人類学の論点を示した3節を経ることで、当たり前だと思ってきた「ものの見方」がどう変わるか、それによって人間の世界がどんなふうに見えてくるか、を示すためである。

こうした議論によって意図されているのは、社会学／人類学の知識に触れてもらうとともに、「社会学／人類学をする」というプロセスを追体験してもらうことである。私たちの「社会」のスナップショットから始めて、それぞれの執筆者たちが辿っていった思考の過程を追体験することは、読者が自分で「社会学／人類学をする」ときのよい参考になるだろう。

第Ⅲ部の構成

第Ⅲ部には、第13章から第15章までの章が含まれる。これらをさらに分ければ、第13章と第14章のグループと、第15章に分けられる。

第13章と第14章には、それぞれ「調べる」と「表現する」という章題がついている。第Ⅰ部と第Ⅱ部では、ある言葉を出発点にして「社会学／人類学をする」実例を示した。これに対して第13章と第14章では、「社会学／人類学をする」こと自体がテーマになっている。ここでは「社会学／人類学をする」ことを、自分でなにかを「調べる」こと、および、それにもとづいて「表現する」ことだととらえている。自分で調べて表現するときにぶつかる壁や難しさに触れ、それらは自分だけがぶつかる特別なものではないこと、それを乗り越える方法はあること、それが大変なだけでなく意外と楽しいものであること、などを論じている。こうした第13章「調べる」と第14章「表現する」は、第Ⅰ部と第Ⅱ部に対して、いわばメタ・レベル（高次）の位置にあるといえる。第Ⅰ部と第Ⅱ部において実例として示された「社会学／人類学をする」ことを分析し、それがどのような要素から成るどういった作業か、を論じているのが、第13章と第14章である。

以上の二つの章によって意図されているのは、「社会学／人類学をする」ことを読者に実践してもらうことである。これまで述べてきたように、社会学／人類学では、単に社会学／人類学の知識を覚えるより、自分でなにかを調べて表現することのほうが大切である。それが社会学／人類学を学ぶということであり、だから大学でも座って話を聞く講義とともにゼミや実習が重要だとされる。ゼミでの発表のために「調べる」こと、それをゼミで「表現する」こと、それについてコメントなどのやりとりをすること。これらすべてが「社会学／人類学をする」ことにつながっていく。だから「調べる」と「表現する」の二つの章は、「社会学／人類学をする」ことを学んでもらいたいというこの教科書のねらいからすれば、伝えたいことの中心であるといえる。

第15章では、「学史」という章題どおり、社会学／人類学の歴史が整理されている。これまで社会学／人類学を作り上げてきた人たちは、「社会」のどのような変化のなかでどんなことを調べ表現してきたのか、が示されている。社会学史や人類学史を知ることは、単に昔のことを知ることではない。私たちが「現代社会」について考える際の手助けにもなる。社会学／人類学を変化する「社会」のなかに置き直してみることで、「現代社会」における社会学／人類学のあり方について示唆を得ようというのが、この章のねらいである。

参照記号と注

以上の各章は、それぞれ別の執筆者が書いている。だから独立に読んでもらってかまわない。だが同時にこの教科書は、全部の章をあわせて一つの話になっている。だから、ある章で書ききれないことが別の章で書かれている。別のところの記述と組み合わせることで、いま読んでいる章がもっと理解できるようになったりする。逆にいえば、特定の現象にだけ目を向けて他のことに目を向けないなら、自分の関心がある現象も十分に理解できない。そのためこの教科書は、できれば全体に目を通してもらいたい。

そうした章をまたいだ関連を示すために、この教科書では本文中に（▼第〇章）という記号を入れている。「このこと」をもっと考えたいなら、別の章を参照すべし、といった具合である。ただしこの教科書に書き込まれた参照記号が、すべての対応関係を網羅しているわけではない。ある程度一般的と思われる対応関係を指示したが、読者の問題関心によって参照関係は異なってくると思われる。他にも多く存在する対応関係を自分自身で探ることは、思考のよい練習になるだろう。

またこの教科書には、注記号（本文のフォントより小さい（1）、（2）、（3）……という記号）もついている。注の内容は、それぞれの章の末尾に記載されている。「これ」についてもっと知りたければ「こんなものが参考になる」とか、「これ」については「こんなふうに考えることもできる」といったことが書かれている。

読書案内

以上の一五の章に加えて、この教科書の終わり近くには「読書案内」がついている。各章を読んで「もっと知りたい」と思った人のための読書案内である。各章の議論に関連する社会学／人類学の基本的な文献、および、各章の議論をさらに深めるうえでおすすめの文献を挙げている。

ページの都合でそれぞれ数点ずつしか挙げていないが、他にも優れた著書はたくさんある。ここで挙げた著書にもたいてい参考文献が挙げられている。それを参考にして読む文献の幅を広げていってもらえれば、と思う。

人名・事項索引

この教科書の最後には「索引」がついている。索引は、「事項索引」と「人名索引」に分かれている。「事項索引」には、この教科書に登場する重要な言葉がリストアップされている。社会学／人類学でよく登場する言葉である。「人名索引」には、この教科書に登場する人名がリストアップされている。社会学／人類学を学んでいると、よく耳にする社会学者／人類学者である。

なお事項索引は、単なる検索リストではない。リストアップされている言葉の多くは、「社会学／人類学をする」うえでポイントとなる、物事をとらえる視点を表した言葉である。それらは「概念」とも呼ばれる。「社会学／人類学をする」うえでのコツとでもいえばいいだろうか。事項索引は、社会学／人類学の基礎的な概念のリストであり、概念の使われ方の実例（の所在）を示したものである。辞典で例えれば、言葉の用例がたくさん載っている用例辞典のようなものである。本書の事項索引は諸々の理由ですべての用例は網羅していないが、それでも概念の「意味の幅」を理解する手がかりにはなるだろう。

本書の使い方

本書に決まった使い方はない。教員が授業の教科書として使うか、読者が自分で読むかでも変わってくるだろう。最後に、読者がこの教科書を自分で読む際のアイデアを簡単に挙げておこう。

社会学／人類学がどんなものか知りたいと思う人は、この教科書の第1章から第12章までのうち、まずは自分が関心をもてる章をゆっくり読むのがいいだろう。関心のある章の議論をじっくりと読み込んだり、そこでの議論とは異なる議論の可能性を自分で探ってみたりすれば、「社会学／人類学をする」ことを追体験できるだろう。そのうえであまり関心のない他の章にも手を伸ばしていけば、少しは読みやすくなるだろう。

卒論やレポートのネタを探したいと思う人が読む場合も、やはり第1章から第12章のうち、自分の関心に近そうな章を読むのがいいだろう。ひととおり読んだうえで、参考文献や「読書案内」で挙げられている基本文献・おすすめ文献に手を広げてみれば、自分の関心の幅や視点も広がるだろう。

卒論やレポートをどう書けばいいかわからない、やっているうちに自分がなにをしたいかわからなくなった、といった場合は、第13章と第14章を読むことをおすすめする。卒論やレポートで自分が悩んでいることについて、ヒントを得られるはずである。

どんな使い方をするにせよ、読者にはこの教科書を参考にしながら、自分で調べたり表現したりしてもらいたい。素材はなんでもかまわない。学校への行き帰りにちょっと観察の目を光らせてみるのでもいい。思いついたことを人と話すだけでもいい。他人にどう思われるか、なんてことはあまり考えなくていい。ちょっとでも自分が関心をもてることについて調べて表現してみることが、「社会学／人類学をする」近道である。調べたり表現したりしているうちに、さらに疑問や関心がわいてきたら、他の教科書や専門的な著書を読んでみるといいだろう。社会学／人類学の著書がしばしば読みにくいのはたしかである。それを要約してくれている文章はたしかに便利でわかりやすい。だが優れた著書には、それを自分で直接読むことでしか得られないなにかがある。全部読めなくてもかまわない。難しい専門書でも自分が関心をもっていることについて書かれたものなら、なにか得るところがあるはずである。

そんなふうに自分で調べたり表現したりするなかで、ふと思い出したときに、またこの教科書に戻ってきてもらえれば、もしかすると、前に読んだときとはまた違うことを発見できるかもしれない。そんな使い方をしてもらえれば、執筆者としてはとてもありがたく思う。

第Ⅰ部　身近なものの意外なひろがり

第1章　消　費——自己と社会のかかわり——

白石真生

消費において個性と流行はどちらも大切だ。だがこれらは矛盾しないのだろうか？（撮影：森田良成）

この章で学ぶこと

私たちは消費のことを自由気ままなものと考えがちだ。つまり個人的な自分の「好み」にしたがってものを購入することが消費だ、と。ところが社会学はその反対に消費を「社会的」なものと考える。消費は、単にニーズに合わせて商品を購入し、目的にしたがってその商品を使用するという単純な行為ではない。ファッション一つとってみても、他者との違いを強調したり、逆に同じであることを示したりするものだ。つまり消費は意味をコミュニケートする行いでもある。

こうした観点からみれば、「流行」や「趣味」という現象の背後にも、社会的な構造が存在し、社会的なメカニズムが作動していることがみえてくる。自明なものとみえる「自分らしさ」も、これらの構造とのダイナミックな関係によってはじめて生まれてくるものだ。本章では、消費の背後にある社会や文化の構造がどのようなもので、どのように私たちの消費に影響しているのか考えてみよう。

1 流行は作られる

現代消費社会――なぜ私たちは、消費するのか

現代社会において消費は大きなアジェンダ（重要課題）の一つだ。テレビではニュースが景気浮揚のために消費が重要だと連日のように訴える。

しかし、そもそも私たちは、なんのために消費するのだろうか？　一つの答え方は「必要だから」というものだ。私たちは、食べるものが必要だから食堂に行き、着るものが必要だから衣服を買い、移動手段が必要だから車を買う。しかしこの答えは現代社会に生きる私たちにとって十分なものではない。消費全体に占める生活必需品の割合は、社会が豊かになるにしたがってどんどん下がって来た。もはや私たちが服を買うのは着るものが足りないからではない。現代社会において衣服の購買動機のほとんどを占めるのはファッションだ。いま「ファッション」という言葉を使った。もともと「流行」を意味する言葉だが、

転じて服装やおしゃれを意味するようになった。こうした意味の変化は、流行を気にかけてなにかを買うという現代消費社会のあり方を示している。いまや私たちは、必要だからというだけでなく、流行しているから消費する。

「プラダを着た悪魔」――流行による消費

では、なぜ私たちは流行しているからという理由で消費するのだろう？　また、どのように流行は起こるのだろうか？　こうした問題を考えるための素材として『プラダを着た悪魔』（以下「プラダ」）という映画を取り上げてみよう。

「プラダ」の主人公アンディは、おしゃれに興味をもたないジャーナリスト志望の就活生。その彼女が、なんのまちがいか、モードの最先端を牽引するファッション誌『ランウェイ』の編集長ミランダ・プリーストリーのアシスタントとして採用されることになる。ミランダは、ファッション業界の伝説的なカリスマなのだが、無理難題を押しつける最悪の上司でもあり、そこからアンディの受難の日々が始まる。この映画は、女性にとって仕事と恋の両立が難しいという伝統的なテーマからみてもよくできているし、地味だったアンディが途中から最先端のモードを身につけたおしゃれ女子として生まれ変わる（同時に体型も六号から四号へ変わる）という、伝統的なシンデレラストーリーとしてもさらにおもしろいのだが、ここではあくまでも流行としての消費の特徴を示す事例としてみてみよう。

注目したいのは、ランウェイに入社したばかりのアンディが、ミランダの怒りを買ってしまう場面だ。ミランダが怒ったのは、初めて参加する誌面の撮影プランの打ち合わせで、アンディが思わずこぼした一言に対してである。「退廃的タッチのバレリーナ風ドレス」に合わせるのに、スタイリストの女性は、二本のターコイズのベルトのどちらを合わせるべきか、「その二本がすごく違うので」迷って決めかねてしまう。それを見たアンディは、思わず失笑を漏らしたばかりか、「私にはその二つはまったく同じに見えます」と言い放つ。たしかにこの二本のベルトはバックル以外ほぼ同じに見えるのだが、このアンディの言動は、ファッションに人生をかけてきたミランダの怒りに火を点けてしまう。このアンディの態度に対してミランダは、持ち前の辛辣さを発揮し、冷厳な口調で怒りを示す。「あなたはこういうことは自分とは関係ないと思っているのよね。あなたは家のクローゼットからそのさえないブルーのセーターを選んだ。私は着る物なんか気にしない真面目な人間だから、ってことよね。でもあなたはわかっていない。そのセーターは『たんなるブルー』じゃないわ。それはターコイズでもラピスでもない。それは正確にはセルリアンという色よ。あなたは知らないでしょうけど、二〇〇二年にオスカー・デ・ラ・レンタがその色のソワレを作り、イヴ・サン・ローランもその色のミリタリージャケットを発表した。そのあとすぐに八つのコレクションがセルリアンを取り入れ、たちまちブームが起こった。そしてセルリアンの服は、全米のデパートやカジュアル衣料品店に並び、あなたがセールで買ったというわけ。そのブルーは何百万ドルものお金と数えきれない仕事の産物なの。でも、とても皮肉ね。あなたが『ファッションと無関係』と思ったセーターは、そもそもここにいる私たちが選んだのよ」。

ミランダの怒り――審美眼と差異の創造

なぜミランダは怒ったのか？　おそらくそこにはファッションにとどまらず、美を扱う仕事全般にとって根幹をなす事柄がかかわっている。細かいデザイン上の差異を見分ける識別能力、さらにはそこに「趣味（テイスト）」や「スタイル」の違いを読み取る能力、「眼識」や「審美眼」と呼ばれてきた能力が、それである。上のミランダのセリフは、この能力がいかに重要なものと考えられているかを示している。ブルーというカテゴリーでくくられる幅広い色合いのなかに、セルリアンやターコイズやラピスといったさまざまな異なった色を見分け、新色のコレクションがうちだされたときには、その新しさや美しさを認め、その色を生み出したデザイナーの独創性を口々にほめそやすこと。それこそが、まさしく「業界人」の仕事であり、そのことによって新奇なデザインは「公式」のものになる。公式に認められたデザインは、他のデザイナーの模倣の的となり、そこで始まった流行はあっという間に小売りの末端にまで行きわたる。セルリアンを「たんなるブルー」として扱うアンディの態度は、こうした「眼識」や「審美眼」をコケにすることであり、大げさにいえばファッション業界の基盤を揺るがすようなものですらあるのだ。

そしてミランダの言葉は、流行がいかにして作り出されるかということについても語っている。つまり、新しい差異が作り出されることが、即流行の発生に結びつくわけではない。業界の権威たちに認められなければ、その差異はそのままうち捨て去られる。私たちの生きる消費社会には、そうしてうち捨てられた差異のかけらがいたるところに散乱している。しかし、ひとたび権威に認められ、大々的にメディアで取り上げられれば、その差異は強力な力を獲得する。この力こそが私たちが流行と呼んでいるものを作り出すのだ。

新しい差異が獲得したこの力の強さは、その差異がどのように消費されるかを考えてみればよくわかる。私たちはすぐさまそれに飛びつき大量に消費する。つまりその差異（たとえばセルリアン）は力強い需要をもっていたということになる。しかし、このことは、需要にしたがって商品が生産され、供給されるという古典的な経済原則からみればおかしなことではないだろうか？　それまで存在していなかったものが需要をもっているのは一体どうしてだろうか？　流行においては、需要に応えて生産が行われるというよりも、生産によって需要が新しく作り出されているといったほうが正確なようだ。

このように新たな差異の創造とその価値の宣伝によって、需要が創出され、喚起される。これはファッション業界に限ったことではない。もはや、すでに存在しているニーズに応える商品を作れば消費につながるという単純な見方は成立しなくなっている。マーケティング（marketing：直訳すれば市場化・市場を作ること）という言葉がいたるところで使われるようになっているという事実はこのことを如実に示している。市場は新たに作り出されなければならない（▼第７章）。多種多様なものによって満ちあふれる消費社会は、不断に新たな市場が開拓されることがなければ成り立たない。

2　流行と趣味

流行と模倣――消費によって生み出される社会

上で取り上げた「プラダ」のワンシーンには、消費にまつわるさまざまな問題がつまっている。流行がどのように作り出されているかということはすでにみた。

しかし、なぜ私たちが流行にしたがって消費するのかということはいまだ明らかではない。名声やカリスマをもってその答えにするだけでは十分ではない。私たちが名声やカリスマと呼んでいるものが、なぜそれほどまでに影響力をもつのかということが、明らかにされなければならない。ここではG・タルドの模倣の理論を導きの糸としてこの問題を考えてみよう。

模倣というと、「人のまねをする個性のない行為」であり、ファッションという「自分の個性を表現する行為」とはまるで逆のあまりよくないイメージがある。それにもかかわらず、ファッションには必ず模倣が必要である。誰かの服の着方を見て、模倣することなしには、そもそも服の着方自体がわからない。上半身にはシャツを着て、下半身にはズボンをはくという選択をしている時点で、あるいは男だからスカートではなくズボンをはくのが当たり前だと思っている時点で、私たちは、他の人の服装を参照し、それをモデルとして模倣することで自分の服装を決めているのである。それゆえ、自分ではおしゃれに気を遣わないと思っている人も、モデルの模倣から自由なわけではない。誰のまねもせずに自分の服装を決めることなど可能ではないのだ。

模倣はあらゆる学習に必要なことでもある。日本語で「まねび」(「まねる」の古風な言い回し)が「まなび」の語源であるというのは偶然ではない。意識的/無意識的に誰かをまねることで、私たちはさまざまな技術を学び、さまざまな行為の仕方を身につける。無意識の「まねび」の典型として言語の学習を、意識的な「まねび」の代表例として職人芸の習得を挙げることができる。模倣は、ファッションにとって欠かせないものであるだけではない。社会の他の成員のやり方を学ぶという意味で、あらゆる社会生活において不可欠なものであり、私たちが社会のなかで行為することを可能にしている原理の一つなのである(▼第5章)。

模倣による学習はもう少し高度なレベルにおいても働いている。カラー・コーディネートの仕方、形やサイズの選択法、テイストの合わせ方や組み合わせ方。そうしたことも、他者のファッションを模倣することにより学ばれる。より集合的なレベルでは、そうしたさまざまな選択肢や選好によって構成された「ライフスタイル」や「趣味」も模倣される。そしてそのことによって模倣は同質性と社会性を生み出す(▼第4章)。「互いにもっともよく類似した人々の間にこそ、もっとも密接な社会関係がある」とタルドはいう(タルド 1890=2007:112)。逆からみれば、互いに似たところのない人々のあいだには連帯が成立しない。共通するファッション、共通する習慣、共通する所有物、共通する観念、共通する言語が、連帯を可能にするのであり、模倣することで私たちは社会の他の成員との連帯を可能にする類似性を作り出す。この同質化こそが社会性の源泉であり、タルドが模倣を社会の根本原理にすえた理由もここにある。「社会とは模倣である」(タルド 1890=2007:123)。

模倣が社会の根本にあるのなら、その対象となる「モデル」は、社会のなかで人々をつなぎとめるハブ（拠点）のような役割を果たしている。私たちは、すてきだなと思ったモデルのまねをすることで、憧れを実現する。そしてそのことによって（逆説的にも）自己実現をはかっている。社会全体という視点からみれば、この心的メカニズムによって社会が統合される。

では私たちはどのようにして誰をモデルにするかを決めているのか？　この問いに対してタルドは「威信」と答える。私たちは、自分たちが崇め、慕い、敬う人々、つまり自分よりも威信の高い人を模倣する。中流階級ならば上流階級を、資本家は貴族を、貴族は王を模倣するのだ。こうした「トリクルダウン理論（トリクルダウン〔trickle-down〕は、水がポタポタと滴り落ちるさまをあらわす表現）」、つまりあたかも水が低いほうに流れるように流行が階級の階梯を下ってくるという考え方は、身分制が消滅し、階級間の区別も縮小している現代社会には、もはやあてはまらないように思える（▼第8章）。だがタルドは、威信を身分や階級の高いものにだけ認めているのではない。そこに価値のヒエラルキーが存在してさえいれば、模倣は「滝が流れ落ちるように」上から下へと広がることができる。たとえば都会と田舎にも、そのようなヒエラルキーが存在しており、流行は、都会から田舎へと水滴のように流れ落ち、広まる。これは現代社会でも変わらないだろう。「田舎」という言葉にいまでもネガティブな含意がつきまとうのは、こうしたヒエラルキーがいまだ力をもっているからである。現代ではミランダのようなカリスマだけでなく、さまざまなデザイナーやスタイリスト、モデルや俳優、ミュージシャンなどが威信をもちあわせており、その力によって流行の発信源となっている。それゆえこうした人々が「セレブ」と呼ばれているのは偶然ではない。セレブリティとは名声、つまり有名であることそのものであり、それこそが、メディア化された現代社会においては、上流階級に属することにまさる威信の源なのである。

この節のはじめで提起した問いに戻れば、模倣という考え方は、私たちが流行にしたがって消費するのはなぜかという問いに対して、威信という答えを出している。といっても、これで流行と消費にまつわる謎がすべて解けたわけではない。なるほど、たしかに私たちは憧れ敬う他者を模倣する。しかし、ほとんどの場合、その人とまったく同じになりたいわけではない。私たちは、完全な模倣が、私たちの自分らしさの感覚を傷つけ、猿まねや「パクリ」、つまり「個性」のない行為として否定されうるものであると知っている。模倣だけを考えることは、個性の問い、つまり私たちのなかにある個性化への欲求、他の人と違う自分でありたいという差異化への欲求を無視することになる。[1] 消費をつきうごかしているのは、おそらく模倣と同一化の欲求と同程度に、この個性化／差異化の欲求でもある。

流行と集団形成――模倣と差異化の統一

模倣と個性化、同一化と差異化は、まったく逆のベクトルをもった、完全に反対の原理であるように思える。ところが、社会学の始祖の一人にも数えられるG・ジンメルは、この二つの原理が流行において同時に機能していると考えた。どういうことだろうか？　一九一一年に出版された『文化の哲学』のなかでジンメルが展開した論理は以下のようなものだ。模倣が進むとその流行は大衆化し、そのことによって時代遅れのものとなる。そうすると、前の流行を作り出した集団は、また新たな流行を作り出し、自分たちを他の集団から区別し、差異化することで自分たちの個性を際立たせようとする。模倣がなければ流行は成立しないが、差異化がなければ新たな流行が生み出されることもない。このように流行の動因が刻一刻とこれら二つの原理のあいだを移り変わることにより流行が生み出されているのである。

ここまでの議論なら、模倣と差異化は、やはり別々に機能する、対立する原理とも思える。少し違う角度からジンメルの議論を考えてみよう。

ある流行を模倣することは、あるモデルに同一化することであり、そのモデルを共有する人々と同質化することである。このことが人と人のあいだにつながりを作り、連帯を生み出すことはすでに見た。ところが、ある観点からみれば連帯を作ることが、違う観点からみれば区別をし、壁を作ることになる。ある集団を模倣することはその集団に同化し、とけこむことであると同時に、他の集団から――典型的には自分がもともと帰属していた集団から――差異化することでもあるからだ（▼第3章）。

このように考えれば、模倣と差異化が、流行において「一つの統一的な行為のなかで合流」するというジンメルの言葉が理解できる。ピタリとあてはまるシーンが「プラダ」にある。

保守的で真面目な（ダサい？）格好をしていたアンディが、シャネルやD&Gやジミー・チュウなどを身にまとった最先端のモードファッションに変身するシーンだ。なぜそれまで頑として自分の恰好を変えようとしなかったアンディが突然変わったのか？　そのきっかけは、ミランダの横暴さを愚痴る彼女に対して、ランウェイのクリエイティブ・ディレクターが次のように語ったことだった。ランウェイがいかに価値のあるところか理解せず、関心すら払おうとしないアンディは、結局そこでの仕事に本腰を入れて努力していないのだ、と。彼が暗に言おうとしたのは、ファッションに気を遣わないということは、このファッションがすべての世界では、仕事に身を入れていないとみなされるということだろう。アンディが最先端のモードを身にまとうエピソードが示しているのは、アンディが、変身することによって、つまり、ランウェイにふさわしい服装になることで、そこで認められようと試みていたということである。アンディは、ランウェイの社員たちの服装を模倣することにより、彼らの文化に同化し、自分がその世界の一員であることを伝えようとしたのだ。

「プラダ」には、ミランダやランウェイの社員たちに代表されるおしゃれで華々しい世界と、アンディの父やボーイフレンドに代表される真面目で地味な世界の対立というライトモチーフがある。ことあるごとにこの二つの世界は衝突する。アンディの変身は、自分がもともと所属していた真面目で地味な世界からの差異化であり、その世界の人間からすればいわば突然の裏切りである。アンディとボーイフレンドの仲が次第にうまくいかなくなり、ついには別れてしまうというその後の展開は、このことを象徴的に示している。アンディの変身は、「ワインを朝から晩まで煮詰める仕事をしている」ボーイフレンドには好意的に受け入れられなかったのだ（「僕は前の服のほうが好きだ」とボーイフレンドはいう）。アンディは、映画の最後でランウェイをやめて、もともとの希望だった新聞社で面接を受ける。このシーンではアンディはまたもとの服装に戻っている。このことは、彼女が華やかなランウェイの世界を出て、ふたたび地味だが真面目な世界に戻ったことをあらわしている（そしてアンディは彼氏とよりをもどす）。

この「プラダ」の一コマが示しているように、ファッションという消費は、その人の表面を飾るだけのものでは決してない。模倣と差異化の原理が同時に作用することによって、ファッションあるいは流行は、集団を作り出す。誰かと同じになることは、同時に他の人たちとのあいだに違いを創り出し、差異化することでもある。タルドは、模倣という前者の契機を強調し、水の流れや波のように模倣が拡散していくことにより、流行が広まると考えた。ジンメルも、模倣に対するこのような考えを否定したわけではない。ただし、彼は、模倣には必ず差異化が伴わなければならないと考えた。

この考え方の違いは大きく、そこから導き出される社会観にまで及ぶものだ。タルドは、模倣によって類似が作り出され、類似したものたちが連帯することに、社会性の根源があると考えた。もし模倣の波及効果が際限なく広まっていくと考えるのならば、最終的には同質化された社会が生み出されるだろう。これに対してジンメルの考え方では、模倣と同時に差異化も行われることで、模倣の波及効果はあるところで断ち切られ、社会のなかに境界が引かれる。この場合、社会は、集団内では模倣し合うが集団外とは差異化する、異なった諸集団によって形成される。この二つの原理が同時に作用しているかぎりは集団間の異質性が消え去ることはないだろう。「プラダ」に出てくる二つの世界もまた交わることのない異質な集団だ。

ここでもう一度強調しておくと、どんな服を着るかという選択にまつわるファッションの問題は、皮相的な問題などではなく、自己と集団、自己と社会の関係にかかわる根本的なものだというころである。個人的なものとみなされがちな消費は、個人を集合的なものや社会的なものと結びつける機能も果たしているのだ。

趣味と自分らしさ——自然化される階級の差異

第1節で取り上げた「プラダ」のワンシーンにおいて、アンディのちょっとした一言がミランダの逆鱗に触れてしまった。ミランダの怒りの背景にはなにがあるのだろうか？

第1節では暫定的な答えとして眼識や審美眼と呼ばれてきた能力の問題であるといった。しかし、会話のもう一方の当事者であるアンディは、そもそも、なぜ失笑をもらし、しかもあのような失言までしてしまったのだろうか？　ストーリーの展開を劇的にし、映画をおもしろくするため？　もちろんそれはそうだろう。だが、そうした展開が私たちにとって理解可能で楽しめるものとなるためには、社会的に共有された価値観や考え方とつながっていなければならない。少し前でみてきたことに照らせば、ことが能力の問題だけではすまないということは明らかだ。地味で真面目な世界とおしゃれで華々しい世界との対立がここにはかかわっている。質実剛健や倹約を旨とし、地味であることを美徳とするのか、それとも自己表現のために流行に敏感で華美な服装に身を包むことがすばらしいと考えるのかという二つの価値観の対立である。

能力と価値観という二つの問題がここにかかわっているがゆえに、ことは紛糾する。能力と価値観は、どちらも自分たちが誰であり、どのような重要性をもっているかを決定する重要な要素だ。それゆえに、アンディは失笑をもらしたうえに、言わなくてもいいことを言ってしまうし、ミランダは執拗なまでに嫌味を言わずにはいられない。このことは、どんなものを選び、なにを買うかという日常的な消費選択が、「自分らしさ」と深くつながっていることを示している。この消費と自分らしさのかかわりをとらえることができるのが、「趣味」である。

趣味という言葉は、複雑な成り立ちをもっている。趣味と聞いてまず思い浮かぶのは、「趣味はスノーボードと音楽鑑賞」というように使う、「自分の楽しみのための文化的活動」という意味だろう。これは英語では hobby という単語に相当する。ところが、英語ではまったく別の単語も日本語の「趣味」には含意されている。これが taste《テイスト》 としての趣味であり、たとえば「その服趣味がいいね」という場合の趣味だ。これは、さまざまなものの違いを識別し、その良し悪しを判断する能力であり、そうした違いを選好する性向や価値観でもある。そればかりか、この意味での趣味は、もの自体にも適用され、「趣味の良さ」は、まるでその服や家具などに内在するもののように感じられるようになるのだ。この taste としての趣味こそが、「プラダ」の例のシーンで問題になっているものであり、自分らしさと消費のかかわりを決定づけるものである。

では、こうした趣味の重要性はどこから生まれてきたのだろうか？　また、趣味と自分らしさのかかわりとはどのようなものだろうか？　こうした問いに答えてくれるのが、フランスの社会学者P・ブルデューの『ディスタンクシオン』（1979＝1990）である。ブルデューは「趣味は分類し、分類するものを分類する」ものだという（ブルデュー 1979＝1990 I：11）。私たちの趣味は、美しいものと醜いもの、上品なものと下品なもの、オシャレなものとダサいもの、カワイイものとカワイくないものなどさまざまなカテゴリーに物を分類する。それだけではない。趣味は分類する私たちをも分類する。なぜならばそれらの違いを見分け、趣味の良いものを身につけたり所有したりすることが「良い趣味」の持ち主（「オシャレ」や「上品」などといいかえてもいい）であるあかしであり、その持ち主の象徴的な優越性を示すことだからだ。

こうした意味での趣味は、たんなる個々人の好みといったレベルをはるかに超えている。趣味の良い人々と悪趣味な人々は、異なった階級に属す、いわば違う種類の人間とみなされるようになるのだ。しかも象徴的なレベルでの差異化は、現実の生活にも跳ね返ってくる。たとえば、場に合っていてしかも際立つファッションを身につけていたり、文化的とされる種類の教養（たとえば芸術に関するもの）や、スマートで上品とみなされる立居ふるまいを身につけていれば、人々の尊敬を集めることができる。さらには、そうした服装や教養や礼儀作法によって、ある種の小社会（たとえば社交界や芸術界）やある種の場所（たとえば高級ホテルやレストラン、社交クラブ）へのアクセスが制限されたりする。もっと一般的な例をとれば、良い趣味とされた文化（たとえば芸術や文学）が学校で教えられるようになり、その結果、そうした文化に子どものころから親しんでいる階級の出身者は、教育システムのなかで利益を得ることができる（つまり良い成績を取りやすくなる）（▼第5章）。たとえば、夏目漱石などの純文学に親しんでいることは、ライトノベルを耽読することよりも、国語で良い成績を取ることに結びつきやすいだろう。ブルデューは、文化が社会のなかで利益を得るためのある種の資本として機能するということを指摘し、そうした現象をあらわすために「文化資本」という概念を導入した(2)（▼第3章）。

ブルデューが文化資本という概念を導入したのは、趣味が「自然な」ものではないということをはっきりさせるためでもあった。趣味が、自然なもの、つまり人が生得的にもった性質ではなく、文化的に形成されているものだということは論をまたないように思える。ところが、その人の趣味は、その人の本性（英語でいうと nature）にかかわるなにか、後から変えることのできないもののような気にもさせられるようなものだ。だからこそミランダは怒らずにはいられなかったし、アンディは思わず失笑をもらしたのだろう。しかし趣味のこうした「自然な」感覚はどこから生まれるのだろうか？

おそらくポイントとなるのは、趣味と時間のかかわりである。多くの人がいうように「良い趣味」と呼ばれるものの形成には時間がかかる。ファッションの趣味（「オシャレ」な、あるいは「センスの良い」着こなし）でもそうであるように、模倣のモデルとなるものを大量に目にし、自分のなかに蓄積しなければならないからだ。そしてモデルを大量に蓄積するためには、当然ながら時間の余裕（閑暇）が必要である。そうした余裕をもつことができたのは、比較的近年を除いて、一部の階層に限られてきた。「良い趣味」が、貴族や昔からのブルジョア階級を他の階級から差異化するための象徴的機能を果たすのは、このためである。

趣味と時間とのかかわりは、閑暇が必要というだけではない。「古さ」と「早さ」もまた「良い趣味」の形成のために欠かせない。「良い趣味」を示すのに最適な古くからあるもの（貴族の称号、古色蒼然とした館、アンティーク家具、絵画のコレクション、年代物のワインなど）は、ほとんど相続によって、つまり家柄の古さによってしか獲得できない。また、子どものときから（言い方を変えれば、早くから）それらに触れることができるのはその家に生まれたものだけである。こうした環境によって育まれた「趣味の良さ」は、あくまでも後天的なものであるにもかかわらず、がんばって努力したすえ身につけたものではないため、その人の自然な感性として受け取られる。

こうして自然化された趣味は、後天的な努力によって達成されたものの価値を低減させる効果をもち、そのことによって生まれながらのブルジョア階級を他の人々から区別する。この差異化メカニズムの作用の明確な例として「成金」と「知識人」を取り上げてみよう。財を一代で築き上げた「成金」と呼ばれる人々は、経済的資本の点では上流階級の仲間入りをしても、文化資本においてついている差は急には埋めることができない。そのため、彼らによる上流階級の文化の模倣は形だけのまねになりやすい。ブランド品を買いあさったり、とりあえず値段の高いものをそろえたり、作法書どおりのふるまいをしたりというふうに。そうすると生まれつきの上流階級の人間からは嘲笑され、自分たちとは「生まれが」違う人間として差異化されてしまう。他方いわゆる「知識人」（たとえば大学教員や研究者や評論家）たちは、経済的資本という点ではブルジョア階級にははるかに劣るが、文化資本の面では彼らに比肩、あるいは凌駕している。ところが、知識人たちの文化資本は（類型化された知識の合理的理解と暗記にもとづいた）「学校的」なものであることが多いため、（小さいころからの体験の蓄積の結果である感覚にもとづいた）「自然な」ブルジョア階級の文化資本のあり方とは区別され、下にみられる。たとえば、単に音楽家の名前を多く知っており、それらの人々が音楽史上どのような流派に分類されるのかということを知っていても（「学校的」な知識）、ピアノなどの楽器のある家に育ち、小さいころからクラシックのコンサートに親しむことにより「自然な」感覚を培った人々からは、「文化的」とはみなされない。むしろ、いくら知識が豊かでも、教科書通りの教養やふるまいは、学をひけらかすような態度として、侮蔑の対象となってしまう。(3)

ここまでくれば、趣味の「自然らしさ」がどのようなものなのかは明らかだろう。「良い趣味」とは勉強などの努力によって身につくたぐいのものとは受け取られない。むしろ良い趣味とは、網羅的な知識をもつことではなく、あくまでも感覚的に趣味の良いものを判断できるという「洗練された自然さ」の能力なのである。この特徴もまた良い趣味が階級の差異化の指標とされる理由である。そしてここに「良い趣味」の抱える大きな矛盾がある。普遍的な共通感覚とされながらも、ある特定の集団（つまり上流階級）に生まれついた者しかほとんどもつことが可能でないのである。

この趣味の「自然らしさ」は、私たちの消費の選択が「自分らしさ」と結びつくうえで大きな役割を果たしている。趣味は、自然なものと受け取られるがゆえに、社会や文化による外的な強制力とは感じられない。私たちが「こういうの好き」となにかを選ぶとき、その選択が強制されているなどとは夢にも思わない。つまり、趣味は、単に私たちを「趣味の合う」ものと結びつけるだけではなく、それが自分にとって「自然」で「本質的」な選択であると感じさせるのだ。それゆえ、趣味の違いを弁別することは、自分たちの「趣味の良さ」を確認することであると同時に、自分たちが誰と同じであるかを認識し、自分たちのアイデンティティを追認することでもある。この自己アイデンティティとの結びつきの「自然らしさ」ゆえに、趣味は私たちの消費の志向を決定づける。自分の趣味にしたがって消費するとき、私たちはそれが「自分らしい」選択であると感じるのだ。

これこそが、冒頭のシーンで、アンディがおもわず失笑と失言をもらさずにはいられなかった理由であり、それに対してミランダが辛辣な皮肉を執拗に並べた理由である。趣味こそが私たちの消費のあり方を決定しているのであり、しかも私たちの体に染みついた「自然な」もの、「自分らしい」ものとしてそうしているのだ。それゆえ、その人の趣味をけなすことは、単に感覚的な好みを否定することではない。それは、第1節で述べたようにその人の能力を否定することでもあり、それ以上にその人をその人たらしめているなにか、いわばその人自身を否定することにつながってしまうのである。

3　消費を規定する構造の多元性

消費を左右する構造

ブルデューによる趣味の分析は、趣味がたんなる個々人の好みにすぎないものではなく、ある種の構造であることを私たちに教えてくれる。しかもその構造は、階級と結びついており、社会的に決定されたものだ。つまり、私たちの消費における選択は、自由で気ままなものなどではなく、社会や文化の構造によって左右されているのである。この構造の効果は、「どんなものを買うか」という消費選択の時点で終わるのではなく、その後の解釈や理解の過程にまで及んでいる。

ブルデューによる写真の解釈過程の分析はこのことを明確に示している。ブルデューは、異なった階級に属する人々にいくつかの写真を見せ、その反応を比較し考察した。こうした調査の結果、ブルデューが把握したのは、それらの写真をどのように解釈するかには階級差があり、その差は文化資本によってもたらされているということであった。たとえば、老婆のゴツゴツと節ばった手の写真を見たとき、その写真を見て、「かわいそうだ」と言ったり、手を酷使する重労働への非難を口にする人々と、その写真の示す現実から距離を置いて、その写真を一つの「作品」として審美的・芸術的な観点から評価するという態度をとる人々が存在し、その違いは文化資本と相関していた。つまり、労働者階級の人々は、典型的には倫理的共感を示すのだが、階級が上がるにしたがって、美的特性への言及や美学的参照が増えていき、「中立化」や「距離の設定」という純粋美学の法則にしたがった操作が行われるようになるのである。

消費者による商品の流用

こうした見方をおしすすめれば、消費者は、階級によって規定された社会構造のなかに閉じ込められてしまうことになりかねない。これに対して、モノの流用に焦点を当てることで、消費の違った側面を浮かび上がらせている研究も存在する。たとえば、D・ヘブディッジは、そのサブカルチャー研究のなかで、パンクがそれまでは異なった文脈に置かれていたモノを流用し、コラージュのようにそれらを組み合わせることで意味の一貫性をもった「スタイル」を作り上げていることに着目した（ヘブディッジ 1979=1986）。首尾一貫したサブカルチャーとしてのパンクのなかに取り入れられることで、安全ピン（オフィス用品）や、先のとがった靴（テディボーイたちにとっては「ケンカ靴」）や、ラヴァー服（SMを連想させる）などは、以前の意味合いを喪失し、新たな意味において「消費」されるようになる（▼第2・6章）。こうしたモノの流用が可能なのは、個々人が自由に意味を解釈したり、再解釈したりしているからではなく、パンクというサブカルチャーが、そうした解釈を可能にする

「コード（一貫した意味を読みとることを可能にする規則と手がかり）」を提供しているからだ。もちろん、このコードは、もとから存在していたものではなく、パンク・カルチャーの創生とともに生み出され、その発展とともに深められたのである。

パンクはかなり特殊な例に思えるかもしれないが、生産者が意図したのとは異なった解釈の枠組みにおいて商品が消費されるということは、私たちの日常のなかでむしろ普通のことだ。第1節で取り上げた「プラダ」のシーンもその一例である。「セルリアン」を「たんなるブルー」として消費する。それはミランダにとってはまちがった理解であるのだろう。文化の生産者、情報の発信者たちは、その文化資本によって消費者たちに君臨し、消費者の趣味を統制しようとする。しかしその統制は決して完全なものではない。そこには常に解釈の正しさをめぐる争いがある。この象徴的な次元における闘争で消費者が敗北を運命づけられているわけではない。この意味で、アンディが、最後にハイ・モードの服を脱ぎ棄て、ふたたび地味な服装に戻っていったのは非常に暗示的である。消費者は、生産者の価値観の全体を放棄することで、流行の発信者の統制を逃れることもできる。そうしたことが可能になるかどうかを分けるのは、自分の価値のあり方や解釈を支えてくれるなんらかの共同体が存在しているかどうかである。たった一人で生産者が指示する消費の仕方や主流文化の押しつけてくる意味に刃向うのは難しい。だが、アンディがそうだったように、そうしたときに自分と趣味やスタイルを共有する仲間がいれば話は変わってくる。そうしたなんらかの場や集団、サブカルチャーのようなものを自分のバックグラウンドにもつことで、私たちは、自分自身の解釈が「まちがっていない」ことを確信することができる。その意味では、消費というゲームにおいて、支配階級による意味の統制が隅々まで行き届いているとみるのは単純すぎる。むしろたくさんの小集団や場の競い合いとせめぎあいのなかで、モノの意味が多様に変化し、さまざまな消費のあり方が確立されていくのである。

異なった文化伝統の並存と多元的消費構造

こうした点で新たな展望を与えてくれるのが、メキシコの文化理論家N・ガルシア＝カンクリーニである。彼は、ブルデューと同様の観点からメキシコの美術館で芸術作品の消費に関するインタビュー調査を行い、ブルデューとは異なった結論に達した。彼がそこでみいだしたのは、文化資本が高いはずの大学教育を経た高学歴者であっても、形式と機能を区別し、美的な価値と有用性をはっきり分けるという美学的態度をほとんどとっていないということであった。「観衆たちの判断基準は、作品の内的な美的価値に置かれているのではなく、アーティストそれぞれの人生や、日常的な知識に関連付けられようとしていた」(García Canclini [1990] 2001：146)。たとえば、抽象彫刻家H・ムーアの展覧会において、観衆たちは、穴や空洞をうがたれた人体に代表されるその高度に抽象的な形式上の遊びを端的に拒絶したが、作品の使われている素材については豊かな意見を披露したという。(4) 近代芸術の論理にとって本質的な形式上の操作を無視し、それとは関係のない素材の物質性に注目する観衆たち。ところが、ガルシア＝カンクリーニは、これを観衆の側の芸術に対する無理解や表面的なとらえ方として理解するべきではなく、その意見のもつ多様性と繊細さに注意を払うべきだと主張する。というのも、あらゆる文化表現が開かれた性格をもっているのはもちろんのこと、それを消費する観衆もまた、所有する文化資本や慣習において多様であり、そこでは「高級文化、民衆文化、大衆文化それぞれの伝統に由来する文化財との不均等な関係において形成された多様な受容と理解のスタイルが共存している」からである(García Canclinc [1990] 2001：149)。

こうした見方を取るならば、文化資本を柔軟にとらえなおす必要が出てくる。文化資本を高級文化・芸術と同一視することができるのは、そうした文化の正統性が確立され、すみずみまで行きわたった社会だけだ。いい方を変えれば、そうした見方が最も有効なのは、フランスのように強力な文化的伝統が存在し、社会を統合している社会においてであり、ラテンアメリカの多くの国々のように多様な文化的伝統が共存し、それらの混淆によって文化が成り立っている社会では、文化資本と高級文化の同一視はあまり有効性をもたないかもしれないということである。文化的ヒエラルキーが存在しないといっているわけではない。ヒエラルキーを構成する概念的対置がより複雑で、それらの概念と社会集団の結びつきもより錯綜したものになっているという可能性を指摘しているのである。

まず概念的対置についていえば、高級文化と民衆文化(ポピュラー・カルチャー)という二項対立に大衆文化(マス・カルチャー)という概念が絡み合うことで、より複雑な概念の対立が生じていると考えられる。つまり、「高尚な」高級文化対「低俗な」民衆文化と大衆文化というよくある対立軸に加えて、近代の側に立つ高級文化・大衆文化と伝統的な民衆文化という対立や、「真正な」高級文化・民衆文化と「まがいものの」大衆文化という対立も重要な意味を帯びる。どの対立軸からみるかによって文化のヒエラルキーはかなり姿を変える。これらの概念的対立は、たんなる概念上の問題にすぎないものではなく、異なった社会集団間の政治的闘争や同盟関係のあり方とも結びついたものだ。たとえば、マス・メディアを利用して近代化を促進しようとするエリートたちは、伝統文化を守ろうとする民衆たちからだけでなく、保守的なブルジョアや地主からの抵抗にも直面するかもしれない。伝統の側に立つ人々は、自分たちの文化がいかに自生的で本物の文化か、そして大衆文化がいかに作られたまがいもの文化かということを声高に主張するだろう。

第2節でみたブルデューの議論においても、社会集団と文化資本の複雑なかかわりが描かれていた。ブルデューは、支配階級のなかにも分断と対立が存在し、それが文化の異なった所有化＝消費のあり方に結びついているとみていた。だが、あくまでもこのゲームの主要な争点は、――たとえば芸術を鑑賞するのに学校的なやり方をとるのか、それとも幼少期からの「自然な」経験によって育まれた感覚的なやり方でするのかという――異なった文化へのかかわり方のどれがより優れたものと認められるのかということであって、正統な文化とみなされているものがなにかということはあまり問題にならない。ところが、ラテンアメリカ的な文化と社会のかかわりが示唆しているのは、なにが正統な文化かということも争われえるのだということであり、それゆえに高級文化と文化資本の必然的な結びつきもまた問い直さなければならないということである。民衆文化資本や大衆文化資本、あるいは（サブ文化資本とは言い難いので）サブカルチャー資本という概念も検討の余地がある。

こうした正統な文化的伝統の複数性は、ラテンアメリカに特殊なものではなく、おそらく後発的近代化の国に共通することだ（▼第2章）。しかもポストモダンと称される現代社会においては、高級文化と低俗な文化の境界線が揺らいでいるといわれており、なにが正統な文化かという問題はさらに複雑になっている。加えて、オタク文化やギャル文化、あるいはゴスロリのようなさまざまなサブカルチャーが叢生しており、それぞれの文化の言語とコードを作り上げている。こうした状況においては、消費者の選択を決定づける文化と社会の構造は、もはや単一の原理によって規定されるものと考えるべきではないだろう。それぞれの消費者は、さまざまな文化や集団に同時に所属しており、それらの序列も一元的に規定されているのではなく、異なった文化間、異なった社会集団間のせめぎあいによって変動する流動的で多元的なものだととらえたほうがより正確だろう。こうした見方をとるならば、消費において「自分らしい」選択をすることは、必ずしもイデオロギー的支配にからめとられることではなくなる。それは、単純な「支配への屈従」でも「抵抗」でもなく、自分が所属する異なった諸集団のあいだの、そして自分が内面化してきた異なった諸価値の複雑な絡み合いに、その都度ごとに下す結論のあらわれなのである。

4　流行は作られる、しかし消費は作られえない

いまや私たちは、「プラダ」というモデルケースから、現代社会における消費の特徴をいくつも引き出すことができる。まず流行である。流行という現象の背後にあるのは模倣の原理であり、その原理は流行にとどまらず、社会のつながりを作り出すものであった。また、流行の背後で模倣と背反するようなもう一つの原理が作用しているのも忘れてはならない。流行りすたりというように、新しい流行の始まりは、古い流行のおわりでもある。そして、流行が新しく生まれるためには差異化の原理が機能しなければならない。しかもこの二つは流行において同時に作用する。そのことによって、人と人とのあいだに区別と連帯が同時に作り出される。その意味では流行によって消費が促進されることに、なに一つ不思議な点はない。むしろ人間のもつ社会性からみて当たり前というべきだ。

しかし、流行を取り上げるだけで現代社会の消費のあり方をすべて説明できるわけではない。たとえば、「あの人は流行にすぐ流される」と言えば悪口になるように、流行という言葉は悪い意味でも使われる。おもしろいことに、同じ流行に関する常套句であっても、「あの人は流行に敏感だ」と言えばほめ言葉になる。流行に影響されるという点ではどちらの言い回しも変わらないにもかかわらず、この二つのニュアンスの違いはなんだろう？　おそらくそこには私たちの「自分らしさ」の感覚が大きくかかわっている。前者の言い方からは、およそ自分というものがなく、流行に影響されてコロコロと自分のファッションを変えるような人物が思い浮かぶ。ところが後者の言い方では、流行を取り込みながらも、自分なりの着こなしを保ち、自分のスタイルを維持している、そういう人物像がイメージされるのではないだろうか。これこそが私たちが趣味と呼んでいるものである。

流行が、一過的ではあるけれども非常に広範囲にわたる影響力をもつのに対して、趣味は、影響範囲こそ限定的だが、個人

のなかに血肉化され、その人の人生のなかで永続的といってよいほどの影響力を保ちつづける。というのも、趣味は、あるなにかを他のなにかよりも選好させるという価値観としても、そのなにかを見分け、その価値を見極める能力としても、その人の「自分らしさ」と切り離せないものとなるからだ。この自分らしさとの結びつきゆえに、趣味の社会的マーカーとしての機能、人々のあいだに境界を引く分類機能は強いものとなる。この境界が階級の分断線に沿って引かれ、しかも自然なものとみなされるとき、趣味は、文化資本としてこのうえない支配の道具となってしまう（▼第5章）。そのとき、資本家と労働者、上流階級と下層階級、知識人と大衆などのあいだに存在する壁は、きわめて強固で、ほとんど乗り越えがたいものにみえる。

消費によるヒエラルキーの再生産というこうした見方は、消費社会批判において根強く残る「生産者に操作された消費者」という像と軌を一にしている。文化的にも社会的にも強固なヒエラルキー的構造の前では消費者個人はあまりにも無力にしかみえない。そこで消費といったときにイメージされているのは購買の瞬間である。これは消費者の見方ではなく、あくまでも供給側の目線だ。生産は始まりと終わりのはっきりとした過程である。しかし消費はそうではない。始点ははっきりしている。その商品を買う瞬間である。だが、商品購入はあくまでも消費の始まりであるにすぎない。その場で消費しきってしまうような一部の食料品を除いて、通常は、そこから自分のものになったそのモノを「使う」という非常に長い過程が続くこととなる。この長い過程、消費における使用の側面に目を向けるならば、違った光景が見えてくるはずだ。第3節で取り上げたサブカルチャーによる流用を思い出そう。消費者は、購入した商品に、生産者の考えとはまったく異なった意味を与えることができる。

とはいえ、「操作される消費者」という像を、「主体的な消費者」という像によって置き換えればいいというわけではない。それらは決してまちがっているわけではないが、どちらも単純すぎる。どちらの視点を採用しても、全体としての消費の過程は見失われてしまうだろう。全体的な過程として消費を考えた場合、この二つの消費者の像がどちらも真であるということもありうる。消費者は、購買の瞬間には権威ある人物や機関によって影響を受けているかもしれない。もしそうであったとしても、消費者は、その商品の使用においては生産者の押しつける意味から離れ、主体的に意味を構築することができる。消費の違った側面をみていると考えるならば、この二つは両立できないものではないのだ。

こうした観点からもう一度「プラダ」のあのシーンを振り返ってみよう。ミランダがアンディに言った皮肉は、じつはミランダ自身に向けられたときに、はるかに辛辣な意味になる。どんなに苦労して新しい流行を生み出しても、消費のされ方は生産者の枠組みからはみだし、「セルリアン」が「たんなるブルー」として理解され、消費されてしまうという限界をもつという意味で。そうした生産者にとっての限界を消費者の無能や知識の不完全さに還元するべきではない。セルリアンがたんなるブルーとして消費されることの背後では、異なった解釈の枠組みによるハイブリッド化が生じており、そのことは集合的な基礎づけをもっているかもしれない。それゆえに生産者にとっての限界は消費者にとっての可能性でもある。この非決定性の可能性にもう少し目が向けられるべきだろう。

(1) これは欲求というだけではなく、そうあるべきだという規範でもある。近代社会では、他の人と同じことしかしない人間、個性のない人間は、価値がない人間とみなされたり、道徳的な非難にさらされることすらありえる。

(2) 「プラダ」において、最初「趣味の悪い服を着ていた」アンディがランウェイでどんな扱いを受けていたかということを考えれば、ファッションという「趣味」が表面的なものなどではまったくなく、その人が誰であり、どんな扱いを受けるべきかということを決定するような社会的な力（つまりここでいう文化資本）をもっているということは明らかだろう。

(3) ブルデューは、これを「自然に」教養をもち、スマートにふるまう「社交家」と、知識はあってもガリ勉タイプで型にはまったふるまいをする「衒学者《げんがくしゃ》」の昔ながらの対立として図式化する。

(4) たとえば次のような反応が聞き取られた。「手触りがいいですね」「柔らかく」「温かみがあって」「よく磨きこまれている」「輝きを発している」「まるで触れと誘っているようだ」「静寂や不動性を映し出している」（García Canclini [1990] 2001：147）。

参考文献

ジンメル、ゲオルグ（1911＝1976）『ジンメル著作集7（文化の哲学）』（円子修平・大久保健治訳）白水社。

タルド、ガブリエル（1890＝2007）『模倣の法則』（池田祥英・村澤真保呂訳）河出書房新社。

ブルデュー、ピエール（1979＝1990）『ディスタンクシオン――社会的判断力批判』（石井洋二郎訳）藤原書店。

ヘブディッジ、ディック（1979＝1986）『サブカルチャー――スタイルの意味するもの』（山口淑子訳）未來社。

García Canclini, Néstor ([1990] 2001) *Culturas híbridas : Strategias para entrar y salir de la modernidad, Nueva Edicion*, Mexico City, Editorial Grijalbo.

第2章　風　俗——日常知と理論の往還運動——

景山佳代子

「犬と人間と鳥は別々の景色を見ている……／そうだ　俺ァ自在に景色を見てえのよ／人間の目玉だけじゃ物足りねぇ」（杉浦日向子『百日紅（上）』ちくま文庫，1996年，主人公葛飾北斎のセリフより）（撮影：森田良成）

この章で学ぶこと

なにげない日々の一コマ一コマが、「いま・ここ」の社会とつながっている。テレビや新聞が取り上げることだけが、大事なニュースなんかじゃない。社会は政治家や経済人と呼ばれる人たちが動かすものではなく、私たち一人ひとりの営みによって紡ぎ出されていくものなのだ。

風俗という視点がその意味を照らし出してくれる。私たちとは無関係に思える遠くて大きな出来事も、個別具体的な人間によって作られていく生活がなければ成り立たない。そこには買い物に行き、ご飯を作り、食卓に一緒について雑談をし、寝床に入り、明日という日を信じて眠る、私たちの生きる基本がある。風俗に注目するということは、ここから社会をみることにほかならない。そのつながりをみつけたとき、私たち一人ひとりの力の大きさを実感するだろう。私たちの身の回りのごくごくちっぽけに思えていた事柄が、どれほど大きな広がりをもった世界なのか、どれほど可能性に満ちているのかと感動するだろう。そのとき「私」が生きる「社会」を探求するおもしろさから逃れられなくなるはずだ。

1　風俗をとらえる

「変わりゆく／変わらない」世界

子どものころ、私が暮らしていた田舎には本当に小さな商店街があった。コンビニと変わらない大きさのスーパーで調味料やお菓子を買い、お肉を買うのはお肉屋さん。スーパーの隣にある文房具屋さんでは、小学生の女の子たちが小銭を握りしめてかわいい消しゴムや便箋を買い求めていた。お葬式や法事があるときは、魚屋さんに仕出し料理を注文し、町内会の主婦たちが台所で配膳やお酒の注文を取り仕切っていた。商店街の人たちは、お店に来ているのがどこの家の子どもなのかを知っていて、道で会えば「こんにちは！」と挨拶をするのが当たり前だった。

いま、そんな光景を目にすることはない。田んぼが広がるだけだったバイパス沿いには、チェーン展開する大型スーパーができ、新築の集合住宅が点在する。道は広く綺麗に舗装され、自動車での移動は快適になったが、商店街を歩く人の姿を見ることはなくなった。子どもの来なくなった文房具屋さんは店を閉め、思い出にあった駄菓子屋さんは更地になっていた。お葬式は隣町にできた葬儀会館で執り行われ、顔も名前も知らない葬儀会社の人間が「儀式」を粛々と進めていった。道路も建物も新しくなり、生活スタイルも都市化されたのに、町は確実に老いていた。そんな変化がいつの間に起きていたのか、あの町でずっと暮らしている人たちはほとんど意識することもないだろう。ただその喪失に気づいた瞬間、変わっていないと思っていた私たちの日常が、確実に時を刻み、あのころの「私」にとっては見知らぬ世界になっていたことを実感する。単調な繰返しのように思えていた日々が、知らないうちにまったく違うリズムを刻んでいる。

その変化は流行ほど一過性のものではないが、社会変動ほど構造的なものでもない。変化しているようでいて維持・継続され、変わっていないようでいて変化し続けている。気にかけることなどめったにないが、私たちは自分たちの日常をこんなふうに経験している。とりたててどうということのない（ようにみえる）日々の積み重ねのなかで私たちの生活は営まれ、そんな時間を抜きにした私たちの人生はありえない。

この章では、「変わりゆく／変わらない」生活の諸相から、私たちが生きる社会へと迫ってみたい。そしてそのような相をとらえるために「風俗」に注目してみる。風俗という思考の道具はこれまでどんなふうに使われてきたのだろうか。それによって開かれる世界とは一体どのような世界なのだろうか。

日常に非日常をみる

現在では風俗というと「フーゾク産業」と表記される性風俗サービス業がイメージされるようだが、そのような使われ方が一般的になっていったのは、一九八〇年代後半ごろからにすぎない。ではそれ以前に風俗とは、主にどういう意味で使われる言葉だったのか。

辞書によれば、風俗は「（ある時代・地域・階層に特徴的に見られる）衣食住など日常生活上のしきたり。ならわし」（『大辞林』）や、「身なり。服装」「身ぶりや態度、身のこなし」（『大辞泉』）だとされる。風俗は「風」と「俗」という二つの漢字からなる熟語だが、このうち「にんべん（人）＋谷」からなる「俗」という字は、漢和辞典では「中に入りこむ」という意を含むとある。そこから「俗」は「人間がその中にはいりこみ、ひたりこんでいる環境。つまりならわしのこと」とされ、①「だれにもそうだと認められるやり方。一般の常識」、②「ならわし」を表す（『漢字源』）。山と山のあいだに挟まれた細長い窪地のことを谷と呼ぶが、なるほどたしかに谷での生活は他との交流も難しく、自分たちの生活が世界のすべてとなってしまうイメージがわいてくる。そこでの暮らし方、ふるまい、身なりといったものが唯一の常識、「ならわし」となって共有され、受け継がれる。永井良和（2002）は、風俗という言葉には〈その土地その土地の〉、〈土着の〉といった要素があり、風俗とは各地域社会の土着の生活様式を意味するものであることを指摘している。「俗」という漢字を眺めると、そうした土着性や土地との結びつきといった意味合いが了解されてくる。

では「風」という漢字はどうか。風は揺れ動く空気の流れであり、とどまることがない。とどまってしまえば「風」ではなくなる。つねに動き、変化しているものが風なのである。このようにみると、「風俗」はなかなか興味深い世界をもった言葉として立ち現れてはこないだろうか。変化やうつろいやすさをあらわす「風」と、常識やならわしのように変化しにくいものをあらわす「俗」が組み合わされて、「風俗」という言葉は成立している。そして変わらないようでいて変化する生活様態と、変化のなかにあって変わらないままの常識という、一見矛盾する二つの相を一つの事象としてとらえることを可能にするのが「風俗」という視点なのである。

ここでの風俗を具体的にイメージするために、旅先での経験を思い浮かべてほしい。私たちはガイドブックを片手にマヤ遺跡やナイアガラの滝を眺めたり、ニューヨークやパリの有名店でのショッピングを楽しみ、美味しいと評判のレストランで食事を楽しんだりする。それらはたしかに日常とは異なる新鮮な経験である。でもじつは私たちが旅行に行って少なからぬ衝撃を覚えるのは、むしろガイドブックに載ることのない現地の人たちの「普通の」生活のほうではないだろうか。建物の色や形、道を行きかう車の種類や運転の仕方、服装や持ち物、店先に並ぶ看板、屋台の食べ物、通りにあふれる匂い、人々のおしゃべりに食事の仕方など。自分が旅先にいると実感させてくれるもののほとんどが、その地の人たちにとっては慣れ親しんだ「日常」の世界にほかならない。それはその土地に特有の行動様式や事象ではあるが、観光資源化された民族衣装や伝統芸能などとは違い、彼の地の人々の生活のなかでつねに変化し続けるものでもある。

逆に日本にやってきた外国人観光客の視点で考えるとどうだろう。彼らは浅草寺や金閣寺など英語や中国語、韓国語の案内が用意された「日本らしい」観光名所を回る。でも電車の切符を買うために駅で路線図を見上げているときのほうが、日本という「異国」に来たことを実感するのではないだろうか。彼らは、街や駅で利用できる公衆トイレが無料のうえ、清潔で高性能であることに感動するかもしれない。あるいは故障も品切れもほとんどない自動販売機が通りのあちこちに設置されていることに驚くだろう。一分のずれもなく時刻表どおりに到着する電車を不思議に思い、さらにその電車に身動きとれないほどの人間が一斉に乗り込む様子をゾッとする思いで眺めるかもしれない。そう、日本で暮らしている私たちにとっての「当たり前」の生活こそが、「異界」に来たことを実感させる装置となっているのである。

私たちの誰も公衆トイレや自動販売機が、日本の変わらぬ伝統や文化などとは思っていないが、私たちの生活を特徴づける不可欠なものとなっている。またそうした生活は知らぬうちに変化を遂げ、私たちはその変化をそれほど気にも止めずに対応している。「変わりゆく変わらないもの」であり、同時に「変わらない変わりゆくもの」。この矛盾したようにみえる二つの局面を一つのものとするところに風俗が存在している。

以上のようにみたとき、社会学が風俗をとらえるのには、若干の困難がつきまとうことが予想される。一つには、風俗は当該社会の非構成メンバーにとっては、比較的容易に目に留まるのに対し、当該社会のメンバーにはあまりにも自明すぎて目にとまりにくい。社会学では、研究者自身が身を置く「いま・ここ」という世界を研究対象とするわけだが、風俗を取り上げる場合、自身にとっての「盲点」となる対象を見える化する作業をより意識的に行う必要がある（▼第15章）。さらに、風俗は現在進行形で変化しているにもかかわらず、その社会で生活している者にはまるで変化していないように見えるという特性が挙げられる。このような動きをどのようにとらえればよいのかという方法上の問題がここに生じてくる。

しかしこのような困難があるにもかかわらず、風俗を対象とした知見に富む多くの社会学的研究がなされてきたというのもまた事実である。非常に有名なところでは、日本生活学会や現代風俗研究会が挙げられる。これら学会・研究会のメンバーは、一見したところ「学問」対象として省みられることのなさそうな日常の事象を取り上げている。そこには具象と抽象の統合、社会の変化の方向性の模索、感性と社会構造の連関の提示などが試みられている。また生活空間をまるで探検隊のように眼差す路上観察なども、私たちが生きる社会の「風俗」をとらえる一つの実践だろう（▼第6章）。そしてこれら知的実践には一つの共通したルーツがみいだせる。今和次郎らによって提唱された「考現学」である。

2　考現学というアプローチ

関東大震災と考現学の誕生

一九二三年九月一日午前一一時五八分、関東地方南部を大地震が襲う。死者・行方不明者は一〇万人以上、被災者は約三四〇万人の関東大震災である。当時、民俗学者・柳田國男の弟子であった今和次郎は、灰塵と化した東京に立ち、「そこにみつめねばならない事がらの多いのを感じた」という。明治以来、文明開化の名のもとに大きく変貌し続けてきた東京。西欧風のレンガ建築と、〈江戸〉との地続きにある庶民が暮らす木造長屋のパッチワーク。それらすべてが無となった場所で、今がみたのは絶望ではなく、焼土を「街」へと蘇らせる民衆の生命力だったのかもしれない。震災からわずか数カ月後の一九二四年一月、『中央建築』に今は「焼けトタンの家」という小論を発表している。

焼けトタンの家は大抵真赤な重い粉を吹いた色をしている。それがこの頃はその色がだんだん淡くなりオレンジ色にかがやいて来ている。（中略）それらの家々は生き生きと瓦や焼土の上に生え出たように立っている。家々の拡がりは無量に大きく、民衆はそのうちに働いてうごいている。（中略）それらの家々は青空をば一層深くその透き通るような身軀の中へと吸い取って、遠くへまでもそのもっている権利を通信し、同属共のだれかれにいたずらな誘引するながし目を送ることにとりかかっている。罹災民衆は実に平気でそれらの不思議な生物達の中に、それらとは極めて無交渉に、焼野の上に色々な仕事にいそがわしく働く事に奉仕している（今 1987：82）。

家を失い、働く場所を失い、家族や愛する人たちを喪った罹災民衆は、それでも今日を生きるために、必要な道具を揃え、住む場所を作り、焼野原で「いそがわしく働く事に奉仕している」。今の視線は当たり前の生活を取り戻そうとする人々の営みに注がれている。急拵えのトタンの家は、現在を未来へとつなごうとする人々が住まうことで「生命」を得、まるでそれ自体が意志をもった生き物であるかのように活動を始める。モノは人々の生活のなかで命を吹き込まれ、単なるモノ以上のなにかへと変わっていく（▼第7章）。

民俗学者・柳田國男の一門として農村や漁山村などを歩き回っていたころから、今は「どこにでもあるあたりまえのもの」をスケッチしていた。漁家の流し場に置かれた「廃物利用のとんでもない傑作」だという水瓶や、古材木を使った窓の下の腰掛け。旅先の田舎道で偶然出会ったブリキのガス灯。震災以前の東京では、そんな当たり前のものはあまりにも錯雑としていて記録することなど不可能と思われていた。しかしすべてが無となった東京で、枯野に吹く新芽のように、日々少しずつ現れてくる「あたりまえのもの」たちを記録していくことが可能となった。今はいう。「眼にみるいろいろのものを記録することを喜んだのはそのころからである」（今 1987：361）、と。

そして東京の復興工事が進められていくにつれ、今らは「新しくつくられていく東京はどういう歩み方をするものかを継続的に記録する仕事をやってみたくなった」（今 1987：362）。一九二五年初夏の銀座の通行人の風俗を観察し記録した「東京銀座街風俗記録」である。民俗学で培った手法を遺憾なく発揮したこの記録は、今の風俗研究を世に知らしめることとなる。さらに本所深川の貧民窟、山の手の郊外などで風俗を記録し、そうして集めた成果は一九二七年の秋に新宿紀伊國屋で『考現学展覧会』として展示される。これが「考現学」という名称が公に使われた最初である。

民俗学も考現学も民衆の生活様態としての風俗に着目することは共通している。にもかかわらず、今にあえて「考現学」という名称を名乗らせ、民俗学と決別させることとなった違いはなににあったのか。今は一つの村の図をたとえにして、民俗学と考現学の違いを説明した。

そこに家が六軒あるとする。そして、それらの屋根が(A)草葺一戸　(B)瓦葺二戸　およびトタン葺三戸　あるとする。そしていま民俗学者がこの村に探求にでかけたとした場合、ほとんど例外なく一戸の草屋根の家に注意し、現在の村の全舞台を忘れて注意力がそれに集中されてしまうであろう。（中略）しかるに考現学においては、それらの事象全般をまず注視の対象とする（今 1987：391）。

草葺屋根は「過去」において営まれていた住居の有り様を「いま」へと伝える風俗である。しかし、この一つの村のなかでは、瓦屋根、そしてトタン屋根とより便利で新しい住風俗へと取って代わられる運命にある風俗でもある。民俗学はこうした「まさに消え失せんとする」過去への熱情に導かれ、事象を観察・記録する。民俗学者ならば、漁村を訪れたとき、今のように廃物利用した流し場の水瓶などにではなく、その村の伝統的家屋に目をやるだろう。ブリキのガス灯をスケッチするのではなく、ほとんどの家で使われなくなってきた和紙の行灯にこそ注意を向けるだろう。だが今はそうではなかった。今が民俗学を評した言葉を援用させてもらうなら、彼は「いままさにあるそのままの事象、そしてこれから生まれ出でんとする事象を収集しておかなければ」という「現在・未来」への熱情を心中に宿していた。

関東大震災という自然の猛威によって、人間が造り上げてきたものはあっけないほど脆く崩れ去った。だがそれでも人々は生きることを諦めなかった。いまを生きぬくためのさまざまなモノが作られ、使われ、新たに暮らしを立て直していく。農村などで彼が目を向けずにはいられなかった「どこにでもあるあたりまえのもの」とは、人間が「いま」を生きようとしている証であり、「あす」へ生命をつないでいこうとするエネルギーの現れでもある。関東大震災は、失われてゆく〈過去〉にではなく、現在進行形で躍動する〈現在〉に関心があることを今自身にはっきりと自覚させ、民俗学と「決別」し、「考現学」を打ち立てる契機となった。

では具体的に今は考現学をどのような学問として成立させようとしていたのか。考現学を名乗ることでどのように風俗を取り上げようとしていたのだろうか。

考現学という科学

その名称からわかるとおり、考現学は「考古学」と対照される学問として打ち立てられている。現代生活の世相風俗をとらえようとした考現学が、なぜ古代の遺跡遺物を発掘する「考古学」を意識したのか。その理由を今は次のように語っている。

古代の遺物遺跡の研究は、明らかに科学的方法の学たる考古学にまで進化しているのにたいして、現代のものの研究には、ほとんど科学的になされていないうらみがあるから、その方法の確立を試みるつもりで企てたかったのである（今 1987：358）。

考古学は、古代の遺跡や遺物をある一定の手続きに則り、検証することによって、失われてしまった時代の生活を現代に伝える。柱穴跡の大きさや間隔、集落のなかでの位置はどうなのか。かまど跡から発掘された貝殻や獣の骨の種類、その大きさや発掘状況はどうだったのか。こうした古代の生活の痕跡を手がかりに、考古学は人々の食生活、住生活、あるいは祭祀などの宗教儀式の様子を再現することを試みる。そしてそれら発掘された「モノ」を科学的に観察、記録、分類し、探求するところに考古学が存在している。今が参照した考古学とは「物質的な資料を取扱う科学的研究方法」（今 1987：359）であり、考現学の成立によって目指したのもこれと同様であった。それまでの風俗研究のように、観察者個人の気まぐれに近いかたちで、「単にただ著しく目につく個人の衣服その他を主として対象」（今 1987：368）とするのではなく、考古学がそうであるように、科学的方法によって現代人の生活を明らかにしようとしていたのである。

梅棹忠夫は、今が考古学と対照させることで確立させようとした考現学の「科学的研究方法」を次の三点に要約している。一つ目は「徹底した客観的観察」。考古学だけでなく、動物学や生物学といった自然科学との方法的対比によって、今は考現学を科学的な観察と記録の方法の学として成立させようとしていた。梅棹は次のように説明している。

おもしろいのは、昆虫学者が野外において昆虫を採集し、植物学者が植物を採集するように、考現学者は街頭において風俗を「採集」するのである。採集の用具として、捕虫網や胴乱のかわりに、考現学者はノートと鉛筆をもち、ストップ・ウオッチやカウンター、巻尺、望遠鏡をもつのである。そこにしめされているのは、徹底した野外科学者（フィールド・サイエンティスト）の姿勢である（梅棹 2013：63）。

フィールド・サイエンティストとして街頭に立つ考現学者は、単に目立っているからといった気まぐれで事象を観察し、記録するのではなく、「現代社会の一定区域のなかに、どのような社会現象がどれほど生起しているかを、徹底的にしらべあげる」（梅棹 2013：63）方法をとる。今の言葉を借りるなら、「単に観念のうえだけでなく、できるだけ数字的にそれらの現象を説明しようとするところに」（今 1987：368）考現学という仕事があることになる。

そして自然科学のような徹底した観察・記録は、梅棹がいう考現学的方法の二つ目の特徴に連なっていく。それが「全体的把握」である。梅棹はさらに三つ目の特徴として「比較」について触れているが、ここでは二つ目の「全体的把握」についてとくに注目してみてみよう。

東京銀座を歩く人を徹底的に観察し、数値化して分類した「東京銀座街風俗記録」や、郊外住宅地となった阿佐ヶ谷の家屋を数え上げ分類した「郊外風俗雑景」は、いずれも当時の人々が抱いていたであろう「銀座」や「郊外住宅」のイメージを覆すものだった。「モダンガールが徘徊するといわれた銀座通りを歩く女性のうち洋装はわずか一%、『赤い瓦の文化住宅』が喧伝されていたのに、阿佐ヶ谷の郊外住宅の実に四〇％がトタン葺きの簡素な造りだった」のである（川添 2013：182）。モダンガールや文化住宅といった新風俗は耳目をひき、それゆえ銀座といえば洋装のモダンガールが闊歩し、阿佐ヶ谷には赤い瓦屋根の文化住宅が建ち並んでいるというイメージが広まっていた。ところが「全体的把握」をしてみれば、それはごく一部の事象にすぎなかったことがわかったのである。

これと同様のことは二一世紀の現代においても十分あてはまる。テレビ画面に映される反日や反中のデモや暴動。渋谷や原宿を闊歩する奇異なファッションの若者たち。まるですでに復興を終えたかのような被災地の様子など。テレビや雑誌、新聞といったメディアによって知るごく一部の事象が、まるで全体を代表しているものであるかのように認識される。むしろこうした傾向は、メディアが発達した現代においてますます強まっているかもしれない。

考古学や自然科学とは異なり、考現学は「研究対象と自分自身の生活舞台とは同一」（今 1987：394）である。現在進行形で移り変わる世相風俗をとらえようとする考現学の場合、いまなにがおもしろく、注目する価値のある事象はなにかという私たちの社会の価値観＝バイアスと距離をとることは非常に困難である。しかしイメージや思い込みから世界を見るかぎり、そこに描き出されるのは「現にあるもの」ではなく、自らが「見たいもの」でしかなくなる。目の前にある現実をまずはただそのままに見る。風俗という研究対象から社会の全体的把握を試みた考現学にとって、「科学的研究方法」の重視はある意味、必然であったといえる。そして「研究対象と自分自身の生活舞台とは同一」であるからこそ科学的方法を徹底し、研究者は研究対象との「距離」をより意識的に確保することを今は強調したのである。

> 考古学の態度と照らしてみると、それは遺物遺跡に対する心境である。街のショーウィンドーの品物を歴史博物館の陳列品と同列にみるのである。このようにわれわれは眼前の存在を学的対象として尊重しながら、それらの分析と記録とを遂行していくのである。（中略）そのわれわれの研究態度をわかりよくいえば、眼前の対象物を千年前の事物と同様にキューリアスな存在とみていいかのようである。実にかかる境地こそ私たちの仕事をして特殊なものたらしめる中心的な基盤であるといっていいだろう（今 1987：364、傍点は筆者）。

今が取り上げたブリキのガス灯や廃物利用の流し台。これらは学問的に価値があるものとして注目されることはほとんどない。それは私たちが現に生きている社会の価値観の反映でもある。「伝統的」あるいは「文化的」とされる工芸品や芸術作品、経済や政治の動向や議論を高尚で価値あるものとみなしても、漁村にある廃物利用の流し台に価値をみいだし、目を留める人間はほとんどいない。なにを重要とみなし、なにを考察の対象とするかという判断には、その社会における価値基準が暗黙の前提として入り込んでいる（▼第1章）。

しかし考古学の方法に準拠し、「眼前の対象物を千年前の事物と同様にキューリアスな存在」とみなすならば、私たちの日常生活での判断基準そのものが疑いの対象となってくる。なぜクラシック音楽は高尚なものとされ、歌謡曲はそうではないのか。なぜ宝石は高価で、ビー玉はそうではないのか。なぜ新聞の研究は学問的意味があって、ゴシップ週刊誌はそうではないのか。考現学という科学の前では、銀座の紳士の高価な腕時計も、下宿住み学生がもっていた洗面器も等しくキューリアスな存在として横並びにされる。『考現学入門』の編者でもある藤森照信は、このような研究態度をもった今和次郎を次のように評している。「今和次郎は、こういう作る人や作られる物の格の上下を無視して、物の領分を絶対的等価にみた最初の人だった」（藤森［1987］2013：112）。

評価価値、カテゴリー、常識的な腑分けのなかで私たちは生きている。風俗の科学的研究である考現学の視点からは、そのようなカテゴリーはいったん棚上げされ、街中のゴミも、自動販売機も、ショッピングモールも、クラブハウスも、等しく「現代の事象」として観察される。そこに、私たちの普段の価値判断とは異なるものの区分が生まれる（▼第6章）。そのカテゴリーは、情報あふれる私たちの社会の「表層」の見え方とは異なる、私たちの感性に深く刻み込まれるような「深層」の有り様をとらえる手がかりとなる。いま見えているものから、意識されることもなく私たちの社会のさまざまを成り立たせている「見えなく」なっている世界を探る。風俗の科学的研究は、そんな可能性へと私たちを誘ってくれるだろう（▼第12章）。

3　風俗をとらえる「虫の目」／「鳥の目」

考現学の理論的志向と限界

風俗の科学的研究である考現学は、その方法や対象の目新しさによって当時のマスコミにも非常に注目された。しかし、学問として十分な展開をみることはなかった。梅棹忠夫は、その理由として、①考現学の仕事の多くが「ジャーナリズムを背景にして進行したという点」、②考現学の協力者の多くが芸術家であり、「その人たちの情熱は、学としての考現学を発展させるよりは、むしろ一種の芸術運動」へ向けられていった点、③考現学の斬新さや新鮮さが「ある種の軽薄さとうらおもて」となり、「こういうものがいったい、学問になるか、と」アカデミズムの世界において本気で相手にされなかったことを指摘している（梅棹 2013：61-62）。

「眼前の対象物を千年前の事物と同様にキューリアスな存在」としてとらえる考現学の科学的態度が、「学問とはかくあるべき」というアカデミズムの世界の「常識的」見方によって否定されたのはなんとも皮肉な話である。だが一方で、徹底した科学的方法によって採集された事象についての理論的展開という点について難があるのも事実であった。考現学の方法と学問的枠組みの確かさを評価する梅棹も、「それぞれの採集や調査をみていると、あまりにも個別的で、理論というようなものはまったくないようにもみえるが、そしてじっさい、それらの採集された事実からなんらかの理論が抽出されたとはおもえない」(梅棹 2013：64)と、考現学の理論的側面については若干の疑問を呈している。ただし、考現学にはまったく理論的要素がなかったかといえば、そうではない。それについて梅棹は、今和次郎自身には「ひとつの理論ないしは指導理念の、予想的な枠ぐみはあった」(梅棹 2013：64)と指摘している。では一体どのような理論があったのか。

『考現学入門』(1987)に「考現学総論」という論考が収められている。今は現代社会には、人々の生活態度を支配する力として伝統・流行・合理化の三つが併存し、それによって「混沌としている」現代生活が形成されると考えていた。ゆえに現代生活を理解するには、これら三つの力がどのように混在し、どのような消長をみせているかを把握しなければならない。風俗とはそのための指標でもあったのである。道行く人の履物が下駄か雪駄か靴か、着ているものは羽織かコートか、女性の髪型は日本髪か西洋髪か、カールはさせているのかいないのか。まるで物珍しい品々のように観察・記録されたこれら風俗は、今の理論枠組みによれば、現代生活における三つの力の混合状態を測る指標としてとらえられていたことになる。都市という、階層も職業も雑多な人間たちが集まる場所で、伝統的な生活態度により支配されているのはどんな職業の人間か。あるいは伝統的な生活をしている階層にあってさえ、合理化が進んでいるのはどのような局面なのか。風俗を手がかりに今は、現代生活の全体像を描き出そうとしていたのである。

ただしこの試みが成功したかといえば、答えはノーであろう。今の理論枠組みと考現学の方法とを接合させるには、たとえば同地点における一〇年あるいは三〇年といった長期間の推移を追うか、あるいは同時点における複数地点での比較可能な観測と記録が必要となる。このような徹底した、根気強い資料の蓄積があってはじめて現代生活における変化の方向性、その速度、浸透度を明らかにすることが可能となる。しかしそのような蓄積をなす前に、今らの考現学への情熱は冷めてしまった。「考現学は、うみおとされただけで、そだてられなかった」(梅棹 2013：61)。

風俗の科学的研究たろうとした考現学は、風俗を具体的かつ徹底的にとらえる「虫の目」をもち、「いま・ここ」という瞬間における風俗の「静態」を切り取った。その一方で、風俗という事象を現代社会の全体において展望する「鳥の目」、科学的に観察・記録された風俗が地理的・時間的にどのように変遷するかという「動態」をとらえることはできなかった。考現学の科学的「方法」に着目した井上忠司が指摘するとおり、移り変わる風俗をその変化の全体において捉えるには、「それ相応の覚悟と準備をもっていろいろな〈観測班〉を編成し、現代風俗の観測にじっくりと取り組まなければならない」だろう（井上 1995：73）。ではそのような「相応の覚悟と準備」による観測以外に、風俗の見取り図を描くことはできないのだろうか。

おそらくここにもう一つの可能性を提案できるだろう。考現学の実証によるアプローチだけではなく、理論によるアプローチである。

近代の風俗化

考現学に採集されていた昭和初めの銀座街を歩く人々の衣風俗や、文化住宅といった住風俗は、西欧風俗と日本風俗の混在具合を示している。銀座を歩く男性の約七〇パーセントが洋服、残り約三〇パーセントが和服というのに対し、女性の場合は九九パーセントが和服で、洋服は一パーセントのみ。ファッションにおける西洋化は男性のほうでとみに顕著であったことが知れる。また文化住宅は日本式建築の玄関脇に洋風の応接間がこしらえられたもので、関東大震災後から昭和初期ごろまで流行した建築様式である。こうした和洋折衷の住宅がどのような様子だったのか、加藤周一の『羊の歌』から引用してみよう。

子供の私の記憶は、関東大震災の前にはさかのぼらない。私の覚えている祖父の家は、おそらく二〇年代の後半のことであろう、（中略）御影石の柱と左右にひらく鉄の扉を備えた門があり、門から両側に植込みのある砂利道がしばらく真直ぐにつづいていて、その奥に玄関がある。玄関といくつかの「洋間」は、明治大正の日本に多い英国のヴィクトリア朝様式をまねたつくりで、天井が高く、窓がせまく、重い革の肘掛椅子がおいてあった。壁にかけた鹿の角、虎の革の敷物、古風な切子硝子の行燈、エジプトのラクダの刺繍、パリの卓子掛――（中略）要するにどの旅行者でも西洋からもって帰りそうな品物が、古道具屋の店頭のようにならべられていたといってよいだろう。そういう部屋に格別の用途はなかったらしい。祖父は祖母と書生と三人の女中と共に、その「洋間」の奥につづいた沢山の和室のいくつかを使って暮らしていたのである(加藤 1968：2-3)。

今和次郎が阿佐ヶ谷でみた文化住宅は、こうした「英国のヴィクトリア朝様式をまねた」豪華な邸宅をまねて作られたものであった。また文化住宅に住めなくても、和室に絨毯と卓子や肘椅子、ソファ、ピアノといった洋風の家具や小物を配置することで、モダンな生活スタイルを実現させる。考現学がとらえた風俗は、日本式の生活様式と西欧式のそれとの混成によって作り出されたものであった。

ただしこのような和洋折衷の風俗は、関東大震災以後に突如現れたものではない。明治政府によって進められた「文明開化」以来、日本に見られるようになったものである。

欧米諸国が徳川幕府に開国を迫った一九世紀後半は、西欧帝国主義による植民地獲得競争の最終段階ともいえる時代であった。東アジアの覇権国であった清は、イギリスとのアヘン戦争に敗れたのち、西欧列強諸国の半植民地にされていた。一九世紀には清だけでなくインドやビルマ、東南アジア各地の王国の大半がイギリスやフランス、オランダといった列強諸国によって植民地とされていた。日本もまた植民地にされるのでは、という恐怖感と危機感は、エリート層に西欧文化の積極的摂取を促した。

西欧列強諸国からの外圧をはねのけ、近代的国家として対等な地位を確立するために、明治政府は政治、経済、軍事などの近代化を急ピッチで進めていく。「西欧＝文明＝近代」の摂取は、「国家の至上命令として継続的かつ体系的に取り組まれ」る(厚東 2006：172)。文明開化は、「不退転の一大プロジェクト」として明治政府の中枢部、社会のエリート層から広がっていく。明治天皇は西洋風の散髪をし、ドイツ皇帝のような軍服に身を包んでみせた。外交官の接待のために建築された鹿鳴館では、西洋ドレスを着た日本の外交官や婦人が社交ダンスを必死に踊った。銀座には西洋風の煉瓦街ができ、外国人居留地のある横浜ではガス灯が灯される。横浜から新橋に開設された鉄道を巨大な黒い塊がもうもうと煙をあげて走り去っていく。

こうして進められていく「上からの」近代化によって、庶民の生活のなかにも「西欧＝文明＝近代」が入り込んでいく。明治天皇が西洋式の散髪をしたことを知り、市井の人々のあいだにも髷を結わずに散髪する「ざんぎり頭」が広まっていく。夜道を煌々と照らすガス灯は、まさに「文明」の光を象徴し、煉瓦造りの建物には、新聞社や輸入業者などの新時代の到来を告げる業者が入居した。一八七三年には、東京築地の近くに西洋料理の「精養軒」が開業する。「イギリス風、フランス風、日本風の混合」した、やたらと値ははるが美味くもない料理が出された。それでも精養軒の開店後、「西洋料理は華族や上流階級の間に急速に広ま」り、「(明治) 十二、三年頃からは、一般を対象にした西洋料理店が続々開店」していった。また「文明開化」を象徴した牛鍋屋に、庶民は度胸試しのように足を運び、そこで「文明開化」の匂いを嗅ぎ、味わった（小菅 1994：1994)。

人々は「文明開化」を自分たちの生活のなかの具体的な変化として、肌身で感じとっていく。明治政府による近代国家の創建がなにをもたらすのか、なにを意図したものかはわからない。それでも「民衆は、モダニティが自己の生活を豊かにするものであると信じ始め、（中略）モダンの示す「効能」に魅力を感じ、慣れ親しんだ土着を捨て、目新しいモダニティへと走り寄る」（厚東 2006：173)。

モダンを輸入する土着エリートの側でも、それを「西欧で生まれたままの姿」で取り入れても成功しないことに気づいていく。モダンという切り花を、花瓶に活けるだけではいずれ枯れてしまう。その花を日本の土に植え替え、その地味や気候に合ったかたちで育て、実を、種を収穫できるようにすることが目指される。「モダンは土着の論理に従い、ためらいなくアレンジされ、編集され直」される。和洋混合の風俗は、そのあらわれである。

「風俗」という言葉は、日本では古来、「上、化するところを『風』といい、下、習うところを『俗』という」事態を意味するという。民衆がモダニティを「風」と認定し、それを見習おうとしたとき、逆に言えば、エリートがモダニティを（「俗」としてうけいれたくなるように）「風」というオーラを帯びた魅力的な形で提示しえたとき、欧化主義と土着主義との間で闘われてきた、長年にわたる確執は止揚される。（中略）モダニティはエリートによって「風と化され」、民衆によって

「俗と習われる」になれば、非西欧社会の一体性を確保するために不可欠な「かすがい」となる。「風俗」となった近代、これがハイブリッドモダンである（厚東 2006：174）。

明治以降、街に現れた「出来損ない」の西欧を在留欧米人は嘲笑し、軽蔑した。日本の「伝統」が洋化され廃れていくのをある種の日本人は嘆き、憤った。「和魂洋才」という方針は、西欧近代文明を成り立たせた科学技術革命や産業革命の成果を取り入れたが、それらの下地を用意した市民革命の思想、精神性、人間‐社会像を、情報以上のものとしては摂取しなかった。夏目漱石は、このような「魂」のない近代化を「皮相上滑りの開化である」と手厳しく批判した。近代化のプロセスで生活の表層に現れた和洋混合の文化状況は、日本の後発性の証とされ、日本の近代化の浅薄さを物語るものであった。

しかし西欧近代はその自然・地理・文化的条件などが数百年という時間単位で複雑に絡み合って、偶然の必然として生成され、内生的に発展してきたものである。そしてそのような西欧近代を受け入れようとする日本の側にも、すでに数百年以上の時間単位で培われてきた文化・歴史が身体化されている。それを前提条件に考えるなら、非西欧圏である日本で西欧近代がそのままに再現されないことは、日本の「遅れ」の証拠などではなく、むしろ当然の帰結であったといえる（▼第1章）。まったくの異文化を自らの生活世界と齟齬のないかたちで取り込んでいくには、それを咀嚼し、変容させていくプロセスが必然となる。厚東洋輔はそれを「近代の風俗化」と呼んだ。明治の鹿鳴館しかり、考現学がとらえた銀ブラ歩きの人々しかり。厚東はいう。

モダニティは移転に成功するためには土着文化とハイブリッド化せざるをえず、その過程の中である独特の変容を蒙り、ハイブリッドモダンという姿をとることにより初めて定着することができるようになる（中略）。光が水に入れば屈折するように、モダンは土着文化という媒体を通過するなかで折れ曲がる。その屈折のあり方は移転先の文化・文明ごとにさまざまである。屈折度を決めるのは光ではなく媒体の性質である（厚東 2006：174）。

4　個別から全体へ、抽象から具象へ

今和次郎の考現学と厚東洋輔のハイブリッドモダン論。従来どおりの学問分類にしたがえば、おそらくこれらの議論が結びつけて語られることはないだろう。だがここでは「風俗」を取り上げる両者の姿勢の共通性にあえて注目したい。

今和次郎は、「現代」という時代・社会を「ありのまま」にとらえようと風俗という現れに注目した。なにが学問的に重要であるか、調査対象とするにふさわしいものはなにか、といった「常識」と距離をとり、科学的に観察し記録することを実践した。一方の厚東洋輔は、「現代」という時代・社会を成立させる「構造変容の過程」を、風俗という変化の相に注目して描き出した。その見取り図からは、非西欧圏における近代のあり方が西欧と異なるのは、非西欧諸国の「遅れ」や「後発性」によるものではないことが示される。非西欧諸国の土着文化のなかで、モダニティは独特の変容を遂げる（風俗化する）ことではじめて定着することができる。ゆえに非西欧の国や地域の近代化が、西欧と異なる展開をみせるのは必然ともいえる。西欧近代との違いを「後進性のゆえ」と否定的にとらえる必要もなければ、「西欧のようになること」が望ましいことでもない。西欧風俗という概念から「近代化」をとらえなおすことで、従来の「西欧＝先進／非西欧＝後進」といった価値観から距離をとることが可能になっている。

そして両者の風俗へのスタンスが、私たちの「現代社会」理解に際して相補的なものであり、両者を往還する運動が「風俗」という視点を際立たせるうえで有効であることがみえてくる。

たとえば考現学での調べもののなかに「洋服の破れる箇所調べ」がある。標題どおり、上着やズボンのどの箇所での破れが多いかを記録したものである。最初にこれを目にしたときの正直な感想は、「だからなんなの？　洋服の破れる箇所を調べてどうするんだろう」、だった。しかしこの記録に目を通し、二一世紀の私たちの社会に目を向けると、その「風俗」の違いに驚かされる。いま街を歩いて、一体全体継ぎあてした服を着ている子どもや学生を目にすることがあるだろうか。ほんの数十年前なら、膝やお尻の穴あき部分にアップリケを縫い付けたズボンを履いている子どもを見ても珍しくなどなかっただろう。

むしろ子どもの成長の早さを考えれば、アップリケでもつけて兄弟・姉妹が同じ服を着倒すくらいが合理的だし経済的だ。ところが現代社会では継ぎあての服は貧乏たらしく、子どもに着せるのはかわいそうだという感覚が「ふつう」となった。洋服は家で作るものではなく店で買って手に入れるのが当たり前で、ほつれや破れができれば裁縫の手間などかけずに捨ててしまう。子どもであっても大人と変わらないようなファッションの服が店頭にズラリと並べられ、頑丈で機能的であることよりも、デザイン性が重視される。

こうした具体的な事象の一つひとつが、現代社会について抽象化・理論化された全体像の意味を私たちに物語ってくれる。産業化された社会に生きるとはどういうことなのか。消費社会とはどういう社会なのか。現代社会における家族機能の変化とはどういうことなのか。私たちの社会で「子ども」とはどのような存在で、育児や教育の考え方はどう変化してきているのだろうか。「最近の子どもは、おしゃれになったなぁ」となにげなく見過ごしていた風俗を、抽象化された全体像へと結びつけることで、観察された具体的事象について、ふだんとはまったく異なる意味を読み取ることが可能になる。

また一方で、私たちは抽象化され理論化された全体像を、実際の私たちの日常生活の次元においてとらえ返すという試みも忘れてはならない。たとえば現代の日本社会は「民主主義」の国だといわれる。政治制度や法律、言論機関の存在などをみていけば、たしかに私たちは民主主義という理念を取り入れ、実践しているようにみえる。しかしそれを日常生活の諸場面において検討するとどうなるだろうか。

民主主義は意見の自由な交換、話し合いにもとづいて、できるだけ多くの市民にとって最善となる策を模索し、決定していくプロセスである。そのプロセスのなかで行われる多数決は、さまざまな立場の人たちの意見や問題を議論し、異なる見解をもっていた者同士でも、最善とならずとも次善の策を選択できるまで話し合われた結果として採択されるものであろう。ところが私たちの「民主主義」で多数決はそのように機能していない。国政や市政のレベルであれば、人気投票のような選挙で当選した政治家が、数を強みに「民意」を振りかざし、物事を強引に決定していく「多数決」を一体私たちはどれほど目の当たりにしてきただろうか（▼第9章）。それは学級会でも、職場や町内会の多数決でも、大差ない。「では、ここは民主的に多数決でいきましょう」というごく「自然な」発話が、数が多い意見に数が少ない意見は従うという意味で了解されている。それは個々人が「自分」を出発点にして、それぞれの考えを徹底的に話し合うという民主主義が、日本の風土に合うように「風俗化」された結果としてとらえられる。「全体」の意見や利益が優先され、不利益を被る「一部」は、「仕方ない」こととして甘受することが求められる。多数決は民主主義のための一つの手段であったはずが、まるで多数決＝民主主義といった変容をとげている。そのような変容を、私たちの民主主義の「未熟さ」や「不完全さ」として否定し、批判するだけなら簡単であるが、簡単だけれども、そこからはなにも生まれない。理念としての「民主主義」と私たちの日常生活において実践されている「民主主義」とのズレが一体どのようなものなのか、そのようなズレがどうして生じているのかを、ともかく「ありのまま」にみるしかない。

二〇一一年三月一一日の東日本大震災と福島の原発事故は、戦後半世紀以上、私たちが為してきた民主主義の風俗化を問い直させる契機となった。「全体」の快適や利益のために、「一部」の人たちの不利益や生活の破壊を、「仕方ない」ものとして看過する「多数決＝民主主義」の暴力性を私たちは目の当たりにした。「多数決＝民主主義」で行われていたものが、経済効率の最優先と、少数の声、一人ひとりの生活の軽視であったことがあらわにされた。「結局、全て金の論理なんですよ」と、反原発運動を長年取材してきた鎌田慧はいう。

命の論理と金の論理が対立しているのですが、命の方はどうしても少数の命になってしまうのです。放射能はいまや全国に蔓延していますが、当面の問題としては福島第一の近傍地域の人々の命の問題と、全国的な生活の繁栄とが対比される。もちろん、原発が稼働し続けたとしても多数の人々には大した繁栄はありません。しかしロジックとしては、少数が死んでも多数が繁栄すればいいという功利性に埋め込まれてきたわけで、だからあれだけの事故があっても経済の方が心配されている。その欲望の防壁をなかなか突破できないでいるのです（鎌田 2011：37-38）。

私たちが「経済」を優先し、「多数が繁栄すればいいという功利性」から抜け出すことは容易なことではない。高層ビルで埋め尽くされた空、煌々としたイルミネーションで夜を忘れた繁華街、品切れとはまるで無縁であるかのように埋め尽くされた商品棚。飲み屋街では酔っ払った大学生やサラリーマンが大声で騒ぎ、終電には仕事を終え疲れきって眠る人々の姿。こんな日常を私たちは「当たり前」のように過ごしているけれど、それが日本の敗戦からのほんの数十年という時間によって成し遂げられたものであることを知れば知るほど、驚きの気持ちは強くなる。空襲で焼け野原となった街には、焼けただれ、人の形をとどめない死体が無数に転がる。疲れた体を横たえる家もなく、死臭が充満する街を、着る物も食べる物もなく彷徨い続ける。小学校で仲の良かったあの子は無事なのだろうか。いつもなにくれとなく世話を焼いてくれていた隣のおばちゃんは、爆弾が直撃して死んでしまった。これが「日常」だった世界。その惨状から脱却し、忌まわしい体験、記憶を塗り替えていきたい。飢えと渇きを癒してほしい。温かいご飯を食べたい。寒さをしのいでくれる衣服がほしい。安心して眠れる家がほしい。子どもの笑顔をみていたい。日々を楽しく過ごせる娯楽がほしい。手間をかけずに快適に暮らしたい。

空から爆弾が降り注いでこない生活、赤紙一枚で息子や兄弟、父親が奪われることのない日常、死体を踏みつけながら逃げ惑わなくてもよい生活。民主主義はそうした生活の実現をかなえてくれる魔法のことばとなった。快適な生活の追求と民主的社会の実現とは、ほとんど区分されることもなく、民主主義の達成は経済成長がもたらす生活水準の向上によって実感されていった。電気が灯る生活。テレビや洗濯機、自動車、電話のある生活。海外旅行に出かけ、写真を撮り、お土産を買う生活。目に見える生活の変化が、民主主義の証となり、個人が尊重される社会の実感となった。私たちの生活の快適さを阻害し、その発展に歯止めをかけるものは、異分子として取り除かれる。一地域の、あるいは一部の、あるいは一人の小さな声は、「全国的な生活の繁栄」という多数決のロジックの前に、ローラーをかけられたように踏みならされる。

私たちの社会では、民主主義という理念が「多数決＝民主主義」というかたちで風俗化されたとみるとき、私たちの「現実」のとらえ方を変更するヒントをここにみつけることになる。つまり「少数」とされて切り捨てられた声から、私たちの社会をとらえなおすという方法である（▼第９・14章）。

新聞やテレビといったマス・メディアは、「中央（東京）＝多数」での出来事を全国的なニュースとし、「地方＝少数」の出来事はローカルニュースとして扱う。しかし「少数が死んでも多数が繁栄」すればよいという多数決のロジックを自明とする社会では、私たちの社会のあり方はこの「少数」の声に集約されることになる。高度経済成長期の各地での公害問題は、とくに四大公害病というかたちで世界的にも知られることになる。四日市ぜんそく、水俣病、新潟水俣病、イタイイタイ病など四大公害病の起こった地域が、三重県、熊本県、新潟県、富山県といった政治・経済的に周縁にある地域であったことは単なる偶然ではない。この問題は当初、小さな漁村などのごく限られたローカルな事象として取り扱われた。港の猫が狂ったように踊りだして転げ死んだ。隣の家のおじいがよだれを垂らして動けなくなった。向こうの家の坊は手がこわばってものもよう言わんようになった。誰かに目をとめられることもない、どこにでもいるごく「普通の」人々が、最初に異変の声をあげていた。国際的な経済力をつけ、生活水準を上げ、より快適な生活を目指すという、誰もが賛同し、誰もが明るい未来しか描かなかった政府の計画、企業の取り組みが、一体、私たちになにをもたらすのか。一体、どんな社会を作り出すのか。それに気づいていたのは、「地方」の「少数」の、小さな声で囁くしかない人たちだけだった。

そしていまなおこの構図は変わっていない。目にみえるかたちではっきりと生活を壊され、受け継いできた文化と歴史から切り離され、「全体の繁栄」のために命を犠牲にすることをやむなしとされる人々。原発事故で住みなれた土地を捨てざるをえなかった福島の人たち。基地建設によって亀裂と軋轢のなかで生きなければならない沖縄の人たち。働き口を得ることができず生活困窮に追い込まれる母子家庭の人たち。経済の国際競争に打ち勝つために不安定で過酷な労働状況を甘受させられる労働者たち。「全体の繁栄」を支える労働力が提供できないために「社会的負担」とみなされる高齢者や要介護者たち。個々具体的な一人ひとりの生活の声を聴く。そこに私たちの社会全体が抱える問題が凝縮されている。そしてそこに私たちが「全体として繁栄」していく鍵もある（▼第10章）。

日常のささやかな声に耳をすましてみよう。私たちが当たり前だと見過ごす日々の生活をより大きな全体へつないでいったとき、「常識」や「仕方ないこと」として受け入れるだけだった世界が、きっと別の可能性をもったものへと変わっていくだろう。

参考文献

井上忠司（1995）『風俗の文化心理』世界思想社。

梅棹忠夫（1992）『梅棹忠夫著作集』第一九巻より（『今和次郎と考現学――暮らしの〝今〟をとらえた〈目〉と〈手〉』河出書房新社、二〇一三年所収）。

加藤周一（1968）『羊の歌――わが回想』岩波新書。

鎌田慧（2011）「拒絶から連帯へ――荒野に立って」『現代思想』第三九巻第一四号、青土社。

川添登（1998）『AERA Mook』四四号、朝日新聞社より（『今和次郎と考現学――暮らしの〝今〟をとらえた〈目〉と〈手〉』河出書房新社、二〇一三年所収）。

厚東洋輔（2006）『モダニティの社会学――ポストモダンからグローバリゼーションへ』ミネルヴァ書房。

小菅桂子（1994）『にっぽん洋食物語大全』講談社文庫。

今和次郎著／藤森照信編（1987）『考現学入門』ちくま文庫。

永井良和（2002）『風俗営業取締り』講談社選書メチエ。

藤森照信・柏木博・布野修司・松山巌（1987）『建築家の時代』リブロポートより（『今和次郎と考現学――暮らしの〝今〟をとらえた〈目〉と〈手〉』河出書房新社、二〇一三年所収）。

第3章　移　動——不平等の変容——

栃澤健史

社会を構造物として見立てるならば，駅という建物の姿からは社会の何が見えるだろうか？（撮影：上田達）

この章で学ぶこと

隣のホームの電車が動き出すと、自分が乗っている停車中の電車が動いているように感じられることがある。動いているのに止まっているように見えたり、止まっているのに動いて見えたり、「実際の動き」と「動きの見え方」が異なることがある。社会学が移動という現象を扱うにあたって注目したのは、この両者のズレであった。

この章では、移動という現象から近代社会のあり方について考察する社会学を詳しくみていく。通常、社会学で移動といえば、個人の社会的地位の変化をあらわす「社会移動」のことを意味する。誰もが自分の努力によって高い社会的地位へ到達できるような機会の平等は達成されているのか。もし、そうした機会が開かれていないならば、どのような不平等が存在するのか。社会学はこの問いに答えるべく、綿密に検証を積み重ねてきた。しかし社会状況の変化によって、こうした社会学の伝統は岐路を迎えつつある。二一世紀における移動の社会学のあり方を考える。

1　社会学における移動の問題

現代における私たちの日常を「移動」という観点から振り返ってみると、日々の生活がじつに多種多様な移動によって成立していることに気づかされる。

まず自分がどこかへ移動することを考えてみよう。通勤や通学という家から職場や学校への移動、スーパーやコンビニでの買い物などちょっとした用事での移動、旅行や帰省などやや長距離の移動、これといった目的地もなくブラブラ歩くだけの散歩という移動など、私たちが実際に身体を動かすという意味での移動は、短時間で短距離のものから長時間で長距離のものまで、また日々のルーティンからイベントのようなまれなものまで、実にさまざまである。

また自分の身体を動かさずじっと家にいる場合でさえ、移動と無関係ではない。災害が起こったとき、水、ガス、電気といったライフライン（生命線、命綱）の不通が死活問題となる。またそうしたライフラインの情報にアクセスできるかどうかも深刻な問題となる。ふだんは当たり前すぎて気がつきにくいが、災害などの非常事態において顕れるライフライン（およびその情報）の重要性は、いかに私たちの日常生活がモノや情報の移動に依存しているのかを示している。

こうしてみると、私たちの一人ひとりの日常生活は絶え間ない移動の連続としてとらえることができるだろう。また個人の日常生活が移動によって成り立っているということは、当然、社会も移動がなければ立ちゆかなくなることは想像に難くない。そうであるならば、社会学における移動の研究は多岐にわたる現象を扱い、移動という概念の守備範囲も相当広いだろう。そう思うのが普通である。ところが、社会学者が移動という言葉を聴いて思い浮かべるのは、「社会移動」というかなり守備範囲が限定された概念であり、この「社会移動」という概念で分析する現象も限られたものである。

このことを確認するために社会学の辞書をいくつか引いてみよう。

はじめに、N・アバークロンビーらによる『社会学中辞典』で移動（mobility）を引くと、「社会移動（social mobility）」を参照するように指示され、そこには「不平等（inequality）についての社会学研究に使われる概念で、社会的階統の諸段階（通常は広範な職業ないし社会階級のカテゴリーによって規定される）を人々が移動すること。社会移動の量は社会の開放性や流動性の度合いの指標として用いられることが多い」という説明が載っている（アバークロンビーほか編 2005：379-380）。

次に日本でよく使用されている辞書の一つである『社会学事典』を開いて「移動」に関連する用語を探してみると、見出しになっているのはやはり「社会移動」という用語である。そこでは「社会移動」が「異なる時点間で社会成員が、世代間あるいは世代内でその社会的地位を移動すること。社会的地位の指標としては主として職業を用い、二時点間の地位の比較によって、上昇移動や下降移動というパターンや移動距離あるいは全体社会における社会移動量などが測定される」（直井 1994：389-390）と定義されている。

このように、そもそも移動という用語が見出しになっている辞書はほとんどみあたらず、社会移動という用語が掲載されているのが普通である。そのようななかで『社会学——キーコンセプト』という辞典では「移動」という用語そのものが項目となっている（Scott ed. 2006）。だが見出し語こそ「移動」になっているものの、ここで説明されているのもやはり社会移動である。「個人による地位（position）の移動のメタファーは、社会生活のある特徴を理解するための一般的な道具である。地位

――役割、身分、親族集団、職業、階級――の構造という観念を用いる社会学にとって、構造自体の起源や特徴についてだけではなく、構造を構成する地位間の移動の原因と結果についても問うことは、その社会学に寄与する手立てであることは明らかだ」(Mills 2006：104)。

これらの辞書の情報にもとづいて、社会学で用いられている移動概念のポイントを整理すると次のようになる。①社会学で「移動」といえば「社会移動」のことを指す。②社会移動は不平等の研究にかかわる概念である。③社会移動とは個人の社会的地位の変化のことを意味するメタファーである。④社会移動の研究では、個人および社会全体の社会移動のパターンや移動量を測定する。

このような限定的で特殊ともいえる社会学の移動の扱い方について、そうなった経緯や内容には次節以降で立ち入る。その前に、社会学が扱ってきた近代における移動の原風景ともいうべきイメージを共有しておこう。

一九九七年に公開された『タイタニック(Titanic)』という映画がある。この映画は公開当時、史上最高の世界興行収入を記録した世界的大ヒット作である。タイトルが示しているとおり、物語は一九一二年に北大西洋航路にて実際に海難事故を起こしたタイタニック号を舞台にして、偶然、その客船に乗り合わせて出会うことになるアメリカ人青年ジャック・ドーソンとイギリス人女性ローズ・デウィット・ブケイターのラブロマンスと悲劇を中心に展開される。なお、映画の内容はタイタニック号沈没という事実をもとにしているものの、主人公たちやその人物らが織り成す物語は架空のフィクションである。『タイタニック』は、近代を象徴する移動を描いた映画であり、社会学が扱ってきた移動の原風景を表している。社会学的関心として重要なポイントは次の三点である。

第一に、タイタニック号という巨大豪華客船の誕生である。蒸気船が初めて北大西洋を横断したのが一八三三年である。それ以降、アメリカが大国としての地位を獲得していくにつれ、北大西洋航路を運航する貨物船と客船の便数は増加し、船舶の大型化も進んでいった。映画で姿をあらわすタイタニック号の巨大さは驚きである。船室は一等から三等までに分かれており、乗員乗客は二〇〇〇人以上にのぼった。この巨大さこそ重要である。大きな収容力をもつからこそ、巨大船の豪華な部分を使用する一等船室の裕福な乗客(および二等客室の乗客)だけでなく、裕福ではない七〇〇人余りの三等客室の乗客も乗船して北大西洋を渡ることができた。タイタニック号の就航に象徴される巨大船の誕生は、航空機の巨大化とともに、現代まで続く、世界をつなぐ人とモノの大量輸送の時代の幕開けであった。

第二に、主人公ジャックとローズの身分の違いである。放浪する貧しい青年ジャックと上流階級の令嬢であるローズの出会いとロマンスは、この映画の最大の見所であろう。二人のロマンスが多くの観客を魅了するのは、身分の壁に邪魔されながらもそれを乗り越えようとするからである。別の見方をすれば、それだけ身分の壁というものが乗り越えがたいほどに高いということである。それは船室が等級で分かれていることにあらわれている。タイタニック号は、基本的には異なる等級の乗客が同じ船内で決して出会わないように設計されている。それは当時の社会的な状況をよくあらわしている。同じ船内でも客室や立ち入り可能な場所が異なるように、船外においても裕福な上流階級と貧しい下層階級とに人々は分かれていたということである。こうした等級や階級（ともに英語ではクラス）という区分は、現代においてはややイメージしにくいかもしれないが、旅客機のファースト・クラスを思い浮かべるとイメージしやすいかもしれない。ファースト・クラスという呼び名は船舶の一等客室の名残であり、旅券が高額のため現代でも限られた裕福な乗客しか利用できない。他の二等、三等はそれぞれビジネス・クラス、エコノミー・クラスに呼び名が置き換えられているが、エコノミー・クラスの乗客はファースト・クラスの客室に立ち入ることはできないし、そこの乗客と顔を合わせることもない。

第三に、移動というものに対する期待である。旅行だけでなく、ちょっとしたお出かけでもそうであるが、移動することはなにかふだんとは違うことが起こるかもしれないという期待を抱かせる。劇中の主人公二人のように、日常生活では出会う可能性がほとんどない者同士が乗船という移動中に出会う偶然が、まさにそうである。しかし、それだけではなく、ジャックと同じく貧しい三等客室の乗客たちが、イギリスからアメリカという新しい土地での生活への期待を胸に乗船していることにも注目したい。新天地での新しい仕事を通じて人生の成功を掴む。これまでの人生に別れを告げ、新しい人生を歩む。こうした出会いへの期待は、変わることへのチャンスといいかえることもできるだろう。当時、三等客室の乗客としてヨーロッパ大陸からアメリカへと渡った多くの人々（多くが若い男性である）は、そうしたチャンスを求めて出稼ぎや移住のために海を渡ったのである。

以上の三点は、近代の移動を象徴するものであるとともに、社会学が移動を問題とする際にとくに注目してきたポイントである。この『タイタニック』に描かれている近代を象徴する移動の風景をイメージしながら、社会学における移動の研究をみていくことにしよう。

2 アメリカンドリームと社会移動

メタファーとしての社会移動

前節で確認したように、社会学における移動の扱い方は限定的で特殊ともいえるものである。それでは、どうして社会学は自らが扱う移動を社会移動というかたちに狭めたのだろうか。

社会学において最も早く近代社会の重要な性格として移動という現象に注目し、新たに社会移動という概念を提唱したのはP・ソローキンという社会学者である。ソローキンは一九二七年に著した『社会移動』という著書において、社会移動という概念を用いて当時の社会、とりわけアメリカ社会を分析した。(1)

私たちの社会は卓越した移動性(mobility)をもった社会である。水平方向および垂直方向への振り幅の大きい、個人の位置(position)から位置への移行と社会的事物の周流は、おそらく現代西洋社会のもっとも重要な性格である(Sorokin [1927] 1959 : i)。

ソローキンが「私たちの社会」と呼んだ当時のアメリカの状況は、一九〇〇年前後に起こった第二次産業革命を経て、新たな産業化の段階へと進んでいる最中であった。新たな段階とは、石油や電力を中心とする新たな技術革新による工業の発達である。こうした産業化のなかで、アメリカは産業革命発祥の国であるイギリスを抜いて世界一の工業国へのし上がるまでに成長していた(▼第8章)。

その結果、そのアメリカに多くの移住者が新たにヨーロッパから押し寄せることになった。一九世紀末から二〇世紀初頭にかけて、ヨーロッパ大陸とアメリカ大陸を結ぶ北大西洋航路には大型客船が就航し、これまでより多くの人間の輸送が可能になった（タイタニック号の海難事故が起こったのはこうした状況においてである）。一九世紀を通じてヨーロッパからアメリカへ人々を移住させた主な要因は、ヨーロッパにおける人口爆発と食糧難（飢饉）、宗教的弾圧、政治的弾圧であった。彼らの多くは移住先のアメリカで農業を営んだ。しかし二〇世紀になると、都市で主に工場労働に就く新移民や出稼ぎ労働者が増加していった。その理由は、アメリカが工業国として成長していたからである。当時のアメリカでは人、モノ（事物）、思想、文化といったあらゆるものが、さぞ激しく動いてみえたことであろう。移民をはじめとする多くの人が、生まれた土地を離れて別の土地へと移り住み、新たに誕生した工場での仕事に従事する。人だけでなく、大量生産や輸送機関の発達によって物流の量も増加する。そうした人やモノの移動に伴って、町や集団・組織に新しい習慣や考え方も移入してくる。このような時代状況のなかで、ソローキンは移動性から同時代の社会の特徴を読み解こうとしたのである。

あらゆるものが動いてみえる「卓越した移動性」をもった社会を分析するにあたって、まずソローキンが分析のために考えた概念が、社会空間という概念である。物理的にはさまざまな人・モノ・情報などが激しく動いてみえる。それはポットで沸騰しているお湯のような激しい流動である。しかし分析するうえで重要なのは、それがどのような方向にどのようなパターンで動く傾向があるのかということである。それをみるためには、直接目で見える物理的な空間とは別の、空間認識が必要である。たとえば人間はしばしば「上流階級と下層階級」「彼の社会的地位は高い」「右派と左派」といったような、上下左右の空間的表現を使用する。これらは必ずしも人が物理的に上下や左右にいるわけではなく、人間の社会生活における価値にもとづいて使用されるメタファーである。[2] こうしたメタファーが示しているのは、物理的な位置とは異なる「社会的地位（social position）」であり、人やモノの社会的地位の布置によって構成されているのが社会空間である。

社会空間は基本的に二つの次元からなる。垂直的次元と水平的次元である。先に挙げた比喩的表現にみられるように、社会的地位はたいてい上下左右の関係として位置づけられる。このように社会空間を設定するならば、二方向によって定められる位置間における人や事物の変化（社会的地位の変化）を、移動とみなすことができる。垂直および水平の軸からなる社会空間上の移動が、物理的空間の移動とは異なる「社会移動（social mobility）」である。

垂直および水平の社会移動をもう少し理解しやすくするために、たとえば、あるオフィスでの光景を思い浮かべてみよう。そこのオフィスには、いくつかの机が向かい合って並んでいる社員の席と、上座にある上司の大きな机の席がある。ある社員が昇進して上司用の席に移ったとする。この席替えは単に数メートルの物理的空間を移動しているだけではない。社会空間における社会移動としてみると、「昇進」、つまり役職のない社員から上役へと出世の階段を「昇っている」という点で、垂直方向への上昇移動とみなすことができる。他方、ある役職のない社員の席が、別の部署の同じく役職のない社員用の席に移ったとする。この席替えは同じ部署での席替えよりも物理的距離は長い。しかし、「昇進」でも「降格」でもないので、社会移動の観点からすると垂直方向へは移動していない。同じ地位での水平方向へのスライドであり、この場合、社会移動としては水平移動したということになる。

ある現象を観察する際に、物理的移動や距離といった直接目で見える状況にとらわれずに、意味づけ（価値）における変化を方向や距離をもった移動として表現するのが、社会移動というメタファーである。

社会移動と不平等の問題

社会移動のなかでもソローキンがとくに重視したのは、個人の垂直移動のあり方である。

古代まで遡って人間社会のあり方を検討することでみえてくるのは、人間社会の普遍性として、支配者から構成される上層と被支配者から構成される下層があるという事実である。つまり、社会というものを社会空間としてみると、序列、支配と服従、権威と従順、昇進と降格を伴う「社会階層（social stratification）」を形成しているということになる。階層とは、地層のように積み重なった状態を指す用語であり、地理学用語の転用である。階層に着目することで、私たちの社会はビルのような建造物として例えることができる。ビルには、階数、間取り、階段・通路というように外形や構造がある。社会空間からみれば、社会もビルのような建造物と同じように、社会階層からなる社会構造によって成立しており、その社会構造によって人の動きが規定される。

こうした社会構造のあり方を知るためには、社会階層のあり方、つまり上下で位置づけられる社会階層間の垂直移動のあり方をみる必要があるというのが、ソローキンの考え方である。

この支配する側と支配される側（あるいは権力をもつ側ともたない側）という垂直軸であらわされる社会階層という視座からソローキンが注目したのは、①経済的階層、②政治的階層、③職業的階層の三つの階層であった。

① 経済的階層は、所有する財や収入による違いであり、平たくいえばお金持ちか貧乏かという違いによって区分される。
② 政治的階層は、政治的発言力（影響力）の違いであり、政党や教会などの地位による区分である。
③ 職業的階層は、職業上の地位であり、職種、経営者と被雇用者、上司と部下というように、職務上の階級による区分である。

これら三つの階層は理屈のうえではそれぞれ独立しており区別可能である。しかし、実際は多くの部分が重なり合っている。というのも、経済的階層が高ければ、政治的階層および職業的階層も高く、その逆もまたしかりだからである。たとえば会社の社長や医者を思い浮かべてみるとよいだろう。職業的階層が高ければ、収入が高く政治的発言の影響力も高いというように経済的階層と政治的階層も高いものである。

ソローキンがとくに注目したのは、これらの階層間における垂直移動である。

現在の西洋諸国家（国民）のあり方は、水の分子があちこちで急速に上下動している沸騰したお湯のポットを人々に思い起こさせる。このせいで、実際には階層化されている事実があるにもかかわらず、私たちの民主主義社会が階層化されていないかのような幻想が存在している。また、このせいで、客観的にみて封建社会と同様に不平等であるにもかかわらず、現在の民主主義社会は平等化に向かっているという別の幻想も存在している。個人の地位の激しい変化を伴う多大な移動が、そうした幻想を自然で当然のことであるようにしている（Sorokin［1927］1959：381）。

二〇世紀初頭のアメリカは、第二次産業革命によって大量生産・大量消費のシステムの工業が発展し、とくに都市部では経済的に豊かな暮らしが実現しつつあった。そこでは、誰であっても豊かで自由になる機会があるように思われた。だからヨーロッパからアメリカに、困窮や弾圧から逃れて、あるいはより豊かな生活を求めて、多くの移民が集まった。

しかし、工業化によって経済が発展し、人やモノがめまぐるしく自由に動いてみえるアメリカ社会において、本当に豊かさや自由を享受する機会が誰にとっても開かれているのか。実際には不平等が存在するのではないか。これが垂直移動を重視するソローキンの問いであった（▼第8章）。

その問いに対して、統計データの分析によって導き出された彼の結論は、次のようなものである。俗説ではアメリカ社会では誰にでも「成功」の機会が開かれているとされるが、実際のアメリカ社会では誰にでも同じように「成功」の機会が開かれているわけではない。すなわち、アメリカ社会は特別に機会の平等を達成した社会ではない、というものである。

アメリカンドリームの検証

ソローキンの研究から後の社会学者たちが主に引き継いでいったのは、①統計的データを用いて論証する実証的な方法と、②社会移動、とくに職業階層上の垂直移動という観点から機会の平等が達成されているのかを検証することであった。

ここで、「統計的データを用いた実証的な方法」と「機会の平等の達成を検証すること」という並びをみて、興味深く思われたかもしれない。というのも、一般的に統計的データの分析といえば、質問紙調査から得られたデータを機械的に処理して「客観的」に結論を導くものであり、研究者の価値や立場の入り込む余地がないと考えられがちであるからである。一方、機会の平等の達成を検証することには、前提として、社会において機会は平等であるべきだという価値が存在する。

このことについて、日本における社会移動研究の先鞭をつけた安田三郎は次のように述べている。「社会移動に関して研究者がいかなるイデオロギー的、価値的態度をとるか明瞭にさせることなしには、研究は迫力のあるものとはならない」（安田 1971：11）。安田がこのように述べる背景には当時の日本の社会状況が関係している。第二次世界大戦後の民主化された日本においては、戦前の共同体的社会から市民社会への脱皮がテーマであった。市民社会は個人の自由が尊重される社会である。

しかし日本社会においては、個人の上昇移動が肯定されにくい。というのも、社会移動が経済競争と混同されるため、とくに進歩的知識人にとって社会移動が社会に不平等をもたらすと考えられているからである。安田によればそれは誤謬である。つまり、経済競争では出発点における平等はありえず、結果の不平等も無限大となる可能性を含むが、社会移動はそうではない。「自由と平等は近代が発見した基本的な権利と価値である。しかし、従来の社会主義がそうしたように、平等を結果としての平等とのみ理解する限り、自由と平等は対立せざるをえない。……これに対しもしも平等を出発点における平等、すなわち機会の均等と解釈するならば、そのときはじめて自由と平等とは両立しうるのである」（安田 1971：31）。ここでの機会の平等というは、競争の結果の不平等を是認することを含意するアメリカ的な平等の概念である。これは、アメリカは万人に対して機会を平等に開放しており、誰もが努力と勤勉によって成功を掴むことができるという「アメリカンドリーム」の考え方である。安田は人間の自然の権利として平等にチャンスがなければならず、自らの意思によって可能になる社会移動は「デモクラシーの、〈政治的〉に相対する意味での、〈社会的〉表現」であると述べている（安田 1971：60）。

こうした出発点としての機会の平等を強調し、その達成の程度を検証するという社会移動研究は、安田が自覚していたように、アメリカンドリームというイデオロギー的あるいは価値的態度を前提としている。そして、それは日本に限らず少なくとも資本主義国家の社会移動研究者には共有され、わざわざ断るまでもない前提として受け入れられてきたように思われる。戦後の日本を振り返ってみると、工業化の進展によって農村から都市へと人が大量に移動したり、地方でも都市化が進んだり、高度経済成長によって社会が全体として豊かになっていくなかで、親世代に比べて子世代のほうが高学歴化したり、より威信の高い職業に就いたり、より多くの収入を得るようになったりという世代間での社会移動（上昇移動）は多くの人に望まれたし、実際に実現するような状況だったといえる。こうした状況のなかで、アメリカンドリームは社会一般に深く浸透していったのだろうし、安田の言明したイデオロギー的ないしは価値的態度が暗黙の前提になるほどに社会移動研究者にも浸透していたのであろう。

そうしたアメリカンドリームの浸透は、社会学において産業化命題と呼ばれる法則として科学的に定式化されたことにもあらわれている。産業化命題とは、産業化の進展とともに機会の平等が達成されるというテーゼであり、産業化が進むにつれて出自のような属性原理から本人の能力のような個人の業績原理へと移行するというものである。つまり、個人の意思や努力とは無関係に社会的地位が決まる原理から、個人の意思や努力によって社会的地位が選択できる原理へ移行するということである。

この命題を検証する方法の典型が、ブラウとダンカンによる地位達成過程の分析である（Blau and Duncan 1967）。彼らは、個人の現時点での職業（地位）を到達点として、[3]個人には選択不可能な属性的要因である父親の学歴と父親の職業と、個人にとって選択可能な業績的要因である学歴と最初に就いた職業（地位）のそれぞれが、到達点に対してどのように影響するかをモデル化し分析した。ごく簡単にいえば、産業化が進んでいるにもかかわらず、もし属性的要因である父親の学歴と父親の職業が個人の現在の職業ないし最初に就いた職業に影響をもつならば、属性原理が強いということになり、個人が選択不可能な要因が働く原因がなんであるかが問題として追及される。もし業績的要因である個人の学歴が最初に就いた職業に影響したり、最初に就いた職業が現時点での職業に影響したりするならば、業績原理が強いので産業化命題が支持される（あるいは現状肯定される）ということになる。

こうした職業上の地位を社会的地位の代表とし、個人の選択可能性を検証するという基本枠組みは、二一世紀にいたるまで社会移動研究の中心的な位置を占めている。端的にいえば、社会学においては、自分の意思と努力によって職業を選択でき、出世していくことができることが、身分や出自から解放された近代における個人の自由や平等の達成の指標とみなされており、そのように社会が機会の平等を開いていることが社会のあるべき姿とみなされているのである（▼第15章）。

3　変わりゆく社会と社会移動

社会移動研究の展開

これまでみてきたように、社会学が社会移動に着目する主たる目的は、社会における機会の平等が達成されているかどうかを検証することにある。二〇世紀の世界のあちこちの国では、こうした社会移動研究が連綿と継続されてきた。そのことが意味するのは、努力と勤勉によって誰もがより高い地位に就くことができるというアメリカンドリームが、アメリカというローカルな地域の夢にとどまらず、いわば世界中の多くの人にとっても実現すべき夢となってきた、ということである。

しかし、ソローキンにはじまるこうした社会移動研究の蓄積において示されてきたのは、アメリカンドリームという夢が実現されていない、つまり、望まれているほどには機会の平等が達成されていないという事実である。それは機会の平等――アメリカンドリーム――に反する不平等が存在していることを意味する。

では具体的にどのような不平等が存在するのか。親の社会的地位が高かったり裕福だったりする家庭に生まれた人は、高い社会的地位になりやすく、逆に親の社会的地位が低かったり貧しかったりする家庭に生まれた人は、低い社会的地位になる傾向がある。それは、社会階級や社会階層による不平等が存在するということである。(4)

親子で職業的階層が引き継がれるこうした傾向については、大きく二つの説明がなされている。

一つは、経済的な貧富の差を原因とする説明である。社会的地位が高く富や権力がある親は、それを子どもに受け継がせる機会をより多くもっている。たとえば多額の教育費を払うことができるので、子どもに恵まれた教育機会を提供できる。その結果、それを享受した子どもは威信や収入が高い職業へ就く可能性が高くなる。つまり、裕福な家に生まれると、社会移動のスタートラインの時点ですでにアドバンテージがあるということである。

もう一つは、文化的な再生産を原因とする説明である。これは親の考え方、価値観、ふるまいといったものが、子どもに影響を与えているとする考え方である（▼第2章）。たとえば親が子どもの教育に熱心でなければ、子どもが上昇移動に関して野心をもったり、勤勉であったりすることはなく、それゆえ結果として出世競争には参加しないというものである。むろん逆もまたしかりである（出世競争に熱心な親のもとでは、子どもも熱心になる）。また仮に子どもが上昇志向をもっていたとしても、家庭や学校といった教育の場を通じて「趣味のよい」とされる教養や礼儀作法に慣れ親しんでいないために、それらに慣れ親しんでいる裕福な階層の子どもたちに劣等感を感じて落ちこぼれてしまう場合もある。この場合、受け継いだ文化が資産のような役割を果たすので文化資本と呼ばれる（P・ブルデュー、▼第1章）。あるいは、労働者階級の子どもが学校で真面目に勉強すると周囲からからかわれる対象になって足を引っ張られるということもある（P・ウィリス）。この場合、親というよりは労働者階級という周囲の文化によって階級が再生産されている。

しかし、こうした従来の社会移動の研究による機会の不平等の議論には、いくつか問題がある。その一つは、それがもっぱら男性に限ったものである、という問題である。従来の社会移動研究においては、親といえば父親のことを指し、子どもといえば男性の子どものことを指してきた。これは社会移動研究が展開されたのが、二〇世紀後半にいたるまでの工業化の時代であったことと関係しているだろう。工場労働者が増加するなかで労働者として想定されたのは男性であった。また工場という職場に加えてオフィスが増え、ホワイトカラーと呼ばれる事務職が増えても、男性がほとんどを占めるという点では同じであった。このように社会移動研究において女性は長いあいだ無視されてきた。

社会移動研究においても女性を調査対象として含むことが徐々に一般化してくるのは、一九八〇年代以降である。働く女性が増えたことで、女性が男性に比べて機会が制限されているということがあらためて問題となった。こうした性差による機会の不平等は、二〇一〇年代においても解消されていない。男性と同じようにキャリアを積もうとする女性が職業に就く際に男性よりも不利であったり、結婚や出産・育児によって仕事か家庭かの選択を迫られることでキャリアを中断あるいは断念したりするといったことは、なくなっていない。

このように社会移動の研究では、伝統的な社会階層や社会階級にもとづく不平等だけでなく、性差という不平等も扱われるようになってきた。社会移動の研究は、アメリカンドリームの民主化、すなわち参加者の拡大という理念のもと、その時代の社会状況に合わせて変化してきたのである。

ところが二一世紀に近づくにつれて、社会移動研究をめぐってより根本的な疑念が投げかけられるようになる。これまでの社会移動というメタファーが立脚してきたコンテクスト自体に、変化が生じているという議論が起こるようになったのである。こうした議論を引き起こした背景として指摘できるのは、工業化から脱工業化へという産業構造の変化である。

問われる社会移動の前提

二〇世紀の後半にいたるまでの工業社会を象徴するのは、フォード自動車工場に代表されるフォーディズムと呼ばれるような生産システムであった。こうした工場においては、ベルトコンベア式で大量の製品が生産され、そこでの生産活動に必要な労働者が大量に雇用される。そのため工場が立地する都市には、工業の成長とともに労働力となる人口が農村から流入する。これと同時に増加する居住者のための産業も発達していくので、工場が立地する都市の都市化はますます進んでいく。この間、男性を中心とする労働者は労働組合を結成し、団体交渉を通じて賃上げや休日を獲得していく。次第に豊かになっていく労働者は、生産者であると同時に消費者として大量生産された製品を購入するようになる。日本における戦後の高度経済成長がそうであったように、製造業を中核とする工業都市の生産と消費を中心とした循環によって社会が豊かになって成長していくのが、工業社会の典型的な姿である。

ところが、いわゆる先進国と呼ばれる資本主義社会においては、二〇世紀後半以降、脱工業化と呼ばれるような変化が起こった。脱工業化とは、経済活動の形態として物質的なモノを生産する産業から、非物質的な知識・情報・サービスを供給する第三次産業の比重が高まる社会への移行として理解されている。こうした転換は一九七〇年代以降の経済先進国でみられるようになったが、それはおおよそ次のようなプロセスで生じると考えられている。製造業において労働者の賃金が上昇することで、企業はより安価な労働力を求めて人件費が安い海外に工場を移転するか、または海外にある工場に外注するようになる。それに代わって金融や情報通信など知識、情報、サービスにかかわる産業が経済活動の中心になるのである（▼第8章）。

日本において脱工業化の影響が次第に実感されるようになってきたのは、一九八〇年代以降である。これに伴う社会移動の変化としては、①雇用状況の変化と、②社会階級や社会階層の変化が挙げられる。

雇用については、一九八〇年代以降、ファスト・フードに代表される飲食店（チェーン店）やコンビニエンス・ストアといったサービス産業が増加してきた。こうしたサービス産業は営業時間が長く、フレキシブルに働ける安価な労働力を必要とする。そこで、学生アルバイトやフリーターと呼ばれる若者のパートタイム労働者やパートと呼ばれる女性労働者が大量に雇用されることになる。実際、毎週発売される求人情報誌をみると、求人の数は多く、学生がアルバイトを選ぶなら選択肢は豊富である。しかしそのことは、正規雇用に代わって、かつてであれば正規雇用者がするものだった業務を担う非正規雇用が大幅に増えているということである。非正規雇用の形態も、アルバイトに限らず、パート、派遣雇用、嘱託、任期付雇用などさまざまな形態が生まれてくる。また非正規雇用はサービス産業に限らず、オートメーション化が進んだ製造業でも増加しており、さらには専門職も含めたホワイトカラー職にも広がっている。たとえば一九九四年に日本航空が導入した契約制客室乗務員が挙げられる。大学生にとっては、学生時代にはアルバイト探しには困らなかったのに、正規雇用を目指して就職活動を行うと仕事がみつからないという状況が起こっている。

こうした産業構造とそれに伴う雇用状況の変化は、社会階級や社会階層のあり方にも影響を及ぼしている。工業社会の時代において、労働組合は男性の正規雇用労働者を主体として組織されてきたが、企業の分社化や外注によるリストラクチャリング、若者層や女性を中心とした有期雇用労働者の増加は、労働組合の組織率の低下を招くこととなった。労働組合の組織率が低下することにより、労働者の利益を代表し、それを政策に反映させる役割を担う政党も弱体化していく。そのことをよく示しているのは、一九九〇年代以降の選挙のたびに話題に上る、特定の支持政党をもたない無党派層と呼ばれる層の増加である。

また同じ労働者としての行動や意識が薄れていくのは、職場や労働組合の場に限ったことではない。産業構造の変化や企業のリストラクチャリングによって、それまでは所得や雇用先によってある程度規定されていた住宅居住地と居住者の職業階層との結びつきも次第に弱くなりつつある。(5)

これら工業化から脱工業化への移行に伴う変化は、フォーディズム社会からポスト・フォーディズム社会への移行とも呼ばれ、ライフスタイルの多様化としてとらえることができる。ポスト・フォーディズム社会では、人々の働き方は集団的で画一化したものから、断片的で多様なものに変化する。そして働き方が断片的で多様なものに変化すれば、人々のライフスタイルも多様化する。というのも、どこで、どのような時間に、どのように働くかということは、それ以外の生活のあり方を規定するからである（▼第10章）。

ここでいうライフスタイルの多様化とは、「普通の生き方」あるいは「標準的な生き方」として想定されていたものが、まったくなくなるわけではないものの、想定しにくくなっているということを意味する。たとえば二四時間あるいは一週間といった日常生活のサイクルを考えてみると、朝起きて夜寝る、平日働いて週末は休む（あるいは遊ぶ）といった「普通」のことが、夜働いたり、週末に働いたりする人が増えることで、単純には「普通」とはいえなくなっている。これはより長期的なライフコースで考えてもそうであり、いつ親元を離れて独立するか、いつ結婚するか、いつ出産するかなどといったライフイベントの時期も、「普通」や「適齢期」という言い方があてはまらなくなりつつある。

こうしたライフスタイルやライフコースが多様化するなかで生じるのは、これまでの大多数の「普通」や「標準」にもとづいて整えられてきた諸制度と、そこから外れてしまうようなライフスタイルないしはライフコースを送る人との齟齬である。

社会移動の観点からみて、こうした齟齬に最もシビアに直面するのは、学校から職業への移行という、社会移動のプロセスにおいて重要な局面にいる人たちである。工業化の時代においては、学校から職業への移行は相対的に安定していて予測可能なものであった。つまり、学校において自分がどのようなコースにいるかがわかれば、どのような職業に就いてどのように働いていくかということが、ある程度予想できた（▶第5・8章）。しかし労働市場において非正規化が進むなかでは、正規雇用の割合が低くなり、それまで期待されていた職業に就くことができないか、できたとしても非正規雇用という不安定な雇用形態で働かざるをえないという事態が少なからず起こる。

二〇一〇年代の大学生に関していえば、実際のところ多様なルートから選択しなければならないにもかかわらず、企業、親、大学から求められるのは、これまでどおりの大学卒業資格に見合った職業への新卒一括採用での正規雇用であり、そうした就職ができなければ「負け組」や「怠け者」という烙印を押されることになる。本来個人ではどうしようもない構造的な問題であっても、期待される就職がかなわなかった際の責任は本人に負わされる。

ここまでみてきたように、工業化から脱工業化という産業構造の変化は、人々の働き方、さらにはライフスタイルやライフコースの変化を引き起こしてきた。ポスト・フォーディズム社会においては、ライフスタイルやライフコースは以前に比べると多様化しており、いつなにをすれば「成功」あるいは「達成」といえるのかは明確ではない。とくに日本においては、二〇〇〇年代以降、非正規雇用の割合が増加するなかで、誰もが参加すべきものとして、あるいは唯一の成功モデルとして、アメリカンドリームを設定することは難しくなりつつある。

多様な生き方と機会の平等

二一世紀においても、社会移動という観点から機会の平等を検証することの意義がなくなるわけではない。国会議員や企業の重役に占める女性の割合が著しく低いとすれば、性差によってなんらかの不利益を女性が被っていると考えられるし、富裕層の子どもが親と同じく富裕層になる傾向が強ければ、社会階級や社会階層にもとづく不平等が存在すると考えられる。職業を代表する社会的地位の達成のプロセスを検証する社会移動は、これからも社会における不平等を知るための重要な指標であることはまちがいない。とはいえ産業構造やライフコースの変化により、社会移動だけではとらえられない不平等が姿を現しつつある。

社会移動研究の中心的価値である個人の自由と平等を尊重し、機会の平等を目指すことを伝統として引き継ぎつつも、職業にもとづく社会的地位とは別の指標によって社会の不平等を扱うにはどのようなアプローチが可能であろうか。その一つは、アメリカンドリームだけが誰もが目指し参加するという意味での機会の平等であると考えるのではなく、アメリカンドリームというかたちでの成功を目指すことも目指さないことも可能である、という意味での機会の平等を想定するアプローチである。この場合、アメリカンドリームの追求はあくまでとりうる選択肢の一つであり、選択するかどうかは個人の自由である。また一度はアメリカンドリームを目指したとしても、途中で中断したりやめたりすることができる、つまり、次の機会があったり、それが人生の失敗や社会からの脱落とならないという機会の平等である。

こうした意味での機会の平等を考えるために、社会学の外部で登場した社会学的問題意識をもつ議論に目を向けてみたい。それは「人間的ケイパビリティ・アプローチ」と呼ばれる立場である。中心的な論者は経済学者A・センや哲学者M・ヌスバウムである。ケイパビリティ・アプローチとは、財産のような個人の利用可能な資源の多寡や、資源を利用することで得られる効用（満足度）に注目するのではなく、個人にとってなにができるか、どのような状態になれるかを問うことで社会のあり方を評価しようとするものである。すなわちこのアプローチでは、個人が達成したことや実現させた内容を問うのではなく、実際には選択されない選択肢も含めて、諸個人に選択の幅がどれほどあるのかを問題とする。ケイパビリティという日本ではあまり耳慣れない言葉が意味するのは、他人との比較による優劣を基準とした能力や才能ではなく、個人が最大限に可能性を高めることができる前提条件としての能力と考えるのが適切であろう（▼第10章）。

ケイパビリティ・アプローチの特徴は、社会移動における機会の平等のとらえ方と比較してみると理解しやすいかもしれない。社会移動における機会の平等のとらえ方は、主に職業を指標とした社会的地位の達成の過程において、達成された結果が個人の意思や努力によって達成されたものかどうかを問うものである。これに対して、ケイパビリティ・アプローチでは、職業を通じた上昇移動を目指すことは選択肢のうちの一つにすぎない。個人は職業を通じて上昇移動を目指すことを選択してもかまわないし、それを目指さなくてもかまわない。いずれの選択をするにせよ、ケイパビリティ・アプローチの考え方では、特定の選択以前の機会の平等が問題になる。

ここでケイパビリティというものを具体的にイメージするために、ヌスバウムが作成した「人間中心の機能的ケイパビリティのリスト」を紹介しよう（表3-1）。内容に立ち入る前にリストの位置づけとして重要な点を確認しよう。ヌスバウムによれば、このリストに挙げられた要素は互いに関連し合っているが、それぞれ個々の要素であり、「ある一つの要素を多く達成することにより他の要素を満たすということはできない」（ヌスバウム 2005：95）。個人がどのような生き方を選択し追求するかにかかわらず、そのせいで他のケイパビリティの要素が犠牲になってはならず、すべてのケイパビリティを満たすことが人間らしい生き方の基盤なのである。(6)

リストの内容に目を向けると、ケイパビリティの多くの要素は、精神の自由、身体の自由、経済活動の自由など、これまでも国家が憲法にもとづいて国民（市民）に対して保障してきた権利と重なる（▼第10章）。そのなかで、やや異質にみえて興味深いのは「9　遊び」である。なぜ遊びがケイパビリティの要素になるのか。

ヌスバウムによれば、国家の保障すべき権利は「しばしば技術的経済的発展にとって重要な識字能力や基礎的技術に焦点を合わせた狭い意味で理解され、おそらく政治的技能についても狭い意味で理解されている」（ヌスバウム 2005：106-107）。しかしそれはまちがいであり、経済成長や政治的機能に役立たなくても国家はより広範な人間のケイパビリティに関心をもたなければならない。そうしたケイパビリティの一つが「遊び」である。「子どもは自然に遊び、遊びの中で想像力豊かに自己表現すると私たちは思うかもしれない。しかし、これは正確には正しくない」（ヌスバウム 2005：107）。人は放っておいても勝手

表3-1　ヌスバウムによる「人間中心の機能的ケイパビリティのリスト」

1	生　命	正常な長さの人生を最後まで全うできること。
2	身体的健康	健康であること。適切な栄養を摂取できていること。適切な住居に住めること。
3	身体的保全	自由に移動できること。性的暴力，子どもに対する性的虐待，家庭内暴力を含む暴力の恐れがないこと。性的満足の機会および生殖に関する事項の選択の機会を持つこと。
4	感覚・想像力・思考	想像し，考え，そして判断が下せること。読み書きや基礎的な数学的科学的訓練を含む適切な教育によって養われた“真に人間的な”方法でこれらのことができること。自己の選択や宗教・文学・音楽などの自己表現の作品や活動を行なうに際して想像力と思考力を働かせること。政治や芸術の分野での表現の自由と信仰の自由の保証により護られた形で想像力を用いることができること。自分自身のやり方で人生の究極の意味を追求できること。楽しい経験をし，不必要な痛みを避けられること。
5	感　情	自分自身の回りの物や人に対して愛情を持てること。私たちを愛し世話してくれる人々を愛せること。そのような人がいなくなることを嘆くことができること。一般に，愛せること，嘆けること，切望や感謝や正当な怒りを経験できること。極度の恐怖や不安によって，あるいは虐待や無視がトラウマとなって人の感情的発達が妨げられることがないこと。（このケイパビリティを擁護することは，その発達にとって決定的に重要である人と人との様々な交わりを擁護することを意味している。）
6	実践理性	良き生活の構想を形づくり，人生計画について批判的に熟考することができること。
7	連　帯	A．他の人々と一緒に，そしてそれらの人々のために生きることができること。他の人びとを受け入れ，関心を示すことができること。様々な形の社会的な交わりに参加できること。他の人の立場を想像でき，その立場に同情できること。正義と友情の双方に対するケイパビリティを持てること。 B．自尊心を持ち屈辱を受けることのない社会的基盤を持つこと。他の人々と等しい価値を持つ尊厳のある存在として扱われること。労働については，人間らしく働くことができること，実践理性を行使し，他の労働者と相互に認め合う意味のある関係を結ぶことができること。
8	自然との共生	動物，植物，自然界に関心を持ち，それらと関わって生きること。
9	遊　び	笑い，遊び，レクリエーション活動を楽しめること。
10	環境のコントロール	A．政治的：自分の生活を左右する政治的選択に効果的に参加できること。政治的参加の権利を持つこと。言論と結社の自由が護られること。 B．物質的：形式的のみならず真の機会という意味でも，（土地と動産の双方の）資産を持つこと。他の人々と対等の財産権を持つこと。不当な捜索や押収から自由であること。

出所：ヌスバウム（2005：92-95）。

に遊ぶだろうと仮定しがちだが、多くの文化では少年には肉体的・精神的に冒険心をもつこと、ゲームやさまざまな企画を通じて走り回り周囲を探検することが奨励される一方で、少女にはそのような機会が開かれておらず、その結果、少女たちは遊び方を知らない。遊び方を学ぶことは、遊びという学習の実践である。したがって、性差に関係なく子どもが遊ぶケイパビリティを発展させることは、生活にはときには遊びも必要だという以上の意味をもつ。

さらに遊びのケイパビリティは、ケイパビリティのリストのなかでも「他の全ての項目を組織し覆うものであるために特別に重要」（ヌスバウム 2005：97）であるとされる「実践理性」と「連帯」にも結びついていると思われる。

ケイパビリティ・アプローチの考え方では、社会が舞台を準備し、自分がなにを追求してなにになるかは個人の選択に委ねられている。社会が個人の選択の幅を広げる舞台を準備するということが意味しているのは、諸個人にも選択肢を生み出し増やしていくことが求められるということである。ここで生み出し増やす必要があるのは、技術的経済的発展に即した選択肢のバリエーションではなく、そこからこぼれ落とされたりはみだしたりしてきたものを価値あるものとして認めるような選択肢ということになるだろう。「良き生活の構想を形づくり、人生計画について批判的に熟考することができること」を意味する「実践理性」は、このような諸個人の能力として理解できる。そこに必要とされるのが、人間の能力と社会に関する常識的な見立てとは異なるものを想像する力であり、それは「遊びのなかの想像力」によって育まれる（▼第6章）。

また、良き生活の構想を形づくったり、人生の計画について批判的に熟考したりすることは、対話的なものであって、一人で可能になるものではない。そこに「連帯」が必要になるのであり、リストの「連帯」で示されている「自尊」と「共感」という項目はそうした実践理性の行使にとって重要な姿勢となる。こうした連帯のための場所は、学校や趣味のサークルかもしれないし、あるいは会社であるかもしれない。そこでの連帯と実践理性の行使が適切に行われるためには、遊びのケイパビリティを十全に育んでおく必要がある。

このようにケイパビリティ・アプローチの考え方は、社会移動研究が探究してきた機会の平等をより広くとらえたものであり、アメリカンドリームの追求を目指すことも目指さないことも可能であるような機会の平等としてケイパビリティ概念はきわめて有効であると考えられる。

そして今後の移動の社会学にとって必要なのは、こうしたケイパビリティ概念にもとづいて実証的な検証を行うということである。ソローキンは機会の平等が開かれているかどうかを実証的に検証するために、社会移動（垂直移動と水平移動）というメタファーを考案した。ソローキンに続く社会学者は、主に職業にもとづく社会的地位を指標とし、その変化を社会移動ととらえることで機会の不平等を検証してきた。社会移動研究において伝統として受け継がれてきたこうした実証的な態度にもとづいて、ケイパビリティの達成の度合いを可視化すること。つまり、ヌスバウムが提示したケイパビリティのリストの項目について、それらの達成を示す具体的な指標を現実のなかから丹念に探し出して作っていくこと。これが現代の移動の社会学には必要になる。(7)

その際、社会移動という従来の見立てに相当するメタファーも必要になるだろう（▼第6章）。リストにあるそれぞれのケイパビリティの項目を満たすためには、個人のケイパビリティを促進する社会的制度や、個人がケイパビリティを育むことができる場所が必要となる。そうした制度や場所へ誰もがアクセスできることがケイパビリティという多様な生き方を可能にする機会の平等にとって重要である。したがって、アクセシビリティ（アクセスしやすさ、利用できる可能性）というメタファーが重要になるのではないだろうか(8)（▼第10章）。

4　移動の時代における社会学

この章の冒頭で『タイタニック』を例にして、社会学が扱ってきた近代における典型的な移動のイメージについて取り上げた。およそ一〇〇年後の二一世紀初頭において、それらはどの点で継続していて、どのような部分で異なっているだろうか。あらためて考えてみよう。

第一に、人やモノの大量輸送は、二一世紀においても拡大が続いており、今後もそうした傾向は続くだろう。世界をつなぐ人やモノの移動が、タイタニック号の時代には北大西洋航路のように一部の地点間のルートを中心としたものに限られていたが、二一世紀においては地球上のあちこちに網の目のように無数のルートがはりめぐらされるようになった。加えて、電子メディアを通じた情報の移動も劇的に発達した。二〇世紀半ばより発達したテレビを中心とする映像メディアは、世界の出来事を人々に共有させる役割を果たしてきた。さらに二〇世紀末から二一世紀にかけてのインターネットの発達は、マス・メディアを通じてではなく、ごく普通の人が映像をはじめとした情報を即時的に共有することを可能にしている。このインターネット上のやりとりは、グローバルな世界というイメージを可能にし、私たちの世界の経験の仕方を変えつつある。こうした人、モノ、情報の移動の増大は、長らく独立したものとして考えられてきた、国境に区切られた個別の社会間の相互依存性を高めている。

第二に、人々の身分の違いとそれにもとづく不平等については、近代社会における個人の自由と平等の理念のもと、その克服と平等の実現に向けた取り組みが粘り強く行われてきた（▼第15章）。社会学が研究してきた社会移動もその一つである。産業化の進展につれて、旧来の身分に代わって社会階級という新たな区分が、あたかも身分のようになってきたのではないか。こうした問題意識が社会学を社会移動研究につきうごかしたことは、この章の2節でみたとおりである。とはいえポスト・フォーディズム社会への移行に伴って、社会階級や社会階層のあり方は工業化の時代とは姿かたちを変えつつあり、階級や階層ごとの同質性は以前ほどはっきりしたものではなくなってきている。しかし、そのことは社会階級や社会階層による不平等がまったくなくなったということを意味するのではない。

第三に、移動に伴う期待、とりわけ仕事を通じて人生の成功を掴むという期待は、二〇世紀を通じてアメリカンドリームという名で世界中に広がっていった。社会学は、この夢に誰もが参加できることを産業化された社会における機会の平等とみなして、その実現の度合いを検証し、またそれを阻む社会的要因を考察してきた。それが社会移動の研究である。二一世紀においても、アメリカンドリームは人々の目標として有力なものの一つであり続けている。しかし、ポスト・フォーディズム社会においては、アメリカンドリームが唯一の目標であったり、成功への道筋であったりし続けるのは難しい状況になっている。アメリカンドリーム追求への懐疑は、開発途上国において貧困のなかで生きる人々の機会の平等をグローバルな社会の問題として考える立場からも生じている。

このように『タイタニック』の時代と二一世紀初頭の現代の移動のあり方を比べてみると、近代という大きな時代区分のなかで共通している部分と、時代とともに変化した部分があることに気がつくだろう。二一世紀の特徴は、地球規模での相互依存性の高まりと、個々人の生の不安定性の高まりである。グローバリゼーションの時代を迎えて、かつては国民国家単位で比較的安定していた社会は、これまでの経験にもとづくかたちでの予測が難しく、不安定なものになりつつある。そうした状況における混乱は、タイタニック号が沈みゆく姿と重なってみえる。海水が流入し、沈みゆく船体で起こる危機は、客室の等級に関係なく乗客たちを追いつめる。迫りくる生命の危機のなか、生き延びたいと願うのは乗員・乗客の誰もが同じである。しかし危機への対応は、パニックを起こし右往左往する者、他人のために自らは犠牲になろうとする者、なるべく多くの人が助かるような方策を考える者というようにさまざまである。国民国家を中心に組織化されてきた社会がグローバリゼーションのなかで経験しているのは、タイタニック号の最期の混乱のようである。ただしタイタニック号の場合と違って、立ち行かなくなる社会のあり方と運命をともにせず、異なる社会のあり方を構想して生き延びていく余地が私たちには残されている。

こうした状況において、人々が自らの人生をよりよく生きるとはどのようなことであり、またそれを可能にする社会とはどのようなものか。この章では、移動という現象に着目しながら、こうした問題を社会移動研究の端緒の問題意識に遡り考えることで、ケイパビリティ・アプローチとの接合を試みた。どのような文化のなかで暮らし、どのような人生の選択をするにせよ、人間としてよく生きることができるための条件を問うケイパビリティ・アプローチは、これまで社会学が綿々と行ってきた社会移動研究の伝統を引き継ぎながら、より広い観点から機会の平等という前提を発展させていく可能性をもつ。ケイパビリティという観点にもとづいて、機会の平等の実現を目標とする価値的態度をもち、それを阻害する不平等のあり方を考察すること。二一世紀の社会学にとって移動という現象は、その新たな姿において、実証的研究においても理論的研究においても中心的な位置を占めていくことになるだろう。

(1) この著書を執筆した当時、ソローキンはアメリカのハーバード大学で教鞭を執っていたが、彼が生まれ育ったのはヨーロッパであり、ロシア革命にも参加して大臣まで務めた人物である。その後、ソ連から亡命してアメリカに渡って社会学を研究している。ソローキンの経歴自体が移動の歴史であることは、おそらく彼が社会移動という概念を発想し、新天地であるアメリカの社会を分析したことと無関係ではないだろう。

(2) ここで使用するメタファーとは、あるものを他のもので代替することで理解することという広義の比喩のことである。

(3) ここで職業が社会的地位の指標となっているのは、ふだん、私たちが職業によって人を尊敬する、あるいは信頼するかどうかなどを判断することがあるように、職業が社会的地位を判断する際に大きな要素となっているためである。また、より威信が高く、収入が得られる職業に就くことは、社会生活全般において恵まれたチャンスになるとも考えられている。

(4) 社会階級と社会階層には、次のようなニュアンスの違いがある。社会階級は身分的であり、人々の行動や考え方を規定する特徴がある。職業のみならず、住む場、応援するサッカーチーム、集う店なども階級の区分によって異なるので、現実の生活のなかで社会階級は識別可能である。これはヨーロッパ諸国にあてはまる。一方、日常生活における社会階級のリアリティが比較的希薄で曖昧なアメリカや日本のような国では、職業にもとづく社会階層という概念が用いられる(アメリカにおいて身分的な社会階級に似たポジションにある概念は、「人種」や「エスニシティ」である)。ただし、ここではこうした違いにはこだわらず、だいたい同じ概念として扱っておく。

(5) もっとも、これは脱工業化によって急激に生じただけではなく、経済成長を経て社会全体が経済的に豊かになっていったということもある。

(6) この考えにしたがえば、しばしば女性が強いられる仕事をとるか家庭をとるかという類の選択は、その選択肢の存在自体が問題とみなされるだろう。

(7) ケイパビリティの実現を実証的に検証する際に注意しなければならないのは、「ケイパビリティを満たしている人ほど経済的に成功している、またはなにかを達成している」というようにケイパビリティを個人に属する資源として扱ってはならないということである。この点に関しては、ソーシャル・キャピタル(社会関係資本)論と問題を共有している。ソーシャル・キャピタルという概念を人とのつながりやコネが個人の経済的成功に役立つというように、人間の経済的価値を教育などの投資によって高めることができると考える人的資本論と類似した用法で用いる研究も存在する。しかし、社会学的に重要なのは、個人に属するものではなく、パットナム(2001＝2006)のように地域社会を単位とした集合的な資産としてソーシャル・キャピタルを扱うことである。

(8) 個人がケイパビリティを育むことができる制度や場所へアクセスできる条件として、そうした制度や場所が整備されていることが必要である。したがって、アクセシビリティには、①個人がすでに準備されている特定の制度や場所に対してアクセス可能かを問うものと、②個人が生活する地域において、そうした制度や場所が社会的に準備されているのかという条件を問うものの二種類がある。後者に関しては、ソーシャル・キャピタル論の蓄積が参考になる。

参考文献

アバークロンビー、Nほか編（2005）『新しい世紀の社会学中辞典』（丸山哲央監訳）ミネルヴァ書房。

直井優（1994）「社会移動」見田宗介・栗原彬・田中義久編『社会学事典』弘文社。

ヌスバウム、マーサ・C（2005）『女性と人間開発——潜在能力アプローチ』（池本幸生・田口さつき・坪井ひろみ訳）岩波書店。

Blau, Peter M. and Otis Dudley Duncan, (1967) *The American Occupational Structure*, New York, Wiley and Sons.

Mills, Colin (2006) "*Mobility*" in John Scott, (ed.), *Sociology : The Key Concepts*, Routledge.

Scott, John (ed.), *Sociology : The Key Concepts*, Routledge.

Sorokin, Pitirim, ([1927] 1959) *Social and Cultural Mobility*, Free Press.

第4章　愛　情
――共同体の原理――

渡邊　太

人間と動物。異なる種の生物のあいだにいかなる関係が成り立っているのだろうか？（撮影：森田良成）

この章で学ぶこと

愛情という言葉は、恋愛や家族愛といった親密な関係だけでなく、同志愛や愛国主義のように、より広い関係を表現することもできる。そもそも人間が他人と一緒に共同生活を営むためには、ある程度、相互に愛着をもつことが必要である。それゆえ、愛情は共同体が成り立つための基礎的な感情といえる。

本章では、近代化の過程で社会生活が大きく変化するなかで、伝統的な共同体が変容し、新しい社会関係が台頭したことを社会学がどのように理論化してきたかを概観したうえで、愛情を基礎とする近代的な共同体の二つの類型として、ナショナリズムとアナーキズムを取り上げる。ナショナリズムは「われわれ」という同一性を原理とする共同体である。一方、アナーキズムは見知らぬ他者の異質性を肯定する差異の共同体を目指す。未知の他者への愛情はいかにして可能か。その契機は、異質な他者との偶然の出会いによって感情を揺さぶられる経験にある。

1　愛情の遠近法

「愛情」という言葉から、どのような関係を想像するだろうか。思春期・青年期の若者たちにとっては、愛情は恋愛ないし性愛のイメージで受けとられるだろう。子育てに励んでいる親にとっては、わが子を思う愛情が真っ先に思い浮かぶだろう。キリスト教の信者であれば「隣人愛」という聖書のコンセプトを思い浮かべるかもしれない。仏教では、「渇愛」として愛は苦しみの原因の一つに数えられる。(1)このように、愛情という言葉はさまざまな関係をあらわすために使われる。

誰かを好きになって身をよじられるほどに恋い焦がれる情念や、家族を大切に思う感情は、私の身近に在って、私が生きていくためにその人の存在が欠かせないと思う他者に対する愛情である。ここで身近な他者と表現したのは、物理的な距離ではなく心理的な距離をあらわすものであって、遠距離恋愛中の恋人や離れて暮らす家族も物理的には離れているが心理的には身近な他者といえる。

愛情と友情の違いはなにか、という問いも思春期の青年たちにとってはおなじみで、ときに実践的な緊張のなかで思い悩む課題でもある。愛情を他者を大切に思う感情として広くとらえれば、友情もまた愛情の一部に含めることができる。自分自身を大切にするのと同じくらいに、あるいはそれ以上に自分以外の誰かを大切に思う愛情がおよぶ範囲の外延は、さらに大きく広げることができる。同じ志をもつ他者に対する同志愛や、生まれた母国に対する愛国心もまた、愛情という言葉に含めて考えられる。愛国心は、母国を愛すべきものとして慕う感情である。

いま、例示した愛情はいずれも親しみの感覚とかかわっている。家族や恋人といった身近な人間関係から、同志愛、愛国心などより大きな広がりをもつ関係まで、いずれも他者に親しむ感覚が愛情の基礎となる。「親しい（したしい）」に隣接する言葉として「近しい（ちかしい）」がある。「近しい」とは心理的に身近で親しみのある関係を意味し、「親しい」と意味の重なりをもつ。わたしたちが愛情という言葉を使用するとき、ほぼこの「親しい・近しい」の意味の平面を想定している。

それに対して、遠くへ向かう愛情、親しくない他者に対する愛情というものを想像してみることができるだろうか。見ず知らずの他人に対して、どのような愛情を抱くことが可能であるのか。一つの手がかりとして、私の経験を以下に述べたい。

二〇一三年一月五日、私は韓国南東部の港湾都市・釜山にいた。市街地に近い港湾地域に本社ビルを構える韓進重工業は、近年激しい労働争議が勃発したことで知られる。同社が発表した大量解雇に抗議した労働組合が、二〇一〇年暮れからストライキに突入し、復職闘争中のキムジンスク組合員がクレーン八五号機に登って籠城を開始した。韓進重工業における籠城は彼女が初めてではなく、以前にもキムジュイク組合支部長が二〇〇三年にクレーンに立てこもったが、大きな社会的関心を集めることができず籠城一二九日目に自殺した。

しかし、今回のクレーン八五号闘争は大きな関心を集め、釜山の労働組合運動だけでなく、ソウルからも多くの活動家が支援のために駆けつけた。二〇一一年六月には、ソウルから観光バスをチャーターして集団で釜山を訪れる「希望バス」が出現し、約七〇〇名が参加した。籠城開始から一五七日目のことだった。「希望バス」は評判を呼び、翌七月に第二期「希望バス」として一九五台ものバスがチャーターされて、約一万人が釜山に結集した。一〇月まで毎月のように「希望バス」が走り、活動家や学生、芸術家らがクレーン八五号の闘争に連帯した。組合は会社と交渉し、一一月に整理解雇撤回と生活支援金の支払いを約束させ、キムジンスクは三〇九日目にクレーンを降りた。全国的に注目を集めた「希望バス」の連帯によって組合が会社に対して勝利したのである（兵頭 2012）。

それから一年後の二〇一二年一二月、韓進重工業から無期限休業を命じられていた組合幹部のチェガンソが自殺した。じつは会社は、労使交渉締結後に復職を約束しておきながら組合員に無期限休業を命じていた。その後、一部の労働者は復職できたが、組合幹部には復職が履行されないなかで将来を悲観しての自殺だった。三五歳の若さであった。二〇一三年一月五日、彼の死をきっかけとして一年ぶりに一四台の「希望バス」が走り、韓進重工業前で大規模な追悼と抗議の集会が開かれた。

その集会の現場に、私もいた。北部のソウルに比べると釜山の気候は温暖であるものの、年末からの寒波で夜には氷点下にまで冷え込み、そのうえ海に面した韓進重工業前の路上には冷たい潮風が吹きすさんで身を切られるような寒さだった。集会では亡くなったチェガンソの妻も演台に立って悲痛なスピーチを行い、痛哭と憤怒の共鳴が渦巻いた。誰もが若き活動家の死に心を痛めていた。

ところで、なぜ私はその場所にいたのだろうか。ここ二、三年のあいだに縁あって何度か韓国を訪れる機会に恵まれて、いくつかの社会運動の現場を訪れた。社会学の研究者として、社会運動の現場に関心を抱いていたのである。だが、釜山の韓進重工業前の集会で、私は客観的であろうとする観察者としてではなく、同世代の活動家の自死に悲しむとともに憤る、隣国の同志として追悼し抗議した。見たことも会ったこともないにもかかわらず、彼の死に揺さぶられる思いを抱えながら、なぜかその場所にいたのである。そのように揺さぶられる感情は、韓国のさまざまな運動現場を訪れたときに共通して感じられるものでもあった（▼第9章）。

社会運動の現場は危険にさらされる場所でもある。会社に雇われた屈強な民間警備員と警察の暴力、ときには逮捕される危険もある。長らくストライキから遠ざかっている日本の主流の労働組合運動とは異なり、韓国の労働運動は戦闘的な闘争手段をとる傾向があり、座り込みのストライキを頻繁に行う。闘争手段がラジカルなぶん、警察による弾圧も激しくなり、クレーン八五号闘争では警察による催涙液の放水をはじめとする過酷な攻撃にも遭った。また、外国人としてデモや集会の現場を訪れることは、反政府的活動に従事したとして国外退去や今後の入国拒否に遭遇するリスクもある。

そのような危険があるにもかかわらず、なぜ毎回、リスクを背負って運動の現場を訪れるのか。理由はいくつもあるはずだが、一つにはそこで出会う人たちとの関係が魅力的だからということが挙げられる。初めて会った親切な人たちと関心を共有する事柄や生活上のさまざまな話題について話をする。次にいつ会えるかわからないが、どこかでまた会えるかもしれないと期待している。束の間の出会いのなかで、カタコトの言葉をぎこちなく使いながら可能なかぎり互いになにかを伝え合おうとする。そういう関係性に惹かれるのである。

私たちは近くの他者を必要とするのと同じく、遠くの他者をも必要とするのではないだろうか。近くの他者をさしおいて遠くの他者とのかかわりを求めることは、ときに理解されにくい。たとえば、家に介護を要する姑が寝ているにもかかわらず遠くまでボランティアに出かけていく嫁に対して「偽善ではないか」という皮肉まじりの非難が向けられることがある。まず身近な姑のために尽くすべきだという理屈はわかるが、理屈だけでは救われない感情もある（鷲田 1996）。たまたまニュースで見た被災地の光景にいてもたってもいられずボランティアに駆けつけてしまうことも十分に理解できるのであって、愛情の発露は必ずしも心理的な距離の遠近に応じて決まるわけではない。

他者を大切に思う愛情は、人間が他者とともに共同生活を営むうえで基礎的な感情である。以下では、愛情にもとづく社会関係を基盤とする共同体の成立条件について検討し、愛情を「親しさ・近しさ」に限定するのではなく、遠くの見知らぬ他者にも開かれた概念としてとらえなおすことを試みたい。

2　共同体

感情の機能

なぜ人は感情をもつのか。生物学的にみれば、感情は与えられた環境のなかで生物が生きていくための情報処理機能として進化してきた。生物が生きていくためには、環境から収集される膨大な情報から、有益・快となる報酬性の情報と有害・不快となる嫌悪性の情報を判別しなければならない。報酬性の情報は安全で心地よい場所や獲得可能なエネルギー源を意味し、嫌悪性の情報は回避すべき危険を意味する。したがって、報酬性の情報を感知すれば接近し、嫌悪性の情報を感知すれば回避することが、有効な生存戦略となる。

多くの生物において、報酬性・嫌悪性の判断は遺伝的プログラムに応じて自動的に決定されるが、知性が発達した生物には変化する環境に柔軟に対応する自由度が備わっている。とりわけ、高次脳機能が発達し、意識という内的世界をもつにいたったヒトは、環境からの情報に対して無限に多様な意味付与を行うことができる。自由度が高いということは情報処理が高度に複雑化することを意味する。そのなかで感情は、迅速な情報処理を可能にしてくれる。

感情機能を担う中枢は、大脳辺縁系の扁桃体である。扁桃体には、視覚・聴覚・体性感覚・味覚・嗅覚すべての新皮質感覚連合野と前頭葉・多感覚性連合野からの直接の繊維投射があり、感覚刺激の生物学的重要性（報酬性・嫌悪性）を評価する機能がある。扁桃体が損傷すると、表情の評価や声の情動的抑揚の判断に関する障害をもたらす。すなわち、扁桃体における情報の価値評価が感情の機能と考えられる。扁桃体による評価情報は、前頭葉皮質へ伝達されることで意識化される。また、扁桃体から視床下部を介して自律神経系にも信号が伝達される。視床下部はホルモン分泌の調整にかかわり、筋肉の緊張と弛緩、血圧、心拍数に影響を及ぼす。感情が心拍数の上昇などの身体的反応を伴うのは、そのためである。

ヒトを理性的存在として評価する啓蒙思想では意識と思考の役割が強調されるが、ヒトが生きる環境には膨大な情報が含まれているうえに、時間の経過とともに環境情報も変化していくため、そのつど環境情報から行動の指針を合理的に推論するのはほとんど不可能である。流れる時間と変化する環境のなかで迅速に判断することを迫られているとき頼りになるのは、時間を要する思考ではなく瞬間的に判断できる直感的な感情である。

集団生活を発展させたヒトにとっては、進化のある段階から自然環境よりも社会環境のほうが個体の生存を左右する主要な要因となった。他者に遭遇したとき、自分にとって有益な存在か、有害な存在かを瞬時に判断する必要がある。他者の目つきや表情は、自己の感情を喚起するトリガーとなる。鋭い目つきは不安と恐怖の感情を喚起するだろうし、やさしい目つきは親しみの感情を引き起こす。恐怖の感情は嫌悪性であり、逃走行動を準備する。親しみの感情は報酬性であり、友愛行動を準備する。(2)

このように感情は生物学的な基礎をもつが、分化し個別化した感情の形式は文化的な影響を大きく受ける。青年期の恋愛感情や親が子を愛おしむ愛情は、人類の太古から変わらない普遍的な感情であると思われるかもしれないが、社会史の研究は個別的な感情が歴史的文脈のなかで形成された社会的構築物であることを明らかにしてきた。人間同士が惹かれ合う基礎的感情は普遍的であるとしても、感情の形式や表現のパターンは社会的・文化的に異なり、社会化による学習を通じて伝達されるものである。

誰かを好きになって恋い焦がれる恋愛の熱情は、西洋中世の騎士道文学をルーツとするロマン主義的な愛（ロマンチックラブ）に由来する。貴婦人に対する純粋に精神的な愛情を描いたロマン主義文学は、個人の内面を描いた近代小説の流行を経由して大衆化し、やがて婚姻制度と結合して恋愛結婚の普及を招いた（井上 1973）。

わが子に対する親の愛情も近代化の過程で形成されたものである。西欧では一八世紀ごろまでは子どもは愛情を注ぐべき対象ではなく、「小さな大人」として補完的労働力の役割を担うべき存在であった。子どもを無垢で純粋な存在としてとらえ、教育によって社会化すべきとする啓蒙主義的な教育思想が普及し、学校制度が整備されるなかで子どもは保護し愛情を注ぐべき存在として位置づけられ、親子の情愛が家族の基礎として重視されるように変化してきたのである（アリエス 1980）（▼第5章）。

共同生活の基礎

広い意味でとらえれば、愛情とは人間が他者とともに共同生活を営むための基礎的な感情である。人間は孤立して生きることはできず、太古の昔から他者とともに共同体（community）を形成し、協力して生活を営んできた。共同体は、人間が生きていくうえでの基礎的な欲求を充足できる共同生活の単位を意味する。社会的な動物としての人間は、相互の愛着によって結合し、共同体を形成して生存を確保してきた。

原始の人類にとって共同生活を営むことは、自然環境の脅威をしのぐために不可欠の方法であった。文明化した社会においても、分業の発達による相互依存的な関係なしに生活を維持することはほとんど不可能である。

共同生活の第一の利点は、協働と分業による物質的な相互援助である。通常、一人ひとりが孤立して生存上の必要を充たすための労働を行うよりも、複数の人々が協力して集団的に労働するほうが効率的であり、少ない労働でより多くの必要を充たすことが可能になる。第二の利点として、共同生活のなかでの情緒的な交流がある。物質的な充足だけでなく、共同生活のなかで得られる情緒的な充足も人間が他者とのかかわりのなかで生きていく大きな理由となっている。愛情は、いわば共同生活の情緒的基礎をなしている。

生殖活動によって子どもを産み育てる家族は、種としての再生産にかかわるため原初的で最小の共同生活の単位と考えられる。近代社会では、家族は血縁関係にもとづく情緒的な結合体としてイメージされるが、近代以前の家族は非血縁者も含む家産共同体（イエ）であった。複数のイエが集まって集落ができると、そこに村落共同体（ムラ）が成立する。ムラでは一定の空間のなかで人々が類似の生活様式を営むため、共通の慣習、規範、信仰、方言などのローカル・ルールが発展する。イエやムラは包括的な生活の場であり、それ自体で自足する共同体である。

近代以前、相対的に規模の小さな共同体に暮らす人々は自給自足的な経済を営み、伝統的な生活様式を守って生活してきた。移動する商人や巡礼者を通じて共同体の外部との交流もあったが、相対的に小さな規模にとどまっていた。やがて文明が発展し、共同体を超えた交通と商業の自由度が拡大すると、共同体を超えたスケールの都市が出現する。交通の要所や商業の集積地、権力の集中する拠点などに形成される都市では、村落とは異なる独自の生活様式が発展した。共同体を超えた交流が盛んになり、イエやムラとは異なる原理によって結ばれた新しい社会関係が出現する。

共同体の境界を超えて信仰のネットワークを拡張する世界宗教は、都市的な原理にもとづく新しい社会関係を発展させた。キリスト教やイスラームなどの世界宗教は、共同体のしがらみを超えた社会関係を可能にした点で、個人が共同体から解放される最初のステップでもあった。共同体からの解放は、のちに近代社会において全面的に開花する。

近代社会は、伝統的なしがらみから解放された自由で自律的な個人という人間像を創造した（▼第12・15章）。自由な個人は、政治的には人間の権利にもとづく民主主義を実現し、経済的には私的所有と商品経済にもとづく資本主義を発展させた（▼第7・9章）。移動する自由の権利と技術の発展により交通とコミュニケーションが増大し、人々の生活範囲が拡大するとともに、流通する商品と労働力もグローバル化する（▼第3章）。近代の新しい環境のなかで、解放された自由な諸個人の結びつきによる自発的な集団や結社（アソシエーション）が数多く出現し、それが社会のさらなる変化の原動力となった。

近代化は、伝統的な共同体にみられる全人格的関与にもとづく社会関係ではなく、選択的な役割を限定的に演じることで成立する社会関係の発展を促した。社会的な役割を演じることによって、個人的な信頼関係を築く手間をとることなしに社会関係を結ぶことが可能になった（▼第11・12章）。私たちは、見ず知らずの誰かが作った料理を疑いもたずに食べ、見ず知らずの他人に大事な手紙を預け、見ず知らずの他人が運転する乗り物に安心して乗っていられる。これらの行為が可能なのは、互いに社会的な役割を演じるという暗黙の了解のおかげである。近代社会では移動と社交の範囲が近代以前と比べてはるかに増大したが、限定的な役割関係であるからこそ人々は以前よりもはるかに多くの人々と社会関係を結ぶことが可能になった。

一九世紀後半、近代化の加速度的な発展とともに成立した社会学にとって、このような社会関係の変化は重大な関心事であった。社会関係の変化に関心をもつ社会学者たちは、共同体の伝統的な社会関係と近代社会の新しい社会関係を対比し、理論化する作業に取り組んだ。社会学初期の代表的な理論家であるF・テンニースは、「ゲマインシャフト」と「ゲゼルシャフト」という対概念を用いて、伝統的な共同性と近代的な共同性を対比している（テンニース 1957）。

ゲマインシャフトとは、地縁、血縁、朋友などの関係に代表される「すべての信頼に満ちた水いらずの共同生活」を意味する。それに対してゲゼルシャフトは、契約や法、所有にもとづく限定的な関係で、都市、企業、軍隊などを指す。ゲマインシャフトは他者とのかかわりそれ自体を目的とする社会関係であり、ゲゼルシャフトは特定の目的を達成するために他者とのかかわりを手段として利用する社会関係である。

テンニースは、人間にとって根本的であるはずのゲマインシャフトが近代社会において次第に衰退し、ゲゼルシャフトが無制限に拡大していることを文明崩壊の予兆として懸念した。新しい社会関係の台頭が文明崩壊の予兆であるとするのは、一九世紀における近代化の典型的な見方の一つだった。それはまた、古来より保守的な知性に取り憑いて反復されてきた思考のパターンでもある。

R・M・マッキーヴァーの「コミュニティ」と「アソシエーション」の対概念も、ゲマインシャフトとゲゼルシャフトにほぼ対応する内容をもつ。ただし、マッキーヴァーはコミュニティとアソシエーションの相互補完性を強調している点で、テンニースの悲観論的な見方とは異なる。マッキーヴァーによれば、イエ、ムラなど全体的・包括的な共同生活の単位であるコミュニティは、企業、政党、組合などの限定された目的を追求するために組織されたアソシエーションがそこから生まれてくるところの母胎である（マッキーヴァー 2009）。アソシエーションは、コミュニティの共同関心を部分的・個別的に追求する組織であり、アソシエーションの活発な活動がコミュニティの活性化にもつながる。マッキーヴァーの議論は、市民運動や社交クラブが活発であるほど地域コミュニティの結束が強まるというアメリカン・デモクラシーの実例にもとづいていた。

ゲマインシャフト／ゲゼルシャフト、コミュニティ／アソシエーションの関係は相互補完的である。近代化によって、ゲゼルシャフトやアソシエーションが急速に発展・増大したのは確かであり、相対的にゲマインシャフトやコミュニティの強度が弱まったようにみえるかもしれない。しかし、人々の情緒的結合にもとづくゲマインシャフトやコミュニティが完全に消失するわけではない。人間が他者と共同生活を営むことをやめないかぎり、相互の愛着にもとづく共同性は失われない。

事実、都市社会学や組織社会学の事例研究は、アソシエーションのなかにコミュニティ的な関係性がたたみ込まれていることを明らかにしてきた（▼第8章）。誰もが孤立して過ごしているかのように見える都市社会のなかには、友人関係のネットワークや民族的ルーツにもとづくネットワークが網の目のようにはりめぐらされていて、お互いに助け合いながら生活している。営利を目的とした企業組織のなかでも、従業員は相互に道具的・手段的にのみかかわっているわけではなく、同僚と口裏を合わせてうまく仕事をサボっていたり、終業後に飲み屋に行ったりしてインフォーマルな関係を築いている。人間同士がかかわる以上、完全に手段的・限定的なかかわりにとどまることはかえって難しく、なにかしらインフォーマルなつながりが生まれてしまうのである。

集合沸騰

近代化による社会関係の大きな変化があったとしても、他者との情緒的な結合それ自体を求める人間の心性は変わらない。一九世紀末から二〇世紀初めに活躍した社会学者Ｅ・デュルケムは、情緒的な結合にもとづく共同性を模範的に示す宗教的な共同体に注目し、世俗化した近代社会にもじつは宗教的共同体との類似性がみられることを指摘した（デュルケム 1975）。

信仰の絆によって結ばれた宗教集団は、共同体の情緒的結合の模範的な例である。信者同士を結びつけるのは同じ神に対する信仰であり、信者にとって神は自分たちの集団を代表するシンボルである。共同体の秩序は、究極的には神に由来する信仰の義務にもとづく。信仰共同体は、強固な道徳的共同体でもある。

デュルケムによれば、この点に宗教と社会の類似性が認められる。社会秩序が成り立つためには、なんらかの道徳的な強制力（「汝の隣人を愛せ！」「殺してはいけない」など）が必要である。道徳的強制力は、宗教的な共同体において作用しているものと同一であり、宗教と社会は道徳感情を基礎とする点で共通している。

このアイデアを論証するために、デュルケムはオーストラリアの原始的な宗教であるトーテミズムを事例として取り上げた。トーテムとは、カンガルー、オオワシ、ヘビなど部族のシンボルを意味し、部族の祖先として信じられている。動物の他に、植物やその他の自然現象（火・雲・雨・月・風・星など）をトーテムとする部族もある。

トーテム部族は、ふだんは小集団を生活単位として分散し、漁労や狩猟、採集などの労働に従事してつつましやかに暮らしているが、祭礼のときには一堂に会して数日間のお祭り騒ぎを行う。祭りが終わると、ふたたび分散した生活に戻る。このような日常の倹約と非日常の蕩尽の対比がトーテム部族の生活のアクセントとなっている。

非日常の熱狂は、トーテム部族が集団としての一体感を最もよく実感するときである。祝祭の日、部族は祖先にゆかりのある地に集合する。部族のなかで語り継がれる神話によれば、かつて祖先はその地に生きて、なんらかの痕跡を残している。その痕跡の場所は、トーテム部族の生命力の源泉であり、エネルギーの不滅の貯蔵庫とみなされる。部族の人々は聖地でトーテムを想起させる歌と踊りで熱狂し、酒とごちそうに酔いしれる。日ごろは離れて生活している部族の仲間たちが集合し、非日常的な祝祭は歌と踊りによって熱狂状態に達する。

デュルケムは、この熱狂状態を「集合沸騰」という概念で表現する。享楽のなかで歓喜に到達する集合沸騰状態は、共同性のエネルギーが最高潮に達した状態であり、そのなかで部族の人々は生き生きとした生命力の高揚を実感し、集団的な一体感が強まる。集合沸騰において、人々は自己を超えた集団の力を実感するのである。

祝祭の興奮は、性の放縦な営みや、身体を傷つけたり大事な宝物を破壊したりする暴力さえもたらす。集合沸騰は、日常の平穏な生活と激しい対照をなす。トーテム部族は、分散して生活する日常においては、つつましく労働に従事し、倹約した生活を営んでいる。楽しみは最小限に抑えられ、退屈な平穏が生活の基調をなす。日常が平穏で退屈だからこそ、非日常の集合沸騰は過激化する。祝祭では、ふだん節約に心がけている人々が酒も食料もふんだんに浪費し、思う存分に祭りを楽しむ。日常と非日常の対照の激しさゆえに、集合沸騰の強烈な感情が生み出されるのである。

ふだん分離した生活を送るトーテム部族の人々が同じ部族の一員であるというアイデンティティを維持するためには、定期的な集合沸騰を必要とする。さらに定期的に開かれる祝祭に加えて、部族のなかに死者が出た際にも、喪の集合沸騰的な儀礼が執り行われる。死に見舞われた部族は、大げさに泣きわめき、悲しみの絶叫をあげて死者を哀悼する。これら喪の儀礼も祝祭と同様に、集合的な感情を喚起するのである。死は部族の危機である。死によって損なわれた集団のエネルギーを回復するために悲しみの集合沸騰による生命力の充填が必要になるのである。

トーテム部族の生活は、トーテムに由来するさまざまな儀礼によって秩序化されている。「○○をせよ」という命令の規範（積極的儀礼）と、「××をしてはいけない」という禁止（タブー）の規範（消極的儀礼）によって、トーテム部族の生活は組織されている。これらの規範が効力をもつのは、集合沸騰によって集団を敬愛する感情の強度がつねに高められているからである。

トーテムは集団のシンボルである。シンボルは情緒的なエネルギーの源泉として機能する。トーテムの動物を刻んだ石版は、部族のアイデンティティを覚醒させる感情装置である。多くの宗教は、信仰の熱情を喚起するシンボルを造形化している。キリスト教徒が十字架を身につけるのは、十字架に架けられて人類の罪をあがなう身代わりとして死を遂げた神の子イエス・キリストに対する感情をいつでも喚起するためである。大仏像を前にして礼拝する人々は、仏の慈悲に心を揺さぶられる。宗教的なシンボルは、集団の同一性を保証するのである。

デュルケムが観察したのは原初的なトーテム部族の宗教であったが、近代化した社会においても集合沸騰による共同体感情の噴出は、さまざまな事例にみいだすことができる。リオのカーニバルをはじめとする祭りは、集合沸騰の現代的事例である。

ファンが集い熱狂するロック・コンサートもきわめて現代的な集合沸騰といえるだろう。だが、デュルケムも予感していた集合沸騰の最も有力な現代的展開は、次に取り上げるナショナリズムに典型的にみいだせる。

3 友愛と敵対

ナショナリズム

政教分離にもとづく近代民主主義の発展とともに、宗教は世俗的な権力の場から次第に退いた。デュルケムがトーテミズムに注目したのは、単に原始的な宗教に興味があったからではない。産業革命以降、急速に進む近代化の過程で社会秩序の解体を憂慮したデュルケムは、「古い神々は、老い、あるいは、死に、しかも、他の神々は生まれていない」（デュルケム 1975〔下〕：342）という二〇世紀初頭の社会状況において、かつてカトリック教会がフランス社会において発揮していたような、人々を結合させる感情装置が必要であると考えた。

とはいえ、古い神々を復活させればすむ話ではない。なぜなら、社会の源泉に由来しない人工的な試みは、社会学の祖Ａ・コントが唱えた「人類教」が失敗したように、必ず不毛の営みに終わるだろうからである。デュルケムは、近代社会に適合する世俗的な国民感情を喚起する社会的装置を望んだ。デュルケムは、近代的な集合感情装置のモデルをフランス革命の熱狂のうちにみいだした。革命は、祖国に聖なるものとしての輝きを付与する。革命の記念日に執り行われる式典や革命をたたえるために製作された銅像は、いずれも疑似宗教的な色彩を帯びている。

だが、革命的信仰は一時的なものに終わってしまった。最初の熱狂が過ぎ去ると、粛清の嵐が吹き荒れ、民衆の落胆のうちに革命信仰は急激に萎んだ。フランス革命に際して生まれたような世俗的な集合感情を喚起し、しかも持続的に人々を連帯させる感情装置はいかにして可能なのか。この問いに十二分に応えたのがナショナリズムだった。国民意識の発揚としてのナショナリズムは一九世紀から二〇世紀にかけて世界的に流行し、それまで互いに無関係だった人々を強烈に結びつける効果を発揮した（▼第９章）。

B・アンダーソンは、国民（ネーション）を「想像された共同体（imagined community）」として定義する（アンダーソン 2007）。アンダーソンによれば、国民（ネーション）やナショナリズムは政治的であるとともに宗教的な現象として理解すべきであるとしている。近代国家は単なる目的合理的なアソシエーションではなく、国民感情の統合にもとづく情緒的な共同体としての国民国家（ネーション＝ステイト）である。国民と国家を接合するナショナリズムの感情は、水平的で深い同志愛によって結ばれたものとして国民を思い描く想像力に支えられている。

ナショナリズムの想像力は、見たことも会ったこともない遠く離れた地域の住民を同じ国民としての同胞愛によって結合された存在として思い描くことを可能にした。たとえば、日本国民といっても東西南北に遠く離れて暮らす人々は、話す言葉も食文化も異なっているが、それでも同じ日本人という同胞意識をもっている。ナショナリズムによって、生まれ育った村落共同体のメンバーを同じ仲間とみなすだけでなく、はるかに広大な領土において見ず知らずの他人を同胞としてみなすことができるようになったのである。

国民のために犠牲となった無名戦士の墓碑は、ナショナリズムの比類なき表象である。まだ見ぬ同胞たちのために自らを犠牲に捧げた無数の名もなき死者たちの墓碑は、国民共同体における死者と生者を結びつけることによって、国民同士の絆を永遠のものとして表象する。(3)

ナショナリズムの共同性は、「われわれ」という同一性の原理にもとづく（▼第1章）。国民は、同じカレンダーを使用し、同じ言語（正当化された国語）を話し、同じ民族的起源をもつ人々としてイメージされる。アンダーソンは、こうした国民的想像力を可能にするうえで出版資本主義が大きな役割を担ったことを強調している。国語による出版物は、国民のあいだに統一的なコミュニケーションの場を創り出した。こうして、一八世紀から一九世紀にかけてまずヨーロッパ圏に出現したナショナリズムは、やがて世界の他の地域にも複製品を産出していくことになった。

だが、国民規模での共同性を実現したナショナリズムは、諸国民の争いという副産物をもたらした。自国民を愛するナショナリズムは、他国民に対する殺戮を可能にもする。同じ国民としての「われわれ」という同一性に対して、他国民は異質な他者の「彼ら」として意識される。「われわれ」は同じ言語を話し、同一の国民文化を共有しているが、「彼ら」は異なる言語を使用し、「われわれ」にとっては理解しがたい文化を生きている。「われわれ」と「彼ら」の対立が先鋭化すると、相互の排除と殺戮にいたる。

C・シュミットによれば、政治の本質は「友」と「敵」の区別である。敵とは「他者・異質者」であり、究極的には自他の衝突が起こりうる存在である（シュミット 1970）。敵の存在は、「われわれ」の否定であり「われわれ」の安全を脅かすので、安全を確保するためには敵である「彼ら」を否定しなければならない。「われわれ」と「彼ら」の区別という政治の原理をつきつめれば敵の殲滅という結論を導く。戦争は、友と敵の区別が極限的に先鋭化する局面である。戦争における敵は公的な敵であるから、一時的に撃退するだけではおさまらず、徹底的に殲滅すべき対象として意味づけられている。(4)

ナショナリズムの熱狂は、戦争において集合沸騰に到達する。R・カイヨワは、現代の戦争が伝統社会における祭の機能的等価物であると指摘する（カイヨワ 1974）。戦争は、全国民を感情的に巻き込む浪費と蕩尽の祝祭としての様相を帯びる。戦争が起きれば同胞愛は強まり、国民としての集合感情が燃えあがる。排除すべき他者がいるときに、ナショナリズムの同胞愛は熱狂を迎えるのである。

同一性の共同体は、「われわれ」と「彼ら」の区別によって成り立つ。「われわれ」のアイデンティティを確立するために、「彼ら」を排除することが必要である。G・ジンメルは、「彼ら」の集団との闘争によって「われわれ」集団内部の結束が強められることを指摘した（ジンメル 1994）。この排除による同一化の原理は、ナショナリズムだけでなく、あらゆるスケールの共同体についてもあてはまる。友人関係や会社の派閥、宗教の分派や政治セクトの内ゲバなど、どこにでも「われわれ」と「彼ら」の区別は生まれる。

国民国家は、友・敵の共同性において最もスケールが大きいものである。国民国家を超えるスケールで感情的に結合した共同体は、いまのところ想像することが困難である。ヨーロッパ連合（EU）は経済圏として成立しているものの、ナショナリズムに匹敵するほどの情緒的融合はいまだ実現されていない。ハリウッド映画のように人類を脅かす敵が出現したとすれば、人類規模での「われわれ」が成立するかもしれないが、いまのところ宇宙人が襲撃してくる兆候は見られない。

アナーキズム

古典的な社会学の教科書では、感情的な結合にもとづく共同体は、個人を中心として最小スケールの家族からはじまり、親族、部族、村落社会へと規模を拡大し、ついに最大スケールの国家に到達する同心円の模式図として描かれる。同心円は、どのスケールを切りとっても「われわれ」を構成する同一化の共同体をあらわしている。

ナショナリズムの共同体は同心円の最大スケールのものであるが、ここにナショナリズムの可能性と限界が同時に示唆されている。かつてないほど広大なスケールで同胞愛を想像することが可能になったことがナショナリズムの大きな功績であるが、ナショナリズムの愛情は国境を越えることができないという限界をもつ。同一性の共同体は、友・敵の区別によって最終的には世界を友と敵の二つに切断するのである。

共同体の同心円モデルは、自然状態における「万人の万人に対する闘争」を想定したT・ホッブズの自然法思想に由来する（ホッブズ 1954）。ホッブズは、神の権威に頼らずに王権を根拠づけるために、いまだ社会秩序が成立していない自然状態というフィクションを想定し、そこからいかにして社会秩序が出現するかを思考実験した（▼第12・15章）。ホッブズによれば、自然状態において資源が稀少であるとき、必然的に稀少な資源を奪い合う闘争が発生する。自然状態は定義上、法律や規範が存在しない状態であるから、そこでの闘争は万人の万人に対する闘争という悲惨な事態に陥る。だが、万人闘争は誰にとっても望ましくない事態であり、そのような悲惨を回避するために人々は相互に秩序を維持する契約を結んだ。この社会契約によって友愛の信頼の共同体が実現するというわけである。

これに対して、そもそも自然状態における万人闘争という想定を認めない思想がアナーキズムである。一九世紀はナショナリズムが拡大していった時期であるが、他方ではアナーキストの国際的な連帯が展開された時期でもあった(5)。アナーキズムは、「無政府主義」と翻訳されたことから、政府転覆を狙うテロリストのイメージで誤解されやすいが、実際には多様な潮流があり、豊かな思想的水脈が広がっている。アナーキズムをゆるやかに定義するとすれば、誰かを犠牲にすることなく誰もがのびのびと生きられる自由な社会を求めて、境界なき同胞愛にもとづいて連帯し、相互の話し合いと自由な合意にもとづいて行動する運動の思想である。このような思想ゆえ、必然的に権力の圧政に対して抵抗のアクションを起こすことになり、反体制のイメージがついてまわる。

アナーキズムの理論家P・クロポトキンは『相互扶助論』において、自然状態における万人闘争の偏見を強烈に批判し、自然界から人間界にいたるまで相互の助け合いはどこにでもみいだせるものであることを指摘し、さらに弱肉強食の自然淘汰によって文明が発展したとする社会ダーウィニズムを批判して、人類史が相互扶助の助け合いによって発展してきたことを強調している（クロポトキン 2012）。権力によるあらゆる支配を否定するアナーキズムの視点からすれば、人々が互いに争い合ってきたのは人間の自然な本性のせいではなく、権力による支配の結果である。権力支配なき世界では、人々は相互に助け合って平和に生きることができるはずだ。

人類学とアナーキズムの近さを強調するD・グレーバーは、『贈与論』を書いたM・モースの思想にアナーキスト的な発想をみいだしている（グレーバー 2006）。デュルケムの甥にあたるモースの『贈与論』は、近代的な経済学の想定に反して、「交換」ではなく「贈与」こそが社会的経済の根本概念であることを指摘している（モース 1973）。

伝統社会における贈与と返礼の関係は、商品と貨幣の等価交換と似ているようで異なる。商品交換では価値が計量化されているので、等価の物を交換して一度限りで終了する。だが、贈与と返礼では価値の基準は一定ではなく、そのつど大きくなったり小さくなったりする。贈与を受けとった者がすべてを返礼しきってしまうことはできず、つねに余剰が生まれる。また、贈与に対する返礼は一定の期間を置くことが礼儀であるから、時間の経過によっても贈与されたものの価値は大きくなったり小さくなったりする。それゆえ贈与が返礼を呼び、返礼がまた新たな贈与を生む。こうして贈与と返礼の関係はいくつも折り重なって重層化するが、トータルでみれば社会的な平等が実現される点が重要である。

近代的な商品交換は、個別にみれば合意と契約にもとづく対等な関係（等価交換）であるにもかかわらず、結果的に資本の蓄積を促し、富の偏在（貧富の格差）を作り出す。それに対して贈与と返礼の関係は、個別にみれば贈与する者とされる者の不均等な関係であるが、社会的なレベルでは平等を実現する。贈与の原理を経済の土台とする社会は貨幣に依存せず、富の不平等な集中を許さない。モースは、等価交換とその結果としての資本蓄積をもたらす資本主義経済が人類史の例外にすぎないことを示したのである。

贈与と返礼によって平等を維持し、富と権力の不均等な配分を回避する仕組みは、近代西欧国家システムを除く多くの社会にみいだせるものである（▼第7章）。近代社会のなかでさえ、労働者が同時に経営者でもあり利益を平等に分配する協同組合の仕組みや、直接民主的な合意形成にもとづく自治組織などがみられる。隣近所のつきあいのようなローカルな場面に目を向ければ、相互扶助と脱権力を志向するアナーキスト的実践は、私たちの日常においてもつねにすでに出現しているはずである。ささやかな日常の場面において、お互いに助けあう経験はありふれている。

他方で、相互扶助的なアナーキスト的実践はサミット抗議行動の国際的なネットワークのようなグローバルな場面にもみいだせる（▼第9章）。一九九九年のシアトルでのWTO抗議行動にはじまるグローバルなサミット抗議行動では、世界各国から訪れるアクティヴィスト（社会運動・市民運動・NGO・NPOの活動家）を現地で歓待する役割をアナーキストたちが担っていた。(6) サミット抗議行動では、指導者や代表者を立ててトップダウン方式で意志決定することを拒否し、直接民主主義的な話しあいによってボトムアップ方式で集合的な意志決定を行うアナーキストの方法論が採用されている。大衆的知性を信頼するアナーキストは、前衛的知識人が大衆を指導するというレーニン主義的な運動論を否定し、世界各地でのサミット抗議行動への参加を通じて、見ず知らずの他者と仲よくするための方法論を実践してきた。

政府の権力を否定するアナーキストの方法論は、見知らぬ者同士で互いの意見を尊重しながら話し合い、合意に到達するというミクロな実践にもとづく。反体制というステレオタイプなイメージとは異なり、アナーキズムは基本的には他者に対する信頼にもとづく思想である。街頭で困っている様子の人がいれば、つい声をかけてしまう。そのようななにげない実践はすでにアナーキスト的である。同じ日本人だから助けよう、というのはナショナリスト的実践といえる。

誰もが潜在的なアナーキストであることがはっきりするのは、大規模な災害に見舞われた被災地においてである。災害に見舞われた被災地では、限られた資源をめぐって人々が利己的にふるまった挙げ句に暴動や略奪が横行するという見方が根強くある。だが、R・ソルニットは災害被災地の調査から、被災地で暴動と略奪が横行するという通念は事実に合ったものではなく、むしろ被災地では限られた資源を分け合い、助け合う一時的な共同体が出現することを指摘した（ソルニット 2010）。被災地では、被災者同士が助け合う「災害ユートピア」が一時的に出現するのである。暴力的になるのは、むしろ災害に際して人々が暴動を起こすはずだという偏見にとらわれた警察や軍隊であった（▼第5章）。

未知の者への友愛

自然状態における万人の万人に対する闘争をルーツとする同一性の共同体は、社会秩序を神によって与えられた恩恵としてではなく、人民による人民のための構築物として根拠づけるものであった。それは、人々が自分の自由な意志にもとづいて相互に契約を結ぶという点で、個人の自由に価値を置くリベラリズムの思想を前提とするものであったが、他方では契約によって共同体を成立させるためには自らの自由をある程度は断念しなければならない点で個人の自由を制限するものでもある。

共同体やコミュニティという言葉は、現代においても両義的な響きをもっている。「無縁社会」と呼ばれるほどに社会的なつながりが弱体化し、人生で遭遇するさまざまなリスクに対して個人的に対処することが求められる個人化した社会において、コミュニティは人々が安心して生きていくために必要なものという印象は根強い。だが、その一方で、コミュニティは人間関係のしがらみが渦巻く場でもあり、共同の生活を維持するために自由が制限される息苦しさを感じさせるものでもある。

個人の自由とコミュニティの安全と秩序とをいかにして両立させることができるのか。個人の自由は尊重されるべきであるが、自由の無制限の拡大は社会の秩序を脅かす。ある程度の社会秩序が維持されていなければ、個人の自由は他者の自由によっていくらでも侵害される危険にさらされる。すなわち、万人の万人に対する闘争状態である。

人々が共同的な愛情によって結ばれたコミュニティは、一方では個人の自由なふるまいを制限する息苦しさをもたらすものでもある。だが、このような同心円的なコミュニティとは異なる共同体を求め、思考する動きも近代社会のなかでつねに実験的に展開されてきた。それは、偶然の出会いのなかで束の間生まれては消えていく関係性を、はかない共同体としてとらえる思考であり、運動である。

「袖振りあうも多生の縁」ということわざは、出会いの偶然性を巧みに表現している。その意味するところは、道で偶然すれちがった程度のささやかな出会いであったとしても、前世からの深い因縁にもとづくものである、という仏教的な世界観にもとづく。多生とは、輪廻転生の無数に反復される生を意味し、現在の私の生もそのうちに含まれている。

袖振りあうような偶然のささやかな出会いも、社会関係の大事な構成要素である。人は、生涯において無数のささやかな出会いを繰り返して生きている。たいていのたまさかの出会いは、すぐに忘れられてしまうが、なかには道ですれちがう程度の偶然の出会いが大切な思い出として死ぬまで忘れ得ぬ経験となることもあるだろう。初めて訪れた土地で見知らぬ人から親切にされた経験をもつ人は、決してそのことを忘れない。もう二度と会うことのない人たちであったとしても、その経験は私のアイデンティティに受肉する。

同心円モデルで考えれば、中心にある自己との距離が近い他者ほどより親しい他者、より強く愛着を抱く存在としてイメージされる。しかしながら、偶然出会った他者は同心円を横断して、はるか遠くの距離から自己の核心に到達する。このような見ず知らずの他者、偶然出会った他者との関係は、同心円モデルとは異なる共同体の思想を示唆している。

文学者のM・ブランショは、同一性ではなく差異によって成り立つ共同体の可能性を考察している（ブランショ 1997＝2007）。ブランショによれば、人間がおのれ一人で在ることとは、自己のうちに安らかにまどろむ心地よい経験であるが、自己の面前にあらわれる他者はそのようなまどろみを揺さぶる存在である。他者との遭遇によって、自己はまどろみの安らぎから投げ出されて未知なる他者とのかかわりに巻きこまれるが、それもまた楽しい経験である。自己の外部へと投げ出されることではじめて、自己とは異なる他者の存在を知ることができるからである。

なぜ人は、他者を求めるのか。ブランショによれば、人が他者を求めるのは自己と同じであることを確認して安心するためではなく、自己をおのれの外へと投げ出してくれる異質な存在として求めるのである。同一性が自己と他者を関係づけるのではなく、自己と他者のあいだにある差異がむしろ両者を結びつける。友愛の感情は、よく親しんだ他者との関係だけではなく、未知なる他者とのあいだにも成り立つものである。見ず知らずの他者はなにひとつ私と同一の要素をもたないかもしれない。それにもかかわらず、そのような他者との出会いによって私は孤独のまどろみから投げ出されて、他者とともに在る存在となる。

じつは、長年つきあった親しい友との関係においても、同一性ではなく差異が二人を関係づけるということがある。どれだけ親しい間柄であっても、私たちはつねに友の未知なる側面をそのつど発見して驚き、楽しむことができる。既知の慣れ親しんだ他者もまた、未知なる他者なのである。

自由な人々は互いに敵対するのではなく助け合うと考えるアナーキズム的な連帯の思想（サンディカリズム）は、自分たちの仲間だけを助けるのではなく、見ず知らずの他人をも助ける。このアナーキズムの主張を道徳的に解釈することはまちがいである。アナーキストは、見ず知らずの他者を助けなければならない、という道徳的な主張をしているのではない。通りすがりに困っている人や苦しんでいる人がいたら、つい声をかけたり、どうしたんだろうと気になってしまう。ただそれだけのささやかな感情の揺れが、私たちを未知なる他者へと接続していくのである。目の前で死にかけている人がいるのに、無視して通り過ぎることのほうが難しいのではないだろうか。アナーキストは基本的に個人の自由と快楽への欲望を肯定する。その快楽のうちに、見知らぬ他者とのかかわりを求める欲望もあらかじめ含まれているのである。

動物

同じ属性や似ている要素をもたない他者とのあいだにも共同性の基礎となる情緒的な結びつきは可能である。自己と他者の隔たりにもとづく関係性は、動物と人間の関係をみればわかりやすい。人はなぜ犬や猫をかわいがるのだろうか。

犬や猫は、人間とは異なる種である。人が犬や猫をかわいがるのは、必ずしも犬や猫を擬人化して人間性を投影し、同じ仲間として愛しているわけではない。擬人化せずとも犬は犬として、猫は猫として愛らしい存在である。生物としての造形においても行動においても人間とは隔たりがある存在だから、いっそう愛おしく感じられる。犬や猫と過ごしていると、彼／彼女らの思いもよらない行動にギョッとさせられることがしばしばある。人間的基準からすると奇行にほかならず、同居人としてはけっこう迷惑な行動であったりもするのだが、それでもそうした理不尽な行動がかわいらしくも思えてしまう。こちらの基準や言葉が通用しない前提でいないと、動物たちとはつきあえない。

動物はときに人間に対して無力である。毎日、無数の犬や猫が飼育を放棄されて保健所に連れていかれて殺処分されている。(7) 日ごろ、私たちはペットの殺処分というシビアな現実のことをなるべく考えないようにしてやり過ごしているが、処分施設を訪れてその現実を目の当たりにするならば、大きなショックを受けないわけにはいかない。

殺されていく動物たちの目はなにかを訴えているようにも見えるしなにも訴えていないようにも見える。動物たちがなにを思うのかを知ることはできないが、それでも目を離すことができない。人間とは違うから殺してもかまわない、と割りきることはほとんど不可能で、できるものなら助けてやりたいと思わずにはいられない。無力な動物は人間の感情を揺さぶる。

二〇一一年の東日本大震災に際して発生した原子力発電所の事故で避難区域に指定された地域には、多くの動物たちが取り残された。残された動物たちの姿は動物保護団体のウェブなどで見ることができる。厩舎で痩せ衰えて餓死した牛たち。飼い主を待ち続けて白骨化した犬。野生化して生き延びるペットの犬や猫。どの姿も痛ましく、直視するのに気力を要する。取り残された動物たちの姿がこれほどまでに悲痛な思いをかき立てるのはなぜか。これらの動物たちの声を聞きとることはできないが、それにもかかわらず私たちは心痛を免れることができない。原発事故の災難は、現場から遠く離れた地域では想像されにくいが、取り残された動物たちの写真は事故の悲惨を強く印象づける。

震災に限らず、世界中に災難はあふれている。そのなかで無数の人々が無慈悲な暴力の犠牲となっている。日々、私たちはニュースとしてそれらの悲惨を見聞きしているものの、特段の注意を払わずに自分とは無関係のこととしてやり過ごしている。無関係としてやり過ごせるのは、同一性の思考にもとづいて自分に関係することと関係ないことを区別できるからである（▼第14章）。しかし、ふと目にした一枚の写真に釘づけになり、「関係ない」としてやり過ごすことができなくなる瞬間がある。関係の有無を超えて心が揺さぶられるときがある。

虐げられた動物の姿は、ときに人間の悲惨な姿以上に人々の心を揺さぶることがある。もの言わぬ動物たちの姿は、コミュニケーションの徹底的な断絶によって隔てられているからこそ、いっそう強く私たちの感情を揺り動かす力をもっているのかもしれない。

4　偶然の共同性

社会的な動物として人間は仲間を求め、共同生活を営む。自己と他者の同一性にもとづく親愛の感情を基礎として、コミュニティが成立する。近代化の急激な進展は、他者との関係それ自体を目的とする自足した生活単位であるコミュニティよりも、特定の目的を実現するために他者とのかかわりを手段とするアソシエーション的な共同性を発展させてきた。しかし、だからといってコミュニティが消滅したわけではない。コミュニティはアソシエーションと対抗しつつもアソシエーションが対応できない領域を補完するかたちで維持されてきた。さらには、アソシエーションの内部にもコミュニティ的な関係性はそのつど発生するものでもあった。

似たもの同士のあいだには、親密な感情が生まれやすい。「似ている」ということと「同じである」ことは似ているようで少し異なる。同じであるという同一性が部分的に成り立つから似ているわけだが、完全に同一であれば、それは似ているのではなく同じであることを意味する。似ているということが成り立つためには、同じ部分だけでなく異なる部分も含まれている必要がある。つまり、似ているという事態が成り立つには、同一性と差異がミックスされていなければならないのである。

コミュニティはしばしば同質的な人々の集まりとして同一性にもとづく関係性としてイメージされやすい。だが、一見すると同一性の共同体にみえる関係性のなかにも、よくみてみれば無数の差異が埋め込まれているものである。似たもの同士は、同一性にもとづくとともに差異にももとづいている（▼第1章）。

共同体を同一性のイメージで思い浮かべがちな私たちの思考の習慣では、差異にもとづく共同性はイメージしづらいかもしれない。冒頭のエピソードで示したかったことは、偶然、出会ったせいでかかわることになってしまった、という関係性もまた、共同体の一つの形式だということである。それは、生活を共にして持続的な関係性を維持するという形式の共同体ではないが、出会ってしまった人たちが集合し、束の間、見ず知らずの人同士のあいだに強い情緒的な結合が出現し、そのときが過ぎればもう二度と会うことがないかもしれない人たちの共同体である。

冒頭のエピソードで述べたように、釜山で労働争議の果てに自殺した若き組合員とはまったく面識がないにもかかわらず、私はその追悼の場にいた。社会運動に関心をもっていたことはきっかけの一つにすぎない。わざわざ韓国まで行かなくても日本でも無数の労働争議があり、知人や友人が闘っている争議もある。まずは身近なところから支援すべきだ、といわれればそのとおりかもしれない。ただ、身近なところで支援していないわけではないが、たまたま訪れた異国の地で、偶然、出会ってしまったからには、その場に参加することが自然な成りゆきだった。たとえそれが、入国拒否や強制退去のリスクを背負う行為だとしても、見ず知らずの誰かが理不尽な情況のなかで死んだ、その死を悼む場に居合わせたいと思ったのである。

見ず知らずの他人の死を悼み悲しむことは、まったく不自然なことではない。ブランショによれば、友愛は未知なる他者のためにある。たまたま出会ってしまった見ず知らずの他人のために、心を動かされるという経験はそれほど珍しいことではないはずである。同一性の思考は「私には関係ないことだ」として切断しようとするが、切断しきれない感情がそのつど生まれてくるのを止めることはできない。文学や映画で、フィクションの他者の死にさえ私たちは心揺さぶられて涙を流す。さらにまた、死にゆく動物のイノセントなまなざしに心を揺さぶられないわけにはいかないのである。そのように不意に揺さぶられる感情を愛情と呼ぶこともできるだろう。

ささやかな未知なる他者への愛情は、イエやムラの境界も、国家の境界も超えてどこまでも広がっていく。資本や情報の国境を超えた移動がグローバリゼーションと呼ばれるが、最もグローバルなのは人と人とのあいだの素朴な愛情である。同一性の愛情は境界の内側にとどまるが、差異による愛情はあらゆる境界を超えてしまうだろう。

（1）仏教では、生老病死の四苦に加えて、「愛別離苦」（愛する者と別れる苦しみ）、「怨憎会苦」（怨み憎む者と会う苦しみ）、「求不得苦」（求めるものが得られない苦しみ）、「五蘊盛苦」（心身から生じる苦しみ）を合わせて八苦という。

（2）A・ダマシオは、外部環境からの情報に対して感情的な反応が正負の価値評価を付与して意思決定に影響を及ぼすとするソマティック・マーカー仮説を提示する（ダマシオ 2010）。ソマティック・マーカー仮説は、理性にもとづく意思決定が望ましいとする近代啓蒙主義的な想定に反して、感情が意思決定においてむしろ合理的な役割を担うことを強調する。

（3）ナショナリズムの想像力は近代化の過程で新しく出現したものであるが、国民的想像力の必然として、民族の歴史や集合的記憶を伴う「伝統」として受容された。ひとたび成立した国民国家は、あたかも太古から連綿と続く「伝統」であるかのように自らを表現する。歴史家のE・ホブズボームは、国家式典を飾る国民文化がじつは近代以降の「伝統の発明」であったことを指摘している（ホブズボーム・レンジャー 1992）。ナショナリズムの拠り所は、ナショナリズムとともに発明されたのである。

（4）友敵の対立の極限としてあらわれる近代の戦争は、戦闘員だけが参加する限定的な戦争ではなく、非戦闘員の市民まで巻き込む総力戦となる。核兵器の使用は、近代の戦争の必然だった。

（5） B・アンダーソンは、二〇世紀におけるナショナリズムの世界的な流行に対抗しつつ、ときにナショナリズムとも結びつきながらアナーキストのネットワークがグローバルに展開してきたことを指摘する。植民地のナショナリズムはインターナショナリズムと不可分のものとして理解しなければならない（アンダーソン 2012）。

（6） 社会運動・市民運動・NGO・NPOのアクティヴィストたちがG8やG20サミットに反対するのは、サミットなるものが国際法的な手続きにもとづくものではなく、一部の先進国の私的な会合にすぎないにもかかわらず実質的に世界経済の動向を大きく支配している点に不正をみいだすからである。日本では二〇〇八年の北海道・洞爺湖でのG8サミットに際して大規模な抗議行動が出現した。二〇一一年九月にグローバルな金融資本主義に対する抗議として、ニューヨークの金融街ウォールストリートで始まったオキュパイ・ウォールストリート（ウォールストリートを占拠せよ！）運動は、サミット抗議行動の直接民主主義的な運営方式を採用し、対話と討議によって運動を展開しつつ世界中に波及効果を及ぼしている。

（7） 環境省によれば、二〇一一年度の殺処分数は約一七万匹（犬四万、猫一三万）である。二〇〇六年の殺処分数は約三四万匹であり、時系列的にみれば着実に減少傾向にある。ドキュメンタリー映画『犬と猫と人間と』（飯田基晴監督、二〇〇九年）は、殺処分の現実からペットと人間の関係を描き出している。

参考文献

アリエス、P（1980）『〈子供〉の誕生――アンシァン・レジーム期の子供と家族生活』（杉山光信・杉山恵美子訳）みすず書房。

アンダーソン、B（2007）『定本　想像の共同体――ナショナリズムの起源と流行』（白石隆・白石さや訳）書籍工房早山。

アンダーソン、B（2012）『三つの旗のもとに――アナーキズムと反植民地主義的想像力』（山本信人訳）NTT出版。

井上俊（1973）『死にがいの喪失』筑摩書房。

カイヨワ、R（1963＝1974）『戦争論――われわれの内にひそむ女神ベローナ』（秋枝茂夫訳）法政大学出版局。

グレーバー、D（2006）『アナーキスト人類学のための断章』（高祖岩三郎訳）以文社。

クロポトキン、P（1902＝2012）『相互扶助論』（大杉栄訳）同時代社。

シュミット、C（1970）『政治的なものの概念』（田中浩・原田武雄訳）未來社。

ジンメル、G（1994）『社会学――社会化の諸形式についての研究（上・下）』（居安正訳）白水社。

ソルニット、R（2010）『災害ユートピア――なぜそのとき特別な共同体が立ち上るのか』（高月園子訳）亜紀書房。

ダマシオ、A（2010）『デカルトの誤り――情動、理性、人間の脳』（田中三彦訳）筑摩書房。

デュルケム、E（1975）『宗教生活の原初形態（上・下）』（古野清人訳）岩波書店。

テンニース、F（1857＝1957）『ゲマインシャフトとゲゼルシャフト（上・下）』（杉之原寿一訳）岩波書店。

兵頭圭児（2012）「希望バスに乗りに行く――地上35メートルの労働者の生」『インパクション』一八五号、六二〜六七頁。

ブランショ、M（1997）『明かしえぬ共同体』（西谷修訳）筑摩書房。

ホッブズ、T（1651＝1954）『リヴァイアサン（全四刊）』（水田洋訳）岩波書店。

ホブズボーム、E&レンジャー、T（1992）『創られた伝統』（前川啓治・梶原景昭ほか訳）紀伊國屋書店。

マッキーヴァー、R・M（1917＝2009）『コミュニティ』（中久郎ほか訳）ミネルヴァ書房。

モース、M（1973）『社会学と人類学Ⅰ』（有地亨・伊藤昌司・山口俊夫訳）弘文堂。

鷲田清一（1996）『じぶん・この不思議な存在』講談社。

第5章　教　　育——抑圧の道具、解放の武器——

景山佳代子

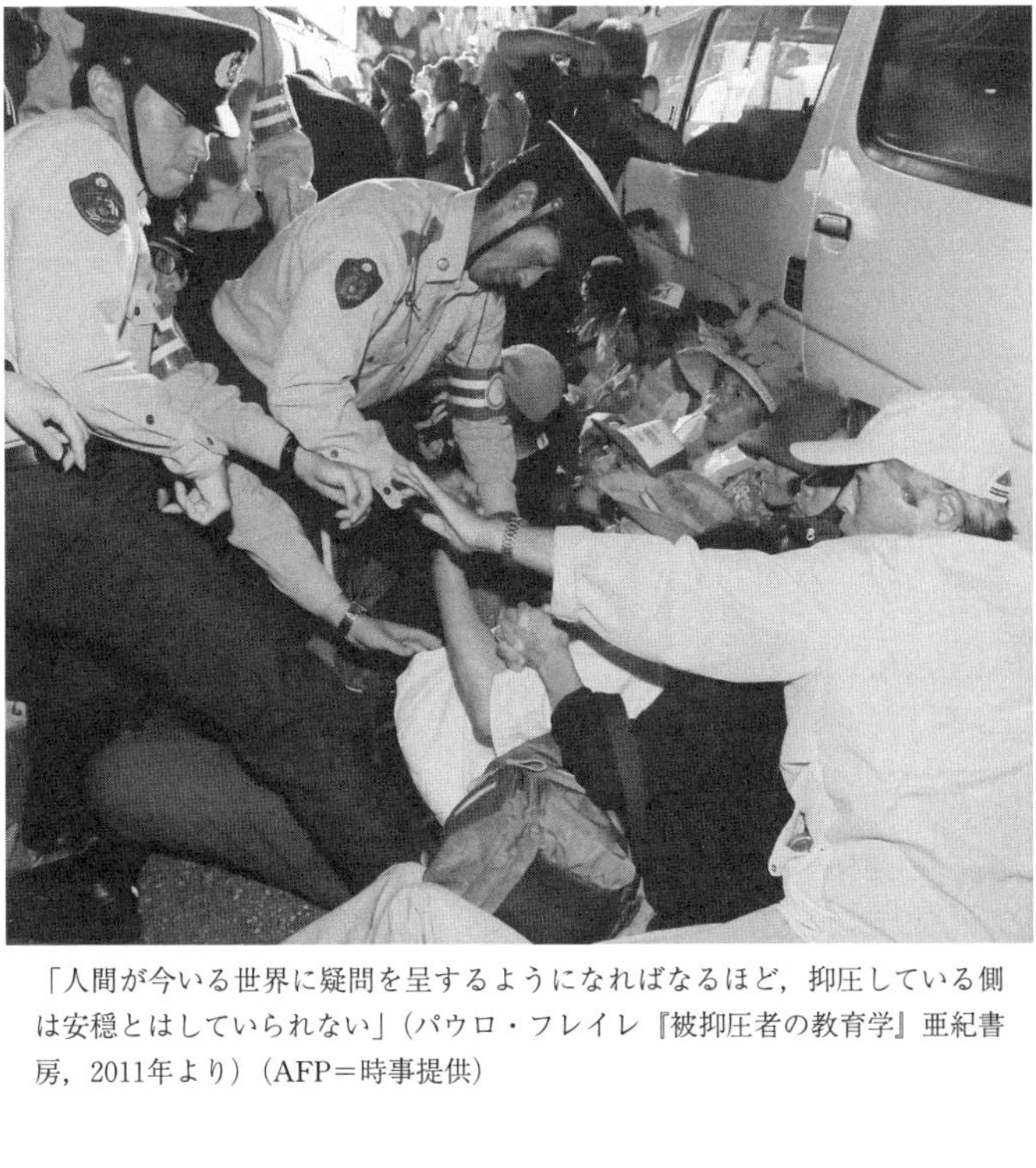

「人間が今いる世界に疑問を呈するようになればなるほど，抑圧している側は安穏とはしていられない」（パウロ・フレイレ『被抑圧者の教育学』亜紀書房，2011年より）（AFP＝時事提供）

この章で学ぶこと

いま「教育を知っていますか」と質問されれば、「知らない」と答える人はまずいないだろう。また「教育は大切だと思いますか」と質問すれば、「いいえ」と答える人もほとんどいないだろう。私たちの社会において、「教育」がそれほど大切なものとして「当たり前」に存在しているということだが、ではここでもう一度質問してみよう。「教育を知っているというなら、一体教育とはどういうものなのでしょうか」。「教育が大切だというのはなぜなのでしょうか」。

私たちはいま、「教育」という言葉からほとんど反射的に「学校」を思い浮かべる。そして学校の「教師／生徒」を「教育する側／教育される側」だと無意識に前提する。こうした前提が一体どうして私たちに共有されたのか。そもそも私たちはこの前提をなぜ疑わないのだろうか。大学生にとっては人生のほとんどの時間を過ごした「学校」とその制度を前提とした「教育」を解剖し、異なる視点からとらえてみよう。

1 「教育」を知っていること／わかっていること

「教育は大切だと思いますか？」

ある講義で大学生にこの質問を投げかけてみたところ、それぞれに「大切だ」と考える理由を述べてくれた。「読み書きや計算ができないと社会で生きていくのに大変だから」「主体的に物事を考えられるようになるため」「いろんな人と出会って、コミュニケーションできるようになるため」などなど。これらの答えのどれもがそれなりに納得のできるもので、教育の理想や目的として私たちがイメージするものとそれほどかけ離れてもいない。

しかし、このように共有される「教育」イメージと具体的な教育実践とは、必ずしも整合性がとれているわけではない。もし読み書き、計算ができることが教育の目的であるなら、なぜ私たち（少なくとも私）は、日常生活で使ったことのない√やθといった計算や、古語の読解に頭を悩ませなければならなかったのだろうか。学校での教育がコミュニケーションや主体的思考のために必要だというならば、なぜ具体的な人間関係のなかで生じる問題の解決能力が、試験などで問われることがないのだろうか。また教育に人間性の育成や人間力を期待するのに、学力テストの順位の低さが、教育の失敗のように叫ばれるのはなぜなのだろうか。

テレビや新聞といったメディアを通じて私たちが知る「教育問題」についてみても、「教育」というよく知っているはずの言葉の不思議さが浮かび上がってくる。たとえば「教育現場は荒廃している」「教育力が低下している」といった批判を私たちはそれほど疑問なく受け入れている。しかし一つひとつをよく吟味したらどうだろうか。一体、教育の現場とはどこのことなのだろうか。学校？　家庭？　教育委員会？　それとも地域社会なのか？　教育力とは一体どのような力のことで、誰の教育力が問題なのか。「教育問題」という言葉で指し示されている事柄が、まるですべての人に共有され、了解されているかのように議論は進められていたはずなのに、ちょっと立ち止まって考えてみるだけで、そんな共通理解の幻想は吹き飛んでしまう。みんながよく「知っている」ことであればあるほど、そうした幻想は強く、大きくなりやすい。それは私たちがなにかについて「知っている」ということと、それを理解し「わかっている」ということをしばしば混同してしまうために生じてしまう。「知っている」ということと、「わかっている」ということは必ずしもイコールではないのである。

「わかる」という言葉を辞書で引いてみると、「物事が区別されてそれと知られるようになる。はっきりと明らかになる」（『明鏡国語辞典』）、「一つのものが別々になる。わかれる」（『大辞泉』）と記されている。また「わかる」は「分かる」あるいは「解る」という漢字が当てられるが、「分」も「解」も、一つの塊となっていたものをバラバラに分ける（まさに「分・解」する）という意味をもっている。たとえばニュースで大きく取り上げられるような「事件」が起きたとする。私たちはテレビや新聞などを通じてその事件の概要を知ることができる。しかしその事件当事者の個別的事情（特殊性）をいくら知ったところで、なぜそうした事件が起きたのかという社会的・経済的・文化的要因といったものを明らかにしないかぎり、同様の事件の再発を防ぐことはできない。個別具体的な経験を、要素に分解し、抽象化するという分析が行われたときはじめて私たちは、あるものごとを「わかった」ということができるのである（▼第13・14章）。

よく「知っている」と思っているものを、自分がよく「わかっている」のかどうかを判断する一つの方法は、その対象について説明してみることである。たとえばここで取り上げる「教育」の場合ならどうだろうか。試しに「教育とはなにか」を自分で説明してみよう。自分が教育という言葉でなにをイメージしているのかが見えてくるだろう。学校や教師‐生徒、親‐子の姿を連想するかもしれない。あるいは塾や受験を思い浮かべる人もいるかもしれない。多くの人に共通する要素もあれば、ほとんどの人が気づかない要素を指摘する人もいるかもしれない。とりあえずここでは辞書を使って、「教育」がどのように説明されているかを確認してみよう。

『明鏡国語辞典』によれば、「教育」とは「社会生活に適応するための知識・教養・技能などが身につくように、人を教え育てること。また、それによって身に備わったもの」とあり、「狭義では一定期間、計画的・組織的に行われる学校教育をさす」という説明が加えられている。また『大辞泉』には「①ある人間を望ましい姿に変化させるために、心身両面にわたって、意図的、計画的に働きかけること。知識の啓発、技能の教授、人間性の涵養などを図り、その人のもつ能力を伸ばそうと試みること。②学校教育によって身につけた成果」とある。

これらの説明をみると、教育とは第一に「人格の形成あるいは発展」のための働きかけやその結果を意味し、次にその組織的・計画的実践の場としての「学校教育」と成果が意味されていることがわかる。最初の「なぜ教育が大切か」の理由として挙げられた「読み書き計算」や「主体的思考」「コミュニケーション」といった能力は、「社会生活に適応するための知識・教養・技能」という広義の教育に対応している。そして私たちがふだん、新聞やテレビといったマスメディアを通じて知る「教育問題」は、この広義の教育のことよりもむしろ「教育＝学校」という狭義の「(学校) 教育」に焦点を合わせたものであることにも気づかされる。たとえば「いじめ」を取り上げてみよう。いじめが「ある人間を望ましい姿に変化させる」という広義の教育の意図からはずれてしまったケースだと考えれば、その発生場所が職場でも近隣住民のあいだであっても、「教育問題」と呼ぶことは可能だ。ところが私たちは通常そのようには考えない。いじめが狭義の「教育＝学校」という現場で起きた場合にかぎり、私たちはそれを「教育問題」として認識する。

これはなぜなのだろうか。教育といえば学校教育だと前提する私たちの社会とは、一体どのような社会なのか。なぜそのような認識が可能になっているのだろうか。そして狭義の「学校教育」と、広義の「人間教育」とはどのように関連し合っているのだろうか。ここでは、現代の私たちの「教育＝学校」の原型を用意したヨーロッパ社会の「教育」を思考実験的に眺めながら、私たちがいま当たり前にする「教育＝学校」という認識がどのように生まれてきたのかをみてみよう。(1)

2　教育の学校化の過程

「to educate＝教育する」は、ラテン語の educare が語源だとされる。e（"out"）＋ducere（"to lead, draw"）という語から、「to lead out/ draw out（引っぱり出す／引き出す）」という意味が生じた。さらに「to rear or bring up（育てる／しつける）」という意味も含まれている。「教育」はもともと、家族や地域共同体内のメンバー（大人）が、新たなメンバー（子ども）を育て、彼／彼女がもっている能力を引き出すことだった。そしてどのようにしつけ、どんな能力を引き出すべきだと考えられるかは、時代や社会に応じて変化してくる。

教育は時代に応じ、また社会に応じて無限に変異している。どの社会の教育体系にも共通していることといえば、教育は、〝成熟した諸世代によってまだ社会生活に慣れない世代に対して営まれる作用で（中略）、全体としての政治的社会や、成長とともに所属することを予定されている特定の環境（階級、地域、職業など）が子どもに対して要求する一定の身体的、知的および道徳的状態を子どものうちにつくり出し、発達させる〟ということだけである。（中略）このように考えると、教育とは〈おとな〉の世代によって子どもの世代に対してなされる組織的社会化（socialisation mèthodique）、いいかえれば意図的な形成作用である（小野 1974：6）。

ごく限られた域内において生活の必要が満たされ、自分たちがその祖先から引き継いできた知識や技術の伝承によって世界が完結していた時代においては、教育＝組織的社会化は生活の一部として営まれていた。どの作物はいつ種付けをし、収穫の時期はいつごろなのか。土を耕す道具はどのように手入れをして、壊れたときにはどう修理をすればいいのか。ヤギの乳はどんなふうにしぼって、エサとなる草はどこでどんなふうに調達すればよいのか。村の大事なお祭りでは、誰がどのような役割を担うべきなのか。決して破ってはいけないしきたりはなにで、もし破った場合にはどのような制裁が加えられるべきなのか。子どもたちは、親や大人がするやり方をまね、自分が生まれ落ちた社会で生きていく術を学んでいった。このような共同体を中心とした世界の秩序は遠い昔から変わらないまま存在し、それはこれから先、未来永劫変わることなく自分たちの生活を支え続ける。ときに大きな災害や飢饉に見舞われたとしても、四季はめぐり、新たな生が始まる。年老いていく世代の知恵は、若い世代へと引き継がれ、命はそのようなかたちで循環していく。教育は「成熟した世代」が共有している知恵や技術、価値や伝統といったものを、「まだ社会生活に慣れない世代」に引き継がせ、維持させるように働きかけるかたちで成り立っていた。

一方、学校のような組織化された教育を受けるのは、産業化以前の社会では、聖職者などごく一部の特権階級に限られていた。聖書の読解のために必要な読み書きが学ばれていたが、それも現在の私たちが考えるような「生徒」としてではなく、職業上の技能を習得する「徒弟」としてだった。学校とは「ある特定の知識伝達を目的とする場」であり、ここで与えられる知識は「これを職業上必要とする人間が、職業上必要であるが故に学ぶのであり、それ以上でも以下でも」なかった（越智 2011：163）。読み書き能力の習得は、僧侶など一部の人間には必要でも、大半の人々にとっては生活するうえでさして重要な問題でもなかった。庶民が日常生活の実際の営みから、必要な技術や知識を身につけていた時代に、「学校」は教育のうえで不可欠な制度とは考えられなかったのである。

ここで一七世紀末のフランスに生まれた一人の小農民ヴァランタン・ジャムレ＝デュヴァルを紹介しよう。彼は、「飢えと家族の虐待から逃れるために十三歳で家出し、学校へは一度も行か」ず、野を彷徨いながら独学を重ね、二五歳で「歴史・古代文明教授」になった特異な人物である（エブラール 1992：35）。彼は辿り着いたクレザンテーヌという町で、文字を読むことを「野原での食事をゆずる」という約束と引き換えに羊飼いの仲間から教わった。

たしかに、ロレーヌでは学校がまだほとんど作られておらず、一七〇九年のクレザンテーヌにはおそらく学校はなかっただろう。ただし、ジャムレ＝デュヴァルの記述には、学校に通って読み書きを学ぶという考えは一度たりとも示されておらず、学校に行けないことを残念がる様子すらないことを見過ごしてはなるまい。彼は自発的に、仲間の手を借りて非公式な形で読み方を学び始めたのであり、その不自然さを強調しているわけではない（エブラール 1992：60）。

ジャムレ＝デュヴァルはその自伝で「学校教育についても、学校制度と同じようなかたちでの勉強についてもまったく言及」していない（エブラール 1992：43）。そして一七〇九年に文字の読み方を羊飼いから習った一四歳の少年にとっては、学校に行けないことは残念なことでなく、仲間から読み方を習うことは不自然なことでもなかった。彼の経歴はたしかに特異なものであるかもしれない。しかし、彼が学校を意識しなかったのは、その人並み外れた努力や才能のためだけではなかろう。むしろこの時代のフランスという国に生まれ育った貧農の子どもにとって、学校がそれほど縁遠いものだったことを物語っている。そして彼ほどの知的探究心をもった人間でさえ、学校における学びを意識していなかったとするなら、そうではない普通の農民たちの生活のなかで学校がどういう存在であったかも自ずと推測できよう。

しかし、聖職者や王侯貴族のような一部特権階級のためではなく、すべての民衆のための教育という発想は、ジャムレ＝デュヴァルの生まれる一〇〇年以上も前の宗教改革の時代にすでに提唱されていた。野を彷徨いながら文字の読み方を習得したこの少年の自伝からも、口承文化と文字文化が「深く混じりあい、互いに影響を及ぼしあっている」ことがみてとれる（エブラール 1992：47）。そして一八世紀後半以降に起きた社会的変化は、民衆への教育の必要性を認識させ、またその子どもたちを学校という教育機関によって組織的・専門的に教育することを要請していった。以下、中世以降の社会・経済の変化に焦点を当てて、教育の学校化というプロセスを追ってみよう。

宗教改革——万人が文字を読めるように

私たちがなぜ学校に通うかと考えたとき、読み書きを学ぶためという理由がすぐに挙げられる。しかしすでにみたように、ある時代までは、学校で文字を学ぶ必要があったのは、聖職者など一部の特権階級だけで、大半の人にとって文字の読み書きはそれほど重要な意味をもってはいなかった。ではなぜ学校で文字を学ぶことが重要だと考えられるようになったのだろうか。その重要な転機の一つとされるのが宗教改革である（▼第10章）。

宗教改革という単語は高校の世界史でおそらく耳にしたことがあるだろう。免罪符の販売によって利益を得ていた、教会の堕落を批判したマルティン・ルターが発表した「九五カ条の論題」が宗教改革の発端となる。ルターはキリスト教の信仰の唯一の拠り所は聖書であるとして、聖書のドイツ語訳を作った。受験勉強では、宗教改革をこういうものとして習ったのではないだろうか。もちろんまちがいではないが、このような「情報」のつめこみだけでは、なぜこれが「世界史」として取り上げられているのかはなかなか理解しにくい。宗教改革によって、それまでのヨーロッパ世界を支配していたカトリック教会の権威が疑われ、プロテスタントと呼ばれる新たな教派が生まれたこと、カトリックとプロテスタントによる宗教抗争が宗教の次元だけではなく政治の次元においても、ヨーロッパの歴史に深く影を落としてきたこと、そして二一世紀の現在でもカトリック、プロテスタントが、それを信仰している人々の価値観や行動様式とかかわり続けていることを考えるだけでも、宗教改革が「世界史的」出来事であったのはまちがいないだろう。そしてこの節で論じている教育の学校化というプロセスにおいても、ルターが先導した宗教改革は大きな歴史的意味をもっている。

教会の権威を否定したルターが、それに代わる信仰の拠り所としてみいだしたものが聖書であったことはすでに述べた。しかし、当時、文字を読めるのは、聖職者や一部の特権階級に限られていた。しかも聖書は民衆が使うことのない言葉、ラテン語で書かれていた。ルターの主張する聖書とそれにもとづく信仰を実現するには、すべての人が自分たちの言葉（母語）(2)で、聖書が読めるようにならなければならない。そこでルターが取り組んだのが、ラテン語で書かれた聖書をドイツ語に翻訳し、普及させることだった。民衆の口語に近いドイツ語訳を創造し、聖書を聖職者という特権階級から解放した。ただし聖書のドイツ語訳を作るだけでは、聖書にもとづいた信仰を実現させることはできない。ドイツ語に訳された聖書を、貴賤や貧富の差によらず、すべての人が読めるようにならなければならない。万人に対して共通の教育がなされるべきだという普通教育もまたルターによって主張される。彼はその実現のための具体的方法も提案している。初等学校の公教育化（一五二四年）や、すべての子どもに就学を義務づける義務教育化（一五三〇年）などである。

実際、ルターは民衆を対象とする初等学校の設置を推進していく良き協力者も得ていた。しかし、すべての子どものための義務教育とそれを行う学校の普及が実現するのは、まだずっとあとのことである。すべての人に等しく教育機会を与えるという理念が社会に共有され、一定水準以上の教育を人々に与えることの必要性が認識されるとき、私たちがいまみる教育の学校化が完成していく。

市民革命――理性というすべての人間に備わった能力の開花を目指す

宗教改革に続く一七世紀のヨーロッパは、疫病の流行、宗教弾圧の狂気と自然科学の発展、そして絶対主義国家の確立と覇権争いなど、紛争と混乱、そして新秩序の樹立によって特徴づけられる。

宗教改革の一六世紀ごろ、社会・経済の変化のなかで力を失っていった貴族階級やキリスト教会が、有力な王を中心とする中央集権的機構のなかへと取り込まれていった。貴族が王とのゆるやかな土地契約によって、それぞれの領地の支配を任されていた中世とは異なり、王は軍事権・裁判権・課税権を掌握して、各地の貴族を束ねていく。また王は、資本を蓄積しはじめたものの政治的には発展途上にあった都市の市民階級と協力関係を結び、貴族階級と市民階級の両方を支配下におさめていった。ここに誕生するのが絶対的権力をもった王が統治する、絶対主義王政である。そしてさらなる領土と富と権力の拡大のため、絶対主義国家間の紛争、海外での植民地争奪が激化していった。こうした紛争に加え、ペストの流行、異常気象による凶作などが人々の生活を襲い、社会不安が増大していった。宗教改革後に生じたカトリックとプロテスタントの宗教抗争は各地の内乱へとつながり、不安のはけ口を求めるかのように残酷な魔女狩りが横行した。

しかし、そうした狂気や不安が人々の心を支配する一方で、一部の知識人において、この混乱した世界を客観的に、冷静にとらえようとする傾向も芽生える。ガリレイやニュートンに代表されるような「科学革命」はこうした流れのなかで生まれる。ガリレイの地動説は、望遠鏡による天体観測とそこで集積された事実の検証から導き出されたものである。それは教会が説く天動説などの先入観を排して、自然現象をありのままに観察し、得られた知見を合理的に検証するという科学的方法の確立でもあった。自然科学の領域において確立された理性的・科学的思考方法は、哲学や政治思想、経済学といった人間社会の認識にも影響を及ぼしていく。

科学革命は、人間の理性という価値を高めた。中世社会において、世界を統べる普遍の法則は神の意志にあると考えられていたが、近代においては人間の理性へと置き換えられていく。人間が本来的に備えている理性の力によって世界を認識し、社会的不自由・不平等を撤廃しようという啓蒙主義が開花する（▼第12章）。

一七世紀、とくにフランスで隆盛を極めた絶対主義君主による国家の統治は、君主が国家・人民を所有し、支配する政治体制だった。しかし、一八世紀の啓蒙主義は、国家とは平等な個人が自由な意志にもとづいて結んだ契約〈社会契約〉によって設立されるものだというアイデアを用意する。そうした社会契約説を唱えた思想家のなかでも、一七八九年に勃発したフランス革命の思想的支柱を準備したとされるのがルソーである。ルソーは、人間の自由や平等、所有の権利を最大にするために、国家を成立させる契約が結ばれたのだと論じた。そしてその契約の主権者は、君主ではなく人民であることも。

本来的に人間は自由で平等である。国家は、人民の権利を保障することを目的とした契約において設立されたものである。ゆえにその権利を不当に侵害する国家については、変更を要求できる。度重なる紛争、重い課税と生活の圧迫。少数の特権階級による民衆の抑圧的支配。フランス革命をその象徴とする一八世紀の市民革命は、身分制度やそれにもとづく土地所有を打破し、市民自らが主権者として経済・政治を掌握していく市民社会の成立へとつながっていった。それは近代民主主義の萌芽でもあった（▼第9章）。

市民革命の理念を基盤に成立する国家にとって、身分の別なく、すべての子どもに対し、人間に本来備わっている理性が十全に発揮できるような教育を受ける機会を保障することは、当然の課題となってくる。民主主義による国家を維持、発展させていくためには、政治について自ら考え、判断できる「市民」へと教育することが重要となる。このとき学校が、それを体系的・組織的に教える専門機関としての役割を担っていくようになる。万人に対する普通教育という理念の実現が、社会的・政治的次元から要請されるようになるのである。

産業革命――「よき労働者」「よき国民」の育成

同じ一八世紀後半に起きたもう一つの世界史的革命が、イギリスから始まる産業革命である（▼第8・10章）。一七世紀に起きた科学革命の成果は、ここイギリスでは機械の発明と使用というかたちで結実していく。すでに一七世紀にはアジアの植民地獲得に成功していたイギリスは、植民地からの安価な原材料の貿易独占により国内産業の発展と資本の蓄積を進めていた。一八世紀に入り、動力として蒸気機関が発明され、紡績業にその技術が応用されると、イギリスの生産量はさらに飛躍的に伸びていった。製品が工場で大量に生産されるようになると、それまで以上に農村から都市への人口流入が生じ、都市でスラム街を形成していった。狭隘な居住空間に、幾世帯もの家族が雑居し、衛生面、治安面でも都市の問題は顕在化していった。彼らの子弟は、たいていの場合、都市文化には不慣れで、貧困と無知によって職も得られず、非行や暴動といった逸脱行為に走りやすかった。産業革命によってもたらされた経済的・社会的変化は、市民革命とはまた別の動機から子どもたちへの教育を要請した。

工場での労働は、決められた時間に始まり、終わる。労働者の働きは、天候や人間の身体的・精神的疲労に左右されるのではなく、機械の動きに合わせるように訓練されなければならない。工場の現場監督、経営者の指示を的確に理解し、素直に従う労働者が、効率的生産のためには非常に重要だったのである。労働者となった農民たちの子どもたちには、将来、真面目で従順な労働者として工場で働いてもらわなければならない。家庭での教育、しつけは、そうした「労働者」予備軍を仕立て上げていくためには、不十分であった。

また産業革命によって、工場は、それまでのような賃金も高く、労働者の権利意識も高い熟練工ではなく、半熟練、あるいは不熟練工で十分製品を生産していくことが可能になった。工場主のなかには、より安価な労働力を求め、女性や児童を労働者として雇い、長時間働かせる者も出てきた。このような事態を社会問題として認識し、一八〇二年にはイギリスで、世界最初と言われる「工場法」が制定される。幼年工の労働時間制限から始まる工場法は、徐々に規制の対象を広げ、労働者の保健衛生に配慮したものになっていく。とくに年少労働者の雇用の禁止といった、子どもの教育に関連する条項は、就学義務の立法化へとつながっていく。産業革命は、その生産システムにみあった労働者の育成という功利的観点と、工場での劣悪な労働環境の改善という人道的観点から、すべての子どもたちのための教育、「国民教育制度」を確立する大きな要因となった。

一九世紀に入ると、フランス、アメリカ、ドイツなどの欧米各国も産業革命を経験し、資本主義競争は激化していく。富の獲得が国家の命運を左右し、より強大な富と力を得るために、アジア地域での利権争奪も激しさを増していく。国家の産業を発展させ、他国に負けない国力をつけるには、優良な労働力が必要であり、その基盤となる「国民」の教育は、いよいよ重要になってくる。「国民国家」の「国民」とするべく国家による公教育が必要とされたのである。こうして一九世紀の終わりごろには欧米主要国で国民教育制度が確立され、普及していく。産業化された社会で必要とされる知識や技能は、従来のような家族・共同体内での日常生活の営みのなかで子どもに「自然」に習得されるものではない。産業社会に求められる新たな知識、あるいは価値観を子世代に伝えようにも、そもそも親世代にあたる人々にとってそうした知識や価値観が馴染みのないものであった。「教育」という言葉がもともともっていた「育てる」という意味は保持されながらも、教育は専門化・組織化されたものへと特化され、それを担う機関としての「学校」の役割は次第に大きくなっていった。

日本が明治時代に、欧米列強より学び、摂取した近代的学校教育とは、このような歴史的背景のなかで誕生してきた国民教育制度を範としたものだった。そして現代社会においては、子どもたちを教化し、知識・技能を伝達するという学校の役割は、さらに肥大化している。私たちはいま「教育が次第に学校によってとりこまれていく」（越智 2011：160）というプロセスの果てに行き着いているのかもしれない。

3 「学校＝教育」を解体してみる

一九世紀の国民国家の創出と発展とともに、国民教育制度として組織化・制度化された学校が普及していった。読み書き・計算といった社会生活を営むうえで不可欠な能力を身につけさせるだけでなく、社会的地位の上昇を用意する装置としても学校は機能している（▼第3章）。二一世紀に生きる私たちにとって、学校＝教育が子どもたちの能力を「引きだし」「育てる」ための重要な制度であることは十分すぎるほど承知されている。そうであるからこそ、発展途上地域で貧困などの理由から子どもたちの学校＝教育機会が奪われている現状を社会問題として認識し、宗教的・文化的な理由による女子教育の阻害を人権侵害として問題視することも可能なのである。学校＝教育が社会にもたらしてきたインパクト、人間教育という理念の広がりといった点からみても、学校＝教育の重要性は強調しすぎることはないだろう。

しかし先にみたように教育とは組織的社会化でもある。それはすでにいる社会成員が望ましいと考える価値や規範を、まだ成員となっていない者に継承させ、身につけさせることを計画するものでもある。そしてどのような価値や規範が望ましいかについて絶対的な基準などはなく、時代や社会によって変化していく。教育＝社会的組織化を担う専門機関として学校をとらえるとき、そこでいったいどのような価値観・規範が継承され、再生産されようとしているのかについての批判的考察も忘れてはならないだろう。一九世紀後半から普及した国民教育制度でみるならば、よき国民となるよう子どもを育てることが教育の目的であり、教育のあり方は国家がどのような国民を求めるかに大きく左右される。戦前の日本の学校教育であれば、大日本帝国の統治者である天皇に忠誠を尽くすよき国民＝よき臣民を育てることが教育の目的だった。しかし敗戦によって、学校や教師、大人たちが教えていた「事実」は、すべて「ウソ」であったと子どもたちは知らされる。戦前、宝のように大切にせよと教えられた教科書に、敗戦後、子どもたちは自ら墨で黒塗りをするよう教室で指導される。その世界の転換は、現代の私たちには想像も及ばないような衝撃と虚脱感とを子どもたちに、そして大人にも与えたのではないだろうか。

このような教育＝組織的社会化はなにも、大人世代が、子ども世代に対してのみ行うものではない。ここにある「大人／子ども」という枠組みは、その社会の仕組みを熟知し、統治しているメンバーと、その統治下に置かれるメンバー予備軍あるいは周縁メンバーという枠組みに拡大して理解することが可能である。一九世紀後半から始まる欧米列強諸国による植民地支配は、そのことをよくあらわしている。暴力への恐怖だけでは、異民族が暮らす広大な領土を統治することは難しい。被支配者を力で抑えむことよりも、被支配者自らが宗主国に支配されるものになれば、それが最も効果的な支配のかたちとなる。そのための有効な手段となったのが「教育」である。

一八三四年、イギリスの植民地インドに設立されていた公共教育委員会委員長にトーマス・バビントン・マコーレーが就任する。彼は「血と色はインド人でも、好み、道徳、知性においては英国人である階級」を創出するべく、インドにおいて完全に英国式の教育制度を導入する。一八三六年、彼はこう記している。

「英国教育を受けたヒンドゥー教徒が彼の宗教に心から愛着をもちつづけることはありえない。我々の教育計画が実行されるなら、今から三〇年後には、ベンガルの名望家階級にはひとりの偶像崇拝者もいなくなるだろう。これが私の確信（中略）である」（アンダーソン 1997：154）。

一九世紀の産業化に後れた（もっといえば、帝国主義国の利益のために貧困状態を強いられた）国々で、子どもたちに学校での「先進的・文化的」教育を受けさせることは、望ましいことのようにみえたであろう。しかしそこで行われる教育の目的は、まったく異なる歴史・文化・価値観を育んできた民族を「文化的に英国人にしてしまう」ことなのである。そうして「英国人になった」インドの名望家階級の人間は、イギリスを祖国としてインドを支配する人間になっていく。それはある民族のもつ文化や歴史、いやむしろ民族そのものの抹消を意味している。しかもその計画は三〇年（！）という長期的視点に立って実行されるのである。それまでのいかなる支配形態に比べても巧妙で、効果的な方法であろう。アジアやアフリカ、ラテンアメリカといった帝国主義諸国の植民地となったさまざまな地域で、「教育」という名の抑圧が実行され、それはいまなお現在進行形の問題のままである。

第二次世界大戦後、ブラジルで識字教育に取り組んだパウロ・フレイレは、植民地を支配した帝国が行った教育とはなんだったのか、そしてその支配によって抑圧されてきた人々にとって必要な教育がどのようなものであるかを語り続けてきた。彼にとっての識字教育とは、単に文字を読めるようにするのではなく、「自分のことばを話す権利、自分自身であろうとして、自分の運命の方向を自分で定める権利をわがものとすること」だといえるかもしれない（a：20）[3]。以下、フレイレの教育論を中心にして、「いま・ここ」における「教育」への視線の変革を試みてみたい。

被抑圧者とは誰なのか

近代帝国主義（そこには日本も含まれる）の植民地争いによる傷跡は二一世紀の現在もなお癒えないままである。私たちが第三世界と名指す「低開発」地域は、第二次世界大戦後の民族解放を闘った地域とほぼ重なり合う。植民地という露骨で暴力的な政治・経済的支配からは解放されても、そこに生きる人々が旧宗主国との不均衡な力関係のなかに留め置かれていることは変わらない。英語やフランス語、スペイン語そして日本語など、自分たちがふだん使うことのない言語で、エリートへの道を拓く「学校＝教育」が移植され、それはキメラのように旧植民地社会・文化内部に組み込まれた。フレイレはいう。

「文化的に疎外された社会は、一方では、自分を抑圧する社会、経済的文化的利益をひとりじめにする社会に全面的に従属している。また他方、疎外された社会内部では、パワー・エリート（外部のエリートと同一である場合もあれば、一種の転移によって、外部のエリートが内部の権力集団に変形されている場合もある）が大衆に抑圧体制を強制する。（中略）いずれの場合にせよ、これらの社会にとっては、植民地時代に由来する基本的な規定要因が存在している。すなわち、その文化が沈黙の文化として確立されて、それがそのまま続いているということである」（a：16）。

イギリス領であったインドしかり、スペイン、ポルトガル、そしてのちにはアメリカに支配されたラテンアメリカ諸国もしかり。その教育のおかげで「本国」へ留学するほど「優秀なエリート」となった人々は、よく英語を解し、操り、政治や経済のシステムにも通じ、弁護士や政治家といった社会的威信の高い職業に就くこともできた。にもかかわらず、彼らは彼ら自身を語る言葉を知らない。彼ら自身の声をもたない。そこで実践されたのは「飼いならしのための教育」であって「自由のための教育」ではない。

そして日常の生活体験から切り離された知識を学校で身につけた者たちは、そのような知識と接することのなかった祖父母や父母の世代の人間の「無知」を哀れみ、彼らの伝統・文化と絶縁していく。それは自分がなにものであるのかという「根」から切り離された生を生きていくことである。被抑圧者であるはずの彼／彼女が抑圧者の視線に同化し、自らの文化を抑圧する（▼第1章）。

「こういう状況の下では、抑圧された人にとって、「新しい人間」とは、抑圧者に押しつけられた古い状況を改革し、現在ある矛盾を解決していくところから生まれてくるような「新しい人間」のことではなくなってしまう。むしろ、自分にとっての「新しい人間」とは、だれかを抑圧するような自分になることになってしまうのだ。つまり、新しい人間になる、ということについて、きわめて利己主義的な認識をもってしまうのである。抑圧する者にぴったりと寄り添おうとするゆえに、自分が一人の人間である、という意識をもつこともできないし、抑圧されている者としての自分を意識することもできない」（b：27）。

さて、ここまでのフレイレの議論をあなたはどのように読んだだろうか。第二次世界大戦前の列強諸国が植民地に対して行った教育政策という、「過去」の結果として受け取っただろうか。それともブラジルあるいは第三世界と呼ばれるような「低開発」の「遠い」地域の出来事として理解しただろうか。あるいはここに書かれた「被抑圧者」、「抑圧する者にぴったりと寄り添おうとするゆえに」「抑圧されている者としての自分を意識することもできない」人間とは、二一世紀の日本に生きる「私」のことだと思っただろうか。私は、そう思った。

日本は植民地にされていた国ではない。「先進」国として経済的発展をとげてきた国である。ではなぜ、現在の私たちが「被抑圧者」などといえるのか。あるいはそのような教育をしているなどと考えられるのか。それは私たちがいま「教育」をどのように考え、なにを「学校＝教育」に求めているかが、まさにフレイレのいう「抑圧のツールとしての〝銀行型〟教育」と大いに重なり合うものだからである。では「銀行型教育」とはどのような教育なのか。

「抑圧」のツールとしての「銀行型」教育

フレイレは、その著『被抑圧者の教育学』のなかで「銀行型教育」という概念を用いている。銀行型教育とは「生徒と気持ちを通じさせる、コミュニケーションをとる、というかわりに、生徒にものを容れつづけるわけで、生徒の側はそれを忍従をもって受け入れ、覚え、繰り返す」教育のことである（b：80）。ちなみに、田舎で生まれ育った私自身の義務教育時代を振り返ると、幸いなことに、このような「忍従をもって受け入れ、覚え、繰り返す」という授業ばかりではなかった。むしろ五〜六人のグループになった生徒が互いに顔を見合わせるように机を並べ、話し合いながら授業を受けるのが「普通」だった。都市部の進学校に入学し、それが普通でないと初めて知った。高校の教室では全員一列に黒板を向くように机が整然と並べられていた。私が向かい合うのは、黒板の前に立つ教師だけであり、彼／彼女が語ることを、ただただ理解するよう努めなければならなかった。教師の質問を周囲の同級生は皆わかっているのに、自分だけがわかっていないのではないかという不安が、授業中に私を沈黙させた。「知らない」「わからない」ということは、恥ずかしいことであると学習した。自分の無知は、教師にばかりでなく、教室の同級生にも知られてはいけなかった。そして「なぜ？」と聞けないままに、「そういうものなのだ」と必死に暗記していく。それができなければ、試験で落ちこぼれ、大学に合格することもないのである。

「『銀行型教育』という概念では、『知識』とはもっている者からもっていない者へと与えられるものである。知識が与えられるもの、施されるもの、である、ということ自体が、抑圧のイデオロギーを広く知らしめるための基盤である。無知であることの決定づけ、それは無知の疎外とも呼べるものであり、常に他人のうちに無知を見出すことにつながる」（b：81）。

知識をもっているのはつねに「教師」であり、「生徒」はつねになにも知らない。教師が伝える知識を記憶し、預金を貯め込むように知識で頭をいっぱいにしていく。それはとくに受験勉強において顕著になる。私たちは決められた時間内により多く、より早く一つの「正解」をあてる訓練を受ける。立ち止まってはいけない。意味を問うてもいけない。足踏みをすれば「無知」のレッテルを貼られて脱落していく。数学の公式を覚える。英単語を覚える。漢字を覚える。歴史の年号を覚える。化学式を覚える。その背景に疑問や関心をもつ余裕はない。「こうだ」と語られる知識を「そういうものだ」と頭にたくさんためこんでいく。その状況に適応することがなにより重要なのだ。

「このように自分にもたらされた世界観を受け入れることで、すでに受動的になっている人間は、さらに受動的な教育に適応するようになり、世界そのものにも適応するようになる。「銀行型教育」に適応すればするほど、より「教育ある人」と見られるのは、そういう人のほうがこの世界によりよく適応するからにほかならない」(b：91)。

この世界によりよく適応する「教育ある人」たちは、自分たちが銀行型教育によって蓄積した「知識」こそが本当の知識であり、彼らはそうでない「他人のうちに無知を見出」していく。日常の生活に発する経験は、このような「知識」と結びつくことはなく、無意味なものとしてかえりみられることもない。ファイリングされ、きれいに整理整頓された「知識」は、現実を断片的にみせはしても、それらをつなげるための経験をもたない。大事なことはどれだけ他の人よりも「正解」を多く知っているか、である。その正解が現実と切り離されたものであることは問題ではない。

ここで一つ思い出すエピソードがある。偶然、ある国際的な難民支援組織の説明会に参加したことがあった。世界各地で繰り広げられる紛争や飢餓などによって生まれた地を追われ、生命の危機から逃れた人々。難民の現状とその支援活動の様子を英語で紹介する映像が流れたあと、本部からやってきた白人男性が質疑応答のために前に立った。司会の人が「質問があればどうぞ」と促すと、会場を埋める若者が流暢な英語で次々に質問をした。おそらく大学卒業後、国際支援活動にかかわっていきたいという志をもっていた人たちであろう。そのために英語も勉強していたのだろう。しかし難民支援の活動映像を見たあとに彼らが英語で質問したことは、難民支援活動の現場での問題点、理念と実態の矛盾、今後の活動方針をどのように考えているのか、といった「現状」を認識するためのものではなかった。合格するために必要な経歴はどのようなものか。英語以外にはどのような言語を学んでおくといいのか。試験にはどのような問題が出題されるのか。挙手をして英語で発言をする全員が、このような質問を繰り返すのだ。そのたびに担当者は、「ホームページを見てください」と同じ答えを繰り返していた。

銀行型教育では、物事の本質を問い、現状を批判的にとらえその変革の力をもつ〈人間〉を育てることはない。この世界に受動的に、従順に適応し、生きていく人間になるよう教え込むのだ。そして私たちの「学校＝教育」が、抑圧のツールである銀行型教育を実践しているとすれば、それは私たちの社会が、そうした従順な人間を求めているからにほかならない。自分たちの娘や息子、これから働く新入社員、自分たちの〈社会〉に新規に参入してくるメンバーたちには、「この世界によりよく適応する」「教育ある人」になってほしいと願っている。(4)

「ここで批判の対象としている支配の実践としての教育とは、教育される側の素直な無知さを温存しながら、教育する側のイデオロギー（実際には、やっているほうはこのイデオロギーの枠組みに無自覚であることが多い）の下に、この抑圧された世界の現実に合わせて生きられるように教え込むことなのだ」(b：97)。

戦後半世紀以上、日本は国際的紛争の当事者になることなく過ごしてきた。目覚しいほどの経済発展を遂げ、私たちの生活は、世界に類をみないほどに清潔で便利なものになっている。そんな日本社会のどこに「抑圧」などあるのだろうか。一体、誰が「抑圧され」ていて、一体どこに「抑圧者」がいるというのか。露骨な人権侵害を行う独裁者もいなければ、私たちを奴隷のように扱う地主もいないではないか。しかし、はっきりと目に見える「抑圧者」がいなければ、私たちは抑圧されていないといえるのだろうか。

江戸時代の農民たちは、自分たちは「被抑圧者」で、地主や領主を「抑圧者」だとみなしていただろうか。おそらくそうは考えていなかっただろう。重税や領主から下されるさまざまな命令。それらはたしかに負担ではあっただろうが、同時にそうして生きることが彼らにとっては「当たり前」のことであり、農民であるからには「仕方ない」ことだと考えていたのではないだろうか。どんなに文句を言っても、世界は変わらないし、世の中とはそういうものなのだ、と。

この思考のあり方と、現代日本に生きる私たちの社会のとらえ方にどれほどの違いがあるだろうか。社会保障負担が重くなるのは嫌だし、税金の使い方だってどうなっているのかわからない。政治家は信用できないし、官僚は好き勝手なことばかりやっている。でも、だからといって自分になにができる。自分一人がなにか言ったって世界は変わらないし、世の中ってそういうものだろう。一部の政治家と官僚が決めていることなんて、自分たちにはどうしようもできない。だって自分はなにも知らないから、なにも話すことはできない、と。そしてこのような「無知」ゆえに沈黙する人たちの態度は、「教育ある人」たちが、人々と接するときの態度と対をなしている（▼第12章）。

「人々の話を聞く必要はない、なぜなら彼らは『無知で無能力で、怠け者であるがゆえに低開発状態であり、そこから脱するために、教育が必要である』と、この人たちはいう。（中略）この専門家たちにとっては、『無教養な人間のいうことはばかげたことで、そういう人間の〝世界観〟などを尊重する必要はなく、聞く必要もない。しっかりした世界観をもっているのは専門家たちであるから』ということになるのだと思う」（b：256）。

銀行型教育に適応した「教育ある人」たちのなかには、さらに「知識」を蓄積し、「しっかりした世界観」をもった「専門家」になるものがある。彼らは「無知で無能力」な、なにも知らない「素人」の話を聞いたりはしない。「なにも知らないくせに」「なにもわかっていないのに発言をしないように」。抑圧のツールである銀行型教育が浸透した社会では、「無知」な者は沈黙するほかない。新聞やテレビは、なにかあれば「専門家」に解説をお願いし、私たちは「専門家」の言うことだから正しいのだろう、と無意識に思い込んでしまう。もし「彼／彼女」の意見がおかしいと思ったとしたら、それはおかしいと思ったこちらが「わかっていない」のである。銀行型教育は、私たちが自分の経験にもとづいて、自分で思考し、社会を意識的にみることを諦めさせる。「知識」をもっている者に従えばまちがいない、という具合に。(5)

しかし、戦後の日本社会を振り返れば、じつは「専門家」よりも「素人」の具体的な生活経験に裏打ちされた思考のほうが、現状を鋭くつき、問題の解決へといたらせたことは一度や二度ではない。水銀が流れ出した海の異変に気づいたのは「無学」の漁師たちだった。ミルクを飲んだ子どもの異常に声をあげたのは家庭にいる母親たちだった。原子力の恐ろしさを訴え続けていたのは、日常の生活を破壊されたなんの特権ももたない市民である。彼らは人間の「生きる」という行為に、その思考の基盤を置いている。彼らは日常の生活経験から得られた知識によって、現状を批判的にとらえ、問題を認識した。ここから発せられる問題提起は、現状の変革を訴え、それによって利を得ていた人たちが望む世界の安定を揺るがしていく（▼第9章）。それゆえ、彼らのように「ものごとの本質を問う姿勢をもつ、ということは抑圧する側にとって、危険なこと」（b：86）なのである。できるだけ人間を受動的にし、物事を本質的に考えないようにする銀行型教育が、「抑圧のツール」だというのは、こういうわけなのである。フレイレはいう。

「人間が今いる世界に疑問を呈するようになればなるほど、抑圧している側は安穏とはしていられない」(b:91-92)。

私たちの選択

フレイレの問題提起は、私たちの「教育」というものに対する思い込みを次々に打ち砕いていく。フレイレの教育理論を紹介する次の文章は実に的確だ。

「どんな教育も中立ではありえないということである。飼いならしのための教育か、自由のための教育か、この二つがあるだけである。教育は、常識的には条件づけの過程と考えられているけれども、同時に条件を突破するための道具にもなりうる」(a:5-6)。

フレイレが目指していたのが、「自由のための教育」であることになんら疑問の余地はない。では私たちはどちらを選択するのか。

「いろいろ問題はあるけれど仕方がない。社会とはこういうものだ」「理想はわかるけれど、現実的には無理だろう」「そんなことを言うのは、現実を知らないからだ」。

もしフレイレの「自由のための教育」を選択するなら、私たちはこうした言葉を吐かずに問題と向き合う「社会」に生きるということになる。現代の経済・政治システムを前提にした私たちの日々の生活は、そこにさまざまな不都合があっても、それを「一部」の人のこととして看過することで成り立っている。常態化するサービス残業、日雇いや派遣など非正規労働者の不安定な経済基盤、沖縄に集中する米軍基地、過疎地に立地される原発施設、選挙権のない特別永住者などなど。もし私たちが抑圧のない社会を実現しているというなら、誰かの（あるいは自分の）被抑圧状況を、仕方のない宿命としてやり過ごさない人間、「置かれている状況を解決すべき問題としてとらえる人間」（b：112）を育てていることだろう。そして「学校＝教育」において知識の詰め込みを競い、世界に適応的な「教育ある人」を育てる銀行型教育を放棄することだろう（▼第13・14章）。

「学校＝教育」は、私たちの社会、私たちの価値観、人間観、社会観といったものと無関係に、真空状態で成り立っているわけではない。教育の問題を、「学校＝教育」の問題に閉じ込めるのは、そうすれば私たち自身の社会の問題を直視しないでもすむからだ。現実を断片化してみる銀行型教育の「成果」は、私たち大人が世界をみる見方、マス・メディアのニュースの報道の仕方、そして生徒や子どもたちへの教育の仕方といった各場面に、はっきりとあらわれている。

もう一度、問いかけよう。私たちは本当に抑圧のない社会に生きているのか。そして、本当に「自由のための教育」を選択できる社会に生きているだろうか。

4　終わりなき変革への道

私の仕事も教師である。フレイレの議論は、「そういうお前はどうなんだ?」といつも厳しく私に問いかけてくる。学生と向き合って思うのは、彼／彼女たちは一個の独立した人格であり、それはいつだって、こちらの思惑どおりにはならないということだ。講義でも、演習でも、私が「そう思う」ということを、学生がまったく同じように感じるなんてことはありえない。それでも、教壇に立つ教師はつねに危うい罠に陥りやすい。つまり、「教師の言うことは正しい」という学生側の無前提な思い込みと、「自分のほうがより多くを知っている」という教師側の無思慮な思い上がりとが、「教師 - 学生」の関係をいとも簡単に「知る者と知らない者の地位の固定」（b：81）へとつなげてしまうのだ。

フレイレはこの罠を回避する方法として「対話」を強調する（▼第14章）。一方がしゃべり続け、一方がそれを沈黙のなかで聞き続ける銀行型教育とは異なり、現実を認識し、問題の解決に向かう教育では、対話が不可欠となる。教師は「生徒の認識活動に応じて、常に自らの認識活動をやり直し」、生徒は「教師との対話を通じて、批判的な視座をもつ探求者となる」(b：103-104)。

「教育する側も教育される側も共に知ることこそが教育する側の真の仕事となる。そうなれば、その仕事は、もはや非人間化を促進するものでもなく、抑圧を進めるものでもなく、人間の解放を求める仕事となっていく」(b：88)。

何度も繰り返すが、教育とは、「大人の世代によって子どもの世代に対してなされる組織的社会化」である。そして通常、私たちは「教える側」が大人で、「教えられる側」が子どもだと考える。あるいは指導する側、「教育ある人」、「専門家」が教える側で、そうではない人たちはつねに教えられる側だと考えているだろう。しかし、フレイレの視点を通したとき、このような私たちの「常識」を、当たり前のことだとみなす必要がないことに気づかされる。語る権利は、すべての人間にある。誰かに沈黙を強要する人間は、誰かを「抑圧している」人間である。「真実の言葉を話すこと、それは(中略)すべての人の権利である」(b：120)。もし私たちの教育になにか問題があるとするなら、それは子どもたちや「無知で無教養」とされる人たちにではない。自分はすべてわかっていて、無知なのはつねに相手のほうだと考え、自分の言葉を人々が黙って聞くことが当たり前だと思っている人、誰かの人生に経済的・政治的に一方的に力を及ぼす立場にある人間。むしろその教育こそが、私たちの社会の問題を解決するうえで重要になってくるのではないだろうか。

この章の始まりで、「教育は大切だと思いますか?」と質問を投げかけたのは、私がこの質問によって、まさに「目からうろこ」という経験をしたことがあったからだ。

数年前に、中南米の国コスタリカから法律家カルロス・バルガス氏が来日し、コスタリカの憲法について講演した。資源に乏しく経済的にも恵まれていないコスタリカにとって、最も重要な国の資源は「人間」である、という観点から、「人権・教育・環境・平和」を国の四つの柱にしているのだ、とバルガス氏は語っていた。二〇〇三年、アメリカが「大量破壊兵器」をもっていることを大義名分にイラクに侵攻したとき、アメリカ政府はコスタリカに対しても「軍事的協力」を依頼した。当時のコスタリカ大統領は、アメリカの要請に対していったん「イエス」と返答した。しかし一人の大学生が「これは憲法違反である」という裁判を起こした。結果は、大学生側の勝訴であった。こうしたことが可能になるのも、教育が重視されているからなのだと、彼は語った(6)。

その話はとても興味深かった。しかし同時に疑問もわいた。コスタリカでは教育が重視されているというが、では具体的にどんな教育がなされているのか。なぜ日本と同じような憲法をもっていて、これほど違うことが起きるのだろうか。私は彼に質問した。「コスタリカで、教育が重要とされているということはよくわかりました。でも一体どんな教育を実践しているのですか」。バルガス氏は次のように回答した。「私たちは人権が大切だということを教えています。コスタリカは、中南米の小さな国で、国境を接する国々は武力抗争や内戦などが続いていました。そのため争いを逃れ、国境を越えてくる不法移民が数多くいます。ですから、こうした不法移民の対応にあたる警察に対して、仮に不法移民であっても人権があり、それを守らなければならないということを教育しています」。

警察に対して「不法移民」の人権を守るよう教育する。バルガス氏のこの答えを聞いたとき、教育とは大人（力あるもの）が子ども（力ないもの）に行うものだと思い込んでいたことに気づかされ、強い衝撃を受けた。警察は国家の権力を、市民に対して直接行使する存在である。それは容易に、市民への暴力の道具ともなってしまう。だからこそ教育が必要であり、重要なのだ（▼第9章）。

「教育」とは、「社会」とは、こういうものだという思い込みを解いてみる。世界は変更不可能な「宿命」などではなく、私たちがどう意識し、どう働きかけるかによって変革が可能な「未完」のプロセスだということがみえてくるだろう。

（1）現代のわれわれに馴染深い「学校」は、明治になって欧米先進国の学校制度を輸入したところから始まる。もちろん日本の歴史をひも解けば、とくに江戸時代においては支配層である武士を対象とした藩校のほかにも庶民対象の郷校、そして寺子屋といった教育組織が成立していたことはよく知られているところである。しかし、「国民」という概念のもと、近代的国家建設の目的に即して、「国家」政策として、一定の基準を満たす近代的学校が始まるのは、やはり明治期以降のことだといえる。そしてそのような近代的教育システムは、欧米先進諸国から取り入れられたものである。

(2) 日本語で私たちは自分たちが生まれ育っていくなかで使用している言語を「母国語」と呼んでいる。しかし「母語」という言葉にこだわる田中克彦は、私たちの言語感覚についての重要な問題提起を行っている。「母語は、いかなる政治的環境からも切りはなし、ただひたすらに、ことばの伝え手である母と受け手である子供との関係でとらえたところに、この語の存在意義がある。母語にとって、それがある国家に属しているか否かは関係がないのに、母国語すなわち母国のことばは、政治以前の関係にある母ではなく国家にむすびついている」(田中 1981：41)。「日本」国家で生まれ育ったアイヌや沖縄、あるいは在日朝鮮の人々など、彼らにとっての「母語」が「母国語」たりうるのか。「日本国家」という鈍感な常識が、一体なにを引き起こしているのか。そういう問いがないかぎり、私たちは「日本国民」という分類に埋没し、「市民」という分類をリアリティをもって立ち上げることは難しいだろう。

(3) パウロ・フレイレの議論は『自由のための文化行動』(フレイレ 1984)と『被抑圧者の教育学』(フレイレ 2011)による。それぞれ前者をa、後者をbと略してページ番号を明記していく。

(4) このようなことを願う〈親〉や〈大人〉が抑圧者で、子どもたちが〈被抑圧者〉なのか。それほど物事は単純ではない。

(5) 「原子力発電は安全である」という「専門家」の言葉への盲信は、二〇一一年の東日本大震災によって打ち砕かれたはずだった。しかし震災から二年後の二〇一三年においても、原発に反対する「素人」の声は、原子力という科学的知識ばかりでなく経済的知識の欠如、「現実」を理解していない「無知」ゆえの妄言として、政治・経済の「専門家」に黙殺されているという事実は明記しておくべきだろう。

(6) 同じとき戦争放棄の憲法をもつ日本は、当時の小泉首相によって「自衛隊」派遣が拙速に決定された。大義名分となった大量破壊兵器はみつからず、二〇一三年現在でも、イラクの治安は回復していない。多くのイラク市民が、存在しない「大量破壊兵器」のために家を破壊され、家族を奪われ、命を失った。しかし、この「軍事行動」に協力した責任を小泉元首相は語らないままであり、そのような判断を許した決定過程の検証も行われていない。そして二〇〇三年にイラクへと自衛隊を派遣したことをきっかけに、イラクで日本人三名の誘拐事件が起きたこと、それに対して当時の小泉政権が「自己責任」という言葉を使ったことを私は忘れられない。さらに政府の対応を批判する家族に対して、「政府を批判するなんてけしからん」「勝手に行ったあいつらが悪い」「自己責任だ」というバッシングが起きた日本社会の反応を忘れられない。

参考文献

アンダーソン、ベネディクト（1997）『想像の共同体――ナショナリズムの起源と流行』（白石さや・白石隆訳）ＮＴＴ出版。

エブラール、ジャン（1992）「ヴァランタン・ジャムレ＝デュヴァルはいかにして読むことをまなんだか――独学の模範例」ロジェ＝シャルチエ編『書物から読書へ』みすず書房。

小野浩（1974）「方法と分析視覚」麻生誠編『社会学講座10　教育社会学』東京大学出版会。

越智康詞（2011）「アリエスの〈教育〉理論を読む――『近代化と教育』研究のシステム論的展開」北澤毅編『〈教育〉を社会学する』学文社。

田中克彦（1981）『ことばと国家』岩波新書。

フレイレ、パウロ（1984）『自由のための文化行動』（柿沼秀雄訳）亜紀書房。

フレイレ、パウロ（2011）『被抑圧者の教育学』（三砂ちづる訳）亜紀書房。

第6章　遊　び——見立てる精神と離脱の運動——

清水　学

内は外，外は内。(赤瀬川原平「宇宙の缶詰」1963年，『東京ミキサー計画』PARCO 出版局，1984年より)

この章で学ぶこと

日常の見慣れた風景が、見立て一つで遊びの空間に変わる。こんな経験は、誰にでもあるはずだ。ただの空き地や草むらに「秘密基地」が生まれるように、寂れた廃屋が「魔法の洋館」に変わるように、芝生の広場が遠い遊牧の草原になり一陣の風が吹くだろう。

子どもは見立ての天才である。が、大人の高級な芸術や科学の理論でさえも、見立ての機能を利用している。借景や枯山水からレディメイドの芸術まで、転用による見立ては芸術の基本でもある。科学的説明における「原子モデル」や「ひも」理論、「ビッグバン」などもまた大いなる見立ての一つだろう。

遊びの精神は見立ての精神である。その根本には人間の想像力、あるものを別のものに転用する知性の働きがある。本章では、固有の想像力を伴った「見立ての精神」こそ、社会学の真髄であると主張したい。

1　遊びと見立て

たしかに子どもたちは見立てが好きだ。さまざまに手近なものを別なものに見立てて遊ぶ。ふだんの通学路、砂利だらけの路地、アスファルトの舗道に引かれた白い線、歩道と車道の境界、あれやこれやの障害物。そんなものが「ジャングル」に、「青い海原」と「白い砂浜」に、はたまた「峻険な崖」や「鬱蒼と茂る森」に変わる。影絵遊びやごっこ遊び、即席の探検隊や探偵団の数々、テーマパークもまたこの種の技法なくして存在しない。

子どもだけではない。大人もまたさまざまな見立てで遊ぶ。むしろ、より意図的な見立てによって遊ぶことができるのは大人である。それは一つの芸術にまで昇華される。古くより、見立てることは芸術の、その風流や粋の精神だった。見立ての遊び心により、敷きつめられた一面の砂が大海また丘になる。散在する小石は大岩あるいは駱駝に。噺家は扇子一本を操り、それを愛煙家の道具にも蕎麦を食する道具にも変える。見立ての理屈はさまざまであり、見るものによってどのように見えてもよい。ただし全体を統御する一定の規則に従いさえしていれば。

「君は薔薇だ」「芸術は爆発だ」など、独特の比喩の働きを禁止されれば詩は成立しない。これまた、見立てによる修辞の技法だ。もちろん小説家も、そしてノンフィクション作家こそこの技法を多用する。「ことばの遊び」として、詩的言語のみならず日常言語のなかにあふれるさまざまな文彩や比喩表現を再発見したのはG・レイコフとM・ジョンソンだった（レイコフ・ジョンソン 1986）。「冷蔵庫が死んだ」「時間を費やす」「骨折りする」など、隠喩《メタファー》による言語表現は、日常生活のなかにも深い部分で浸透している。

子どもの会話はダジャレや擬音語・擬態語に満ちており、もっと「大人」の会話においても多様なものが多様なものに擬せられている。ただの同僚の変哲もない言葉にトキメいてみたり、ひととき別人になりきってみたりするのも同様のことだろう。

意外に思われるかもしれないが、科学の世界もまたさまざまな見立てに満ちている（ヘッセ 1986）。そもそも見慣れぬものを見知ったものに置き換え理解しようとするのは人類普遍の認識原理であり、その意味で人間の知とは「未知」を「既知」によって類推し説明することである。見知らぬものを見慣れたものによって近似し描写する「仮説」は、説明の論理となる。これがアナロジーという推論の働きであり、それにはメタファーの修辞が利用される。「人間はオオカミだ」は、それまで焦点のあてられていなかった人間の特質を説明する。「機械としての人間」もしかり。「としての」という見立てによる置換が、じつは多くの仮説の骨格をなしているのである。

この認識の技法によって「モデル」が作られ、たとえば原子の存在が発見され説明されてきた。あるいはD・リグニーは社会理論における主要なメタファーとして「生体」「機械」「戦争」「法秩序」「市場」「ゲーム」「劇場」「言説」の八種を紹介している（Rigney 2001）。「社会有機体説」「社会機械説」「情報社会説」など、要するにみえにくい「社会」を、すでに知っているなにものかに見立てて理解しようということだ。[1] この種の「世界（観）」を形成する根源的なメタファーは「ルート・メタファー」と呼ばれ、その重要性が各分野で論議されてきた（Pepper 1942；White 1975など）。

こうして、われわれの身の回りには「鉄の馬車」や「銀の鳥」が出現してきた。なにかになぞらえて「説明」をすることは、それ自体が楽しい営みでもあろう。検証を考えず（もちろん考えてもよい）「説」を立てることを、人は好んでする。聞かれてもいないのに、すすんで説明や釈明をしたがる。他人の説明に耳を傾ける。ワイドショーや週刊誌記事などはこの手の試みにあふれているし、うわさ話のたぐいもまたこの種の機能を果たす、生活のなかの主要なメディアであろう。

人はよく日常的にも「なぞらえ遊び」や「たとえ遊び」をやる。芸人と呼ばれる者たちが多用するように、「まるで～みたいだった」などと自らの経験をなにかに擬して他人に語る。このように仮説形成はしばしば、見立てを用いた物語の形式をとる。その意味ではたしかに学問は遊びである。互いに仮説の優劣を競ってもよいし、より突飛な仮説を争ってもよい。要するに、現実を説明するよりよい「メタファー」が競われているわけである。

置き換えて理解することは、あるものを別のもので代理表現しようというのだから、まさしく記号の働きそのものである。そもそも人間が試みた最初の「説明」は、言語という記号体系を発明したことだった。ある事態を表現するのにあの言葉を選ぶかこの言葉を選ぶかという、選択自体がすでに見立てであり仮説形成である。ことによると「ことば」そのものが壮大な見立てであるのかもしれない。まだ名前もついていない、なにものでもない「自然」という領域を、特定の網の目で切り取り、分節化し形象化することである（▼第５・14章）。ことばは自然の上に仮構された、それ自体がさまざまなフィクションを可能にする根源的なフィクション、根源的なフレームといえる。

構造主義言語学がいうように、それは最初から一度に同時に与えられる。これぞ世界に対して与えられた、人間による始源の「仮設＝仮説」なのである。このときいわば「自然」は「文化」として見立てられている。この見立てられた世界は、そのまま「as if（かのように）」という修辞によって成立したフィクションの世界である。

このような見立ての心は、日常のなかにこそ宿っている。その意味では、日常生活そのものがすでに芸術である。使われなくなったブラウン管テレビをニワトリ小屋にする。置き捨てられた木箱の使い道がわからないので階段として使用する。植木鉢がみあたらないのでブリキのヤカンで間に合わせる。それは限られた場所、限られた用具しかもたない者たちの、生活の智恵や創意工夫だった。すなわち文化人類学で「ブリコラージュ」として知られている概念である（▼第１・２章）。

M・ド・セルトーは、これを広く日常的実践にまで拡張し、戦略的意味を込めた（ド・セルトー 1987）。廃棄家電をタンスとして使用する生活者は、その実践において一つの仮説を形成する理論家である。本来の用途から自由になされる転用や流用は、日常的なメタファー使用であり仮説形成といってよい。電子的なサンプリング技術などが流通する以前から、人はこのようにして世界と遊んできた。その意味でブリコラージュは正しい遊びである。生活の／としての遊びといえるだろう。

こうしてみれば「自然」を「文化」に変換することそのものが、すなわち遊びである。自然の余白に生まれた、それ自体では無用であるもの。だが、人間的世界にとってはそれなしですますことのできないもの。「人間の文化は遊びのなかで、遊びとして、成立し、発展した」（ホイジンガ 1971）というよく知られる金言は、このように理解するのでなければまったく説明のつかないものとなるだろう。

2 フレームと規則

遊び理論の先駆者J・ホイジンガによれば、「遊び」とは①他に目的や利害をもたない「自己目的的」で②「自発的」な行為であり、③一定の「時間」と「場所」の限界のなかで④自らすすんで受け入れたしかし絶対的に義務づけられた「規則」に従って遂行される、⑤「非日常的」な活動である（ホイジンガ 1971）。遊びの研究者が共通して認める重要な特性は、その純粋性と自己目的性にある。ホイジンガのいうように、遊びはほかに動機や目的をもたない、それ自身のために営まれる「純粋」な活動である。この純粋性は社会の役に立たない。逆にいえば、世間で役に立つといわれる物事はみな「不純」なのである。目的意識をもつとは、じつはきわめて不純な行為にほかならない。

遊びのこの自己目的性は、なんらかの規則によって構築され制御される。これまた一致して指摘される特性であり、規則のない遊びはない。「なんでもあり」こそ自由で解放で楽しさだと語られる場合がある。しかし、これは単純にまちがいである。後述するように、むしろすすんで規則にしばられ規制されるからこそ、そこから解き放たれる快感も得られるのだ。

いいかえれば、遊びにおいて自発的に受け入れられた拘束的な一定の規則が、場所と時間また行為のスタイルを画定し、それによって日常とは異なる仮構の空間が限定的に構築される。すなわち「見立て」によって遊びの空間が調えられる。人はこの世界にひとときを自らを投入する。そこで人は、日常の属性を離れた「プレイヤー」となる。

この見立てをするとき、人はなんらかの「フレーム」を仮説的にあてはめている。それはまさに額縁のように、現実世界を一定の角度から切り取り、限定し、変換する。変換のために必要とされるのが一定の規則である。規則の働きによる「日常」の「異世界」への変換が、遊びの前提として、その眼目として、つねに必要とされている。遊びにおける「フレーム」と「変換」の役割を強調したのは、なによりG・ベイトソン、そしてE・ゴフマンだった（ベイトソン 2000；Goffman 1974）。両者とも、ある種の見立ての機能が社会生活の根本にあると主張するのである。(2)

特異な思想家ベイトソンによれば、遊びという活動には同時に「これは遊びである」というメタ・メッセージが、すなわち「それは字義どおりに読み解かれるべきではない」というメッセージが付随する。この「これは見立てである」というメッセージが伴わなければ、もはや遊びではない。だがこのメッセージが理解された瞬間に高次のフレームが適用され、ともに見立ての世界に入ることができる。このように、遊び（またメタファー）の理解にはフレーム設定＝読解能力が高度に関与していることをベイトソンは論じた。

けんかにおける「殴り合い」が変換され、一定のルールに従うことによって「ボクシング」というスポーツになる。あるいは友だち同士の儀礼的行為になる。メタ・メッセージの機能、すなわち「これは本気ではない」というメッセージに着目しなければ、両者の違いは理解されないかもしれない。子犬同士の噛みつき合いが決して相互に危害を及ぼすところにまでいたらないのは、そこに「これはじゃれあいである」というメタ・メッセージの理解が伴っているからである。この種のフレーム理解にズレが生じると、ときには闘争にいたるような重大な結果を招来させかねない。というより、ホイジンガの指摘にもあるように、そもそも戦争ですらもとは一種の遊びであった可能性もある。

早くから記号論の動向に関心を寄せていた社会学者ゴフマンは、いち早くベイトソンの成果を取り入れながら、「状況の定義」や「多元的現実論」の文脈のなかでフレーム設定作業の社会学を試みた。社会生活の現実は、さまざまなフレームの働きにより、その内実としての意味が与えられている。この種の「経験の組織化」なくして、日々の生活はその認知的また道徳的秩序を保つことはできない。しかし一定のフレームは、独特の脆弱性と多重化（さらなるフレーム化やフレーム破り）にさらされている。こうしたフレーム化と再フレーム化（「転調」）、多重フレーム化、また逸脱やフレーム破壊の運動こそが、社会生活における「見立て」の遊びなのである（Goffman 1974）。

ゴフマンは、いかにも社会学者として「遊び」という活動に社会的相互作用の観点から光を当てた。しかしそのアプローチを特徴づけているのは、逆に社会的相互作用一般を「遊び」の観点から分析しようとする姿勢である。やがて大著『フレーム分析』に集大成されるその作業は、先行する論文「ゲームの面白さ」（ゴフマン 1985）においてすでに示され、遊びという活動と他の相互作用一般（「真面目なエンカウンター」）が同じ用語で分析可能とされていた。

フレームへの自発的な関与の程度や没入と逸脱との相乗効果、変換のためのルール変更、フレーム形成の破壊や失敗また修復の可能性など、この時点ですでにゴフマン社会学の主要な論点が「遊び」の枠組みにおいて出揃っている。さらに指摘されるのは、その根底に、初期からの関心事であった社会という劇場における「パフォーマンス」についての鋭利な分析が宿っていることである。すなわち「フレーム」の用語が使用されるとき、そこには仮構《フィクション》への先鋭化された自意識があったといってよい。

人間生活にとって基礎をなす、会話という社会的活動もまた一定の精緻なルールを備えた遊びであることが、「会話分析」の諸研究によって示されている。この観点からゴフマンは、G・ジンメルの「社交」の概念に言及していた。すなわち「社交というのは、すべての人間が平等であるかのように、同時に、すべての人間を特別に尊敬しているかのように、人々が『行う』ところの遊戯である」（ジンメル 1979：強調筆者）。社交の「純粋性」「自己目的性」とは、まさに遊びとしての特徴にほかならない。

「かのように」という見立てには、ルールが必要である。通常の活動が一定の規則によって変換され「遊び」に変わる。構造主義や文化記号論が「格子」や「規則」を強調するのは偶然ではない。「自然」から「文化」への質的移行は、この決定的な見立てによってなされる。もちろん規則は厳密である場合もそうでない場合もあるだろうが、自発的に従われる規則への関与は、あらゆる社会制度を成り立たせている原理である（▼第7・11章）。

このとき遊ぶ主体は、最も優れた服従主体となる。ルールに対し、これほどに無償の自発的忠誠を誓う存在を誰が知ろう。だから遊びにおける「規則」の重要性を指摘する者は、あわせて「自発的服従」の態度をその根本的要素として指摘するのである。見立ての世界のなかにすすんで入ること。服従することそれ自体が目的となり、それによろこびを感じること。この意味で、遊ぶ主体はみなマゾヒストである。文化の根源にはマゾヒズムが宿っている。

「自発的服従」の逆説的な言葉が、遊びにおいて保持されるべき適切な「距離」の感覚を示してもいる。あまりに「没入」しすぎる態度やあまりに「醒め」すぎた態度は、遊びの現実を損なうものだ。過度にムキになる人物とは遊びにくいし、あまりに計算づくな態度では遊んでも楽しくない（井上 1977）。

見立てを維持するためには、フィクションを共同で支える協力者もまた必要である。設定されたゴールがただの倒木としかみなされなくなってしまえば、もはやゲームは成り立たない。これまた、一定の規則や規範体系への共通した忠誠によるものである。「うそ」の諸現象にも観察されるように、だます側以上にだまされる側の能力が必要とされている。サプライズ・パーティなどは典型だろう。自らすすんでこの「だまされる能力」を開発しようというのが、見立ての訓練なのである。

そのために必要なのは想像力だ。見立てによる仮説形成は法螺話に似ている。手持ちの材料をもとに、それをうまく説明するような整合的な話を作り上げること。壮大な法螺話の数々が文化的に蓄積されている。『ドン・キホーテ』の冒険はもちろん、その重要な部分において見立て抜きには成立しえない。自らを伝説の騎士と見立てた主人公は、貴婦人に見立てられた隣村の娘に忠誠を誓い、名馬に見立てられた駄馬や従者に見立てられた農夫らとともに、城に見立てられた旅籠を訪れ、巨人に見立てられた風車や軍勢に見立てられた羊の大群へと立ち向かう。その頭上を覆っているのはいうまでもなく、伝説の兜に見立てられた床屋の金盥だった。(3)

見立てはまたカムフラージュにも使用される。たとえば探偵小説における種々の見立て（奸計による偽装）は、本来の目的（真の犯行動機）を隠すための偽の筋立てとなる。キホーテその人にとっては、メッキのはげた「現実」の姿こそがまさしく悪しき魔法によるカムフラージュの結果とされたのだった。巨人がそのおぞましい真の姿を隠すため、魔法使いによって「風車」に見立てられている、というのがキホーテのとる説である。

そもそも貨幣制度にしても法制度にしても見立てによって成立するものであり、成員がこの見立てに縛られることによってはじめて機能するものである（▼第7・12章）。ただしこの服従は多くは無自覚のものである（でなければ効果的に機能はしない）。この意味で、それは「惰性化した遊び」ともいえるだろう。

じつは社会のなかには、このような惰性態における遊びが多い。というより社会そのものが一種の惰性化した遊びなのである。よくよく眺めてみれば、社会のなかで役割を遂行すること、すなわち「まっとうな社会人になること」は、いささか「没入」しすぎた感のあるRPG（ロール・プレイング・ゲーム）であろう（▼第8章）。しかし人はなかなかこれに気づかない。社会もまた気づかせない。この状態から抜け出すこともまた、本来なら「遊びの精神」によってしか可能ではないはずのものなのだ。

たしかにホイジンガを筆頭に、遊びが人間の文化を形成したこと、文化そのものが遊びであることを強調するものは多い。しかしそれらの論者は同時に、この遊びの契機が多くの場合、文化のなかで抑圧されていることも指摘しなければならなかった。文化記号論のいうとおり、ことばは機能するためには惰性化し、それ以上人が原初の意味生成の現場に立ち合うことがないよう固着しなければならない。そうでなければ、人はいつもその使用の瞬間に自らが発する言葉の意味について不安であり続ける。それではもはや社会生活は安定を保てない。

だが、とはいえこの脆弱性、可塑性、変化への可能性抜きには、ことばの生産性は語れない。そして遊びを可能にする規則は、この可変性をつねに含んでいる。遊びが本来備えている両義性のなかで、その創造的契機はどうすればうまくとらえられるのか。次節で主題にしていきたいのはこの点である。

3　遊びの精神

没入と離脱

「見立てる」ことは、遊びの限定的な一領域というわけでは決してない。むしろその本質的な要素である。しかし従来の研究は、この重要な点を見逃してきたように映る。これが、創造的想像力の働きによる本来的な遊びの契機を見失わせてきた原因ではなかろうか。

ホイジンガの議論を継承するR・カイヨワによれば、「遊び」は次の四種に分類される。すなわち「競争」「偶然」「模擬」

「眩暈」である（カイヨワ 1990）。この説に従うなら、ごっこ遊びを筆頭とする見立ての遊びは、四類型のなかの一角を占める（「模擬」の遊び）にすぎない。このとき「見立て」は遊びのなかの限られた、それも洗練度の低い一分類ということにしかならない。しかしここで主張したいことはまさにその逆である。遊びはそもそも見立てを必要とする。遊びのなかに見立てがあるのでない。見立てがあってはじめて遊びがある。

ファンタジーRPGについて独自のフィールドワークを行ってきたG・A・ファインによれば、「ごっこ遊び」や「模擬」のゲームが他と大きく異なるのは、そこで「勝ち負け」が主眼とされず（ほとんどの場合存在すらせず）、「見立てる行為」そのものが遊ばれているところにある（Fine 1983）。目的としての勝負を設定せず、したがって遊びの純粋さをより本質的に体現しているという意味で、この「見立て」の遊びは他の遊びにとって基礎的であり本源的ということができる。

そしてまた、ＲＰＧがプレイすることそれ自体を楽しむゲームであるならば、その意味で「社会」とは一つの壮大なＲＰＧにほかならない。父親という役割、母親という役割、夫婦、警官、店員、医者など、多くの場合役割遂行それ自体が目的なのである。その多くはまた「コスプレ」の特徴も備えている。制服に身を包むことで、人はプレイヤーになりきるのだ。

であるにもかかわらず、社会は遊びを特定の領域に限定しようとする。そしてその本質である見立てという無償の行為を、さらにその一部に制限しようとする。そこにはなにか、社会にとって不都合な真実が隠れているとでもいわんばかりに。

同様に、従来の理論のなかでも、遊びは現実のなかの「限定的領域のひとつ」とされることが多かった。たとえばW・ジェイムズやA・シュッツに由来する「多元的現実論」の考え方は、この活動を「科学」「宗教」「芸術」「夢」「狂気」などと並ぶ社会的現実の一つ、特有の「現実のアクセント」によって構成される「下位宇宙」の一つととらえている（シュッツ 1985；バーガー・ルックマン 2003）。

たしかに「遊び」の活動もまた、時間的・空間的区画を伴い、明確な規則によって「日常」から切り離されるものである。しかし、それだけではまだ固有の意味で「遊び」たりえていない。結局のところ「遊び」とは、なにか特定の限定された文化的領域でなく、それにかかわる人間の態度や姿勢の問題だからである（▼第3章）。

たとえばよく「趣味を仕事にしてはいけない」「仕事は遊びでない」などといわれる。こうした発言で前提されているのは、

「遊び」の領域と「生活」の領域との本来的な分離である。しかし少し考えればわかるように、ある特定の活動が本来的に遊びであるとかないとかはいえない。「遊園地に行くこと」は友だち同士の場合には「遊び」だろうが、休日に家族サービスを行う父親にとってはそうではない。「サッカーをすること」も、休み時間の小学生とプロの選手たちとでは事情が異なる。パチンコ通いの者たちはしばしば、普通に働いている者たちよりはるかに「勤勉」でもある。ゴルファーにとって遊びであるものがキャディにとっては仕事である。キャディはキャディでもちろん、そのなかに自分なりの遊びをみつけることも決して不可能ではない。

こうした点をふまえ、たしかにシュッツも、それぞれの現実を固有のものとして構成するのが「特有の認知様式」であることを強調する。だが、これにも同じく限界がみられる。これら「認知様式」によって構成される諸々の「下位宇宙」を特徴づけるのは、結局その世界への「没入」という態度だからである。すなわち、その世界の地位をみだりに問わないことだ。しかもそれら諸世界は、あれかこれかの選択に属することになる。人はそれらのあいだを自由に遊ぶことなく、一つの世界にやむなく包含されるのみである。

こういった混乱には原因がある。シュッツの考えでは「意識の緊張度」が低下し「注意的関心」が途切れたとき、そのとき他の現実への離脱が起こるとされる。しかしそもそも「日常生活の現実」を支配的とする「アクセント」は、その現実性に対する「疑念の停止」によって与えられている。すなわち「現実のアクセント」は奇妙なことに、当の現実に対してそれ以上関心を振り向けないことによって得られるのだ。だがこの態度こそ、むしろ「注意」や「緊張」の欠如を意味しているのでないか。反証が現れるまで（現れても）とにかく見たままを疑わないというこの姿勢こそ、「惰性態」と呼ばれるにふさわしいものである。

ことは他の限定された「下位宇宙」においても変わらない。日常生活という「至高の現実」にかぎらず、現実の現実らしさにおいていずれにしろ要請されているのは、この「没入」という態度である。シュッツが「現実のアクセント」と繰り返し述べるのは、特定の世界へのこの惰性態における関与にほかならない。このような惰性化した静的領域が本来的な遊びを意味しえないのは、そこに見立ての契機が含まれていないからである。見立て直された後の世界にいくらおさまっても、それはただの適応にすぎない。状況を固定化すればするほど、遊びの精神からは遠のく。これこそ過度な「没入」の精神である。

見立てをするという行為は、当然ながら見立ての内容そのものにはあたらない。これが、演出という行為を主題とする「演出論的社会学」と、演じられた内容を主題とする「ドラマ論的社会学」との違いである。「見立て」は明らかに一つの世界を作る行為であって、その世界のなかに包含されることではない。包含されることはすなわち他の見立ての排除を意味する。限定的な一領域としての「遊び」は、惰性化したメタファーに等しい。固着化してしまったメタファーは、もはやメタファーではない。死喩とも呼ばれるそれは、遊びによって生まれた世界であるが、もはや遊びを失った世界である。「狂気」とは、もはや戻ってこられなくなった遊びの謂であろう。それは、いわば距離を喪失した別世界なのである（▼第5・14章）。

多元的現実論がドン・キホーテの物語に適用されるとき、まさしくこの難点が露わになる。シュッツの観点から物語の主人公について観察されるのは、「現実のアクセントを付与したこの閉じられた下位宇宙を彼の本拠地として、そこからあらゆる他の現実の領域を解釈する」という、そのふるまいである。対して他の登場人物は「ドン・キホーテに調子を合わせ、また彼との言説の宇宙を確立するために、彼らの日常生活世界の現実のうちに遊びや冗談の世界、そしてまたごっこや『ふりをしましょう』の世界を構築し、ドン・キホーテがそのような世界を彼の私的な下位宇宙によって現実であるとみなすよう望む」のだが、「自分たちのごっこの世界に対して決して現実のアクセントを付与するようなことはしない」（シュッツ 1998）。このことが、彼ら両者のあいだで「ひとつの言説の宇宙」や「真の意味での社会関係」を確立することの困難と挫折を、ひいては「騎士の個人的な悲劇と破滅」を導くとされる。あたかも遊びや笑いという要素が少しでも関与すれば、それは真正の社会関係を構成しないといわんばかりに。

しかし見方を変えれば、彼らは充分に遊べているではないか。充分に一つの見立てを、ともに遊んでいるではないか。(4) この「遊び」が崩壊することこそ悲劇なのであり、それはありもしない「真正の社会関係」を求める態度からもたらされる。なぜ特定の下位宇宙に対して、全面的な「現実のアクセント」を付与せねばならないのか。物語のなかでサンチョは「覚めていながら眠っている主人よりなお悪い状態」と形容される。他方「ドン・キホーテの奇妙なユーモア」がより健やかなものとして強調されている。実際よく知られるように、「床屋の金盥」と「マンブリーノの兜」を明確に区別することしか知らなかったサンチョは、遍歴の騎士との訓育的な遊びの修行の末、やがて「盥＝兜」と口にするようになる。まるでウィトゲンシュタインを読んだことでもあるかのように。

遊びの世界とはまさにこの「盥兜」の世界、「風車巨人」の世界、「ウサギアヒル」の世界である。残念ながら「遊び」の社会学的研究においても従来、ともすれば「没入」の側面が強調されることが多かった。この点で井上俊の果たした理論上の功績は、遊びにおける「離脱」の契機を強調したことである。すなわち遊びにおいて「没入」は「離脱」と表裏一体でなければならない（井上 1973；1977）。

近代社会の倫理は、仕事にしろ遊びにしろ、それに「真面目」に「没入」することを命ずる。「離脱」しているようにみえるものを指して、とがめだての言葉が投じられる。このとき遊びは本来の存在意義を失っている。真剣に全面的に関与されている遊びは、もはや遊びではない。だからこそ「遊び半分」の姿勢が必要とされるのである。(5)

そもそも「没入」こそが日常生活の素朴な態度であることを、いま一度思い起こそう。「実社会」を特徴づけるのは「距離のなさ」であり、人はまさしくこれに悩んでいる。自己と役割との距離のなさ、自己と他者との距離のなさ、そして人間と社会（規範）との距離のなさである。

のっぴきならない事情にとらわれた者にとって、見立てによる離脱は、ひととき惰性化した世界を逃れ別世界に逃避することでもある。苦境に立たされたとき、それをドラマの一場面だと思ってみる。辛い日常を異星人の観察課題とみなしてみる。人間の想像力はしばしばそんなふうに使用される。張り詰めた糸の余裕のなさは危険である。最も苛酷な状況においてこそ、人間の想像力は最大限に活動する。それは、池澤夏樹のいう「ユーモア」の役割に似ている。(6)

いずれにせよ必要なのは、見立ての運動を行うための想像力である。退屈しのぎ、時間つぶしのたぐいもまた、すべて転用の芸術＝技巧である。退屈な教室で、クラスメイトや教科書、机やイス、チョークの音を素材に、ひととき思いにふけること。目の前の厄介な上司を、動物園にいるかのごとく扱うこと。こんな離脱の多様な形態なら、S・コーエンとL・テイラーが豊富に紹介してくれている（コーエン・テイラー 1984）。すべて、やむをえず所属せざるをえない容易に抜け出せない空間のなかでの、あり合わせによる即興的な創意工夫の数々である。

この意味でこそ、ゴフマンのいう「エンカウンター」の場は「手近にある材料」を利用して構造化されるのだ。「ゲームの道具」はすべて「偽装」である（ゴフマン 1985）。こうした当意即妙の転用芸術《ブリコラージュ》は、場合によって非現実的な逃避行動であるが、他の場合には創造的想像力として称揚される。あるものを利用して作られる見事な料理も、間に合わせの材料でなされる装飾も、すでにひとつの日常的芸術であり智恵なのである。

距離化の想像力

遊びが始まるとき、そこには必ず離脱の運動がある。この運動そのものが遊びである。離脱は客観視と自己言及を可能にする。遊びという活動の根幹をなすこの契機は重要である。類型学に堕した遊びの理論が見失ってしまったのはこの離脱の運動にほかならない。「距離化」という本質的な要素を強調するのは現象学者J・アンリオである。「距離が、遊びの最初の形式」であり、それはまずもって「遊び手とその遊びとのあいだに存在する遊び」である。すなわち「遊ぶとは、自分が遊んでいることを承知しているということだ」（アンリオ 1969＝1974）。

したがってこの観点からすれば、旅立たれた「別世界」そのものにさほど遊びの要素は含まれていない。そこにはまた「別の日常」が待っているだけだからだ。同様にコスプレや変装も単に「別の自分」になりきるだけであって、自分を別様に眺めることにはならない。苦しいこと、辛いことに悩む者は、どこか別の場所に行ってしまいたい（そしていずれ戻ってきたい）のでなく、一義的にはいまこの場所をなにか別のものに変えたいのである。

「リクリエーション」というかたちで用意された別の場では、本質的に遊べはしない。いつものゼミ室でそのままパーティをするから遊べるのであって、利用申請をして食堂に機会を設えられてもかえって堅苦しいだけである。「レジャー」や「余暇」の思想にはずいぶん以前から批判が寄せられているが、これを「遊び」と勘違いする現状がいまだに存在しているのではないか。

見立てることとは、そのものから一歩離れることである。この種の距離は批判精神にもつながる。気楽さにつながる場合もある。あるいはパロディを成立させる距離になる。お笑いの世界にも見立ては活躍し、そこに独特の批判精神が生まれる（だからしばしば「ツッコミ」として使用される）。見立てが生み出す仮構の世界と、もともとそうだと思っていた姿とのある種のズレが、笑いにつながる。余裕やゆとりとして、これこそまさに「遊びの精神」であろう。のっぴきならない「現実」からひととき離れることは逃避を意味することもあろうが、一歩離れるからよく見えるのだし、リラックスして行動もできる。「人生はゲーム」（バーン 1967）というメタファーもあるように、ゲームとみなすことで冷静に判断もできるし、いつでも抜けられると思える。そのものではないからこその優位な地点がここにはある。

「宇宙の缶詰」（赤瀬川原平，1963）における見立ては、みごとな発想の逆転である。ただの開封された缶詰容器が展示されているだけなのだが、ただしラベルの付いた側が内側になる。つまりその展示物が密閉されていたときには、われわれの属する「こちら側」の世界こそ缶の「内側」にあったことになる。だから「宇宙の缶詰」なのだ。この場合、だからといって現実はなにも変わりはしない。しかし、われわれのものの見方や感じ方は見事に一変している。そしてこのアイデアにはどこかしら、そもそも人間の個体が胎内における成長の一段階でその裏表が逆転し「内側」と「外側」が入れ代わってしまうことを想起させるものがある。これこそが見立ての力である。

社会学もまた、このような見立ての力を利用する。ただしこの場合、他の学問とは逆方向に働く。通常の科学的説明が遠いものを近くに引き寄せ、疎遠なものを親密なものになぞらえようとするなら、社会学の営みは逆向きである。すなわち「宇宙の缶詰」同様、見知ったものを見知らぬものに変える（▼第2章）。これが距離化を意味する。これこそ本来の「遊び」の精神であると主張したい。見慣れた通学路を遠い冒険の舞台へ、見飽きた日常をロマンスの舞台に。より近いものをより遠くへ。

このとき、ただの「日常」がなにかわけのわからないものに変わってくる。周りにいる見知った人々が、宇宙人に見えてくる。「遊ぶ」とは、まさにこの気持ちの悪さに耐えることである。身の回りのありふれた日常生活にあらためて投げかけられる好奇の視線。人が当然だと信じて疑わないことを、なぜそうなのか、本当にそれでいいのかと立ち止まって考えてみること。社会学がとりわけ「見立ての学問」である理由は、それをよりいっそう本来の「遊び」として使用するからである。

同様に、社会学は「視線」の学問であるといわれる。(7) 社会学の極意は人間の活動を、この惑星を初めて訪れた異星人の目で眺めることだと。「脱常識」「斜めから見る」というのも同じ趣旨だろう。ただし誤解も多いようだが、これは単純に「裏返す」ということではない。「社会を裏側から見る」のはただの裏社会、たんなる別の社会を意味するにすぎない。「非常識」もまた「別の常識」にすぎないように。だから「脱常識」の立場こそが社会学なのである。

この斜めからの目線は、ときに人を苛立たせる。道徳的憤怒に駆り立てる場合すらある。人は自分が当たり前だと思っていることに、もう一度直面しなければならなくなったとき当惑しイライラする。重要なのは、そのとき必ずしも人は異を唱えられてはいないということだ。見ないですむはずのことが意識にのぼってきただけで、人はなぜかイライラさせられる。子どもがいちいち発する「初歩的」な質問に、親が必ず苛つくのと同じことである。

これが見立てることの意味である。「ウソを非難すること」「真実を究明すること」が、逆に社会学の姿勢から遠いといわれるのもこうした理由からだ。「虚偽を暴露」しようとする衝動はそれ自体、ときにファナティックな、遊びからほど遠い精神となってしまう（井上 1982）。その行きつく先も、目的も、はなはだ不純である。そしてなによりウソの暴露は、人を必ずしも正体不明の苛立ちに駆り立てたりなどしない。

すでにあるものを、別のものとして眺めなおすこと。これがなにか新しい認識を、わかりやすくいえば「遊びの楽しさ」を生む。そして、見立てを行うことも遊びだが、見立てを見抜くこともまた遊びである。それによって見立てを返すことすら可能かもしれない。規則が自発的服従によって維持される以上、それは原則的にいつでも取り替え可能である。すなわち、見立てはいつでも他の見立てと取り替えることが可能であるはずだ。

たとえば探偵小説の世界は、見立てにもとづく幻像《ファンタスマゴリー》と背後に存在する権謀術数の世界である。別々に生じた個別の事件が「連続殺人」のようにみえてしまう。古い童謡の歌詞に沿って殺人が「連続」する、この見立てのうちにいったんとらわれてしまえば、それを抜け出すことは容易でない。それには優れた探偵による別の見立てが必要とされる。

想定される犯人は、童謡の内容をなぞること、あるいは犠牲者の身体を切断し再配置することに、唯一の目的をもっているかのようである。特定の意図をもった真犯人の作為による誤った導きによって構成される誤った「見立て」が、本来の動機を隠すカムフラージュとなる。あたかもその見立ての論理に沿って、見立てそのもののために事件が生じているかのごとく。このとき犯人のプロフィールは「愉快犯」でしかない。他にいかなる現実的動機も目的ももたず、ただ一定の抽象的規則に沿って規則遵守のためだけに自発的に犯罪を実行している人物。すなわち「遊びとしての殺人」である。

探偵小説においてはこの魔法は解かれねばならない。現実的解決が求められる。世界が「脱魔術化」され読者が夢から覚めること、それがとりわけ近代精神の申し子としての探偵小説に課せられた宿命である。しかし社会学が目指すのは、フィクションのなかの探偵のように超人的な力によって世界を脱魔術化（という名の再魔術化）することではない。むしろ、世界をたわいもないワンダーランドとみなすことである。

この世界がそもそもすでに見立てられてあることの認識から、社会学は始まる。たしかにそういう意味では、社会自体本来の目的を隠し、ときに楽しげにときに苦渋に満ちたさまざまな見立てを提供してくれている。こうした特定の見立てによる規律訓練によって社会の成員は社会化する。

B・ジョンソンは、メタファーを字義どおりと誤読し特定の教訓に一義化する「アレゴリー的読解」こそ社会化の源泉であると主張し、よく知られた「裸の王様」の寓話を指摘する（Johnson 1985）。つまり「裸の王様」を「裸」として見ない訓練によって、社会は成り立っているわけである。この場合「見立て」はまた「仕立て」でもあり、「衣装哲学」のT・カーライルのいうとおり、あらゆる社会制度はまさしく「衣装」そのものなのである（カーライル 1946）。

特定の見立てはどのように成立しているか。なぜそのような見立てが行われなければならないか。これを問う社会学は、しかしけっして見立ての奥に真実＝裸があるとは想定しない。逆に「裸」もまた衣装の一つなのである。まずは見立てで遊び、同じことだがさらに見立て直していく。そして、見立てることの意味を探っていく。その意味では、見立てが見立てとして立ち上がる現場に近づこうとする。この点に他の学問的営為と異なる社会学独自の特徴がみられる（▼第15章）。社会学者が「探偵」であるとするなら、もはやこの意味においてでしかない。

4　社会学の練習《レッスン》、あるいは遊びとしての社会学

自分がよく知っているものを、初めて見るかのように眺めるのは存外に難しい作業である（▼第2章）。それは「子どもの

目線」を再獲得することでもある。だから社会学は、初学者のほうがセンスにあふれているといわれるのだ。ただし、それはあくまで天然のものとしてだが。社会学の訓練は、この天然のセンスをいつでも発揮できるものとして飼い慣らしていくことにある。天然の目による異化と、熟練した目でもう一度行う異化。たとえばゴフマンのような人は、この点で特殊な才能に恵まれていたというほかない。

遊びには規則の存在が欠かせないといった。たしかに遊ぶ者は規則に対して忠誠を誓う。だが、これは決して不可侵のものではない。子どもの遊びをみればわかるように、規則はそのつど変更され、仕上げられていく。この変更可能性こそが「遊び」である。極端な場合には、遊びそのものをもう「やめる」という決断を含めて。(8) 述べられたような「離脱」の運動は、自らの属する、自らの適用するフレームとの距離感あってこそである。どのようなフレームの内にいようと、一つのフレームの内部にとらわれているとき、人は遊べない。

自ら規則を工夫すること。これこそ究極のブリコラージュといえよう。そもそも、なにもないところから規則やパターンをみいだすことがそのまま遊びの典型だった。パズルやクイズ、数列の規則、自然の法則性、特定の人間が従う傾向性。それには唯一絶対の正解などない。この事実を受け入れることができるかどうか、いつでも規則の改定に備えられるかどうかが、畢竟、遊びの精神を体現できているかどうかのバロメーターとなるだろう。

したがってファインが次のようにゴフマンの論点を敷衍するのも当然のことである（Fine 1983）。すなわち人間の現実において、異なるフレームはどの程度安定して両立しうるのか、異なるフレーム間で自意識はどの程度許容されるのか。ここでも問題は「自覚」と「没入（包含）」の両立の可能性と程度、そしてその形態という問いだった。

先のアンリオに戻れば、自ら遊びであることを自覚しない遊びはその名に値しない。それ自体でボケている天然の芸は、ツッコミを入れてもらってはじめて芸として成立する。逆にいえば、ツッコミは事後的に遊びを遊びとして際だたせる。社会学を構成する、自ら生きる社会そのものに向けられた自省的視線も同様である。この種の視線を伴うとき、別におもしろくもなんともない行動が、自省的というそれだけでなんともおかしく感じられてしまう。これが、社会学のもっている笑いのセンスとクオリティだ。足立もいうように、生真面目なアレゴリー的読解に対し、「物語を『読む』ように現実を『読む』こと」

が「ドン・キホーテの恒常的な所作であり、その滑稽さの源泉」なのだった（足立 1986）。

この点で、字義どおりと化したメタファーは笑いである（Juster 1989）。ただしそれを眺める自意識的視線にとって。空から文字どおりに「犬と猫」が降ってくるシーンが古典的なギャグによくみられる。ありのままに生きようとしたアリは、アリのままである。与えられた役割に没入し、汲々としているさまは滑稽である。もちろん本人にとってではない。それを見ている離脱した視線にとって。社会はそれに気づかないし、気づかせない。

厳粛きわまりない「防犯訓練」において、あまりに犯人らしくふるまう「犯人役」の姿はじつに笑いを誘う。発する怒号や粗野なふるまいはむしろ「防犯」の意識からほど遠い。生真面目すぎる「役者」による過剰適応がズレを生んでいる。そのもの自体から逸れはじめる。本人も承知の過剰演技かもしれない。しかし「笑ってはいけない、これは真面目な防犯訓練である」という規範が、あたりを制している。だから余計に笑える。もちろん入学式や卒業式、冠婚葬祭のたぐいなど、儀式は真面目すぎるほど笑いに変換されやすい。一瞬で距離化が成立し、見立てが再稼働するのである。

見立てが見立てとして立ち上がる現場、それはパラドクシカルな現場である。社会学の逆説好きは、まさに一つの戦略として選択されたものである。遊びとしてのパラドックスとその脱方向性。「遊びとは対称のコミュニケーション・システムのなかで、パラドックスを乗り超える快楽といえる。また、遊びのみならずメタファーやユーモアも、このような抽象レベルの区分と混同に由来しているのである」（矢野 1996）。パラドックスこそ、ベイトソンのいま一つのテーマでもあった。フレームの問いがパラドックス思考に行きあたるのは必然である。

遊びにおける距離と離脱を最大限に活用しているものこそ「笑い」である。従来の研究において「笑いの社会学」は「遊びの社会学」の一部門として扱われることが多かった。しかし、ここに両者の関係の逆転が提案されねばならない。すなわち、笑いの社会学の一部として存在するものこそ遊びの社会学である。というのも、「遊び」の根本にある「距離の感覚」こそがパロディ的自意識であるからだ。

もとより自意識そのものがパロディ的である。ふだん当たり前のようにルーチン化されている行動が、いざ意識したとたん身動きできなくなる。歩くことを意識したとたん、スムーズに歩けなくなる。筒井康隆の短篇「歩くとき」「寝る方法」に描かれているのもそんな事態だ（筒井 1985）。それはもはやお笑いでしかない。だからこの場合、再帰性＝自省性は必ずしも機能的なものであるとはいえない。

見つめ直す自意識は「自然な流れ」を途切れさせる。だから人はふだん、できるだけこれらの作業を避けつつ生きている。これを、あえて自らの身に引き受けようとするのが、社会学の仕事《プロフェッション》だ。H・ガーフィンケルの始めた「違背実験」は、このコンセプトにもとづくものである（ガーフィンケル 1997）。「生の自然な事実」にあえて違背する行動をとることにより「日常のルーチン」に楔を打ち込み、ことの「自然な流れ」を停滞させようというのだ。それにより、ふだんは意識されない「秩序」と「規則」の感覚、ならびに即興的な当意即妙の社会構成作業に焦点が当てられる（▼第14章）。

このとき社会学は社会に対してなにをなすか。社会という天然ボケにやさしくツッコむもよし、社会が張りめぐらせた偽見立ての裏に潜む筋書きを暴くもよし、ときに見立てのままにだまされてあげるもよし。とにかくこの融通の利かない、仏頂面の、しかし天然きわまりない社会を相手に「遊んであげる」精神を涵養すること。これが社会学のレッスンである。

人は遊んでいるふりをすることなどできない。ふりをすること自体が、すでに遊びだから。遊びにおける「練習」のこの独特の位相を指摘したのは、菅野盾樹である（菅野 1992）。遊び以外の行動にとって、それを練習することは「本番のまがいもの、擬似的行動」にすぎない。だが「遊びでは、練習と本番とは瓜二つなので誰にも見分けがつかない」。したがって、「遊びは練習でありながらそのつど本番でもあるような独特な行動、本番（実）と練習（虚）の差別相を離れた独自な営み」というほかないのである。

「遊びの要諦」として菅野が指摘する事柄、すなわち「自分にできることから始めて楽々と遊ぶ練習」もまた重要である（菅野 1992）。手近なものを利用すること、それがすなわち遊びなのだから。だからわれわれは、すでになんらか見立てられた世界に住んでいるという事実から出発しよう。それは、決してエリート主義的なことではない。ちょっとだけ離脱してみるのは誰にでもできるはずのことだ。それが本来は「社会人」の、「大人」としてのゆとりでもあるはずなのだ（▼第13・14・15章）。

たしかに屁理屈の学問である。社会学は、決して「そのもの」を問わない。「そのもの」から離れることこそ社会学である。

「〜とはなにか」の問いが社会学に似合わないのはこの理由による。「見立て」と「そのもの」の問いは、社会学の根本問題だ。「役に立つ」ことばかりを社会が強調するのなら、それ自体役に立たない社会を、それ自身のために役立つよう見立てを施してみせよう。そうすれば意外とこの社会にも、無駄やゆとりがあることに気づくはずである。きっと。

したがって、遊びは社会学にその研究の一領域を提供するのみでない。むしろ社会学本来の視線を教えてくれるものである。見立てこそが社会学であるというこの意味において、社会学は「距離」の学問である。この距離を失うとき、すべてがベタになるとき、自意識は消失する。これこそ、社会学的想像力が不可欠である所以だろう。

(1) リグニーは、前世紀末になって突如われわれの世界に登場した「インターネット」という新奇な現象に対し、それを理解しようと四苦八苦した論者たちに触れている (Rigney 2001)。たとえばメタファーとして使用されたなじみやすい概念として、「スーパーハイウェイ」「蜘蛛の巣」「図書館」「有機体」「電線ないし電話システム」「ショッピング・モール」「街の広場」「新興独立国」などが挙げられる。いずれも、この見知らぬ現象のある一面をとらえているが、その全貌を描き出すものではない。そしてじつは、それは単に記述する以上のことはなしえていない。しかしこのようにしてある種のイメージを形成することで、そのことが当の現象のその後の現実的発展の方向に影響を与えもするのである。

(2) ベイトソンもゴフマンもともに、「フレーム」という観点から「メタファー」や「文彩」の主題に意識的である。そもそも「ダブルバインド」の理論は比喩に関する理論でもあった (▼第12章)。

(3) この「剣と魔法の物語」における「正気」と「狂気」また「虚実の皮膜」をめぐっては、すでにさまざまな解釈がなされてきている。しかしとにかく、その登場人物たちにはどこかわかって楽しんでいる節があることだけはまちがいない。

(4) これを主張するのが足立和浩である。シュッツは一連の事態を「悲劇と破滅」として描き出しているが、これこそ近代的感性と倫理にありがちなバイアスといえる。これを転覆 (回復) せんとする足立は、とかくこの物語に事大主義的な「悲劇」をみいだそうとする近代的態度に対して、なぜ「単純に笑う」という態度をとれないのかと問いかける。そこにあるのは「一つの醒めた意識」、すなわち「自己の滑稽さを滑稽さとして認め、相手のそれもそれとして認め、しかもともに笑いあうという、朗らかで明るい『距離の笑い』」なのであり、「自己を相対化し、相手を相対化し、その相対化の過程の中で、相対化そのものを自覚しつつ生まれる笑い」だというのである (足立 1986)。

（5）井上といえば「遊びの文化社会学」の根幹をなす「聖／俗／遊のパースペクティヴ」に焦点が当たることが多いが、より重要な点は、後年の議論のなかで「社会的現実の諸領域」から「距離の感覚」へ重心が置き直されているところにある（井上 1992）。もっとも、『死にがいの喪失』にみられるように当初からすでに「離脱」に関する言及は多かった。

（6）池澤はいう。「平穏な日々をのんびりと暮らしている人は、ユーモアというのは人生の表面の飾りだと思っている。なければないで済むけれどあれば楽しいぐらいに考えている。しかし、本当に生きるか死ぬかの窮地に追い詰められた者にとって、ユーモアは最後のよりどころ、命綱、緊急脱出装置になる。（中略）そういう場合、大事なのは自分が置かれた立場を客観視することだ。自己にしがみついているかぎり、身に迫る危険ばかりが視野を占領して、周囲との関係は見えなくなる。この金縛りの状態を抜け出すために、自分を笑うという姿勢は役に立つのだ。（中略）目隠しをされて一本のロープにぶらさがっている自分を想像してみるといい。ロープの下は千尋の谷、手を放したら命はない。しかし、（例えば映画の一場面として）他人の目から見ると、実は足の下30センチのところに床があるのだ。目隠しをされた本人はそれを知らないから脅えきって、冷や汗をかき、まさに懸命にロープにしがみついている。これは他人にとっては充分に笑える光景ではないか。そして、この他人の視点をロープにぶらさがった状態で自らのうちに用意することこそがユーモアなのだ」（池澤 1994）。

（7）「自明性」を抜け出す「社会学」という学問の特徴については、多くの者が独自の言葉づかいで似たようなことを主張している。社会学の視線を「脱常識」に置くのがコリンズ（1992）であり、「パラドックス的思考」にあるとしたのが森下・宮本・君塚（1989）である。またバーガーらにならって井上（1982）は、現実のさまざまな層を自在に渡ることとした。

（8）実際にメタファーを「取り替える」ことによって、立ちゆかなくなった現実に介入するという治療的実践については、「ナラティヴ・セラピー」派の家族療法や「リフレーミング」の技法などによって積極的に「応用」が試みられている（野村 2008）。またゴフマンの「ゲームの面白さ」のなかですでに、フレームの取り替え（ルール変更、状況の再定義）による「緊張低下」の効果が論じられている。「フレーム分析」においてもまた、その重要な主題は「転調」「フレーム破り」などにあった。

参考文献

足立和浩（1986）『笑いのレクチュール』青土社。
アンリオ、J（1969＝1974）『遊び』（佐藤信夫訳）白水社。
池澤夏樹（1994）「絶望とユーモア」ＦＡＭＡ編『サラエボ旅行案内』三修社。
井上俊（1973）『死にがいの喪失』筑摩書房。

井上俊（1977）『遊びの社会学』世界思想社。

井上俊（1982）「うそ現象へのアプローチ」仲村祥一・井上俊編『うその社会心理』有斐閣。

井上俊（1992）「遊び半分に生きる練習」中島義明・井上俊・友田泰正編『人間科学への招待』有斐閣。

カイヨワ、ロジェ（1990）『遊びと人間』（多田道太郎・塚崎幹夫訳）講談社学術文庫。

ガーフィンケル、H（1997）「日常活動の基盤」『日常性の解剖学』マルジュ社。

カーライル、T（1946）『衣服哲学』（石田憲次訳）岩波文庫。

コーエン、S&L.テイラー（1984）『離脱の試み』（石黒毅訳）法政大学出版局。

ゴフマン、E（1985）「ゲームの面白さ」（佐藤毅・折橋徹彦訳）『出会い』誠信書房。

コリンズ、R（1992）『脱常識の社会学』（井上俊・磯部卓三訳）岩波書店。

椹木野衣（2001）『増補　シミュレーショニズム』ちくま学芸文庫。

シュッツ、A（1985）「多元的現実について」（渡部光ほか訳）『アルフレッド・シュッツ著作集　第2巻』マルジュ社。

シュッツ、A（1998）「ドン・キホーテと現実の問題」（渡部光ほか訳）『アルフレッド・シュッツ著作集　第3巻』マルジュ社。

ジンメル、G（1979）『社会学の根本問題』（清水幾太郎訳）岩波文庫。

菅野盾樹（1992）「意味への意志――〈遊びの人間学〉のための序説」中島義明・井上俊・友田泰正編『人間科学への招待』有斐閣。

筒井康隆（1985）『エロチック街道』新潮社。

ド・セルトー、M（1987）『日常的実践のポイエティーク』（山田登世子訳）国文社。

バーガー、P&T.ルックマン（2003）『現実の社会的構成』（山口節郎訳）新曜社。

バーン、E（1967）『人生ゲーム入門』（南博訳）河出書房。

ベイトソン、G（2000）『精神の生態学』（佐藤良明訳）新思索社。

ヘッセ、M・B（1986）『科学・モデル・アナロジー』（高田紀代志訳）培風館。

ホイジンガ、J（1971）『ホモ・ルーデンス』（里見元一郎訳）河出書房新社。

野村直樹（2008）『やさしいベイトソン』金剛出版。

森下伸也・宮本孝二・君塚大学（1989）『パラドックスの社会学』新曜社。

矢野智司（1996）『ソクラテスのダブル・バインド』世織書房。

レイコフ、G&M・ジョンソン（1986）『メタファーと人生』（渡部昇一・楠瀬淳三・下谷和幸訳）大修館書店。

Fine, Gary Alan (1983) *Shared Fantasy*, University of Chicago Press.
Goffman, Erving (1974) *Frame Analysis*, Harvard University Press.
Johnson, Barbara (1985) "Teaching Deconstructively," in Atkins C. Douglas and Michael L. Johnson (eds.), *Writing and Reading Differently*, University Press of Kansas.
Juster, Norton (1989) *AS: A Surfeit of Similes*, Morrow.
Pepper, Stephen ([1942]) *World Hypotheses*, University of California Press, 1961.
Rigney, Daniel (2001) *The Metaphorical Society*, Rowman & Littlefield.
White, Hayden (1975) *Metahistory*, Johns Hopkins University Press.

第Ⅱ部　遠いものの思いがけない近さ

第7章　市　場——モデルと現実のあいだ——

中川　理

売り手，買い手，商品（ここではエビ），秤，お金……。市場はこれらの要素がある特定のやり方でお互いにつながりあう，きわめて社会的な場としてとらえることができる。(撮影：上田達)

この章で学ぶこと

「市場」という言葉を聞いて、なにをイメージするだろうか？ 自分の利益だけをクールに計算する人々が、売ったり買ったりの取引を繰り広げているというイメージだろうか？ あるいは、人間らしい共同体を破壊して人々をばらばらにしてしまうなにか、というイメージだろうか？ たしかに、このような市場のイメージは、私たちの心に根強く存在している。しかし、実際に具体的な市場をみてみると、市場がはるかに「人間臭い」ものであることに気づくだろう。市場はそれぞれ独特の仕組みをもっていて、市場で働く人々は、売ったり買ったりにとどまらない非常に幅広い関係を築いていることがみえてくる。そして、彼／彼女たちは、高いか安いかだけでなく、正しいか正しくないか、よいかよくないかといったより幅広い価値にもとづいて行動していることがみえてくる。社会学／人類学は、このような具体性から出発して、イメージとは異なる市場の別の姿をあらわにしようとする。

1 市場いろいろ

まず、三つの風景をみてみよう。

はじめは、一九三〇年代のブルガリアの首都ソフィアの市場の風景だ。そのころにはまだ、周りの村々から農作物や乳製品をもって村人たちはソフィアの市場に売りにきていた。そのなかには、牛をやりとりする市場もあった。

混雑とほこりっぽいなかを、ボザ（きびを使った発酵飲料）売りとゲヴレック（輪型のパン）売りが歩き回っている。こちらでは、乳を吸っている子牛のそばで男がメロンを食べている。私は、駆け引きに決着をつけるここのパザルラック（取り引き）のやり方にいつも関心を持っている。畜牛の売り手と買い手は、握手をしたままで向かいあう。売り手がとてつもない高い値段を要求すると、買い手はひどく安い値をつけてやり返す。言い値がお互いに近づいてくると握手は熱烈になり、最終的に双方が適当な値段で合意するまでしきりに握手した手が振り続けられる。値段が決まると、取り引きの証人となる第三者の農民が加わって、主役と同じように喜び勇んで大声を張り上げる。取り引きが成立すると、男たちは売買証を作りにいき、それが済むと新しく買い入れられた畜牛が野をとおって新しい飼い主の家に引かれていく（サンダース 1949＝1990：143-144）。

次に、私たちにもなじみのある東京の築地の卸売市場だ。ソフィアのローカルで小規模な市場と違って、そこでは世界中から集まった魚がせりにかけられ、寿司屋や魚屋やスーパーへと送られていく。

活魚のせり場では、せり人用のスタンドが二つ、いかにも活魚専門らしいいでたちの商人が鈴なりになった木造野外スタンドに面して立っている。（中略）ここで卸業者二社のせり人が横に並んで同時に売買を行うのだが、どういうわけか、どちらも、自分に向けられた入札とそうでないものをちゃんと区別できているのである。（中略）せり人の背後では、木製トレーの中で半分水に浸かったタイが跳ね、深いプラスチック桶の中でタコ——共食いしないよう、一匹ずつ分けて網状の袋に入れてある——がぶつかり合っている。（中略）数分ごとにブザーが鳴り、やはり活魚を扱う別の卸業者二社のせり人コンビが壇上に上る。商人は気ままに行き来し、魚の入った水槽が自分の店舗に運ばれていくのに付き添って出て行ったかと思うと、また戻ってきてお目当てのロットに入札したりしている（ベスター 2004＝2007：151-152）。

最後に、スイスの都市チューリッヒの、完全に電子化した外国為替市場の様子に目を転じてみよう。そこで取引されているのは、各国の通貨（スイスフランやドルや円）だが、築地の活況とは雰囲気はまったく異なっている。

まず、トレーディング・ルームについて考えてみよう。株式、債券、および通貨の取引を行う二〇〇人ほどのトレーダーが、観察の対象となった世界的な投資銀行のフロアで働いている。（中略）取引を行うにあたって、外国為替トレーダーたちは一連のテクノロジーを手にしている。最も目に付くのは、それぞれのトレーダーが、市況を表示し取引を実行するためのスクリーンを、多いときには五つも目の前にしていることだ。スクリーンは、「会話（conversations）」と呼ばれるディーラーとディーラーのリアルタイムのやりとりを通して、あるいはエレクトロニック・ブローカー、つまり取引の意思を表示して成立させるシステムを通して、取引を行うための媒介となっている（Knorr Cetina and Bruegger 2002：392-393）。

こうやって「市場」と呼ばれる対象についての描写を並べてみただけで、この言葉がとても多様な現実を指していることがみてとれる。小売なのか卸売なのか、牛や魚のように手に取れる商品を売っているのか金融商品のように手に取れないものを売っているのか、商品は限られた地域だけでやりとりされているのかグローバルに取引されているのか、市場は常設されているのか定期的に開かれるのか、それとも不定期に開かれるのか、などなど。それでは、これらに共通する性質は一体なんだろうか。「市場」とは一体なにを指しているのだろうか。

日本語でも英語でも、市場には二つの意味がある。一つ目は具体的な意味で、取引が行われる場所や制度といった枠組みを指している。英語ではマーケット・プレイス（marketplace）とも呼ばれる。日本語で「いちば」という読み方をするときに人々がイメージするのは、たとえば築地のような具体的な場所だろう。二つ目はより抽象的な意味で、需要と供給によって形成される価格といった原則をめぐって組織される交換を指している。英語ではマーケット・プリンシプル（market principle）とも呼ばれる。日本語では「しじょう」という読み方をするときに（いつもではないが）この意味で使われることが多い。たとえば「新卒者の労働市場」などというときには、とくに新卒者とリクルーターが集合する特定の場所を指しているわけではない。職を求める新卒者と雇用したい企業の全体の動きのことを指している。

この二つの読み方が引き起こすイメージの違いはおもしろい。「いちば」と聞くときには、私たちはそこにはなにかしら「人間くさい」ものがあるのを感じる。ソフィアの畜牛市場の様子からは、そこにある人間関係や、そこに込められた感情が伝わってくるだろう。ところが、「しじょう」と聞くと、そのような「人間くささ」は背景に退いて忘れがちになってしまう。むしろ、それぞれの個人がクールな計算にもとづいて取引を行っている、そのように感じる。スクリーンに映し出される数字を頼りに取引するチューリッヒの外国為替トレーダーの様子は、そのようなイメージをもたせるだろう。そして、私たちが市場一般について語るとき、そのイメージは後者に支配されているようだ。市場はなにかしら非-人間的で非-社会的なものと思われている。市場はそれぞれの人が他人のことなど気にせず自分の利益だけを考えて行動する場としてイメージされる。そして、市場がだんだんと拡大していくにつれて、人間らしい共同体は破壊されて人々はばらばらになってしまうとも想定されたりする（▼第4章）。

しかし、もう一度具体性に注目して考えるならば、市場は単に価格が形成される場ではなくて、むしろ多くの社会関係が形成される場であることに気づく。たとえば、「農民市場は、生き生きした社会的相互行為のアリーナでもある。彼らは定期市の興奮を大いに感じ、そこで友情を育み、結婚の取り決めをする。多くの社会において、市場の一日の終わりは飲酒や、喧嘩によって特徴付けられている」（Plattner 1989：171）。このような社会関係は農民市場のような小さな場所で開かれる市場（マーケット・プレイス）に限定されるものだろうか？　そうではないだろう。チューリッヒのトレーディング・ルームの描写からは、グローバルな電子取引も多くの人々が働く具体的な場所において行われていることがわかる。そして、彼らがコンピューター・ネットワークを通して遠くの人とも具体的に結びついていることがわかる。農民市場の社会関係とは似ても似つかないかもしれないが、最も抽象的にみえるグローバルな取引もやはり、ローカルな文化的・社会的プロセスの連鎖によって作られる具体的なネットワークから切り離して考えることはできない。

市場についての人類学／社会学は、このような具体性から考えはじめようとする。市場の人々はどのような場所で働き、お互いにどのような社会関係を築いているのか。そして、商品が高いか安いかだけでなく、正しいか正しくないか、よいかよくないかといったより幅広い価値について人々がどのような考えをもっているのか。このような点を考えていくと、イメージとは異なった市場の姿がみえてくる。

2　市場の具体性をとらえる

市場の社会学と人類学のこれまで

ここまで述べたことは、市場も学校や病院やその他と同じ一つの社会制度であるということにすぎない。それぞれの社会制度には、人と人との関係があるだろうし、そこで育まれる価値があるだろう。それは、とても当たり前のように思える。たとえば、いまの学校で成績評価がいくら重要であっても、学校が試験の点数だけが問題となる場ではないことはすぐにわかる。そこには、教師と生徒のあいだや生徒同士のあいだに複雑な関係があるだろう。また、日常生活のやりとりのなかで生み出される、教師の権力とかクラスの仲間関係などについての考え方があるだろう。それらは、学校はどのようなものかを理解するうえで成績と同じくらい大事なことだ（▼第5章）。それならば、なぜ市場については、大事なのは価格だけではないとあらためて強調しなくてはならないのだろう？　そこには、市場という社会制度がもつ特別な位置づけが関係している。簡単にいうと、社会学や人類学自身が長年にわたって市場を社会的でない場所だと想定してきたのである。このことは、より広く経済という領域に対して社会学や人類学がどのような態度をとってきたかと関係している（▼第15章）。

社会学と経済学のあいだには、一九八〇年ごろまで「私たちは社会のことを研究するのであなたたちは経済のことを研究してください」というような境界線があった。しかし、もともとそうだったわけではない。現在社会学の古典と呼ばれている研究は、いずれも経済制度を他の社会制度との関係においてとらえようとしていた。たとえばM・ウェーバーは、目の前の欲望を我慢しても投資をして事業を拡大していこうとする資本主義の価値観（「資本主義の精神」）は、プロテスタンティズムの宗教的倫理から発生したものだと論じた。ここでは、資本主義の合理的な行動の様式は、いつの時代もどこにでも見られる変わらない人間の本性ではなくて、ある時代にある環境で生まれて制度化されてきた独特なものとしてとらえられている。しかし、制度としての経済へのこのような関心は、徐々に薄れていった。そして、経済領域での個人の利益の合理的な追求にもとづく行動の分析は経済学にまかせて、社会学はそれ以外の社会的領域を研究しようとする傾向が強まった。それらの社会的領域は、個人の利益の追求ではなくて人々が共有する価値にもとづく行動が重要なので、それらの価値を分析しようというわけだ。このような見方によって、一方で（本書で取り上げられているようなさまざまな）社会的領域の分析が発展したが、他方で経済を他と同じような価値の領域ととらえて研究しようとする方向性は弱まった。経済の中心にあるとみなされる市場も、このような枠組みのなかでは社会学の関心を引かなくなった。

人類学では、長いあいだ西洋の近代社会と根本的に違ったものとして「それ以外」の社会を研究してきた。経済についての研究でも、その事情は同じだったといえる。西洋で発展した市場経済とは異なった経済のあり方の研究が、経済人類学の中心的課題だった。その中心に、「埋め込み（embeddedness）」という、K・ポランニーが前面に押し出した考え方がある（ポランニー 1977＝1980）。彼は、西洋近代の外では、経済は社会に「埋め込まれて」いたととらえる。どういうことだろうか？ 少し考えてみよう（▼第9章）。人が生きるために必要なモノやサービスを作り、流通させ、消費する仕組みを経済と呼ぶとすると、そこには私たちがぱっと思い浮かべるより幅広い仕組みが含まれる。市場のような仕組みだけでなく、ふだんの人間関係もその役割を果たす可能性があるからだ。たとえば、私が自分の作った野菜を友人にあげる。別の機会にその友人は私にお米をくれる。この場合、野菜やお米は友人関係というふだんからの人間関係に沿ってやりとりされている。このような仕組みは、見知らぬ他人同士が市場で商品を売買するのとは異なっている。ポランニーらは、このように家族、親族、政治など、普通は経済的とみなされない仕組みが経済の役割を果たす状況を、経済が社会に「埋め込まれている」と表現した。

そして彼らは、世界中のさまざまな人々がどのように「社会に埋め込まれた経済」を組織しているのかを追求した。そのおかげで、「贈与」（あげたりもらったり）や「再分配」（いったん一つに集めてみんなに分け与える）といった、これまで注目されてこなかった仕組みが重要な役割を果たしていることが、より深く理解されるようになった。しかしその反面、彼らの枠組みでは、西洋近代は市場を中心とする社会であるとされ、市場は「社会に埋め込まれた経済」の逆であると想定されていた。つまり、「社会に埋め込まれた経済」では人間関係のなかでの「気前のよさ」や「名誉」が経済行動の動機づけとなるのに対して、対照的に市場では社会関係から切り離された個人が、自分の利益のために行動するとみなされた。このような想定のため、市場は経済人類学の対象となってこなかった。

図7‐1　学問的分業体制

つまり、長いあいだ、社会学にとっても人類学にとっても市場は研究の対象とはならず、経済学にその研究を任せてきた。いいかえると、ある種の学問的な分業体制があったといえる（図7‐1）。人類学は非西洋社会の「社会に埋め込まれた経済」を研究する。社会学は西洋社会の経済領域以外の社会的領域を研究する。西洋社会の経済領域は経済学が研究する。このような分業のなかで、社会学と人類学は経済学の提示する市場のモデルを実際に確認せずに受け入れてきた（▼第6章）。

しかし、経済学の市場モデルとはどのようなものだろう？　主流派の経済学のモデルでは、市場は次のようなものとされる。まず、自分の利益を追求する個人（ホモ・エコノミクスと呼ばれる）からなる。そして、市場にいる売り手と買い手はばらばらでお互いに関係をもたない。各自は商品の値段や品質に関するすべての情報をもっていて、それらの情報にもとづいてどれをいくら買うかを判断する。このように抽象的にモデル化することによって、個々人の行動がいかにして価格の均衡のような全体的な結果をもたらすかについて、経済学は洗練された分析を行った。経済学者自身、このモデルを必ずしも現実そのままの反映と考えていたわけではなく、より抽象度の高い分析のために必要な想定と考えていた。しかし、社会学者や人類学者はこのようなイメージを受け入れて、市場を非‐社会的な場とみなしてきた。そして「それ以外」のより社会的にみえるものを強調すればするほど、非‐社会的な市場のイメージは強化されるという皮肉な結果になった。

市場への新しいアプローチ

しかし、考えてみれば、このようなイメージは思い込みではないだろうか？　市場モデルはモデルであって、実際に存在する市場はモデルどおりではない。現実の市場が存在するにはいろいろな制度が必要だし、そこで取引する人々のあいだにも社会的関係があるだろう。そして、取引はこのようになされるべきだという信念もあるだろう。市場での経済行動をそれらと切り離せないものとして分析できるのではないだろうか？　いいかえれば、社会学や人類学は経済学とは違った角度から市場を研究できるのではないか？　このような考えから、市場をとらえなおそうという試みが行われるようになった（▼第6章）。

社会学では一九八〇年代以降、「新しい経済社会学」と呼ばれるアプローチから市場を研究しようとする試みがあらわれた。人類学でも同じ時期に、未開の経済と近代の経済をまったく違ったものとしてとらえる二分法的な考え方を乗り越えるために、フィールドワークにもとづいて市場を研究しようという動きが起こった。これまでのような住み分けをするのではなく、社会学と人類学はお互いに影響を与え合いながら市場の新しいとらえ方を発展させてきた。

「新しい経済社会学」は、現代の経済もまた社会関係に「埋め込まれている」という考え方から出発している。先ほど、ポランニーが西洋近代「以外の」経済を「埋め込まれている」ととらえていたことを思い出してほしい。そこでは、西洋近代の市場経済はその対極にある「埋め込まれていない」[1]経済だと考えられていた。それに対して、M・グラノヴェターは、「新しい経済社会学」の形成に重要な役割を果たした一九八五年の論文で、現代の市場経済もまた人間関係のネットワークに「埋め込まれている」と強調した（グラノヴェター 1985＝1998）。取引はこれまで一度も会ったことがなくこれからも二度と会わないような人のあいだで一度きり行われるなどと考えるのは不自然で、実際には持続的な人間関係のなかで一回一回の取引は行われている。そして、どのような取引をしたかは他の人にも伝わるので、どのように周囲から評価されるかを気にしながら各自はふるまうだろう。だから、社会的ネットワークは人々の経済行動に大きな影響を及ぼす。こう考えると、市場はばらばらの個人ではなく、社会的ネットワークによってお互いに結びついた人々が取引をするところとしてとらえなおすことができるだろう。

しかし、「埋め込まれている」といっても、それはどのような状況を指すのだろう？　社会的ネットワークが重要だといっても、いろいろな意味にとることができる。たとえば、グラノヴェター自身の転職についての研究は、社会的ネットワークが職探しにもたらす効果に注目している（グラノヴェター 1985＝1998）。アメリカの労働者がどのように転職するかを調べると、求人に応募するようなフォーマルな方法をとることは意外と少なく、多くの場合仕事以外の社会活動で作られたつながりを通して新しい職をみつけているとわかる。血縁、地縁、社縁、学校縁などのネットワークがキャリアに影響するのだ。同じアプローチから、同じネットワークでも家族や友人のようなお互いにほとんどの情報を共有している「強い絆」よりもあまり会わない「弱い絆」からのほうがより有用な情報を得られるとか、巧みな企業家とはつながりのなかったネットワーク同士を結びつける存在であるといったことが明らかになる。たしかに、市場の人々はそれぞればらばらに動いているのではなく、どのような社会的ネットワークをもっているかは大きな影響をもたらすのだ。しかし、そのように結びついた人々が、市場でやるとよいこととやってはいけないことについてどのような信念をもち、どのようにお互いのふるまいを規制しているかは、そこからはみえてきにくい。

もし、社会的ネットワークがどのような結果をもたらすかよりも、社会関係のなかで形成される信念や規範や暗黙の想定といった側面に注目すると、「埋め込み」のもつ別の側面がみえてくるだろう。あらためて考えてみると、私たちはなんでも無差別に市場で売り買いしているわけではない。あるものは売買してもよくて、別のあるものは売買してはいけないという、当然とみなされる考えをもっている。たとえば、日本では、血は売るものではなくて、献血というかたちで贈与するものだと思われている。それはなぜだろう？　そのように考えると、文化的規範が重要なものとしてみえてくる。

アメリカにおける生命保険の歴史を辿りなおしてみると、私たちが市場で売買してよいと考えるもののカテゴリーが、じつは歴史的に作られていくことがわかる（ゼライザー 1979＝1994）。慣れてしまった私たちには意外かもしれないが、一九世紀に開発されたころは、生命保険は人の命に値段をつけ、企業が人の生死に賭けをして金儲けをするものだとして批判された。しかし、残された家族への贈り物であるという解釈が浸透するにつれて、生命保険は正当な商品と認められるようになっていったという。人々の文化的意味づけによって、なにが商品になりうるのかは変わりうるのだ。同じことは、血や臓器や卵子や精子のような身体の一部、あるいは CO_2 排出権のように環境にかかわる権利についてもいえるだろう。それらを市場で取引してよいものとみなすかどうかは、私たちがそれらをどのようなものと理解しているかにかかわっている。

市場の文化

「なにを」市場で取引できるのかだけでなく、「どのように」市場で取引するのがよいのかについての当事者の理解も存在しているだろう。人類学者たちは、他の対象に対して行ってきたフィールドワークの手法を市場にも適用して、このような「住民の視点」をとらえようと試みるようになってきた（▼第15章）。具体的に市場がどのように組織されていて、人々がそこで実際になにをしているのか、そして人々が自分たちのやっていることをどのように語るのか。市場の人々と交わり、話を聞き、ときには実際に取引にかかわるなかで、人類学者たちは市場の世界を内側から理解しようとする。一部の社会学者もこのような手法を取り入れている。それらの研究からは、それぞれの市場において異なった制度と価値があることがみえてくる。それらを「市場の文化」と呼ぶことができるだろう。それぞれ社会学者と人類学者によって行われた、アメリカの金融市場と日本の築地市場というまったく異なった事例についての研究を通して、「市場の文化」の多様性を具体的にみてみよう。

一九八〇年代にアメリカ金融市場で株式や先物や債券を取引していたトレーダーのあいだでは、とても攻撃的な利益の追求が価値のあるものとみなされていた（Abolafia 1996）。結局自分だけが頼りだという企業家精神や、危険を冒してでも利益を追求するというリスク志向や、大きく金を稼いで派手に使うという「金がすべて」といった考え方がトレーダーたちの世界には広がっている。だから、トレーダーのあいだには、自分の儲けのためには顧客への多少の裏切りも完全に悪いことではなく、グレーゾーンとして許されるという考え方があるという。このように書くと、それはどのような人間ももっている人間の本性だと思われるかもしれない。しかし、このようなものの見方は、実際はトレーダーとしての訓練のなかで培われる価値である。新入りのトレーダーたちは、半年から二年にわたる訓練期間を経て一人前になっていく。この期間に、どのようなふるまいが周囲から評価され、なにをすれば批判されるかを学んでいく。トレーダー独特のアグレッシブさは、そうやって獲得された役割意識である。

しかし、トレーダーたちもひたすらアグレッシブであるわけではない。同時に、なにをしてはいけないかという規範も存在している。業界団体や政府機関は、たとえば買占めによる価格操作のような行き過ぎた行為を規制しようとする。これは外側から課せられるフォーマルな規範だが、それだけではない。トレーダーのコミュニティの内部には、よりインフォーマルな規制のメカニズムがある。たとえばニューヨーク証券取引所（ＮＳＹＣ）のトレーディング・フロアでは、公正とみなされる取引からあまりにも外れるようなトレーダーの行いは周囲からの批判の対象となり、その人の立場を脅かすことになる。トレーダーたち自身が、自分たちこそが市場の公正性をつかさどる存在だという誇りをもっているのである。したがって、一方でアグレッシブさが評価されるが、他方で限度を越えたアグレッシブさを抑制しようとするという綱引きとして、トレーダーの「市場の文化」を描き出すことができる。

しかし、どの市場も同じような文化がかたちづくられているわけではない。築地の鮮魚市場をみてみると、同じ市場という名をもっているとしても、そこでの人間関係と価値はアメリカのトレーダーとは大きく異なっている。

築地市場は、とても複雑な人間関係から生まれる「連帯と平等意識」（ベスター　2004＝2007：502）を特徴としている。築地の日常をかたちづくっているのは、日々行われるせりだ。一見すると、せりはその場限りの関係であるように見える。あっという間に売買が成立して、支払いが終わってしまえばそれでおしまいというように。しかし、実際にはタテ方向にもヨコ方向にも持続的な関係性の網の目が張り巡らされている。タテの方向には（水揚げした魚の販売をせり人に委託する）生産者、せり人、（せりで魚を買って小売業者に販売する）仲卸業者の長年のつきあいがある。仲卸業者同士のヨコの方向はより複雑だ。特定の土地出身であることによって生まれる同郷の関係、仲卸業者の子ども同士の結婚や養子縁組によって生まれる親族関係、徒弟として仲卸業者で働いた後に「暖簾分け」をして新しい仲卸業者を立ち上げるという親方徒弟関係によって生まれる架空の親族関係といったインフォーマルな関係がある。さらに、扱う商品の種類によって作られる同業者集団や、多くの同業者集団をとりまとめる組合といった、よりフォーマルな関係が存在している。これらの仲卸業者は、もちろんお互いに競争し合うライバル同士だ。そして、この競争はなるべく平等な条件で行われなくてはならないと考えられている。したがって、場所による不公平をなくそうと、くじ引きによる市場内の店舗の配置換えが定期的に行われたりする。商品によって細かく異なるせりのルールも、そのような競争の平等性を制度として実現しようとする意識に貫かれている。しかし同時に、同じ築地で働く仲卸業者同士は、お互い協力し連携し合うものだという連帯感で結びつけられている。たとえば同業者集団の仲間は「何かが故障したら設備や冷凍スペースを使わせてやったり、息子の修行の世話をし合ったり、誰かが窮地に陥ると入札を少し停止したり（中略）遅かれ早かれメンバーの葬式の手伝いをする」（ベスター　2004＝2007：454）ものだと考えられている。取引の制度や人間関係が絡まり合って、これまた独特の「市場の文化」がかたちづくられている。

こうして具体的な事例を通して考えていくと、これまで述べてきたことがよりはっきりするだろう。市場は一般化してとらえられるような、非‐社会的な場などではない。それどころか、それぞれの市場に独特の具体的な取引の仕組みや人間関係を通して、それぞれの価値観が作られていく場としてとらえられる。

「市場の文化」の観点からは、市場におけるフォーマルおよびインフォーマルな規範がとても重要なものとなる。市場とはどのようなものか？ そのなかで自分はどのようにふるまうのがよいのか？ どのようにしてはいけないのか？ 市場はこれらについての考えが、いろいろな役割を担う人々のあいだで行われる日々のやりとりのなかでかたちづくられていく場である（▼第11章）。そして、やるべきでないふるまいは、ときにはきちんと制度化された法的な仕組みによって規制されるし、ときにはより日常的な人間関係のなかで道徳的に規制される。規制はフォーマルなものばかりでないことはこれまで取り上げてきた例からもみてとれるが、違法なマーケットのことを考えてみるとよりよくわかる。ニューヨークのハーレム地区で違法な麻薬を売るディーラーたちのことを考えてみよう。彼らのやっていることは全面的に違法だが、だからといって規範がないわけではない。きわめて暴力的ではあるが、ディーラーのあいだでどのようにふるまうべきなのかについてのストリート・カルチャーが存在している。

しかし、なぜ「市場の文化」が問題となるのか？ 市場について私たちが抱きがちなイメージを修正するというだけなのだろうか？ 考えてみるべきなのは、市場で育まれる「ものの見方」が、私たちの生活に重要な結果をもたらしうるということだ。ふたたび具体的な例を通して考えてみよう。人類学者K・ホーが深く分け入った、ウォール・ストリートで働く投資銀行家たちの世界である（Ho 2009）。

ウォール・ストリートの投資銀行の人々は、自分たちの置かれた環境から独特の考え方を導いている。投資銀行家はアメリカのごく少数のエリート大学からやってきた超エリートだが、彼らの雇用はとても不安定で流動的だ。投資銀行は、市場の情勢次第で社員をしょっちゅう、ときには部門ごとリストラしてしまう。そのような不安定さの一方で、業績を上げれば彼らは驚くほどのボーナスを手に入れることができる。彼らは、このようなリスクのある生き方に対してプライドをもっていて、自分たちこそフレキシブルな「市場」を体現しているのだと意識している。そして、彼らはこのような考え方を他の人々にも押しつけようとしている。投資銀行家が企業のリストラを数多く手がけるのは、単により多くの業績を上げてより高いボーナスを得るためだけでない。自分たちが体現しているより流動的でより効率的でよりスマートな生き方が、他の企業に広がっていくべきだという信念にもとづいているのである。そして、リストラの結果、より安定した暮らしを求めていたはずの人たちも不安定な暮らしに巻き込まれていく。この複雑な事例は、投資銀行の企業文化が、金融市場にとどまらずよりアメリカの企業のあり方に広く影響を及ぼしていることを示している。このような影響は、抽象的な「市場の力」ではなくて、具体的な生活のなかで作られる「市場の文化」の結果である。「市場の文化」がなにをもたらすかを辿っていくことによって、力をもったものとして漠然とイメージされる「市場」を悪者にするのではなく、市場が実際にどのように私たちの生活に影響するかを具体的に考えていくことが可能になるだろう（▼第15章）。

モラルと利益

しかし、このように市場のモラルを強調すると、次のような疑問が出てくるだろう。つまり、それでは市場の人々は仲間内での名誉ばかり考えていて、最大限の利益を上げるのは二の次なのか？　やはり市場はなんといっても安く買って高く売る場なのではないのか？　じつは、このように利益の追求と道徳的規範のどちらか一つを選ばなくてはならないと考える傾向は、とても長い歴史をもっている。かつて（一九六〇年代）、ポランニーとその仲間たちは「社会に埋め込まれた」経済では物質的利益よりも「気前のよさ」のような動機づけが優先されるので、市場経済と根本的に異なると主張した。それに対して、別の人類学者の一群はこの見解に真っ向から反対して、どこにおいても結局人間は利益を最大化するように合理的に行動すると主張した。この論争は、「人間の本性」はどっちなのかというような正面衝突になった。(2)しかし、このような二者択一に意味があるのだろうか？　どちらも、ということはありえないだろうか？　ある行いが、自分の利益のための計算にもとづく行為であるとともに道徳的規範に従う行為であるというのは、そんなにおかしなことだろうか？　たとえば、アダム・スミスは肉屋やビール生産者やパン屋は客への慈善として商売をしているわけではなくて自分の利益のために働いているのだと強調した。(3)けれども、それらの商人がちゃんとした秤を使って、人間が食べるのに適した商品を提供するだろうことは当然視していた。しかし、考えてみれば、肉屋が機会主義的で利益を最大化しようとする者であるならば、どうしてそのような規範に従わなくてはならないのだろう？　実際のところ，肉屋は金儲けのために商売しているが，「それと同時に」当然守らなくてはならないこととして規範に従っている（Hann and Hart 2011：85-86）。

より具体的に，南エチオピアのマーレ社会の例を使ってもう少し考えてみよう（Wilk and Cliggett 2007）。マーレの農民は，農業に関する短期的な決定については，きわめて経済合理的に行動している。しかし，それはある枠組みの内部においての話だ。マーレでは，手が足りないときにとなり近所で農業労働を交換し合うことはできるが，賃金を払って労働者を雇うことは許されていない。また，女性や子どもの労働についても独特の規範がある。このようなイデオロギーは，尊重しなくてはならない。だから，マーレの農民たちは「与えられた社会組織と文化的価値のなかで」（Wilk and Cliggett 2007：188）合理的なのである。こう考えると，ある経済行動はあるレベルでは経済的利益の追求として描けるのだけれど，同時に別のレベルではある価値を尊重する行動としても描けるということがわかる。ここまで述べてきた「市場の文化」についても同じことがいえる。もちろん，市場の人々は利益を追求している。しかし利益への欲望は真空のなかで作られるわけではない。ある特定のコンテクストのなかで作られるのだ。そう考えれば，利益と規範を対立的にではなくて，相補的なものとしてとらえられる。「市場の文化」が描き出そうとしているのは，両者の相補的な関係なのである。

社会学・人類学と経済学ふたたび

こうして，社会学者や人類学者は市場をさまざまな制度によって成り立つプロセスとしてとらえる（▶第10・11章）。これまでいってきたように，このような見方は主流派の経済学とは異なっている。しかし，経済学のなかにも，制度の重要性を強調する人たちもいる。新制度派経済学は，(4)市場の人々がみんな商品について十分な情報をもっているという主流派の前提を否定する（菊澤 2006）。取引相手は信頼できないかもしれないし，商品はちゃんとした品質でないかもしれない。このような「取引コスト」を小さくするために，状況に応じた制度が作られると考えられる。もし市場が信頼できるなら，市場を通して必要な財を調達するようになる。もし市場が信頼できないなら，自分の会社で必要な財を生産したほうがいい。市場や企業組織といった制度は，誰もが直面するこうした不確実性への対処法だと考えられる。このように考えると，社会学者や人類学者が記述的に示してきた「市場の文化」は、人間関係にもとづいた「取引コスト」への対処の仕方といえるかもしれない。社会的ネットワークが育む相互的な義務や信頼のおかげで、取引に伴うリスクが小さくなるからだ。実際、人類学者C・ギアツは、この観点からモロッコのバザールの人間関係を理解している（ギアツ 1978＝2002）。雑然としていて商品の品質が不確実なバザールでは、同じものを売っている商人を幅広く比較するのは非常に手間になる。そこで、バザールの客は特定の商人と深く付き合ってそこで商品を買うようになる。ここで、バザールでのなじみの関係（顧客関係）は、商品についての情報を得るコストを小さくするのに役立っているとみることができる。このようにギアツは、取引コスト理論と親和的なかたちで「市場の文化」を描き出している。

しかし、そうであれば、「市場の文化」は取引コストを小さくする「ために」存在しているのだろうか？ 取引コスト理論は、人々は最も効率のよい（取引コストの小さい）制度を選択することを前提としてモデルを作っている。しかし、多くの社会学者や人類学者はこの点についてはるかに慎重だ。そんなに急に制度（そのなかにはトレーダーが修行期間に学ぶ価値のようなものも含まれている）を変えることができるのだろうか？ 実際には、これまでの枠組みのなかで適切とされてきたような行動のパターンは、たとえ環境が変化して非効率になってもある程度残っていく傾向があるのではないだろうか？ たとえば、築地の仲卸業者たちは、次々と変化していく政治経済的なコンテクストのなかで、過去のやり方を参照しつつなんとか伝統的な「自分たちのやり方」を維持しようとしている（ベスター 2004＝2007）。しかし、それはもちろん「市場の文化」は変化しないということではない。そうではなくて、変わりゆくコンテクストのなかで「市場の文化」がどのように変化したり変化に反発したりするのかは、社会学者や人類学者にとってそれ自体考えてみなければならない問題だということだ。

3　グローバリゼーションと市場のモデル

規範としての市場モデル

ここまで強調してきたのは、ばらばらの個人がそれぞれ自分の利益を追求する場としての市場というモデルは現実と異なっていて、実際には市場は社会関係とそれに伴う規範によって成り立っている、ということだった。モデルと現実は違うので、より現実的な描写から考えましょうというのが「市場の文化」のアプローチだった。しかし、それだけでは十分ではないかもしれない。なぜかというと、この市場のモデルは、「このようなものだ」という描写であるだけではなくて「このようであるべきだ」という規範的な理念になっているからだ（▼第8章）。市場は国家による介入から個人の自由を守るものだ。市場によって個人は公共サービスなどによるよりも多くの満足を得ることができる。市場のおかげで資源を最も効率的に配分できる。市場は経済成長をもたらすものだ。これらの考えは、厳密に経済学的なモデルである以上に、より広く一般に受け入れられてきたイメージだといえる。そして、これらの見方は単にイメージとして語られるにとどまらず、現実を変えていくための力として使われてきた。この力はずっと長年にわたって存在してきたものだけれど、経済的グローバリゼーションの時代とも呼ばれる一九八〇年代から後に、とくに強まってきたとみることができる。市場モデルはいろいろな問題に対する解決策とみなされるようになり、自由な市場を実現するために規制緩和や民営化がおしすすめられてきた。アジアやアフリカの発展途上国の開発援助や共産主義が崩壊した後の東欧諸国の市場経済への移行でも、市場モデルは重要な役割を果たしてきた。このように考えていくと、市場モデルが描写として正しいかどうかだけでなく、市場モデルが現実に対してどのような効果をもっているかを考える必要があることがわかる。実際、市場モデルが現実を構成していくプロセスに、より強い関心がもたれるようになってきた。

それでは、モデルは具体的にはどのように市場を変えていくのだろう？　そして、その結果として市場の人々の行動はどのようになるのだろう？　その点がはっきりしないと、抽象的な市場のイメージにあいかわらずとらわれたままになってしまうだろう。経済的グローバリゼーションは、しばしば市場が世界中を覆いつくしていくプロセスとしてイメージされる。この場合の市場は、外部からやってくる抽象的な力として語られる。しかし、ここでもイメージからいったん離れて具体的なプロセスをみてみると、違った理解が得られるかもしれない。

M・カロンを中心とする「経済学の遂行性」についての一連の研究は、具体的な変容のプロセスを検討している。これらの研究は、このプロセスで「装置」と彼らが呼ぶものが果たす役割にとくに注目している。(5) ここでいう装置はとても幅広い雑多な対象を含んでいるのだが、計算を可能にする基準はそのなかでも重要な要素だといえる。私たちはふだんあまりにもその存在になじんでいてそれらがあることに気づきもしないが、じつは計算のための装置は私たちの行動にとても大きな影響を与えている。ごく基本的なことを考えてみよう。値段がなければ、まったく似ても似つかない二つの商品のどちらがどの程度高いか計算することもできないだろう。また、定期試験の点数がなければ私と友だちのどちらが「賢い」か比較することもできないだろう。意識もしないだろうが、このような計算は、装置がなくてはできないのだから、人と装置（お金や定期試験を成り立たせる一連の制度）による共同作業である。このように考えていくと、人と人の関係を通して学習され維持されていく価値や規範に注目する「市場の文化」の視点からは見落とされてきた装置が、市場における人々のふるまいに影響するものとして浮かび上がってくる。そして「経済学の遂行性」の研究は、市場モデルを現実化しようとする人たちが、これらの装置の配置によって現実に働きかけていることを明らかにしている。

フランスのある地方のイチゴ市場の改革の例は、装置を通して経済学のモデルに合致するような市場を構築しようとするプロセスを、模範的といっていいほどよくわかるようにみせてくれる（Garcia-Parpet 2007）。もともとこの地域では、「市場の文化」として描けるような生産者と仲買商人との人間関係によって、イチゴの取引は行われていた。そこに、より競争的な市場原理を働かせようと考えた技師が中心となって、新しく電子掲示板を使ったせりの仕組みが作られた。新しい市場では、生産者（売り手）と仲買業者（買い手）は顔を合わせないように別々の部屋に入れられ、電子掲示板に表示される価格だけを通してせりによる取引が行われるようになった。また、これまで無秩序だったイチゴのパッケージは、品種ごとに同じサイズの容器に入れられて品質等級ごとに分けられるようになった。こうして、これまでの人間関係を気にすることなく、しかも標準化によって比較可能になった商品から最もよいものを選択することが可能になったという。ここでは建物の設計、電子掲示板、商品の標準化といった一連の装置が配置されたおかげで、合理的に損得を計算して行動することが可能になっている。ここでおもしろいのは、イチゴ市場の人々が経済学の本を読んでそのモデルを信じるようになったわけではないということだ。むしろ、装置と人々の組み合わせによって、このような「完璧な市場」が可能になっているとみることができる。ここでは、市場の人々は、社会的ネットワークに「埋め込まれている」のではなく、装置のなかに「埋め込まれている」ということもできるだろう。

不確かなプロセス

しかし、いつもこのように最初に計画があってそれを実現するために装置が作られるというように整然としたかたちでことが進むのだろうか？　そうではないだろう。ノルウェーの漁獲権取引の市場が作られるにいたったケースは、より波乱に富んだ展開を示している（Holm and Nolde Nielsen 2007）。

一九九〇年代に入るまで、魚（主にタラ）の獲りすぎで漁業資源が枯渇しないようにするための手法は、総漁獲量の規制だった。資源量推計のための分析技術の発展によって得られるようになったデータにもとづいて、漁獲可能な総量が設定されていた。しかし、総量だけが決まっていると、限度に達する前にとみんな競って早く魚を獲ろうとしてしまう。このような競争が引き起こす非効率（値段が安い時期にも獲ってしまうとか、他人より早く獲ろうとして船に過剰な投資をしてしまうなど）を避けようとして、政府はそれぞれの船に漁獲量を割り当てるようにした。さらに、政府は資源経済学のモデルにもとづいて、割り当て（クォータ）そのものを商品として市場で取引できるようにしようとした。しかし、資本主義的な大規模漁業者のもとにクォータを集中させ、共同体の担い手である小さな漁業者を滅ぼすものだとして、漁業団体は市場化に反対した。その結果、政府は市場の創設をいったん断念した。ところが、それにもかかわらず、クォータそのものではなくクォータが割り当てられた船を売買するという、抜け道を使った取引が行われるようになってしまった。このような状況を受けて、クォータ自体を取引する市場を認めてしまったほうがいいだろうということになり、二〇〇四年にクォータ市場が公式に開設された。漁獲の割り当ては、自分で獲ったほうが得か権利を売ってしまったほうが得かという損得の計算によって売買される商品となった。しかしこれは完全に自由な市場ではなく、一業者当たりのクォータ数を最大三つまでに制限し、大規模業者が小さな漁業者のクォータを買えないようにするなど、独占を防ぐための規制が設けられていた。

この例から、市場のモデルを現実にしようとする試みが、一筋縄ではいかないことがみえてくる。市場の創設自体が反対によっていったん葬り去られたし、作られた市場も結局反対派の意見をくんで小規模漁業者を守るような制限がつけられていた。市場の装置が作られるかどうか、作られるとしてどのような装置が作られるのかは、人々の行動に大きな影響を与える。クォータを設定するのかしないのか？　船のサイズ別に複数の市場を作るのか、すべて同じ市場にするのか？　これらは技術的な問題にみえて、じつは人々の運命を左右する可能性がある（▼第12章）。だからこそ、これらの点は重要な政治的争いの種になる。そして、争いの結果がどうなるかはわからない。

このように考えると、「経済学の遂行性」はとても不確かなプロセスとしてとらえる必要があることがわかるだろう。結果として装置が作られたとして、想定のとおり人々が動くとはかぎらない。むしろ、人々の動きはつねに予想外の方向にあふれだしていくと考えたほうがいい（▼第1章）。モデルは現実の試練にさらされるのだ。だから、市場の装置という考え方は、装置が人々の行動を決定するなどとみなしているのではなくて、このような不確かなプロセスを描き出していくための視点なのである。

4　市場のイメージを超えて

「市場の文化」と「市場の装置」という二つのアプローチは、ともに市場をとらえなおすために必要な想像力を与えてくれる。一方で「市場の文化」のアプローチは、人間関係を通して特定のやり方とものの見方が作られる場として市場をとらえなおす。他方で「市場の装置」のアプローチは、人と人よりも人とモノの関係に注目する。人間と装置の関係が、特定のやり方とものの見方を作っていくととらえる。これらのアプローチは、肯定派も否定派も抽象化したイメージとして語りがちな「市場」を具体的に考えて、そこからイメージとは異なったモデルを作っていくための出発点となる（▼第15章）。

二つのアプローチは、一見お互いに対立しているようにもみえる。人と人が大事なのか？　それとも人とモノが大事なのか？　しかし、実際のところ、両者は相容れないというより補い合う関係にある。市場の人間関係は、トレーディング・フロアの配置やせりの制度といった装置によって支えられている。市場を支える一連の装置なしに、公平な競争といった規範はありえないだろう。市場の装置は、それらの存在を当たり前として受け入れてふるまう人々がいることではじめて役に立つようになる。実際に取引が行われなければ、取引の仕組みはなんの意味ももたない。そのように考えると、両者は同じコインの両面であって、どちらに注目して描くのかというだけの違いなのかもしれない。

実際、二つのアプローチの関心は、同じ点に収束していっているとみることもできる。一方で「市場の文化」には、これまでのやり方を引き続き再生産しようとする「粘り強さ」や「惰性」があると想定できる。したがって、変わりゆく政治的経済的コンテクストにどのように適応するのか（あるいはできないのか）が問題となる。他方で、「市場の装置」の改革は、これまでのやり方にイノベーションをもたらす。しかし、新しい装置は必ずしも期待していたような結果を生み出すわけではないので、結果として人々がどのようにふるまうようになるのかが問題となる。つまり、いずれのアプローチにおいても、文化と装置のあいだのズレが問題となることを示している。

このようなズレは、漁獲権の例でみたように対立を生み出すものだろう。しかし同時に、そこから新しい想像力が生まれてくるかもしれない。世界中に起こっているこのようなプロセスを理解していくなかで、私たちはグローバリゼーションと呼ばれるものをよりくっきりととらえることができるだろう。

私たちはしばしば、市場が世界を食い尽くしていくというグローバリゼーションのイメージに反発して、社会を守らなくてはならない、と考える。しかし、このような抽象的なとらえ方は、何が起こっているのかをきちんと理解するのを妨げてしまう。ここまでみてきたような市場のとらえ方によって、市場にどのような人々がいて、どのように動いているのか、どのようなプロセスを経て変化していくのか、そしてどのようにより広い社会に影響を与えるのかを理解するための手がかりを得ることができる。それは、単に学問的な理解のための手がかりというだけでなく、より広い判断のための手がかりでもある。つまり、漠然としたイメージにもとづいてグローバリゼーションに全面的に賛成したり反対したりするのではなく、もしいま起こっていることが気に入らないならばどこをどのように変えるべきなのかを考えていくための手がかりとなる。

（1）ポランニーは「埋め込まれた（embedded）」と対にして「離床した（disembedded）」という言葉を使っている。

（2）ポランニーの立場は実体主義者（substantivist）、経済的合理性がどこにでもあると主張する立場は形式主義者（formalist）と呼ばれる。

（3）そのうえで、このような自己利益のための行動が結局は、全体の福祉の向上のためになるのだとスミスは主張した。

（4）ここで触れているのは新制度派経済学のなかでもとくに取引コスト理論と呼ばれる理論である。

（5）「装置」はフランス語のディスポジティフ（dispositif）のぎこちない翻訳だが、ここではこの言葉を使っておくことにしよう。

参考文献

ギアツ、クリフォード（1978＝2002）「バザール経済――農民市場における情報と探索」『解釈人類学と反＝反相対主義』（小泉潤二編訳）みすず書房。

菊澤研宗（2006）『組織の経済学入門――新制度派経済学アプローチ』有斐閣。

グラノヴェター、マーク（1985＝1998）「経済行為と社会行動――埋め込みの問題」『転職――ネットワークとキャリアの問題』（渡辺深訳）ミネルヴァ書房。

グラノヴェター、マーク（1974＝1998）『転職――ネットワークとキャリアの問題』（渡辺深訳）ミネルヴァ書房。

サンダース、アーウィン・T（1949＝1990）『バルカンの村びとたち』（寺島憲治訳）平凡社。

ゼライザー、ヴィヴィアナ・ロトマン・A（1979＝1994）『モラルとマーケット――生命保険と死の文化』（田村祐一郎訳）千倉書房。

ベスター、テオドル（2004＝2007）『築地』（和波雅子・福岡伸一訳）木楽社。

ポランニー、カール（1977＝1980）『人間の経済Ｉ――市場社会の虚構性』（玉野井芳郎・栗本慎一郎訳）岩波書店。

Abolafia, Mithcel Y. (1996) *Making Markets: Opportunism and Restraint on Wall Street*, Harverd University Press.

Hann, Chris and Keith Hart (2011) *Economic Anthropology*, Polity Press.

Garcia-Parpet, Marie-France ([1986] 2007) "The Social Construction of a Perfect Market: The Strawberry Auction at Fontaines-en-Sologne," in Donald MacKenzie, Fabian Muniesa and Lucia Siu (eds.), *Do Economists Make Markets?: On the Performativity of Economics*, Princeton University Press, 20-53.

Ho, Karen (2009) *Liquidated: An Ethnography of Wall Street*, Duke University Press.

Holm, Petter and Kåre Nolde Nielsen (2007) "Framing Fish, Making Markets : The Construction of Individual Transferable Quotas (ITQs)," in Michel Callon, Fabien Muniesa and Yuval Millo (eds.), *Market Devices* (Sociological Review Monographs), Blackwell, 173-195.

Knorr Cetina, Karin and Urs Bruegger (2002) "Inhabiting Technology : The Global Lifeform of Financial Markets," *Current Sociology*, 50 (3), 389-405.

Plattner, Stuart (1989) "Markets and Marketplaces," in Stuart Plattner (ed.), *Economic Anthropology*, Stanford University Press, 171-208.

Wilk, Richard R. and Lisa C. Cliggett (2007) *Economies and Cultures : Foundations of Economic Anthropology* (Second Edition), Westview Press.

第8章　生　産——近代的分業とその意図せざる結果——

内海博文

落書き，お話，粘土細工，歌……。子どもなら誰もが知る，自分で何かを作り出すおもしろさを忘れて，「社会の要請（ニーズ）」とやらをかしましく言い立てて他人を煽り「自分のやっていることの有益さ」を押し売りする。その姿はある種のパニックの現れなのかもしれない。（撮影：森田良成）

この章で学ぶこと

モノを作るという行為は、人間にとって欠かせない行為である。人はさまざまな形でモノを作ってきたが、近代においてそれまでとはかなり違った生産の仕方が誕生してくる。この近代的な生産の仕方は、社会のかたちや生活の風景を大きく変えてきた。そのことを、この章では分業という観点から理解する。そのうえで、近代的な分業が生み出してきた「意図せざる結果」に触れる。この近代的分業の「意図せざる結果」は、社会学／人類学が誕生するうえで大きなきっかけになった出来事であった。こうした観点から、生産に関する社会学／人類学の議論を整理する。さらに生産という観点からみた場合、最近の「グローバリゼーション」といわれる社会変動とはどのようなものであるかを考えてみる。生産という場面において現代の私たちが置かれている状況を、社会学／人類学的な議論を念頭に置きながら考察してみるのが、この章の課題である。

1 社会人＝会社人の流行

近ごろは大学（高校もだろう）でもキャリア教育に熱心である。大学の広報にも就職率や就職先が大きく載っている。入学したら、キャリア・デザインという名の授業やインターンシップ、就活セミナーなど就職に関する催し物が目白押しである。そこでよく耳にするのが「社会人」という言葉である。たとえば就活セミナーでは講師役の教員や企業の人たちが、「社会人は学生のように甘くはない」とか「自分のウリをよく考えるように」といったことを神妙な面持ちの学生を前に語っている。『社会人の常識』『社会人のマナー』『社会人基礎力』『社会人のための〇〇（学問名や語学名）』など、タイトルに「社会人」という言葉の入った書物も書店に多く並んでいる。

ここでいわれている「社会人」とはなにか。社会人には二つの意味がある。手元の国語辞典によれば、「社会人」とは「①実社会で働いている人。②社会の構成員としての個人」を意味している。

二つの意味のうち、就活セミナーなどに登場するのは「①実社会で働いている人」という意味での社会人だろう。この用法では、社会人以前と以後が分かれており、その境目が「実社会で働いている」こと、つまり収入を伴う仕事に就くことである。二〇一二年現在、日本の人口の約半数にあたる六〇〇〇万人が賃労働に就いている。そのうち一割ほどの自営業者・家族従業者を除けば、九割近くは会社等に雇われて賃金を得ている雇用者である（総務省「労働力調査」より）。だから社会人とは、主に会社で働く「会社人」だといえる（官公庁等で働く人は「会社人」とはいわないかもしれないが、ここでは一緒にしておく）。

だが社会人が「会社人」だとすれば、「社会」とは会社のことなのか。字面の上でこそ「社会」は会社に似ているが、「社会」は会社より広い人間の世界を指す言葉である。小学校からの社会科や新聞の社会面は、狭く会社や会社人の話を取り上げているのではない。人の営みにかかわる事柄を広く取り上げている。だから多くの辞典にも「②社会の構成員としての個人」という社会人のもう一つの定義が載っている。この場合、人はある時点で社会人になるのではない。生まれながらに社会人である。

「会社人」と「社会の構成員」という二つの意味のうち、現代において社会人という言葉で主に意味されているのは「会社人」のほうである。あるいは「会社人」という意味に「社会の構成員」という意味が重ね合わされる。その結果、「会社人」こそ「社会の構成員」であるかのように語られる。この言葉遣いに従えば、会社人でない子どもや学生、主婦や高齢者といった人々は、社会の構成員ではないか、せいぜいオマケの構成員ということになる。実際、ある種の就活セミナーやキャリア教育でされているのはそうした話だろう。会社人こそ本当の「社会の構成員」であり、会社に就職していない「ニート」や正規の会社人ではない「フリーター」は、社会の構成員ではないか、せいぜい二流の構成員である。そんなことが繰り返し語られている。(1)

会社に就職した人間は立派で、就職していない人間は立派ではない。社会人の現代的用法にみられるこの主張は、なかなか反論しにくいものである。たとえば私は、毎日の暮らしのなかでモノやサービス、情報などを絶えず消費しながら暮らしている。ということは、それらを生産している人たちのおかげで私は暮らせていることになる。そして現代においてモノやサービスの多くは、会社という形態で生産されている。だから会社に就職してなにかを生産している社会人は立派である。そういわれると、そうかもしれないと思う。会社に就職している人は、それはそれでたしかに立派だろう。

しかし、少しばかりひっかかることもある。社会人＝会社人という言葉を耳にしたり目にしたりする機会が、近ごろ妙に増えている気がすることに、である。

歴史的にみれば、日本語の社会人という言葉には一〇〇年近い歴史があるが、ポピュラーになりはじめるのは第二次世界大戦後（一九四五年〜）のようである。

「社会の一員としての個人」に加えて、「実社会で活動する人」という意味合いが国語辞典の類に登場するのは、一九四九年の『言林』だそうである。[2]だがこの時点では、「会社人」より「社会の一員としての個人」という意味合いのほうが強かったように思われる。一九四九年に刊行が始まる雑誌『月刊社会人』（社会人社）は、科学や男女交際、医療やスポーツ、軍事や文学、映画や音楽、世界のニュースといった多様な知識を紹介する総合教養雑誌であった。この雑誌によれば、当時「社会人」という言葉は「まだそんな言葉はなかったとはいえないまでも、極めて耳慣れない、未熟な成語」（『社会人』一九五七年九月号）であったという。そうした社会人を雑誌のタイトルにしたねらいは、第二次世界大戦後という時期を考えれば次のように推察できる。戦中の国家主義（ナショナリズム）への反省にもとづいて、自律的に思考し行動できる「社会の構成員」を育てたいというのがそれである。[3]

一九五〇年代から一九六〇年代にかけて社会人は徐々に浸透していったようである。敗戦後の混乱を経て高度経済成長が始まり、日本の再建が意識されていく時期である（一九六四年の東京オリンピックは復興の一つの頂点であった）。この時期に職業的な意味合いの比重も少しずつ高まってきたと思われる。一九六三年の『社会人の手帖』（社会思想社）は、「ビジネスマンを軸とした一般社会人」むけの書籍であった。

社会人という言葉がほぼ現代的な意味合いになるのは、一九六〇年代後半から一九七〇年代にかけてだと思われる。一九六七年四月刊行の雑誌『ジュリスト』（我妻栄編、有斐閣）は、「社会人の法学研修・社員教育」という特集を組んでいる。社会人として「会社や官庁に出仕」してからの勉強こそが大事であることを「学校を出たフレッシュマン」に教えるのが特集のねらい、とされている。一九六〇年代末ごろからは、「社会人あるいはサラリーマン」をターゲットにした学問書（たとえば馬場正雄・宮崎勇編『社会人のための応用経済学』日本経済新聞社、高野一夫『社会人の数学』森北出版）の刊行も活発になりはじめる。

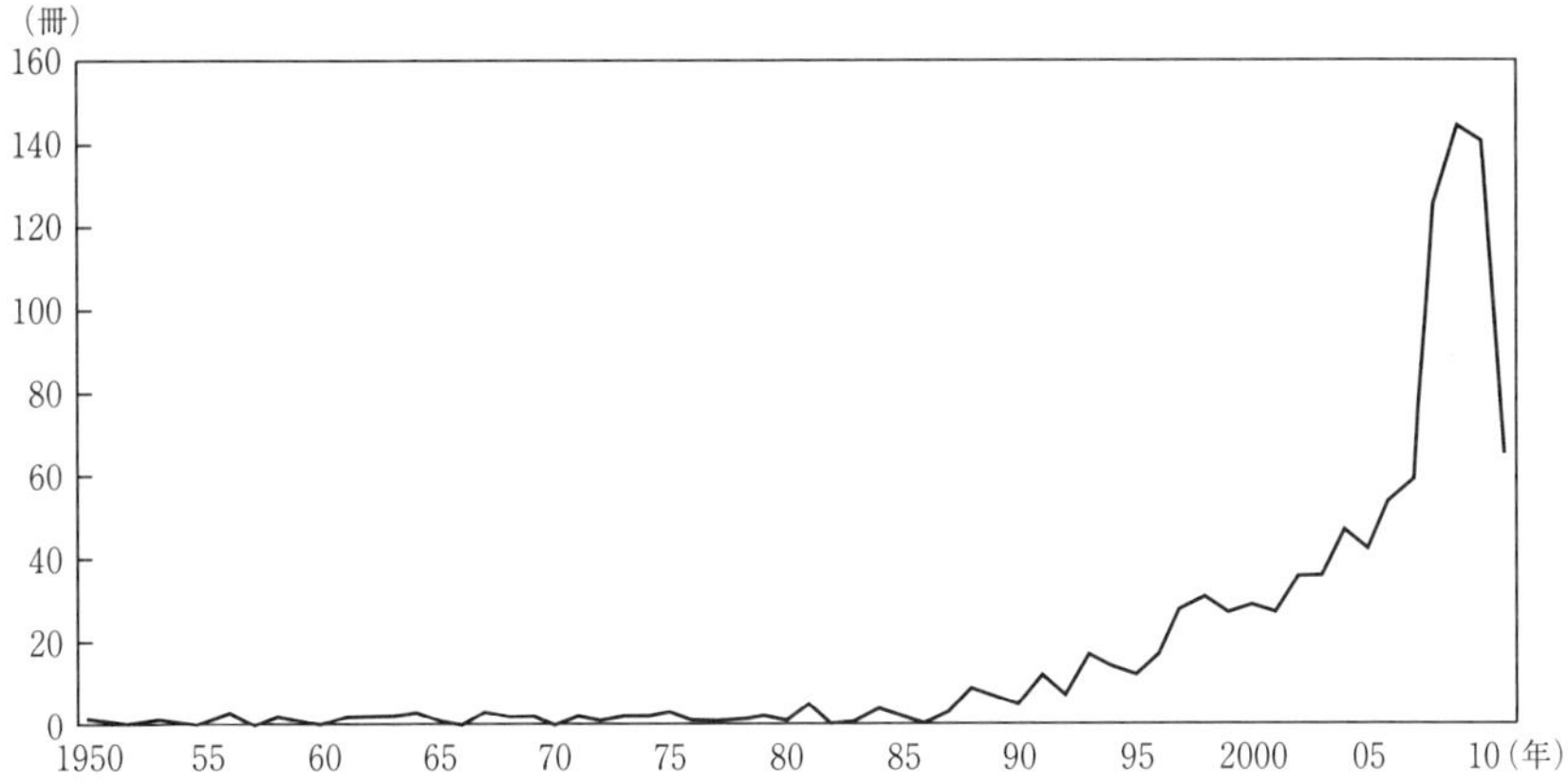

図8-1　社会人本の推移（国立国会図書館所蔵分のみ）

第二次世界大戦直後は五割を占めていた農林漁業が、二割以下に減少していくのがこの時期である。代わって、販売・事務・サービス業に従事するホワイトカラーが増加する。会社に雇用されて働く人々が、実際増えてきたわけである。加えて一九七三年のオイルショックが、高度経済成長の終わりという大きなショックを与えたことも影響しているかもしれない。『今日から社会人――職場の新人のための副読本』（中山伊知郎編、日本労働協会、1971）や『社会人の話し方入門』（堀川直義、日本実業出版社、1978）といった、会社人としての心構えを説いて聞かせる書籍が、この時期に出版されている。

しかし、である。近年における社会人の流行は、これまでのどの時代に比べても際立っている。一九九〇年代に入って社会人本が急激に増え、二〇〇〇年代にはさらに劇的に増えていることは、そのわかりやすい一例である（図8-1）[4]。これほどの社会人の大合唱は史上初めてといってもよい。なぜ現代において社会人という言葉がこれほど流行しているのか。

もちろん、そんな言葉の流行などどうでもいいと思ったり、それが現実だとあっさり割り切ってもかまわない。だが、当たり前とされることのなかに、「なぜ」という謎や不思議、疑問をみいだすのが社会学や人類学である。

加えて私には、この前代未聞の社会人＝会社人の流行は、そう簡単に無視できない現象のように思われる。いろんな場所での真剣な顔をした、しかしたいていあまり中身のない議論や実践のなかで、立派な社会人という大合唱が年長の世代によって行われ、それが下の世代によってしかたなく、あるいは、嬉しそうに受容されている。そして社会人＝会社人ではない人が「ニート」や「フリーター」といった言葉で蔑まれる。その光景に、正直不気味さすら感じる。まるで、社会には会社しかないとでもいいたげな光景に、である。

社会人という言葉の流行を考えるうえで、社会学や人類学が蓄積してきた生産をめぐる議論はそれなりに有益だと思われる。少し回り道をして、それらを眺めることから始めよう。

2　分業・合理化・階級・アノミー

『国富論』と分業

近代の幕開けにあたって、生産の問題に光が最も当てられた瞬間をあえて一つだけ挙げれば、一七七六年であると思われる。近代経済学の祖A・スミスの『国富論』が出版された年である。

『国富論』のテーマは、社会の「豊かさ（富）」はどうすれば増えるかである。この議論でスミスは、社会の「豊かさ」を「生活の必需品、利便品、娯楽品」の量に絞っている。社会で流通するモノの量を増やすには、社会の内部で生産するか、社会の外部から購入するかである。スミスが重視したのは社会内部での生産である。モノの生産量を増やすには、生産に従事する人数を増やすか、生産のあり方を変えるかである。スミスが注目したのは後者である。社会の豊かさは新しい生産によって増していく、というのが『国富論』の骨子である。

新しい生産の例として、スミスはピン工場を挙げている。裁縫用の待ち針を製造するこの工場では一〇人が別個に待ち針を作るのではない。待ち針を作るという一連の作業を複数のパーツに分解し、それぞれのパートを一人が専門的に担当する。専門化した複数のパーツが集まって一つの生産体系になるとき、生産されるピンの量は個別に製造するときよりも飛躍的に増加する。このピン工場は単なる一つの工場の話ではない。このピン工場のように、社会全体がより専門分化された無数のパーツからなる一つの生産体系になるとき、その社会ではより多くのモノの生産が可能になる。スミスの挙げたピン工場は、社会の豊かさを増すための新しい生産のモデルである。それをスミスは分業と呼んだ(5)。

分業を発展させる原動力としてスミスが注目したのが、諸個人による自己利益の追求である。私利私欲の追求は、実際はどうあれ、宗教的な戒律や世俗の道徳では長いあいだ非難の的であった。だがスミスはこの忌み嫌われてきた私利私欲の追求こそ、分業の発展の原動力だという。すなわち、自己利益の追求に道徳的な制限がなくなれば、豊かになろうとする人は労働や商品の交換によってもっと多くの金銭を手に入れようとする。もっと豊かになりたければ、労働や交換によって得た金銭を浪費するのではなく、より高度な専門技術の習得や特別な道具・機械の購入に回すはずである。未来におけるより多くの生産のために投資される、過去の生産の成果を「資本」と呼べば、資本の投入によって諸個人や工場の能力がよりいっそう専門的になり、専門分化したより多くの諸個人や工場が統合されて巨大な分業の体系を作り上げるとき、その社会ではより多くのモノの生産が可能になる。自己利益の追求が社会の分業を生み、社会を豊かにするというわけである。

『国富論』が著された一八世紀後半のイギリスは、「産業化（産業主義）」が進展しつつあった時期である。それを象徴する光景が工場である。それまで家や工房、農場で個別にモノを作っていた人々が一箇所に集められ、生産の動力源も人力や動物から機械へと変化していく。人の組織化と機械の利用を特徴とする産業化は、一九世紀におけるテクノロジー（科学にもとづいた技術）の発展とともに進展し、一〇〇年後には工場は見慣れた光景になる。(6)やがて産業化は農業やサービス部門、行政部門などにもひろがっていく。こうした産業化は、生活のさまざまな関係性に貨幣にもとづく市場交換の仕組みが浸透していく「資本主義」の発展と手を携えながら、生活の光景を大きく変えていく（▼第1章）。

ただしそうした時代の完全な到来を、スミスは目撃していない。『国富論』は現実の分析というより、今後はこうなるべきと主張した未来のヴィジョンである。そのヴィジョンは近代的な理念と強く結びついていた。すなわち、諸個人が労働力や財を自由に運用することを肯定するそれは、自由という近代的理念と合致していた（▼第5章）。また社会の主役に王侯貴族といった特別な人々ではなく、分業と市場によって結びついたより多くの人々をすえた点で、平等という理念にも合致していた（▼第3章）。さらに分業や市場において互いが互いの欲するものを与え合うそれは、友愛（連帯）の理念にも合致していた（▼第7章）。スミスは、自由・平等・友愛といった近代的諸理念を、私利私欲の自由な追求という、多くの人々にとってより無理がない方法を通じて現実化する、というヴィジョンを示したのである。ゆえにスミスの議論は、一八世紀末から一九世紀の世界各地で起こった社会の近代的再編――日本の明治維新もその一つである――にインパクトを及ぼした。このインパクトゆえにスミスは近代経済学の始祖になった。

それから二〇〇年あまり。私たちはいまも『国富論』の世界に生きている。

分業の意図せざる結果

産業化の進展と市場経済の発展により、先進諸国の生活は大きく変貌する。生活に必要なモノや労働力の自給自足が減少し、多くが市場から商品やサービスの形で購入されるようになる。生活と労働（職場）の場が別々になっていく。集中的な資本投資が可能な工場では、科学的知識の応用とかつてないテンポの技術発展が起こっていく。労働の場も複雑に組織化された職場へと変わっていく。農業中心の地方から工場の周辺に大量の人々が移り住むことで、かつてない規模の都市化と、見知らぬ者同士が織りなす都市特有の新しい生活様式（アーバニズム）が生まれてくる（▼第3章）。大量の都市居住者にやがて政治参加の機会が拡大され、大衆と呼ばれるこの新しい存在を支持基盤にした政党も登場する（▼第9章）。共通の言語と文化に根ざした新しいまとまりを求める「ナショナリズム」をはじめ、大衆的な思想や運動も発生する（▼第4章）。生産の変化は前代未聞の豊かさを生み出したが、同時に、生活のさまざまな領域にわたって誰も意図しなかった現象を生み出した。一九世紀の先進諸国に登場するこうした社会は、「産業社会」や「大衆社会」と呼ばれた。

社会学や人類学は、これらの新しい現象に直接ないし間接的にアプローチしようとするなかで登場する。以下、社会学／人類学における代表的なアプローチを挙げておこう。キーワードはそれぞれ、合理化、階級、アノミーである。

自由と合理化

第一は、合理化の概念にもとづくアプローチである。代表的な研究は、M・ヴェーバーの『プロテスタンティズムの倫理と資本主義の精神』（1904-1905）である。

生産の増大という目標のもとで発展してきた分業の体系は、二〇世紀に入って、生産プロセスのいっそう徹底した細分化と標準化を特徴とするF・テイラーの科学的管理法やフォーディズムとして結実する。大量生産・大量消費の時代の本格的到来である。だがC・チャップリンが『モダン・タイムス』(1936)で描いたように、それは人間が機械への従属を強いられ、人間自体が機械のパーツのように扱われるようになる過程でもあった。生産性の向上のための組織化というヴィジョンは、工場を越えてあらゆる領域――サービスを提供する経済的部門、行政機関や軍隊といった政治的領域、さらには教育・医療・娯楽といった生活のすみずみにいたるまで――に広がりを見せていく。この現象の両義的な性質の分析に用いられるのが、合理化の概念である。

合理化の概念は、人間の行動が計算や測定、評価、コントロールの対象になっていく過程を指す(▼第7章)。経済的な領域に関してとくに注目されたのは、生産過程の細分化や標準化の進展とともに、それを管理する組織の発達である。この近代的な管理組織は、「ビューロー=大きな机」と「クラシー=力」を組み合わせた「官僚制(ビューロクラシー)」という概念で表現された(ヴェーバー)。その特徴は、人格的関係ではなく資格にもとづいたメンバーシップ、労働の時空間に限定されたヒエラルキー、明確なルールにもとづいた運営、口頭ではなく文書にもとづいた運営などである。

官僚制にもとづいた生産性の向上という現象は、先に触れたように、やがて経済的領域以外にも出現する。それを経済的領域での合理化が他の領域にも影響を与えたとみるか、それぞれの領域で独自の合理化が進展してきたとみるかで合理化のイメージは分かれる。

前者は、官僚制的に管理された生産と市場での交換という経済的な考え方が、非経済的な他の諸領域にも浸透していくというイメージである。テレビや映画、マンガの発達にみられるように、文化の生産すら市場の論理にもとづいて行われるようになるとする文化産業論はその一例である(M・ホルクハイマー、T・アドルノ)。

後者は、かつては分離しがたく混ざり合っていた政治的・宗教的・経済的・法的・学問的・芸術的な現象が、それぞれ固有の機能と作動を備えたサブ(下位)システムに分化するという社会分化のイメージである(T・パーソンズ)。

いずれの見方で合理化をイメージするにせよ、合理化という概念は、近代における合理化の進展がもたらしたメリットだけでなくデメリットにも注目する。合理化は、物質やサービスにおける豊かさをもたらし、労働や消費に関する個人の自由を拡大した。しかしそれは、管理された労働や消費のなかでしか人間が自由を追求できないということであり、それ以外の自由が低く見積もられることでもある。その結果、官僚制のもとでの過剰なコントロールによって生きる意味を見失ったり（ヴェーバー）、形式的な合理性を優先するあまり実質的な合理性が見失われたり（K・マンハイム）、合理化への反発や非合理的なものへの憧れが高まったり（E・フロム、ホルクハイマー、アドルノ）といった現象も生じる。大衆の支持にもとづいて非合理な思考や大量虐殺を生んだ二〇世紀前半のナチズムは、近代の合理化のネガティブな側面の噴出として理解できる。

合理化概念を用いたアプローチは、自由という近代的理念を実現するとされた分業と市場の体系が、不自由を生み出していることを問題化するアプローチである。

平等と階級

第二は、「階級（クラス）」という概念にもとづいたアプローチである。代表的な研究はK・マルクスの『資本論』（第一部は1867）である。

機械と分業を特徴とする産業化は、生産の増大をもたらしたが、同時に大量の失業や貧困という現象も生み出した。その説明として当初優勢だったのは自己責任論である。近代では生まれながらの身分は撤廃されている。職業選択の自由や労働成果の私的所有、市場による利潤の公正な配分が保障されている。だから貧困や失業は、努力不足をはじめとする本人の望んだ結果というわけである（▼第10章）。だがそれで現実の貧困や失業を十分に説明できるわけではない。個人の労働上の能力には、身体的・精神的な障害をはじめ、本人の努力や責任に帰せられない差異が存在する（▼第11章）。労働上の能力に差がないと仮定しても、個々人が活用できる資本には、生まれた家庭の経済的な豊かさや教育機会の格差のように、本人の努力や責任に帰せられない差異がある（▼第3章）。さらに実際の市場は、そもそも機会や財の公正な配分を実現するほど完全なものではない（▼第7章）。たとえ完全な市場を仮定しても、失業や貧困という現象は必ず一定の確率で発生し、個々人の努力とは無関係に特定の誰かに降りかかる。貧困や失業は単なる個人的な問題ではない。その説明と対応において社会的な次元を必要とする社会問題である（▼第10章）[7]。この社会問題としての失業や貧困の分析に用いられるのが、階級の概念である。

階級（クラス）は、学校のクラスと同じであり、人間のまとまりを表す言葉である。ただし一つの集団ではなく、複数の集団の上下関係をあらわしている。集団的な上下関係としての階級は、経済的な関係から複数の領域にまたがる関係まで、また客観的な関係から主観的な関係まで多様な用いられ方をする。

客観的な経済的関係としての階級とは、収入や資本の量といった経済的な私的所有の客観的な不平等に着目するものである。資本や生産手段をたくさんもっている資本家階級（ブルジョアジー）と、自分の労働力以外になにももたない労働者階級（プロレタリアート）の区別はその一例である（K・マルクス、F・エンゲルス）。

客観的な多元的関係性としての階級とは、経済的な所有に加え、移動や婚姻、教育や文化、健康や人間関係といったさまざまな機会や結果の不平等に着目するものである。社会移動やライフ・チャンスといった概念を用いた不平等の研究がこれにあたる（P・ソローキン、▼第1・3章）。

主観的な側面を含めた階級概念とは、財や機会の客観的な不平等とともに、諸個人の意識に着目するものである。上位の階級による強制や正当化、および、下位の階級による積極的・消極的同意によって、階級が主観的にも固定化されることが分析されたり（A・グラムシ「ヘゲモニー」▼第5章）、客観的な階級よりも身近な不公平感のほうがよりリアルに感じられたりすることが分析される（R・K・マートン「相対的剝奪」）。

階級概念を用いたアプローチは、平等という近代的理念を実現するとされた分業と市場の体系が、不平等を生み出していることを問題化するアプローチである。

友愛とアノミー

第三は、アノミーという概念にもとづいたアプローチである。代表的な研究は、E・デュルケムの『自殺論』（1897）である。

産業化や資本主義的な市場経済の発達は、これまでにないほど多くの新しい職業や商品を社会のなかに出現させた。その結果、これまでにないほど多くの職業選択や財獲得の機会が、これまでにないほど多くの人々に開かれた。そのことが諸個人の性質に変化をもたらす。人々の欲望はかつてないほど高められる。しかし肥大した欲望のすべてが、社会のなかで充足されるわけではない。しかも社会は人々の欲望を煽るだけ煽っておいて、その欲望をうまく鎮める回路をしばしばもっていない。社会の変容によって肥大化した諸個人の欲望をその社会が適切に規制できないという、欲望の無規制状態の分析に用いられるのが、アノミーの概念である。

アノミーは個人的な心理状態として現れるが、背景である社会的な規制の不調を問題化するための概念である。どんな社会も、個々人の抱く願望とそれを実現する社会環境という舞台のあいだでうまく釣り合いをとらなければ維持できない。そのためには人々をうまく社会化する必要がある。近代における社会化は、諸個人の異質性・専門性をできるだけ高めつつ、諸個人のあいだに一定のまとまりを作らなければならないという点でユニークな課題を抱える。この機能を引き受けるのが教育に特化した学校という組織である（▼第5章）。だが学校での社会化がいつもうまくいくとはかぎらない。学校での社会化によって、社会環境にフィットした適切な願望が育たないこともある。適切な願望が育っても、社会環境の変化によって実現が阻まれるケースもある。

また学校を離れた後も諸個人の欲望は変化する。学校と同様の、願望と環境の不一致は、学校を離れた後も発生しうる。目標の実現が過度に重視される社会では、願望を規制するどころか、非合法な手段を用いても目標を達成するよう促される場合すらしばしばある（マートン）。

複雑に発展した社会において諸個人の欲望の適切な社会化が困難になり、諸個人の相互行為を共通の規範によって規制することが困難になる。この状態が「無法状態（の）」を意味するギリシア語（名詞〔anomia〕、形容詞〔anomos〕）にもとづいてアノミーと呼ばれる。

アノミー概念を用いたアプローチは、友愛という近代的理念を実現するとされた分業と市場の体系が、葛藤や衝突といった争いを生み出していることを問題化するアプローチである（▼第12章）。

以上のように、一九世紀後半から二〇世紀初頭にかけてかつてない豊かな時代が到来するとともに、意味喪失、貧困や失業、欲望の無規制状態といった現象が現れてくる。合理化、階級、アノミーといった概念は、この分業の「意図せざる結果」を照らし出すための仕掛けであった。自己利益の追求は人畜無害であるという楽観的な考え方は、ここに葬り去られたのである（ハーシュマン 1985）。

合理化・階級・アノミー論の展開

合理化・階級・アノミーの概念は、二〇世紀を通じて社会分析のための有益な概念であり続けた。

合理化の概念は、会社や組織といった生産現場の分析を数多く生み出した（E・C・ヒューズ、専門職〔プロフェッション〕論）。また生産の現場を越えて、マクロな社会診断にも用いられてきた。合理化をキーワードにした社会診断は、合理性の時間的な変化に着目するものと、合理性の空間的な相違に着目するものに分けられる。前者は、時代ごとの合理性の変化に注目して社会の趨勢《すうせい》を分析するものである。代表的なものとしては、「脱工業化社会」論（D・ベル）や「消費社会」論（J・ボードリヤール）、「マクドナルド化」論（G・リッツァ）や「ネットワーク社会」論（M・カステル）、「再帰的近代化」論（A・ギデンズ）などがある。後者には、国家ごとの合理性の相違に焦点を合わせた「日本的経営」論や、国家間の異質な合理性の混ざり合いに焦点を合わせる「ポストコロニアル」論や「ハイブリディティ（異種混交性）」論（ガルシア＝カンクリーニ、厚東洋輔）などがある。さらに合理化の概念は、先に述べたように、合理化の生む意図せざる非合理性への関心とセットである。科学技術にもとづいた合理化が、環境問題や原子力事故をはじめとする制御困難な新たなリスクを生むとする「リスク社会」論（U・ベック）はその一例である。

階級の概念も、合理化同様、生産現場の分析を数多く生み出した。不平等な労使関係や、労働運動・労働組合・ストライキといった労働者の対抗的な集合行動の分析がある（R・ダーレンドルフ、A・トゥレーヌ）。少数の大企業と大多数の中小企業の置かれた経営上の格差や、労働市場における労働者の雇用や賃金の格差を指摘する分析もある（二重構造論）。また階級に関して、経済的格差とともに、文化の影響を重視する分析も発展してきた（P・ブルデュー、カルチュラル・スタディーズ、▼第1・3章）。さらに階級の概念はさまざまな関係性に転用されてきた。男性と女性という性別に関して、「男は仕事、女は家庭」という性差を理由にした分業や、労働市場における不平等な関係を問題化する分析が多く展開されてきた（ジェンダー論、性別役割分業論）。男女以外にも、人間の種々のカテゴリー（人種、エスニシティ、移民／非移民、障害者／非障害者、年齢、世代など）に関して、教育や文化、移動や婚姻、健康や人間関係、職業や地位、居住地域などをめぐる不平等が分析されてきた。国家間関係に関しても、資本主義的な経済体制のなかでの国家間の非対称的な関係性が、経済学的な国際分業論や比較優位論とは異なるかたちで分析されてきた（I・ウォーラーステイン「世界システム論」）。

アノミーの概念は、分業や交換とは異なる連帯のあり方への関心を生んできた。こうした観点から、市場的な交換とは異なる贈与や互酬性に関する考察（M・モース、K・ポランニー〔ポランニー〕）、人々の意識や価値観の変化を分析する社会意識論、近代的な社会においてアノミーの回避という機能を果たしているインフォーマルな親密な関係性の分析（インフォーマル・グループ論、ソーシャル・キャピタル論）、「伝統社会」や「未開社会」、農村・漁村といった近代とは異なる連帯のあり方についての社会学的・人類学的分析が展開されてきた（M・サーリンズ、宮本常一）。またアノミーの概念は、社会的な規制からはみだす人間の諸行為を、単に良くない行為とみるのではなく、むしろ秩序維持に不可欠な要素ととらえたり、社会的な規範によってネガティブなものとして作り出される人為的な構築物という観点から分析する視点も生み出してきた（逸脱論、ラベリング論、構築主義）。

3　国際化とグローバリゼーション

現代は「グローバリゼーション」の時代であるといわれる。前節での議論に照らしていえば、「グローバリゼーション」とは、産業化と市場経済のいっそうの進展として理解できる。だとすれば「グローバリゼーション」はとくに新しい現象ではない。しかしわざわざ「グローバリゼーション」という新しい言葉で表現されているからには、なにか新しい現象も存在していると思われる。ではなにが新しいのか。また「グローバリゼーション」は、合理化や階級、アノミーといった概念で分析できる「意図せざる結果」を生み出しているのか。もしそうならば、それはどのようなものか。

ここでは近年の日本の経験に焦点を合わせて、「グローバリゼーション」といわれる現代の変化の一端を考察してみよう。

グローバリゼーションと国際化の違い

二〇世紀の最後の四半世紀ごろから、社会が変わりつつあるという認識が多くの人々に徐々にひろがっていった。その変化はさまざまな表現で呼ばれてきたが、現時点においてよりポピュラーな表現として浸透しているのが「グローバリゼーション（グローバル化）」という言葉である。

日本において「グローバリゼーション」という言葉が浸透しはじめるのは、一九九〇年代半ば以降である。他のいくつかの先進諸国で一九八〇年代から浸透してきたのと比べれば、いささか遅い浸透である。ただし「グローバリゼーション」と呼びうる変化の転機は、日本でも一九八〇年代半ばにあったとされる。一つの転機とされるのが一九八五年のＧ５（先進五カ国蔵相・中央銀行総裁会議）である。ここで発表されたプラザ合意以後、日本ではバブル景気、一九九〇年に始まるバブル崩壊、そして一九九〇年代の行財政改革、経済構造改革、規制緩和・規制改革と続いていく。バブル崩壊までの日本では、時代の変化を主に国内の経済問題への対応という観点から理解していたが、一九九〇年代の半ばごろからは「グローバリゼーション」という言葉でとらえはじめるようになる。

「グローバリゼーション」と呼ばれる変化のなかでもとくに生産にかかわるものとしては、「グローバル経済・アジア経済との密接な連携」と「日系企業の活動拠点の現地化」が挙げられる（橘川・久保編著 2010：33-37）。日本企業の輸出総額は、プラザ合意後の一時的な落ち込みを経て、一九九〇年代に著しい伸びをみせた。それを牽引したのが、従来の北米市場とともに新興のアジア市場である。東南アジア諸国連合（ＡＳＥＡＮ）や、韓国・台湾・香港・シンガポールの新興工業経済地域（ＮＩＥｓ）、そして中国が、輸出入先として存在感を増している。また貿易のグローバル化と並行して生産の現地化も進んでいく。ここでも拠点になったのは、北米とともにアジアである。とくに一九九七年のタイ発のアジア通貨危機以降、アジアでの製造業の現地生産が急激に進展してきた。それゆえ、日本では「グローバル化がアジア化を軸に進展」してきたといわれている。

ただし分業と市場のグローバルな拡大は、プラザ合意後に突然現れてきた現象ではない。第二次世界大戦後に限っても、日本の輸出入額は基本的にずっと増加傾向にあり、一九七〇年代以降はとくに顕著な増加を示してきた。生産の現地化も、海外での調達を行う商社や投資を行う金融業だけでなく、一九七〇年代には化学産業や繊維産業、電機産業で、一九八〇年代には自動車産業でそれぞれ進んできた。この時代の主な貿易相手や生産の現地化の舞台は、アメリカであった。世界経済における日本の地位が高まった結果、地位にふさわしく国際的に通用する経済のあり方をしなければならないという意味で「国際化」という言葉が使われるとともに、北米への企業進出が盛んになるなかで現地の文化を理解しなければならないとの観点からも「国際化」は流行語になった。

ならばプラザ合意後のグローバリゼーションは、一九七〇年代以降の「国際化」の単なる拡大版なのか。ある意味ではそうである。だがある意味ではそうではない。かつての「国際化」と現代の「グローバリゼーション」を隔てる大きな違いの一つは、経済に対する政治のかかわり方である。

市場と国家

先に、私たちはいまも『国富論』の世界に生きている、と述べた。産業化や資本主義の発展が、生活の光景を大きく変えていく世界に生きている、という意味である。

こんなふうにいうと、私たちの生活はあたかも経済によってすべてが決まるような印象をもつかもしれない。だがそんなイメージが多少とも純粋にあてはまるのは、せいぜい一九世紀のイギリスやアメリカぐらいである。イギリスやアメリカ以外のほとんどの国々では事情が異なる。一九世紀から二〇世紀の多くのヨーロッパ諸国や日本では、産業化と資本主義経済の発展を、国家を中心とした政治が非常に強く推進してきた。国営企業を設立したり、補助金や投資を通じて私的な企業を援助したり、海外企業から国内企業を守るために保護主義的な政策を実施したり、特定市場における特定企業の独占を容認したり、科学技術の発展を強力に推進したり、生産市場や労働市場を政策によって調整したり、といった具合である。世界の大半の国々では、産業化と資本主義の発展だけが生活の光景を変えてきたのではない。その変化に国家が深く関与していた。その意味で私たちは、分業と交換を社会の中心に据え、国家はその補完物にすぎないとしたスミスの『国富論』の世界とは、少しばかり違う世界を生きてきたし生きている。(8)

経済に対する国家の深いかかわりを典型的に示すのが、「経済計画」である。(9)「経済計画」とは、国家が「①一定期間を対象として、②いくつかの経済目標とその優先順位を明らかにし、これを数量的に表し、③この目標を達成するために必要な政策手段を体系化したもの」(宮崎 1971：9) である。国家が経済発展の目標を設定し、それを実現するのに必要な制度を整えるわけである。

こうした政府による市場経済の「計画」は、第二次世界大戦以前においては社会主義諸国でより盛んであった。だが戦後の一九五〇年代から一九六〇年代には、多くの資本主義諸国でも従来以上に積極的に採用された。というのも、第二次世界大戦の前後において多くの資本主義国は、産業化と資本主義の発展によって生み出された諸問題――合理化や階級、アノミーといった概念によってとらえられた「意図せざる結果」――を経験した。そうした問題が、国内のさまざまな混乱を招くとともに、第二次世界大戦という悲劇にもつながった。それゆえ、産業化と資本主義の発展をこれまで以上にうまくコントロールすることが必要だ、と戦後の多くの資本主義諸国では考えた。その代表的な手段とされたのが「経済計画」である。「経済計画」のねらいは、政府が「将来について[の]斉合的な展望」を示すことで、国民のなかの経済的・社会的な諸力という「分権化された各意思決定主体の長期的な意思決定に有益な影響を与え、同時に皆の期待を同じ方向にむける」(総合研究開発機構・星野 2003：274) ことにあった。さまざまな経済的アクターの相対的な自律性を保ちながらも、一定の方向へと誘導していくわけである。それゆえ経済計画は、「拡大された市場調査」とか、N・ルーマンの社会システム論を思い起こさせる「不確実性の縮減装置」(Dupont 1996：xiv：Pierre Massé の呼称) と呼ばれた。

日本でも、「経済の自立」を目標にした一九五五年の「経済自立五カ年計画」を皮切りに、数年ごとに経済計画が発表されてきた。なかでも有名なのが一九六〇年の「国民所得倍増計画」である。「所得倍増」のスローガンが示すとおり、この計画では「今後十年間で国民経済規模を二倍にする」という「経済の安定的成長の極大化」が政治的に決定された。この目標の実現という観点から、年率七パーセント (最初の三年間は九パーセント) という成長率が逆算され、それを実現するために、経済活動の二つの分野である政府公共部門と民間部門のそれぞれに関して、前者では実行可能な計画が、後者では望ましい方向に誘導する政策が提示された。経済的な見通しという性格が強かった従来の経済計画を「一歩前進させ」て、「経済成長」や「GNP」といった「新しい政治言語」(鶴見 2001：13) のもとで国家主導の高度経済成長を明確に目指したのが、国民所得倍増計画であった。

所得倍増計画は劇的な効果をあげ、計画を上回る成長の実現をみた。その急激な成長は「民間設備投資に主導されたもの」だったが、それ以上に「計画自身に原因があった」といわれる。「民間機械メーカーは、政府計画の機械工業の生産予想値を参考に自社の生産計画を立てるでしょうし、そのことだけでも機械工業の設備投資は大きくふくらむし、〝倍増〟ムードは強気を促したのです」(宮崎 1971：57-58)。まるで社会学者マートンが概念化した「自己成就予言」――「最初の誤った状況の規定が新しい行動を呼び起こし、その行動が当初の誤った考えを真実なものとすること」(マートン 1961：384-385)――のように、「計画の背景に横たわる高度成長への自信が、政府と経済界に、日本経済に対する強気の展望を与え」(通商産業省・通商産業政策史編纂委員会編 1991：39)、その効果として実際にも高度の経済成長が実現された。

こうした経済計画にもとづく高度経済成長のなかで、一九六八年に日本のGNP (国民総生産) は世界第二位になり、一九七〇年代初頭のオイルショック後も高い経済成長を維持していく。日本とアメリカの貿易収支も逆転し、アメリカの対日貿易は赤字になった。このことがアメリカと日本のあいだで政治問題になり (貿易摩擦)、その対応の一環として一九七〇年代から一九八〇年代にかけて現れてくるのが、アメリカでの現地生産や海外直接投資である。国際的な経済の安定において日本経済の占めるポジションの重要性が増し、海外での労使紛争への対処も重要になるなかで、「国際化」という言葉が流行していくことになる。

経済計画から市場主義へ

だが一九七〇年代末ごろから先進諸国では徐々に「計画の失敗」が語られはじめるようになる (Dupont 1996：xiii)。計画目標の未達成や計画手法上の困難のためである。政府主導に代わって登場してくるのが、市場メカニズムの重視である。(10) 一九八〇年代に入ると、アメリカではレーガン政権が、イギリスではサッチャー政権が、規制撤廃や減税、国有企業の民営化、福祉支出の削減などに踏み切った。この市場主義的な傾向は、一九九〇年前後の社会主義の崩壊や冷戦の終結によって加速する。「西と東」や「北と南」という「二〇世紀を支配してきたこうした世界解釈図式」（厚東 2011：17）と入れ替わるように現れてきたのが、産業化と資本主義を支柱とした市場経済が地球上を席巻する「グローバリゼーション」という時代診断である。

この流れのなかで、日本の経済計画も変質しはじめる。国家の役割を限定し、市場競争を活性化する方向への変化である（総合研究開発機構編・星野 2003：586）。その兆候は一九七〇年代にもみられるが、はっきりと示されたのは一九八三年の中曽根内閣による経済計画「一九八〇年代経済社会の展望と指針」である。

経済計画「展望と方針」のスローガンは、「行政の改革、財政の改革」であった。最大の課題とされたのは、行財政の「簡素化、効率化」であり、「規制、制度の見直しや諸条件の整備により民間活力が発揮しうるような環境を整え、新たなフロンティアを広げていく」ことであった。政府主導の経済成長をやめ、民間企業が「日々直接入手しうる各種の市場の送り出すシグナルや、情報化の進化によって入手しやすくなった多様な内外の諸情報」をもとに活動し、政府はそのための条件整備に特化する。こうした変化が経済計画で謳われたわけである。

同様の変化は他にもみられる。「展望と方針」と同じ一九八三年には臨時行政調査会（第二臨調）が、政府規制の緩和・政府公社（国鉄など）の民営化・社会保障費や教育関連費の抑制などを盛り込んだ基本答申を出す。一九八六年には、市場原理・グローバルな視点・規制緩和の推進を謳った前川レポートが出されている。

やがて一九九〇年代になり、行財政改革、経済構造改革、規制緩和・規制改革の動きは本格化する。バブル経済の崩壊により、これらの改革を本格的に推進せざるをえなくなったのである。「グローバリゼーション」の時代である。

国家の機能変容、企業の変化、労働の変化

経済計画に現れた以上の変化にもとづけば、一九七〇年代以降の「国際化」と現代の「グローバリゼーション」の違いは、経済に対する国家の機能変容という点にあるといえる。そうした国家の機能変容の一つとして、たとえば「事前規制型行政か

ら事後チェック型行政への転換」が挙げられる。一九九八年の『規制緩和白書』（総務省）によれば、従来において国家は許認可に代表される事前規制を特徴としていた。経済的アクターの行動をあらかじめ国家が決めるわけである。しかし今後は、事後チェック型に移行していく必要があるという。明確なルールを作り、国家はそのルールを経済的アクターが遵守しているかを監視するだけ、というわけである。比喩的にいえば、「グローバリゼーション」の過程のなかで国家は、自らが市場という競技場でプレーする中心選手であることをやめ、グローバルな市場経済を維持・管理する審判へと性格を変えていく。これを国家レベルにおける新しい合理化ととらえることはできるだろう。

この国家の機能変容に対応して生じてきた、企業の変化は多岐にわたる。生産と貿易のグローバル化以外にも、たとえば情報・通信、金融、流通、運輸、医療・福祉、土地・住宅、雇用・労働、教育といった分野での規制改革は、生産と消費の光景を大きく変えた。日本電信電話公社あるいはNTTの独占状態だった自動車電話・携帯電話が、さまざまな企業の参入とともに一九九〇年代に一挙に普及したのはほんの一例である。また事後チェック型行政への移行のなかで、「コンプライアンス（法令遵守）」や「企業の社会的責任（CSR）」、「アカウンタビリティ（説明責任）」や「ディスクロージャー（情報公開）」、「コーポレート・ガバナンス（企業統治）」や「評価」といった言葉も流行する。いずれも、事後チェック型行政によって企業の自己責任が強く求められたからである。「ステークホルダー」と呼ばれる利害関係者に活動の見込みや成果を事前に説明し、その結果に対する責任がさまざまなレベルで求められる「オーディット・カルチャー（監査文化）」（M・ストラザーン）と呼ばれる新しい文化の浸透も、そうした変化の一つである。[11] こうした多種多様なかけ声とともに、現在多くの企業では、新規の市場や事業の開拓をはじめ、組織や企業内ルールや企業イメージの改変、雇用形態の変更といったさまざまなレベルでの変化が進行中である。たとえば、同じ製品をより長く大量に作り出す従来のフォーディズム型の生産方式から、より早くより多様な商品を生み出すための「フレキシブル」な組織や制度への移行は、その一つである。企業レベルでの新しい合理化といってよいだろう。

こうした国家や企業の変化のなかで、人々の労働の光景も変わってきた。多くの議論がそこに認められるさまざまな問題を指摘している（セネット 2008；湯浅 2008）。その一部を列挙しておく。製造業（第二次産業）での就業者の減少とサービス業・

運輸業・通信業（第三次産業）での就業者の急激な増加、五〇歳代以降の中高年層の離職率の増加と大卒就業者の雇用減、中堅正社員層での労働時間の長時間化、年休取得の低下、企業の残業代不払いの増加、技能の蓄積の喪失、成果主義や評価制度の導入といった監査文化の浸透、中高年層の賃金の横ばい、労働者派遣事業や有料職業紹介事業の拡大、契約社員・派遣社員・パート・アルバイトといった非正規労働者の増加、社会保障の弱体化、個別労働紛争解決制度における非正規労働者の訴えの増加、非正規労働者の労働災害の増加、移民労働者の増加、就職活動の早期化や激化などである。階級の概念によってとらえられる多くの現象が現れてきているといえるだろう。

4　グローバリゼーションと社会人の流行

「グローバリゼーション」の時代とは人・モノ・情報・資本などがこれまでにないほど大量に国境を越えていく時代である。そんなふうによくいわれる。たしかに、私たちは商品や情報だけでなく、職業や居住地域から婚姻にいたるさまざまな事柄に関してかつてないほど多くの選択肢を手にしつつある。

だがそれがすべてではない。不安定雇用や失業、収入の低下といった経済的不安定さも高まりをみせている。また、短命な商品やサービスに合わせて一貫性なく次々と変わる業務や組織、職場は、働き手の人生をじわじわと蝕んでいく。その意味で「グローバリゼーション」の時代とは、どうすれば世の中をうまく渡れるのか、自分は本当に必要とされているのか、これまで自分は一体何をやってきたのか、といった種々の不安が高まりをみせる時代ともいえる。「〈不要〉という物理的不安の出現とともに、不安な文化的ドラマの幕が開いたのだ」（セネット 2008：131）。

この「不安な文化的ドラマ」をさらに盛り上げるのが、次のような事態である。「グローバリゼーション」と呼ばれる時代は、「国境を越える」といわれるわりに国境が消失するわけではない。そのことは、違う言葉として出発した「国際化」と「グローバリゼーション」が、近年あらためて同じように使われつつある点にもみてとれる。たしかに一九九〇年代以降の日本において、国家はグローバルな世界のフェアな審判者へと多少とも変化しはじめ、企業もグローバルな市場のフェアな競技者へと少なからず変化してきた。だがそうした変化の傍らで、「生き残りを賭けた」「前代未聞の」「熾烈な」「グローバルな」競争に勝つために国境内の人々が一致団結しなければならない、という主張も大きくなる。その主張はときに戦争の呼びかけのようですらある。しかし主張する声の大きさのわりに、そのための戦略や戦術を知る者は少ない。そこに国家は、グローバルな世界のフェアな審判のような顔をしながら、自国の生き残りという大義のもとに自国の企業をさまざまな政策で煽る。国家による煽りと自己責任の論理のもとで活動する企業は、国家による保護を求める一方で、自己責任の論理を雇用者に転嫁する。職場の上司も、自分より上の者の顔色を窺いながら部下を煽る。そのようにして責任は、下へ下へと委譲される。「結果責任を負わずに力を振るう技法をマスターした人」がこれまで以上に多くなり、「仕事上の災難が起きると、それを彼のために働いていた仲間の「犠牲者」に背負わせることによって、自分の責任を棚上げしようとする人間」(セネット 1999：161)も多くなる。この状況下において、たとえば非正規雇用や長時間労働、経営権限の強化といった昔ながらの経費削減方法や企業経営法が、いわばむき出しのかたちで現れる。嫌なら出て行け、ということであり、挙国一致に従わない「ニート」や「フリーター」は非国民扱いというわけだ。

国をあげての総力戦という扇情と労働の現場において諸個人がさらされている不安。「グローバリゼーション」という言葉が流通しはじめるのとほぼ時を同じくして、社会人=会社人という言葉や社会人を冠した書籍が流行してきたのは、だからおそらく偶然ではない。グローバル時代を生き抜くという煽りが蔓延する一方で、足元には経済的不安定や「不要とされる不安」(セネット 2008：90)が大きく口を開いている。不透明な将来への不安を抱える若い世代の人々が、社会人=会社人という言葉に心惹かれる気持ちも十分理解できる。社会人=会社人についての語りは、寄る辺なき時代のただなかにおいてしがみつきたくなる、あるいは、しがみつかざるをえない拠り所にみえるのだろう。

だが社会人=会社人たる年長の世代も、若い世代と同様の経済的不安定さや「不要とされる不安」のなかにある。そうした年長者にとって、「社会人の厳しさ」や「社会人の常識」、「グローバルな人材」といったことを若者に大声で説いて聞かせることは、単にいい商売になるだけでなく、けっこう魅力的なことでもあるのだろう。社会人の心得や作法、グローバルな人材たれという教えを若者に垂れることは、「生き残りを賭けた」「前代未聞の」「熾烈な」「グローバルな」総力戦の責任をいわば若者に転嫁することであり、翻って、自分たちを若者に対する評価者の立場に置くことを意味する。この抑圧の転嫁によって年長の世代は、自らの煽る「グローバルな」総力戦の責任から逃れつつ、自らの「不要とされる不安」を和らげることができる。

さまざまな立場の人々の欲望や不安が乱反射し合って、現代の社会人の流行は生まれている。社会人の流行とそれに伴う祭り状態は、現代のアノミー的病理現象といってもいいかもしれない。

だがグローバルな世界に放り出される不安の緩和には、社会人の大合唱に加わること以外にも、そうした不安の発生をそもそも抑止するという方法がある。そうした方法として一九世紀末から二〇世紀の先進諸国で発展してきたのが、たとえばケインズ主義的な経済政策や福祉国家という名の社会的保護であった（▼第10章）。この歴史的経験に照らしていえば、グローバリゼーションのなかの「不要とされる不安」も、遅かれ早かれ、制度的に緩和されるよりほかにない。だが現代の社会人の大合唱は、まだそうした対応とセットになっていない。「そういう時代」であることを理由に、とにかく社会人として現状に適応しろといわれる。会社が社会のすべてであり、だからどんな無茶な会社でも我慢しろといわんばかりの視野狭窄化した社会人＝会社人言説の流行は、現代における社会的リスク管理の不十分さの現れでもある。

社会人＝会社人の流行や「グローバルな人材」といったかけ声は、おそらく今後もしばらくは続くだろう。だが「グローバリゼーション」と呼ばれる分業や市場の拡大は、あたかも一九世紀から二〇世紀前半のヨーロッパのように、合理化・階級・アノミーといった概念でとらえられるさまざまな問題を生み続ける。そこに「社会のかたち」をめぐる次のような問いが投げかけられる。グローバルになりつつある世界のなかで、自分一人がのし上がることや自分の属する国が勝ち抜くことこそすばらしい、と考え続けるのか。私たちの生きる社会にはさまざまな顔があるにもかかわらず、あいかわらず会社が社会の中心だと信じ続けるのか。グローバルな世界といいながら、私たちはその想像力をあいかわらず国境内のごく狭い領域に押しとどめ続けるのか。「グローバリゼーション」の時代は、「社会のかたち」があらためて問われる時代になるだろう（▼第3・10章）。

現在進行中のグローバリゼーションとその意図せざる結果を記述し、それにもとづいて新しい「社会のかたち」を考えること。それは現代の社会学／人類学の課題の一つである。

（1）職業人としての契約の結び方や賢い節税、労働法規、労使交渉の仕方や組合の作り方といったことがキャリア教育で教えられることはあまりない。これをやれば意外と儲かる気がしないでもない。

（2）社会人概念の歴史についてのここでの考察は、かなり適当なものである。より詳細には、たとえば前田（2005）などを参照。

（3）『社会人』の刊行と同じ一九四九年に、日本社会人野球協会（現在の日本野球連盟）が設立されている。当初は、実業団チームとともに同好の士によるクラブチームも多く加盟する団体であった。このことを考えれば、この時期の社会人野球という言葉は、会社人野球ないし実業団野球を主に指すものではなかったと思われる。そのことは、「社会人野球」という言葉の誕生と同時期に考案された（ただし定着しなかった）「社会人文学」――「社会において文学以外の地位職業をもち、それへの責任を負いながら、かたわら文学に携わる」（手塚富雄「社会人文学のために」『展望』一九四八年一一月号）――という言葉にもみてとれる。さらに検討を要するが、野球や文学は一部の専門職業人（プロ）のものではなく、それによって報酬を受けない「ノン・プロ」、つまり社会のより多くの人々のものである、というのが「社会人野球」や「社会人文学」に込められたニュアンスではなかったろうか。近年の社会人野球におけるクラブチームの再増加や独立リーグの展開は、社会のより多くの人々のための野球、という方向への回帰ないし発展を示しているのかもしれない。

（4）グラフは、国立国会図書館の検索サービスを利用して作成。国立国家図書館所蔵の、社会人がタイトルに入った図書や政府刊行物に絞っている。「社会人類学」等は省いた。これも先の社会人の歴史同様、かなりいいかげんなものである（図書の中身を検討していない、など）。誰かにもっとちゃんとした研究をしていただければ、と思う。ただ、この程度のグラフでも、「女子社員」関連の最初の社会人本が（タイトルをみるかぎり）一九八一年であることや、二〇〇九年や二〇一〇年の急激な伸びは経済産業省あたりのプロジェクトの結果であることなど、興味深いことがいくつかわかる。

（5）ただし分業によってモノの生産が増えても、買う人がいなければしかたがない。スミスはモノの量の増大を、分業とともに市場の発展に求めた（▼第7章）。

（6）一九世紀末に映画の父リュミエール兄弟が世界初の実写映像として撮影したのは「工場の出口」であった。本書ではメディアについて章を割いてはいないが、メディアに関しては優れたテキストが数多くある。たとえば吉見（2012）を参照。

（7）社会問題というと、しばしば「世間（社会）で騒がれている問題」だと思われがちである。社会学／人類学でいう社会問題（あるいは本来の社会問題）は「世間的（社会的）」には個人的な問題だとされているが、その説明と対処において社会的な次元を必要とする問題」を意味する。社会的な要請に安易に応えることが、社会学／人類学の課題ではない。

（8）もう少し正確にいえば、一九世紀のイギリスやアメリカでも「自由放任」的な経済に政治が深く関与してきたという事情がある。

これについてはポラニー（2009）を参照。また遅くとも二〇世紀には、イギリスやアメリカでも経済に対する政治のいっそうの関与が進む。

（9）イギリスやアメリカを含めた多くの先進諸国における二〇世紀型の国家関与としてもう一つ特徴的なのが、福祉国家的な政策の推進である（▶第10章）。

（10）同様の変化は、途上国の経済開発にもあてはまる。第二次世界大戦後の途上国で経済開発の手法として用いられたのは、政府主導の輸入代替——輸入に依存する商品を国内生産に切り替えていくために、貿易統制によって国内の同産業を保護する——であった。しかし一九七〇年代ごろから貿易自由化政策という市場メカニズムが再評価されはじめる。一九八〇年代以降、途上国の経済開発や「近代化」に関与してきた国際通貨基金や世界銀行といった国際機関は、途上国への融資の際の条件として、財政改革・貿易の自由化・国有企業の民営化・規制緩和・所有権の確立などを課していく。いわゆる構造調整政策である。これについては内海（2014）参照。

（11）オーディット・カルチャーとそれにみてとれる現代の変容については、春日（2007）を参照。

参考文献

橘川武郎・久保文克編著（2010）『グローバル化と日本型企業システムの変容——1985-2008』ミネルヴァ書房。

ハーシュマン、アルバート・O（1985）『情念の政治経済学』（佐々木毅・旦祐介訳）法政大学出版局。

厚東洋輔（2011）『グローバリゼーション・インパクト——同時代認識のための社会学理論』ミネルヴァ書房。

春日直樹（2007）『〈遅れ〉の思考——ポスト近代を生きる』東京大学出版会。

前田崇（2005）「『社会人』概念に関する歴史社会学的考察——『社会人』とは誰か？」『早稲田大学大学院教育学研究科紀要 別冊』一三巻一号、二一五〜二二六頁。

宮崎勇（1971）『経済計画の話』日本経済新聞社。

ポラニー、カール（2009）『新訳 大転換』（野口建彦・栖原学訳）東洋経済新報社。

スミス、アダム（2007）『国富論——国の豊かさの本質と原因についての研究』（山岡洋一訳）日本経済新聞社出版局。

セネット、リチャード（1999）『それでも新資本主義についていくか——アメリカ型経営と個人の衝突』（斎藤秀正訳）ダイアモンド社。

セネット、リチャード（2008）『不安な経済／漂流する個人——新しい資本主義の労働・消費文化』（森田典正訳）大月書店。

総合研究開発機構編・星野進保（2003）『政治としての経済計画』日本経済評論社。

鶴見俊輔（2001）『戦後日本の大衆文化史――1945-1980』岩波書店。

内海博文（2014）「近くはない、でもそう遠くでもない――専門家と非専門家のための柔軟性のレッスン」徳永端子・内海博文編『国際看護学』クオリティケア。

吉見俊哉（2012）『メディア文化論――メディアを学ぶ人のための15話（改訂版）』有斐閣。

湯浅誠（2008）『反貧困――「すべり台社会」からの脱出』岩波新書。

Dupont, Louis (1996) *Development Planning : The Test of Facts*, Univ Pr of America.

第9章　政　治——まつりごとのとらえ方——

上田　達

私たちが政治と見ているものも，一つのゲームであるのかもしれない。（撮影：森田良成）

この章で学ぶこと

私たちが政治と口にするときは、通常、国民国家を単位とした政治を意味する。それぞれの国の人々が自分たちの代表を選ぶ政治の形態は、近代西洋において確立された。しかし、こうした政治の理解は、私たちが思うほどに普遍的な政治のとらえ方ではない。非西洋社会における人類学的研究は、私たちの政治概念に奥行きと広がりを与えてきた。必ずしも行政機構としての国家そのものが存在しない事例や、政治が親族等の他の社会的領域とのかかわりあいのなかに位置づけられている事例は、私たち自身の政治という概念を再検討する際の準拠点になりうる。私たちは政治を国の内部でみることに慣れ、一つの領域として切断してみることを自明としてきたが、現実は必ずしもその見立ての内側にとどまらない。必要なのは、人類学や社会学が提示してきたような見立ての変更によって政治という概念をとらえなおす視点を確保する試みである。

1　票を投じて自ら決める

二〇〇九年は日本政治にとって歴史的な年となった。現行の憲法下において初めて選挙を通じて野党が過半数の議席を獲得する、いわゆる政権交代が実現したからである。この転換の位置づけは論者によって異なる。議会制民主主義の熟成をそこにみた者もいれば、政権交代後の変化のなさから政権交代を疑似的なイベントとみた者も少なくないだろう。ともあれ、選挙によって政権が代わるという出来事は、二〇〇九年の流行語大賞に輝いた事実が示すように、社会の注目を集めた出来事であったことはまちがいない。

政治の劇場で繰り広げられた一連の出来事は、アイドルグループの劇場でも再演された。アイドルグループのメンバーの人気投票は総選挙と呼ばれた。政権交代はもとより、投票、得票数、選挙運動、政見放送、公約、開票速報といった言葉がちりばめられた一連のイベントは衆目を集め、アイドルグループの広報戦略として大成功をおさめた。二〇一二年の第四回総選挙は朝日新聞（大阪、二〇一二年六月七日）でも報じられた。同紙は選挙結果を顔写真つきで掲載する一方で、総選挙に関連して起こっている問題点についても言及する。オークションで五三万円を費やして約二七〇〇票を投じた会社員を伝えるとともに、東京都内の男子高校生の言葉を次のように紹介する。「より多くのお金を投じた人が有利になる『株主投票』のようなものだ。厳密な選挙ではないが、それはそれでいいんじゃないですか」(同紙)。

私たちの社会における選挙は政治参加の手段であり、自分たちが参画することによって自分たちの代表を選ぶという営みである。そう考えると、アイドルの選挙はその意趣において国政の選挙をパロディ化したものであるものの、実際の選挙とのあいだには大きな違いがある。端的にいうとアイドルは私たちの代表ではない。その意味で、男子高校生の冷めた視線はじつに正鵠を射ている。

高校生と正面から対立する見解は、CDを購入することのできるネット上の通販サイトでも表明されている。総選挙の直前に発表されるCDには投票券がついている。CDを紹介する欄に記された商品レビューの記事のなかで、レビュワーはこうした総選挙のあり方に怒りを隠さない。「とんだ茶番である」と。レビュワーによると、CDのまとめ買いによる集票は、「純粋な投票のつもりの一票が複数枚購入者の重複投票でほぼかき消されてしまう」のであり、「金にものを云わせての重複投票で順位が決まるのでは正当な選挙ではない」(1)。レビュワー氏は改善案として一人一票の原則に近づけることを提唱する。この制限によって「より広く正しい多数の民意の反映」が実現されることを彼は望む。

男子高校生とレビュワー氏の温度差は顕著である。レビュワー氏の批判には自分たちの手で選ぶという行為への熱い思いが反映されている。他の誰かが選ぶのではなく、まさに自分たちが選ぶという点に、レビュワー氏は実際の選挙を重ね合わせている。彼の想定する選挙は、今日の私たちが所与のものとしている一人一票の普通選挙の原則にもとづく。それは、自分たちの手で自分たちの意見を代表する者を選出する仕組みである。多くの国で採用されている平等な選挙権と被選挙権は、一九世紀半ばより西洋で制度として確立され、世界中の国々に普及していった。レビュワー氏にとっての正当な選挙は、実社会において行われているそれであり、男子高校生がいう株主投票のように買い取ることのできるような選挙のあり方は、とうてい受け入れられないものなのだろう。

レビュワー氏の選挙観が、アイドルの人気投票という文脈を離れれば広く支持されるのはまちがいない。それは、私たちの代表を選ぶ手段であり、そこに参加すること、すなわち投票こそが私たちの社会における政治との接点なのである。レビュワー氏のようにアイドルのイベントを実際の選挙のように行うべきであると熱く主張することはなくとも、選挙において自分たちが選ぶという行為に対する真剣さは私たちも共有しているはずだ。

2　国家と政治

有権者が自分たちの代表を選ぶ制度は、おそらくは私たちの社会における政治参加の最も一般的な手段である。政治参加の形態として、デモで声を上げることや政党活動の支援も考えうるかもしれないが、多くの人々にとって、政治参加の手段としてまず挙げられるのが選挙だろう。それは、自分たちの手によって自分たちを支配する者を選ぶという制度である。ただし、レビュワー氏が「正当」とし、男子高校生が「厳密」とする政治参加の手段としての選挙の歴史は、さほど古くない。一人一票の原則からなる普通選挙は、一九世紀の西洋において導入され、その対象は男性から女性へと拡張されてきた。一八四八年に導入したフランスを皮切りに、この時代にヨーロッパで広く普及した(2)。

選挙制度が整備された時期は、近代的な国民国家が制度上のかたちを整える時代と重なる。一九世紀の近代的な意味での国家成立の契機として、猪口は宗教的呪縛からの解放と科学精神、国家機構の充実、代表議会と社会の強化、国家間戦争の制度化、民族主義、世界市場の形成、工業化の七つを挙げる（猪口 1988：14）。これらを社会的背景として、近代的な国家は国家歳入、官僚制、軍備、経済政策のいずれにおいても、それ以前の中世国家から飛躍的に充実させた（猪口 1988：15-16）。

私たちが社会と呼ぶものは、通常、この国家という制度と不可分に結びついている。E・ホブズボウムはいう。「国家は、公式に認められる限り、市民の集合行動の枠組みであった。国家政府やその政策に影響を与えたり、それらを変えたりすることこそ内政の主要な目的であり、一般の人々はますますそれに参画する資格を得るようになった。実際、一九世紀の新しい意味での政治は、本質的に国家的規模の政治であった。要するに、実質的な目的によって、社会（市民社会）とその社会が作用する国家はますます切り離せなくなったということである」（ホブズボウム・レンジャー編 1992：409）。冒頭に挙げた選挙も

「一般の人々」が「それに参画する資格」の一つとして，国家の成立に重要な役割を果たしつつ，またこの国家という制度によって成立してきた（▼第10章）。

国単位の秩序

世界の認識において国家が重要な地位を占めるにいたった変化を，社会人類学者E・ゲルナーは絵画の比喩をもちだして説明する。近代的な意味での国家が成立する前の世界は，彼によるとオーストリアの画家ココシュカが描く絵のようであるという。「様々な色彩の点が豊かにちりばめられているため，絵全体としてはともかく，細部でははっきりしたパターンを識別することができない。非常な多様性，多元性，そして複雑さが全体の中の個々の部分をはっきりと特徴づけている」（ゲルナー 2000：232）。以前ならば，中央になんらかの政体があったとしても，その権威が及ぶ地域は限られた。周辺地域においては，どちらの政体に属すのかが曖昧な領域が残された。それが，近代に成立した国家によって塗り替えられる。彼はイタリアの画家モジリアーニに言及しつつ，その世界を特徴づける。「明暗がほとんど見られず，整った平らな面が互いにはっきりと分けられており，ある面の始まりと他の面の終わりとがたいていはっきりとしていて，判然としないところや重なったところがほとんど見られない」（ゲルナー 2000：233）。

図9-1　国家が成立する前をイメージさせるココシュカ絵画

線ではっきり分けられた部分と部分は，ある土地が一つの国に属するのと同時に他の国に属することができないと考える私たちの国家の領土イメージと一致する。地図も通常は国ごとに違った色でペイントされていく。Aという国が黄色でペイントされると定義されると，小さな島々にいたるまで黄色で塗られる。そして，細い線が黄色の範囲を限定する。黄色で塗られた部分は線で区切られ、黄色でない部分は青や赤や緑で塗られていく。色が混ざってそれがどちらであるか判然としない――緑に見えたり、濃い黄色や青色に見えたり――ことはありえない。もちろん、帰属がどちらであるかが解決されていない領土問題がないわけではない。しかし、それは普通のことではなく、たとえば国際機関の裁定を仰ぐなどといった方策をとることで、将来的に解消されることが期待されている。(3)

ゲルナーの地図の比喩は大地が分割されていることを示唆するだけではない。もう一つ重要なのは、地図上で一つの色に塗られたところには均質な国民が住むという想像力が駆動されることだ。そこでは生まれをともにする人々が共同体を形成すると考えられている。国際関係のなかで成立する近代国家は、その住民が誰であるのかを同定していく。徴税制度や教育制度の整備によって、あらゆる人々がいずれかのネーション（国民）に所属するとされた。ネーションの誕生である（▼第4・5章）。

ネーションの誕生は、政治に参加する主体の誕生でもあった。明治時代の日本におけるネーションの創造について論じる牧原憲夫は、福沢諭吉の言葉を引きながら変化を次のように特徴づけてる。「身分制国家の江戸時代は、原則として治者である武士が政治・軍事を独占し、被治者である民衆は国家の本来的な構成員とは見なされなかった」（牧原 2009：154）。近代的な国家の成立する前の人々は、治者の行う政治や軍事に参加する権利をもたない「客分」にすぎなかった。いきおい当事者意識は稀薄であるので、戦争などの混乱時には人々は離散することもまれではなかった。それが、自由民権運動や日清・日露戦争を経て、客分としての民衆は政治の担い手となっていく。同時期に確立された選挙制度は、自分たちの手で自分たちの代表を選ぶことを人々に求めた。それ以前であれば、人々は特定の社会階層からなる人々の支配に浴していたのが、自分たちが選ぶという行為によって自分たちの社会の運営にかかわっていくようになった。政治は彼岸における治者の営みであったのが、自分たちの手で行う営みに変わっていった。

こうした国民国家を基礎とした枠組みは、一九世紀末から二〇世紀初頭にかけて成立した。近代的な意味での国家が成立して、その主権の及ぶ領土が画定され、さらにはそこに住む人々がネーションとみなされるようになった。国家と領土と人々を結びつける見方は、人々が社会を眺める際に発動する想像力の基盤になった。通常、地図上同じ色がつけられていると、私たちはそこに〇〇人が住むと考える。「多民族国家」であっても、たくさんの種類に分かれているのは「民族」であって、「国民」は一種類であることが前提とされる。アメリカにはアメリカ人が、フランスにはフランス人が住むと考えることに特段の違和感を感じることは――少なくとも常識的な知識において――ないだろう。国民国家が人々の住む社会と一致するかのように、そしてそれが確固たる秩序であるかのように立ち現れることとなった。私たちの前提としているこの考え方において、地球上のすべての地域はいずれかの国家に属し、地球上のすべての人々が、そのいずれかの国家に所属しているとみなされる。こうした思考の枠組みを、「国単位の秩序（national order of things）」（Malkki 1995：25）とここでは呼びたい。

現在の私たちが政治と口にするときは、この秩序が基礎となっている。特定の国家の主権が及ぶ範囲に暮らす「私たち」がいて、その「私たち」が生きる社会があり、それを治めるための種々の機構や制度があると想像する際には、それぞれ「日本人」、「日本社会」、日本という国家が対応している。私たちの日常会話における政治という語の使用はこれらの結びつきを後景にして、はじめて可能になる。つまり、地球上のすべての地域がいずれかの国家に属し、地球上のすべての人々が、そのいずれかの国家に所属しているという考え方である。そして、少なくとも私たちはこの考え方にもとづき、次のような前提をも受け入れる。そこに住む国民がその国家の主権者であるという前提である。また国民は選ぶ主体である一方で、支配される者でもある。この矛盾は、政治の専門家を登場させることで解決されている。すなわち、選挙という行事において政治にかかわり、私たちの代表を選ぶ。何年かに一回の投票を通じて代表を選ぶと、あとはその代表が私たちの日常から切り離されて国民国家の運営にあたるようになる。

しかし、政治と国単位の秩序を結びつける私たちの認識は、私たちの社会の外部に出たときに、どこにおいても通じるわけではない。私たちの社会の外部に目を向けると、私たちの語り方がきわめて射程距離の短いものであることに気づくはずだ。他の社会において、政治という概念は必ずしもこの秩序と不可分なわけではない。国家が私たちと同じようなかたちで成立していない社会はこれまでも存在してきた。また、地図上では地球上を隙間なく埋め尽くしているかのように見えるとしても、私たちが想起するような政治的な組織としての国家がどこにでもあるわけではない。これらのことを文化人類学の知見をみながら明らかにしていこう。

国がない政治

人類学は、西洋で一九世紀末から二〇世紀にかけて成立してきた学問である。自社会を対象とする諸学とは対照的に、西洋の拡張に伴って起こった非西洋社会に住む人々との出会いが契機となり、「彼ら」を理解することをその目的に掲げてきた。文化人類学が行ってきた非西洋社会における調査と研究は、西洋近代で自明とされる諸概念の見直しを促した。人間とはなにか、合理性とはなにか、社会とはなにか。こうした問いに非西洋社会からの事例を用いてアプローチする人類学は、西洋に限定されていた人間理解のあり方を拡張してきた（▼第15章）。

こうした拡張は、政治という概念にも豊かな広がりをもたらした。フランスの人類学者G・バランディエは人類学が政治研究に果たす役割を次のようにいう。「政治人類学は、これらの学問（注：政治に関する研究）が構築した知識を異郷に移し試練にかけることを手助けする」（バランディエ 1971：242、傍点ママ）。一九四〇年にイギリスの人類学者M・フォーテスとE・E・エヴァンズ＝プリチャードによって編まれた論集『アフリカの伝統的政治体系』も、西洋社会に特化した政治研究の成果をアフリカ社会という異郷に移して試練にかける試みであった。まえがきを寄せたイギリスの人類学者ラドクリフ＝ブラウンは次のように述べて読者に注意を喚起する。

比較政治学に関して著作をものした人の中には、いわゆる「主権国家」と呼ばれるものに注意を集中しすぎる傾向の者がいる。しかし国家というものは、より大きな政治体系の中の領土的集団であるに過ぎないのであって、（中略）この種の政治体系、すなわち現在ヨーロッパに存在するような国際関係によって結ばれた主権国家という政治体系は、政治体系の一類型に過ぎない（ラドクリフ＝ブラウン 1972：13）。

もしも、政治という概念をより広いパースペクティブのもとで眺めるとするならば、論集を編んだフォーテスとエヴァンズ＝プリチャードが言うように、「どんな形の政体をもつべきかの探求」（フォーテス・エヴァンス＝プリチャード編 1972：22）に拘泥する前に、「人々が現実にとる政治慣行や諸制度」をみていかなければならないのはまちがいない。前項で述べた国民国家の成立と、それを構成単位とした政治の枠組みは、私たちに特有の見方である。私たちの耳目を集める政治のニュースは「国際」であれ「国内」であれ、この枠組みのなかにある。しかし、非西洋社会を研究対象としてきた人類学は、私たちとは異なる政治が作動する社会のイメージを私たちにもたらす。

上記の論集を編んだフォーテスらは、論集を構成する論文を大きく二つのグループに分類している。すなわち「政府を形成する諸制度を整えたものを国家と定義」(フォーテス・エヴァンス＝プリチャード編 1972：24) したうえで、「政府を持たない社会」と「政府を持つ社会」の二つに分ける (フォーテス・エヴァンス＝プリチャード編 1972：23：傍点ママ)。以下ではこうしたフォーテスらの分類に依拠しながら、「国単位の秩序」の外側において、自分たちの選んだ代表による政治ではない政治がいかにして可能なのかをみていこう。

上で述べたアフリカの「未開社会」の政治について研究した論集の編者でもあるエヴァンズ＝プリチャードは、ヌアーと呼ばれる人々を対象としてフィールドワークを行い、その成果を民族誌として一九四〇年に公刊している。ヌアーは現在のスーダン南部から南スーダン共和国にかけての地域に居住する牧畜民である。彼らは牛やヤギを飼い、牛やヤギが食べる牧草を求めて季節ごとに移動して暮らす。[4]

エヴァンズ＝プリチャードを驚かせたのは、彼らが西洋社会において見慣れた政府をもっていないことだった。ヌアーの人々はいくつかの村々が集まって集団生活を行う。彼らの生活の中心はこうしてできた共同体にあり、ヌアーの人々全体を包含する組織や中央集権的な政治体制がない。植民地支配下にあったアフリカに、近代的な意味での行政機構がないことはさして驚くべきことではないかもしれない。しかし、王や首長が人々を支配するという未開社会のイメージもヌアーの人々には合致しなかった。

一七世紀西洋の思想家ホッブズは、国がない状態においては産業や製品が生まれる余地がないと述べる。たしかにホッブズが想定する西洋的な意味における産業や製品は、ヌアーの人々にとって縁遠そうである。しかし、ホッブズの指摘はそれだけにとどまらない。彼の語る国家なき社会は陰鬱で悲惨である。だからこそ、ホッブズは全体の統治者としての国家機構を想定せざるをえなかった。彼は次のようにいう。

土地の耕作も、航海も行なわれず、海路輸入される物資の利用、便利な建物、多くの力を必要とするような物を運搬し移動する道具、地表面にかんする知識、時間の計算、技術、文字、社会、のいずれもない。そして何よりも悪いことに、絶えざる恐怖と、暴力による死の危険がある。そこでは人間の生活は孤独で貧しく、きたならしく、残忍で、しかも短い（ホッブズ 1971：157）。

政治機構としての国がないところは「各人の各人にたいする戦争状態」（ホッブズ 1971：156）にあり、およそ人間らしい生活がないというのがホッブズの見解である。こうした悲惨な状況を回避するために国家が正当化される（▼第12章）。

ヌアーの人々はたしかに国家をもたない。しかし、そこにホッブズの描き出す悲惨な生活を重ね合わせることはできない。エヴァンズ＝プリチャードは、ヌアーの人々はたしかに西洋近代的な意味における政体こそもっていないものの、彼らの社会において一定の秩序が保たれている、と結論づける。エヴァンズ＝プリチャードの説明によると、彼らの社会はいくつかの単位に分節されている。そして、分節した単位のあいだで社会の均衡が保たれる。

通常、ヌアーの人々は集団生活を共にする共同体に帰属する。ここでは、ある人が所属する共同体をニャルクワッチであるとしよう（図9-2）。ニャルクワッチの人々とレンと呼ばれる人々とのあいだにはしばしば紛争が起こる。しかし、ひとたびルムジョクの人々とニャルクワッチの人々との間に争いが起きた場合、ニャルクワッチの人々はレンの人々と団結してルムジョクの人々に対抗する。そして、もし、さらに外部から――たとえばモルの人々から――危害が及ぼされた場合には、ニャルクワッチの人々はルムジョクの人とも連携して対処にあたる。しかし、いずれの場合においても、彼らがまとまって行動するのはあくまでも他との敵対関係においてである（▼第4章）。エヴァンズ＝プリチャードは次のように記す。「部族がまとまって協同的諸活動に携わることはほとんどないし、それに部族としての価値が行動を決定するのは、諸社会関係のうちでも特定の限られた分野だけであって、しかもそれは一連の政治的諸価値のうちのたった一つにすぎず、他の政治的価値のあるものとは矛盾さえするのである」（エヴァンズ＝プリチャード 1997：259）。彼らのまとまりは同次元にある集団間の関係にもとづいており、それをまとめる全体というものはない。

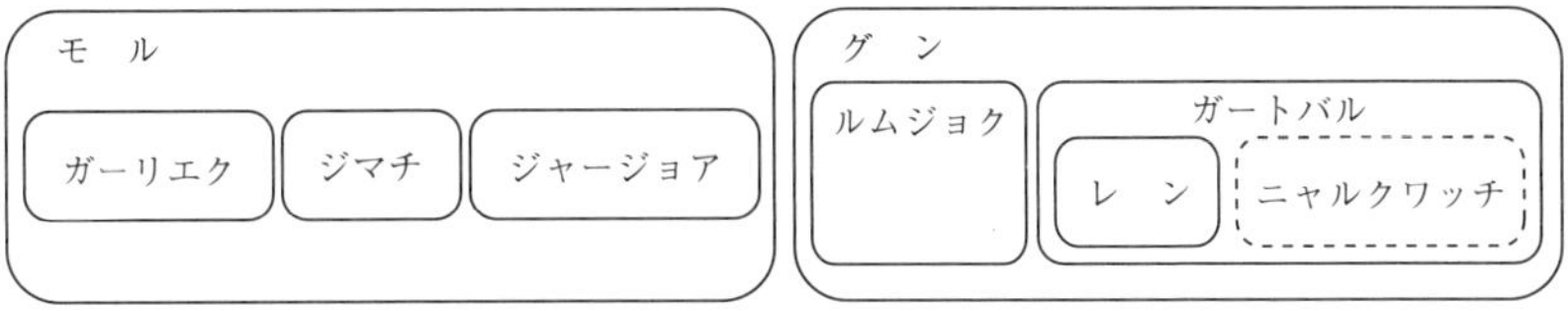

図 9-2　ヌアー族の社会単位

出所：エヴァンズ＝プリチャード（1997）より一部改変。

ヌアー族のように政治体制が不在である事例は、人類学者が対象としてきた社会に多くみられた。なかでも、P・クラストル[5]はラディカルにこれを主張する。彼によれば、南北アメリカ（メキシコ、中央アメリカ、アンデス）の先住民たちの社会には私たちが考えるような権力がない。彼は南北アメリカの先住民社会を特徴づけて次のようにいう。「他の土地では権力と名付けられるものの保持者とされる者が実際には権力をもたず、〈政治的なもの〉の領域が一切の強制、一切の暴力、一切の位階に基づく従属の外部で規定される社会、要するにあらゆる命令‐服従関係の存在しないきわめて多数の社会が一群をなしている」（クラストル 1987：13）。このことから、クラストルは彼らの社会において私たちの知る国家のような政治機構が発生することを拒むと述べる。「強制と従属が至る所で常に政治権力の本質を成しているということは自明の理とは思われない」（クラストル 1987：15）という主張は、国単位の秩序にとどまらない政治の像を提示する。エヴァンズ＝プリチャードならば、これを「秩序ある無政府状態」と呼ぶだろう。それは「国家がない政治」である。

人類学がもたらすこれらの知見は、私たちを驚かせる。国家という統治組織があり、領土を有し、そこに均質な国民が住むという私たちの世界の認識のあり方は、いつでも、どこでも通用するものではない、と。人々は国家がなくとも、まとまりを欠いていても、連携と対立のために集団を自由に組織しながら生きていくことができている。国家がなくとも――それが一時的であれ――秩序が保たれ、そこに社会が成立しているのだ。彼らが示すのは国家と社会が結びつかないところにある政治の姿である。

社会に埋め込まれている政治

人類学が調査してきた社会のなかには、こうした国家なき社会の範疇に入らない社会も少なくない。政治機構をもつ人々は人類学者によって非西洋社会にもみいだされてきた。国家のような政治機構をそこにみいだして、私たちと同じく国家という言葉を使って彼らを理解してしまうことはできるかもしれない。しかし、その場合でも「国家」という言葉を用いる際に慎重であるべきだとバランディエは指摘する。「政治人類学は、その研究対象とする諸社会のいくつかの場合に国家概念を使用するにあたって必要な諸条件を厳格に規定しようとすることによって、また、原始的国家の発生、諸特徴および諸形態の問題をさらに厳格に再提起することによって、貢献することができる」(バランディエ1971：62)。非西洋社会にみいだされる国家のような政治機構を、私たちの思考の枠をあてはめることで、「国家」であると語る前に、前項冒頭で挙げたエヴァンズ＝プリチャードとフォーテスらがいうように、やはり「人々が現実にとる政治慣行や諸制度」をみていく必要がある。

上述のフォーテスらの論集には、ヌアー族のような国家なき社会の他に、いくつかの国家についての事例が報告されている。ここでは南アフリカにあったとされるズールー王国に関するイギリスの人類学者M・グラックマンの記述をみていこう。それは国家があるようにみえて、実際は細部においてその政治慣行や諸制度が私たちの考える国家とは異なっている事例である。内容を先取りしていうならば、自分たちの代表を選ぶという私たちの政治がそこにみいだせないものである。

グラックマンの記述の舞台となる南アフリカの東部には焼畑耕作を行う牧畜民が居住し、共通の姓をもった共通出自の男女からなる集団で暮らしていた。一八世紀末ごろから他集団を制圧する有力な集団が出始める。シャカと呼ばれる人物は、周辺の一団を従えて全体をまとめる支配者の座に就いた。こうしてできた集団はズールー王国と呼ばれ、シャカはその王として位置づけられた。一九世紀末にイギリスとの戦争に敗れてイギリスの支配下に入るまでのあいだ、ズールー王国は権勢を誇った。グラックマンは次のようにズールー王国の姿を描き出す。

ズールー王国民は(中略)共通の長(王)に忠誠を誓い、一定の領土を占める人々の集団と定義しうる。彼らは外の集団に対して攻撃しあるいは自己を守るために王の下に結合している。そのうえ、他のバンツー語系の人々やヨーロッパ人との関係を統制するほかに、王は彼の決定したことを強制する権限を持って、王国民に対し司法・行政・立法権を行使した。王はまた国民のために、宗教儀式や呪術も行った。王国民を構成するすべての部族は同一言語の方言を話し、共通の文化を持っていた（グラックマン 1972：50）。

ここに描かれているズールー王国は、私たちの考える「未開社会」の王国イメージと合致する。たしかに近代的な私たちの国家とは呼べなさそうだが、国家の原初的形態ととらえることはできるだろう。また、これも国家の一つのあり方だ、と述べることもできるだろう。異なる社会には私たちの当たり前とは異なる当たり前のかたちがあるとする文化相対主義を知っているならば、ズールー王国は、私たちとは異なる国家のあり方なのだ、と述べることができるだろう。

グラックマンの記述を続けよう。グラックマンは地方に有力な氏族集団の首長がいて、彼らはその地方の司法と行政に一定の権力を有すると記す。首長たちは王に従属して権力を維持する一方で、王の権威は首長たちを通して実現される。地方の首長と中央の王の関係はこうした相互依存的な関係にある。王は権力を有するものの、その助言者として地方の諸集団のなかから王の助言者（「インドゥナス」と呼ばれる）が選出される。助言者たちは討論する評議会を形成して王の施策に助言する。また、グラックマンによると、ズールー王国においては血縁関係や姻戚関係が王国の王と首長とのあいだで重視されているという。首長と王が女性の婚出と婚入によって紐帯を強くし、首長と王は通常、息子に世襲されるのが普通であった。もしも後継者がいない場合は「王（または首長）は、近い親族を摂政として任命し、その地位ができるだけ直系に戻るようにした」（グラックマン 1972：58）。

さらにズールー王国の王と住民との関係においては、住民は王に対して従属することが求められる。「従者からみれば、彼らが王に負う主な義務は、労働奉仕を含めた軍役であると言えるかもしれない。王は王家の狩猟に彼らをかり出すこともできた」（グラックマン 1972：54）。こうした「未開社会」において圧制的に権力を振るう国王のイメージは、なお私たちの未開社会に関する想像力の範疇にあるだろう。しかし、グラックマンによると、王と住民の関係は単なる支配‐被支配ではない。たしかに、王は霊的な意味で優位を保ち、血縁を通じて一族で支配的地位を占めている。住民には従属を求めていることも上記で述べたとおりだ。しかし、王は強権的な支配を強いていたわけではない。王と人々とのあいだには力のみでは説明することのできない、見返りを伴う結びつきがあった。

王は戦争で捕虜にした牛や女の大部分、また罰金も手に入れていたので、王国の中では一番裕福であった。(中略) 王は部下たちに気前よく食物を与えたり助けたりすることが期待された。王は連隊の世話をし、楯を与えなければならなかった。飢饉の時には人々を助け、また災害時にはいつも人々を助けることになっていた (中略) もしも王が伝統に従って支配すれば、王は自分の富を用いて、部下に気前よくせねばならず、また、正義を行ない、部下の利益を守った (グラックマン 1972：54-55)。

上のような形で結ばれるズールー王国の支配者と被支配者の関係は次のように要約されている。「部族員は首長を尊敬するが、首長も部族員を尊敬しなければならない」(グラックマン 1972：66)。

気前のよさをもちあわせるズールー王国の王は、霊性をも併せもつ。「祖先の霊はズールーランド全体を見守っていると考えられ、王国のために、王は旱魃、戦争、播種および初穂の季節には祖先の霊に祈らねばならなかった (中略) 王は王国全体の呪術を託されており、責任を持った。シャカは、自分だけが天を左右することができると言って、王国からすべての雨乞い師 (rain-maker) を追い出した」(グラックマン 1972：51)。王は——分権的な制度ではあるものの——政治的権威の中心であると同時に宗教的な権威者でもある。特別な力をもった者とみなされ、人々を支配するという。

憲法に定められた政教分離の原則になれた私たちからすると違和感を覚える宗教と政治の結びつきは、ズールー王国に限らない。たとえば、アメリカの人類学者C・ギアツは、西洋の政治とは異なる位相にある政治の姿を描き出す (ギアツ 1990)。ギアツは一九世紀末にオランダに植民地支配されるまでバリ島に成立していたいくつかの国家の性質について記述している。香料貿易のルートに沿って一五世紀以降にイスラム教化が進んだ東南アジア島嶼部のなかで、バリ島はイスラム教化以前に広く受け入れられていたヒンドゥー教の影響が色濃く残っている。バリ島では寺院を中心として村や水利組合といった社会制度が組み立てられており、村は王よりむしろ寺院の影響下にある。ギアツはいう。「専制に必要な秩序立った権力集中を実現する力などなかったから、そのような支配を目指したとは言えず、またこの国家による支配は無頓着かつ不徹底に行われたから、統治を組織的に目指したとさえ言いがたい」(ギアツ 1990：12)。

しかし、そうした求心力をもたない国家であるとはいえ、行われる国家儀礼は大規模なものだ。ギアツによると、バリのヌガラ（国家）は西洋のそれとは異なる。権力を掌握する者が国家儀礼を通じて、その持続をはかり、威信を内外に示すのではなく、儀礼を行うことがすなわち国家の存立を可能にし、人々が儀礼に参加することが、すなわち国家的なるものとのかかわりあいなのだ、という。人々を管理する国家ではなく、人々が国家の執り行う象徴的行為に参与する姿がそこには描かれる。威信を誇り人々を動員するのではなく、人々が参入することで宗教的な意味合いでの理想的な姿を発現させる。バリの事例は、世俗的な国家ではなく、宗教的権威と密接に結びついた国家の姿を私たちにもたらす（▼第4章）。

ズールー王国やヌガラの事例において、国家はあるようにみえるが、その姿は私たちのそれとやや異なる。いうなれば、政治が独立した領分を形成しておらず、社会関係、親族、互酬、宗教と不可分であるということだ。人類学者M・ハーツフェルドは次のようにいう。「〝古風な〟社会においては宗教から独立して芸術があるとは考えられず、親族と独立した政治はないとみなされる。この見方によると伝統社会では政治的領域が基本的な社会構造（多くの場合は親族）のなかに埋め込まれており、近代的な世界では政治の自立性が国家の官僚的機構に現れていると考えられる」（Herzfeld 2001：120）。ここではさしずめ「社会に埋め込まれている政治」であると呼んでおこう（▼第7章）。

3　わたしたちの政治

ヌアー族のような「国家なき政治」や、ズールー王国やヌガラのような「社会に埋め込まれた政治」をみて、私たちは立ち止まる。私たちと異なる文化的他者について、文化相対主義的立場をとる人は、「そういう人々もいるだろう、それが彼らの文化なのだ」というだろう。あるいは現代社会の潮流に敏感な人であれば、「彼らの政治は興味深い。しかし、それはいずれも国民国家が当該地域に成立する前の時代の話だろう」というかもしれない。たしかに、人類学者が調査の対象としてきた人々の多くが住むアジアやアフリカは、第二次世界大戦を経て、新興の国民国家として独立している。先に述べたゲルナーの言葉でいうならば「判然としないところや重なったところがほとんど見られない」ほどに、世界は国民国家で埋めつくされている。いまや私たちと同じように彼らもまた国民国家の住人なのであり、国単位の秩序のなかに位置づけられているという見解は半ば正しい。

人類学がただ奇妙な風習の紹介を行っているだけならば、上のような反論は有効である。他者を彼岸に見ているかぎり、自らは住み慣れた土地で安穏と暮らせる。しかし、人類学が果たしてきた知的貢献の一つに「知識を試練にかける」営みがあるのを忘れるべきではない。異文化を生きる人々の生に触れて、自分たちの慣れ親しんだ考え方から離れるモーメントである（▼第6章）。文化的他者の理解を通じて、自分の見慣れた見方、慣れた思考法を離れて生きた世界をとらえなおす試み、あるいはその可能性の提示は、「奇妙なものを取り扱う商人」（ギアツ 2002）としての人類学が担ってきたもう一つの重要な役割である。

国を越えた政治

第2節でみたように、ヌアーの人々は国家がない、すなわち「秩序ある無政府状態」のなかを生きている。その示唆するところは、国家がなくとも人々の暮らしは可能であるということである。しかし、私たちの常識からは国家がないということが実感できない。それはジョン・レノンが歌ったように、せいぜい想像《イマジン》のうえでの話にとどまるだろう。ヌアーの人たちの事例はあくまでも「他者」である、として処理されるかもしれない。

しかし、国家なき政治を生きるのはヌアーの人たちだけではない。私たちにとっていかに国単位の秩序が見知ったものであるとしても、私たちの生きるいまは国単位の秩序だけにとどまらない複雑な様相を呈している。グローバル化という言葉は、人やモノや情報が国家の枠組みにとどまることなく、既存の境界を越えていく状況を指して使われる。たとえば増加しているエキゾチックなエスニック料理店で〝本場の味〟に舌鼓を打ち、海外の生産拠点で生産された衣料を買い求め、ナショナルな境界を越えて張り巡らされた情報ネットワークを介して海外の友人たちとの「絆」を楽しむ私たちにとって、グローバル化はいまさら強調することではない。すでにグローバル化は私たちの現実の一部分になっている。国家の枠にとどまっていては実現できない多彩な消費生活が可能になっているといえるだろう（▼第1章）。

社会生活における国家の役割が二義的なものに後退していくプロセスは、超国家的な機関のもつ役割が大きくなるプロセスでもある。[6] すなわち、それまで領域内で権力を行使していた国民国家は、国境を越えて行き交う人、モノ、情報を制御することに苦慮する。たとえば、一九九七年に始まったアジア通貨危機においては、国際通貨基金（ＩＭＦ）によって、市場の透明化とそれを促す社会体制の変革を求める構造調整プログラムがインドネシアやタイに導入され、透明性の高い市場経済を確立するためにそれぞれの国の社会体制が変革された。しかし、こうした超国家的な干渉は人々の生活に影響を及ぼすにもかかわらず、その決定のプロセスにすら人々が参加することはできない。それぞれの国で選挙によって選ばれた代表者によって合議がなされる体裁をとってはいても、超国家的な干渉によって生じる一つひとつの事柄に対して、国単位の秩序に依拠した政治はアクセスすることができない。政治参加の手段としての選挙も国境を越えて行われることはない。

しかし、選挙だけではない、新しい政治参加のかたちは、すでに模索されている。この方向の背景にあるのは、「新しい社会運動」と呼ばれる社会運動の新しい形態である。「新しい社会運動」は、従来の階級を単位とした政治運動とは異なるものとして一九七〇年代から世界的に高まりをみせた。地理的・社会的に周辺に位置づけられた人々は、それまでの階級にもとづく労働運動では顧慮されることがなかった。彼らを結びつけるために「操作や統制に対して抵抗力のある「自然」「身体」「属性」に依拠する」（梶田 1998：179）運動が起こってきたのだという。こうした運動は、市民社会を構成する自由や平等、人権といった普遍的価値の防衛と実現を求める。そのため、既存の国家と対立することも少なくなく、国境を越えた連帯へとつながる可能性を有していた。梶田孝道は、これらの運動について、①従来の国境を越えるトランスナショナルであること、②国民国家の帰属意識の弱体化を促すこと、③北から南への広がり、という三つの特徴を指摘している。

こうして展開してきた新しい社会運動の延長線上に、グローバル化を強力に推し進めるＩＭＦや世界貿易機関（ＷＴＯ）といった国際機関への対抗運動などの社会変革を目指す運動を位置づけることが可能だろう。人類学者Ｄ・グレーバー（2006）によると、これらの対抗運動は特定の共通の属性をもたない網状の組織を構成しており、国境を越えて情報や戦術のやりとりがなされて、相互に影響を与えながら展開している。

現代に暮らす私たちが直面し、そして私たちが生きているのは国家と不可分の政治だけではない。なんらかの共通する主題について国境を越えて情報を提供し合い、戦術について意見交換を行いながら連帯を模索する運動のあり方は、選挙を通じた国ごとの政治へのかかわり方とは一線を画する。それは既存の政治の枠組みから外れた人々によってなされる異議の申し立てであり、共通の目的のもとに一時的な人々のつながりを創出し、一定の秩序立った行動を可能にしている（▼第4章）。グレーバーは、こうした運動における連帯のあり方を探る際に、未開社会を対象として彼らの政治とのかかわりを調査してきた人類学が貢献できる面があると指摘している。

さらに、一歩進めて政治についての新しい想像力を提供するのは人類学者B・ラトゥールである。まず、ラトゥール（2008）は西洋近代において自明のこととされる自然と社会の二項対立に疑問を呈するところから議論を始める。自然現象は自然科学者が取り扱う対象で、人間の生きる社会にかかわることは専ら社会学者や人類学者が対処するという分業は一見したところなんのまちがいもないように見える。自然現象には人間の制御が及ばないとして、人間の社会は制御可能であるという「二枚舌」を用いることが近代人の常識である。しかし、実際にそれぞれの営みに目を向けると二つの領域は密接に結びついている。原子力を例として挙げれば、それは明白だろう。原子力に関する科学的研究は、利害うごめく世間から隔絶された研究所内で行われてきたわけでなく、エネルギー政策や安全保障といった人間社会とのかかわりなしには進むことがなかった。

ラトゥールは、こうした科学と社会のあいだに生起する諸事象をハイブリッドと呼び、その増殖を指摘する。原子力をめぐる問題は科学的な議論と社会のなかで行われる議論とに分かたれ、その影響は人間の暮らしを脅かすほどであるにもかかわらず、それにかかわる方策は限られている。それらに対処するためには、純化を進めるなかで混合してきた二つの領域に目を向け、人間だけでなくモノを視野に入れた政治（民主主義）をラトゥールは提唱する。代議制を国民国家を単位とするだけでなく、国境を越えて展開する企業やその他のかかわりをもつ種々のエージェントにまで拡張して議論する政治をラトゥールは主張する。その対象を人だけでなくモノにまで拡張して、そこにかかわる主体間の議論を促す彼のラディカルな主張は、国民国家を単位としない代議制の政治を構想させる。

もう一度原子力を例に挙げれば、ラトゥールのいおうとしていることがみえやすいかもしれない。上で述べたように、原子力は私たちの眼前につきつけられた課題である。その災禍の影響は国民国家の内部にとどまらないにもかかわらず、選挙は国民国家を単位として行われて意志決定がなされる。しかし、選挙結果という「民意」を掲げて進められた原子力政策がどのような帰結をもたらしたかはすでに知られるところとなっている。こうした問題と向き合っていくためには、既存の政治のあり方とは違うアプローチが必要になる。一国の内部でその代表者のみによって決定するのでは充分でなく、また国と国との代表者とのあいだで決めるのでも充分ではない。求められるのはそうした国単位の秩序にもとづく政治ではなく、関与する主体を多元化するラトゥールのいう政治である。種々のハイブリッドが私たちの周囲を取りまくなか、議論の主体をモノにまで拡張するという彼の主張は、政治を考えるうえで決して荒唐無稽なものとして片付けられないことがわかるだろう。国単位の秩序において選挙によって代表者を選ぶことで対処しえない現実への、ありうべき処方をラトゥールは提示している。

埋め込まれた政治

私たちの生きる社会において、政治は独立した領域をなすと考えられてきた。政治学者である佐々木毅は次のようにその性質を指摘する。「自由主義の系譜においては政治は権力と結び付けられるとともに、その意味は個人や集団の権利や利益を実現するための活動と位置づけられてきた。社会や経済は自由の場とみなされ、政治はそれに外面的、手段的に関わるものという発想が支配的であった」(佐々木 1999：35)。佐々木はこれに続けて、政治が経済と結びつく社会主義と、すべてが一体化する（忌まわしき）全体主義国家があると指摘する。私たちにはあくまでも経済や宗教といった他の社会的な領域から独立した政治という領域がある、というのだ。

しかし、ズールー王国やヌガラの例を上でみてきたように、社会に埋め込まれた政治は社会主義や全体主義国家でなくとも想定しうる。人類学が対象としてきた社会の事例は、政治が他の社会領域に「埋め込まれて」成立することを私たちに思い出させる。彼らの政治は私たちにとって奇妙にうつるかもしれない。たしかに、私たちの社会における政治はP・ブルデューが指摘するように「社会的マクロコスモスの内部の自律的なミクロコスモス」(ブルデュー 2003：74）となって自閉した世界であるかのように思われている。しかし、それは政治家とその取り巻き（ブルデューは明確にメディアの介在を指摘する）によって構想される架空の切断にすぎない。私たちの社会における政治もまた、科学だけでなく、宗教や親族、経済といった領域とのあいだに明確な断絶を想定しえない。再分配を行う王と政党政治の重鎮、あるいは代議士の世襲と王権の血統の神聖さへの信奉とを並置してみれば、私たちの社会における政治が自閉した世界であるとみなすことは疑わしくなるだろう。また、上で述べたラトゥールの議論は、関係がないかのようにみえる科学と政治との結びつきによって生じる現象に私たちの目を向ける。

一見して独立した領域を形成するかのようにみえる私たちの政治が埋め込まれているということは、想田和弘によるドキュメンタリー映画『選挙』のなかにはっきりみいだすことができる。そこで描かれるのは議員を目指す候補者の選挙運動だ。正当で公正であるはずの選挙が、社会のなかで、日常のなかで（埋め込まれて）実践されていることを映画は描き出す。ドブがあふれることを候補者に訴える住民の女性。神棚に手を合わせる候補者とその支持者たち。寄り添う伴侶として内助の功を演出する候補者の妻。政治に携わっている人々を描くと、既存の社会的な関係や宗教・親族とのもつれ合いは知らず知らずのうちに表出してくる。ドキュメンタリーは選挙が、私たちの社会で特殊な立ち現れ方をしていることを浮き彫りにする。映画が描き出すのは、私たちが政治と呼び習わす領域が、私たちの暮らしと異なる位相に所与のものとしてあるわけではなく、親族や血統や宗教といった要素と結びつきをもつということである。

そこでは、社会的領域から切り離して考える政治とは別の想像力が働いている。私たちの政治もまた、選挙によって自分たちの代表を選ぶことで日常から切り離されているということではなく、私たちの日常を構成する他の社会的な領域とのかかわりのなかにある。そう考えたときに、選挙とは異なる政治とのかかわり方を模索することができるだろう。何年かに一度の選挙によって自分たちの代表を選び、その代表に権限を委譲するというスタイルの政治とは異なる政治もありうる。

フランスの政治哲学者J・ランシエールはその方法を具体的に提案している。彼は、私たちの社会における選挙を通じた代議制民主主義を批判的に再検討する。彼は現在広く受け入れられている代議制民主主義を寡頭制（少数者による支配の体制）の一形態とみなしている。彼によると選挙制度は「同意の表現」（ランシエール 2008：74）にすぎない。同意の表現にすぎない選挙を基礎とする代表制は、「公の問題に従事する資格をもった少数者の代表制」である。そもそも、民主主義とはとくに出自や階層にとらわれることのない「とるに足らないもの」によって社会を治める方法であり、その点において既存の秩序を脅かす機制であった。しかし、現実にはそれは名のごとくには機能せず、選挙はすでに支配者の地位を占めている人々を認める制度になっている、と彼はいう（▼第5章）。

こう批判した後で、ランシエールは代替的な政治のかたちを描き出す。彼は、しばしば民主主義と呼ばれている私たちの社会における統治の形態を「ポリス」と呼ぶ一方で、「政治」をポリス的な統治に対抗するモーメントとして位置づけなおす。民主主義は本来、出自や能力といった既得のものをもたない者、すなわち分け前をもたない者による統治の形式であった。こうした分け前をもたない者たちが、既存の配分のあり方に異議を唱えて分け前を求めるとき、「政治」が駆動するとランシエールは述べる。

異議申し立ての方法はさまざまなかたちが考えられる。街頭で行うデモは既存の秩序に対する明確な意思表示たりうるだろう。この種の異議申し立てはポリスの秩序を脅かす。そして、それゆえにポリスがこの種の政治に対して過剰に対応することもまた、既存のメディアの報道を見ているだけでも理解できるし、各種の代替的メディアにおいても明白である。デモや直接的な行動だけでなく、ときに投票もまた政治たりうる。ランシエールはヨーロッパ連合（EU）参加に伴う各国の投票もまた異議申し立てのチャンネルになると指摘している。政治にとって大事なことは、分け前にあずかれない人々が既存の秩序に異議申し立てをすることだとランシエールはいう。こうした指摘は、議員を選ぶ選挙だけではない、より広い政治のとらえ方を可能にしてくれる。上で述べたように、それは国民国家の範疇にもはやとどまらないし、私たちの毎日の生活は国家を越える種々の干渉となんらかのかかわりをもっている。本来ならば声をあげることのないはずの人々が、これらのかかわりあいのなかで声を出すことで、既存の枠組みに疑問符を呈する回路が実現されるにちがいない（▼第2章）。

4　政治をとらえなおす

本章でみてきたとおり、政治というものを国民国家の枠組みでとらえる必要もなければ、代表を選ぶ選挙によって独立した領域が形成されていると考える必要もない。冒頭で挙げたような選挙は、たしかに政治と私たちとをつなぐ一つのチャンネルではあるが、それを唯一とみなす私たちの考え方が狭いとわかる。選挙と関連しない政治について考えることはできるし、選挙が体現する国単位の秩序の外にも政治はありうる、というのが本章で述べてきたことだ。私たちの生きる現代は、必ずしも国民国家が自明の存在ではなくなっている。かつてのように領土内に主権を有する国民国家のイメージはもはや描くことができない。ドキュメンタリー映画のなかでドブのことを候補者に相談していたように、たとえば高騰する石油価格や国境を易々と越える環境汚染の問題を政治家に訴えても、おそらく実りは少ない。身近な問題といえども、選挙によって選ばれた国会議員たちが行えることは意外に多くない。

私たちが選挙という制度を通じて実現しているのは、国単位の秩序にもとづき自分たちの代表を選ぶ政治である。こうした政治に見慣れると、ヌアーの事例やズールー王国の事例は奇妙にうつるだろう。しかし、「彼ら」の奇妙な政治について述べた二つの特徴を切り口として私たちの政治をとらえなおすと、政治についての異なる見立てが可能になるはずだ。

人類学や社会学がどうして他者に関心を払い続けるのか。それは自分の想像力を羽ばたかせるためだ（▼第6章）。人間の生活が多様で、自分のいまいる地点が他の可能性に開かれているという事実に気づくことこそが人類学や社会学の存在意義である。バランディエにならっていえば、「異郷に移し試練にかけること」こそが、人類学や社会学が政治をトピックにして語りうることである。バランディエは私たちの社会における知識を異郷に移すと述べたが、その逆もまた可能である。すなわち、ヌアーの人々やズールー王国の事例を異郷に移すことで私たちの既存の知識を試練にかけることができるだろう。私たちの身の回りにある一見して非政治的なものもまた、政治や科学、宗教、親族といった諸領域の複雑な結びつきによって成立している。また、その結びつきは必ずしも国単位の秩序のなかにあるのではない。さらにいえば、人間の集団を代表するという政治の枠組みでさえも、どこまで説得的かは心許なくなってくる。

政治についての見立てを変えることとは、同時に政治へのかかわりを想像しなおすことである。私たちが社会に生きるということは、政治と無関係ではありえない。だからといって筆者はここで「選挙に行こう」といいたいわけではない。本章でみたように、選挙に行くことだけが政治とのかかわりではない。また、政治について若者が議論すべきであると述べたいわけでもない。上で述べてきたことは、政権交代や議員定数といった現在の政治の言葉で語ること、すなわち新聞紙面を繰って政治として述べられているのではない政治の見立てが可能であるということだ。

政治の見立てを変えることが可能ならば、身の回りに視線を向けて事物や制度を眺めてみて、その成り立ちに注目することもまた可能なはずである。国単位の秩序によらない政治はどのように私たちの周りにあるのだろうか。それはどのように親族や経済、あるいは科学技術といった他の領域と隣接しているのか。私たちの生活とかかわる具体的な制度、建造物、技術革新、自然災害のなかに政治をみいだしていくこと。それらの強固な絡まり合いを注視すること（▼第13章）。そうした絡まり合いをほどくことは困難であっても、可視化させていくこと、語ること（▼第14章）。こうした取り組みは、ランシエールのいう異議申し立てと同様の効用をもちうる。それは総選挙の投票ほどの即効性や話題性はなくとも、投票による政権交代によっても変わらないことを変えるほどの潜在的な可能性を秘めているはずだ。その営みは十分すぎるくらいに政治的である。

(1) なお、CDの売り上げ枚数は投票日までに約一四五万枚だったため、数字のうえではCD購入者の約半分が投票したことになる。
(2) 女性が普通選挙に参加するのは、比較的導入の早かった国においても二〇世紀に入ってからである。わが国のように第二次大戦後になってからの国もみうけられる。
(3) 現代の日本に生きる私たちは北方領土、竹島、尖閣諸島などが領土「問題」として論じられることを知っている。
(4) 自称は「ナス」（単数はラン）だが、隣接して居住する他民族に起源をもつ「ヌアー」なる呼称が一世紀以上にわたって用いられてきたことから、エヴァンズ＝プリチャードは自書においても呼称として採用している。
(5) P・クラストルはフランスの人類学者。彼はアメリカ大陸の先住民の政治組織について研究して、興味深い主張を提示している。
(6) 社会学者S・サッセンは、国家主権の衰退とグローバル化の進行と、超国家的組織のプレゼンスの増大のいずれかのみを強調することはできないと指摘する。

参考文献

猪口孝（1988）『国家と社会』東京大学出版会。

エヴァンズ＝プリチャード、E・E（1997）『ヌアー族』（向井元子訳）平凡社。

梶田孝道（1998）『テクノクラシーと社会運動――対抗的相補性の社会学』東京大学出版会。

ギアツ、クリフォード（1990）『ヌガラ――一九世紀バリの劇場国家』（小泉潤二訳）みすず書房。

ギアツ、クリフォード（2002）『解釈人類学と反＝反相対主義』（小泉潤二編訳）みすず書房。

クラストル、ピエール（1987）『国家に抗する社会――政治人類学研究』（渡辺公三訳）水声社。

グレーバー、デヴィッド（2006）『アナーキスト人類学のための断章』（高祖岩三郎訳）以文社。

ゲルナー、アーネスト（2000）『民族とナショナリズム』（加藤節訳）岩波書店。

佐々木毅（1999）『政治学講義』東京大学出版会。

サッセン、サスキア（1999）『グローバリゼーションの時代――国家主権のゆくえ』（伊豫谷登士翁訳）平凡社。

バランディエ、ジョルジュ（1971）『政治人類学』（中原喜一郎訳）合同出版。

フォーテス、マイヤー&E・E・エヴァンス＝プリチャード編（1972）『アフリカの伝統的政治体系』（大森元吉ほか訳）みすず書房。

ブルデュー、ピエール（2003）『政治――政治学から「政治界」の科学へ』（藤本一勇・加藤晴久訳）藤原書店。

ホブズボウム、エリック&テレンス・レンジャー編（1992）『創られた伝統』（前川啓治・梶原景昭ほか訳）紀伊國屋書店。

ホッブズ、トマス（1971）『世界の名著23　リヴァイアサン』中央公論社。

牧原憲夫（2009）「日本はいつネーションになったか」大澤真幸・姜尚中編『ナショナリズム論・入門』有斐閣。

ラドクリフ＝ブラウン（1972）「まえがき」マイヤー・フォーテス&E・E・エヴァンス＝プリチャード編『アフリカの伝統的政治体系』（大森元吉ほか訳）みすず書房。

ラトゥール、ブルーノ（2008）『虚構の「近代」――科学人類学は警告する』（川村久美子訳）新評論。

ランシエール、ジャック（2008）『民主主義への憎悪』（松葉祥一訳）インスクリプト。

Herzfeld, Michael (2001) "Politics," *Anthropology : Theoretical Practice in Culture and Society*, Oxford : Blackwell.
Malkki, Liisa (1995) "Refugees and Exile : From 'Refugee Studies' to the National Order of Things," *Annual Review of Anthropology*, 24 : 495-523.

第10章　福　祉
——個人と社会で作る豊かな生活——

太田美帆

自分自身や子ども達の未来として，あなたはどのような社会を望んでいるだろうか？（撮影：森田良成）

この章で学ぶこと

福祉という言葉には「幸福、繁栄」「うまくいっている状態」などの意味があり、物質的、経済的、社会的、心理的な側面から考えることができる。だがどのようなときに幸せを感じるのかは人それぞれであるし、周りから感じ方を強制することはできない。そこで社会ごとに一定の生活水準を設定し（生存のために最低限必要な水準に設定する社会もあれば、望ましい生活を送ることができる水準に設定する社会もある）、誰もがその水準を満たすことができるように制度や政策を整えたり、地域でさまざまな活動を行ってきたりした。

本章では福祉国家以前の時代、福祉国家の時代、現代の各時期において、どのような政策や活動が行われてきたのか（手段としての福祉）、それはどのような生活水準を満たすためなのか（目標としての福祉）を明らかにすることにより各時期の個人と社会の変化を掴む。そして今後の豊かな生活の実現に向けて、現在行われている取り組みや議論を紹介する。

1　豊かな生活?

福祉という言葉を辞書で引くと「幸福、繁栄」などの意味がある。英語の welfare の語源は「うまくいっている状態」を表す古ノルド語（北欧諸国で使われていた言葉）であり、個人あるいは集団（家族、地域社会、国など）が安心感をもって生活している状態を示す。それは物質的、経済的、社会的、心理的な側面から考えることができ、時代や場所によってその内容はさまざまである。

その内容は、たとえば生きていくために必要最低限の栄養状態が保たれている状態を指す場合もあれば、病気や怪我により働くことができなくなったとしても生きていける状態を指す場合もあるだろう。また労働環境が整備されたり、介護サービスが提供されることにより、肉体的・精神的な疲労が軽減されている状態を指すかもしれない。あるいは充実感をもって生活できるということも幸せにつながるであろうし、そのためには周りの人との関係（周りから認められるなど）も重要かもしれない。

このように考えると、福祉という言葉は生活保護、保育、介護、失業保険などの制度をあらわすだけではなく、生活全体にかかわる言葉である。

生活の豊かさとの関連で一例を挙げてみよう。たとえば高齢者や障害者が自宅で暮らせるよう、これらの人がいる家庭では住宅の廊下を車いすが通れる幅に拡張すると、一定の要件のもとで固定資産税が減額される制度がある。ところがある高齢者が自宅を改修して廊下の幅を一六五センチメートルに拡げたら近所の人に「固定資産税が上がるよ」と言われたという話がある。広すぎる廊下は「贅沢品」として計算されてしまうからだという。現実に増税されるかどうかは場合によるが、このエピソードは私たちが制度で決められた基準の範囲内で暮らす傾向があること、そして私たちの心には豊かさの追求を自己規制あるいは相互規制してしまう傾向があることを示すように思われる。廊下に本棚を置いたり、趣味で制作した品々を飾ったりする生活と車いすを使う生活は両立してはならないのだろうか。

他方、生活の豊かさとの関連で福祉をみる際に生活の様態や質でなく制度や政策に着目する方法もある。たとえば人間らしい生活を送るために必要な住宅の基準をどの水準に設定しているか、そしてそれらが誰を対象に、どのように問題解決しようとしているのかを知ることによって、その社会がどのような社会なのかを考えることもできる。なぜなら制度や政策は、その社会の人々が満たすべき生活水準（目的としての福祉）をあらわしているからである。

では、これまで社会はどのような状態を豊かとみなしてきたのだろうか。そして今後、豊かさを感じられる社会に向かうために必要なことは何だろうか。その手がかりを探るため、まず第2節ではさまざまな時代に目的としての福祉がどのようにとらえられ、どのような手段でかなえられてきたのかを振り返りたい。第3節では、個人と社会がともにうまくいくための議論を紹介し、第4節ではまとめを行う（図10-1）。

2　福祉からみる社会の変遷

福祉に対する人々の考え方は時代や場所により変化する。日本では明治期以降、欧米の社会から福祉の考え方を学びとって

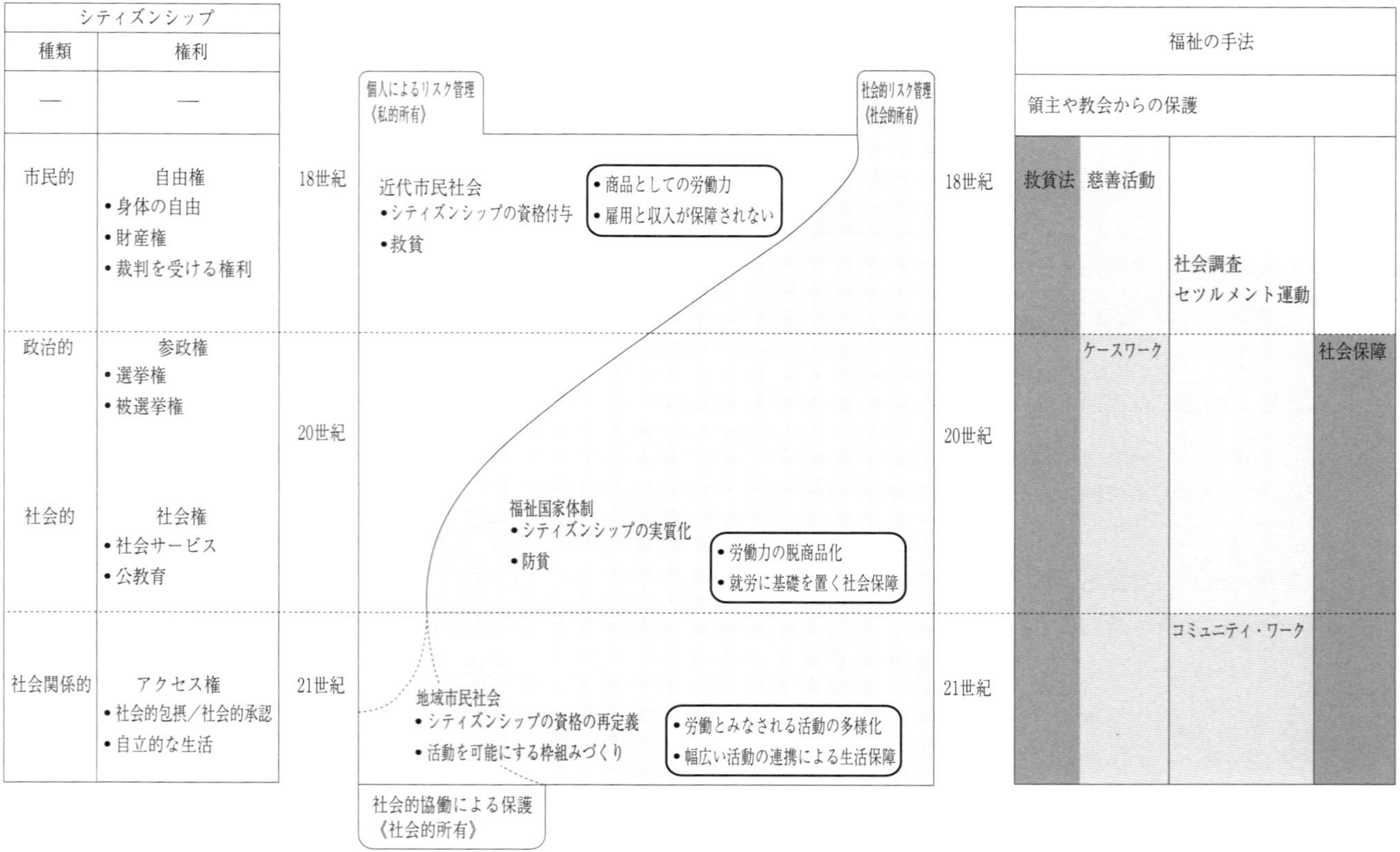
シティズンシップ
種類
権利
—
—
市民的
自由権
•身体の自由
•財産権
•裁判を受ける権利
政治的
参政権
•選挙権
•被選挙権
社会的
社会権
•社会サービス
•公教育
社会関係的
アクセス権
•社会的包摂／社会的承認
•自立的な生活
18世紀
20世紀
21世紀
個人によるリスク管理
《私的所有》
社会的リスク管理
《社会的所有》
近代市民社会
•シティズンシップの資格付与
•救貧
•商品としての労働力
•雇用と収入が保障されない
福祉国家体制
•シティズンシップの実質化
•防貧
•労働力の脱商品化
•就労に基礎を置く社会保障
地域市民社会
•シティズンシップの資格の再定義
•活動を可能にする枠組みづくり
•労働とみなされる活動の多様化
•幅広い活動の連携による生活保障
社会的協働による保護
《社会的所有》
福祉の手法
領主や教会からの保護
救貧法
慈善活動
社会調査
セツルメント運動
ケースワーク
社会保障
コミュニティ・ワーク

図10－1　福祉の目的と手法の時代的変遷

きた。本節ではまず近代的な福祉政策が必要となった背景をみた後、近代市民社会形成期（一八世紀以降）、福祉国家体制の形成期（一九四〇年代以降）と再編期（一九七〇年代半ば以降）の三つに区分し、それぞれの時期における福祉の目的と手段を明らかにすることを通して社会の変化をつかんでみたい。

身分制からの解放――資本主義とシティズンシップ

近代以前の社会における生活と福祉　長いあいだ、人々の生活は農村共同体において完結していた。人口の大部分を占める農民は、村で収穫した穀物や家畜、共有の森から伐ってきた蒔などを利用して、生活に必要なほとんどのものを共同体内で賄っていた。キリスト教では個人が富を蓄えることは悪徳とされ、裕福な人も貧しい人も互いに助け合うことが神の心に適うとされたため、天候不順などで飢饉が起こった際には領主や教会が穀物の備蓄を放出して対応し、働き手の病気や死亡のために困窮した家族に対しては近隣住民による相互扶助や、教会とその信者の救済活動によって対応していた。逆に、生産力が上がり、余剰物が出れば、余暇を増やすことによって生産調整を行ったため、共同体の生活自体は変化の少ないものであった。

資本主義の発達　変化のきっかけは一六世紀に訪れる。一六世紀にイギリスで石炭の利用が始まり、工業生産力が飛躍的に伸びはじめたからである。それに加え一六世紀に宗教改革を通して労働の価値観が変化したことも大きい（▼第5章）。支配階級にとって労働は主人（つまり自分たち）への服従を意味し、賤しい者が行う行為であったが、宗教改革では労働は賤しい行為ではなく、むしろ真面目に働くことが神の心に適った善い行いであると説かれた。その結果、余剰は従来のように余暇を増やすことによって消費されるのではなく、新たな生産手段への投資に振り分けられるようになり、ヨーロッパでは一六世紀から一八世紀にかけてゆっくりと資本主義社会が形成されていった。

一八世紀後半にさらなる転機が訪れる。技術革新と植民地獲得[1]に先んじたイギリスで一七六〇年代から産業革命が始まり、一七八〇年代にフランスでフランス革命が起こって人権宣言が出されたのである（▼第5・15章）。人権宣言は歴史上初めて社会の根底に人間の権利を置き、それに続く憲法でフランス国内のすべての人間が市民（citizen）であると定めた（リーデル 1990：158-159）。前述の共同体では農民、領主、聖職者、商工業者、農奴など階級や職能にもとづいて人の権利と義務が決まっていた。このような社会を身分制社会と呼ぶ。しかしフランス革命以降、さまざまな国や地域で領主(貴族)や聖職者は特権を失い、自由で平等な市民の一人となってゆく(身分にもとづく封建的特権の廃止と法による支配に向かう傾向は現在も続いている)。

シティズンシップ　自由で平等な市民を考える手がかりとなるのがシティズンシップ(citizenship)という考え方である。シティズンシップは「市民であること」を意味する。ここでの市民とは、ある社会の完全なメンバーという意味であり、ある市に住民登録している人という意味ではない。町民や国民も市民でありうるし、地球市民という言い方は、地球上のすべての社会を一つの社会とみなしたときのメンバー(つまり人類の一人ひとり)をあらわしている。

ある団体の会員には会員としての権利や義務があるように、ある社会のメンバーにも社会ごとに期待される権利と義務がある。そして個々人はその権利と義務を果たしているかぎりにおいて、その社会の完全なメンバーとみなされる。T・H・マーシャルによると、シティズンシップとは、ある社会の完全なメンバーに与えられた地位身分であり、この地位身分をもつ人は、その地位身分に付与された権利と義務において平等であるという(マーシャル・ボットモア 1992＝1993)。

権利と義務の例を挙げると、マーシャルによると、権利は大きく分けて三つある。市民的シティズンシップ(身体の自由、財産権、裁判を受ける権利など、主に一八世紀から発達)、政治的シティズンシップ(参政権、一九世紀から発達)、社会的シティズンシップ(公教育や社会サービスを受ける権利など、二〇世紀に本格化)である。義務は納税、兵役、教育、投票、子の養育などがあり、社会によってさまざまである。

シティズンシップによって誰もが財産権をもつようになったり(ただし当初は成人男性のみで成人女性は権利をもたなかった)、たとえ商取引によって身分の低い人が身分の高い人に損害を与えたとしても不当に裁かれなくなるなど、社会のルールが徐々に変化した。他方、資本主義は誰もが経済活動に参加できることを原則とする。そのためシティズンシップと資本主義は、個人を単位とするという共通点を背景にして互いを強めながら発達し、徐々に人々を身分制から解放した(個人化)(▼第8・12章)。

最初からすべての人がシティズンシップをもっていたわけではなく、社会の一部から徐々に拡がっていったのだが、シティズンシップを付与される対象者の範囲や、シティズンシップの権利と義務の内容は、時代ごとに福祉の目的や手段を豊かにしたり切り下げたりする根拠となってきた。

近代市民社会形成期における生活と福祉

貧困に対する国家の役割——救貧と慈善

さて、資本主義社会が形成されつつあった一八世紀に話を戻そう。産業が発達するにつれて職を求めて農村から都市への人口移動が活発化したが、身分制からの解放は必ずしも平等な社会を意味しなかった（▼第3章）。当時、都市や工場周辺には労働者や失業者の住むスラムが形成され、多くの労働者は働いているにもかかわらず貧しく、劣悪な生活環境に置かれていた。たとえば英語の hand には「手」だけでなく、「人手、働き手」という意味がある。当時、工場主（資本家）は働き手（hands）を求めたが、彼らはこれらの手（hands）の先には衣食住を必要とする身体があることを軽んじ、口や体の維持はできるだけ安上がりにすませようとした（ブルース 1968＝1984：114）。労働者は市場の論理の影響下にあり、生活の維持は軽視されたのである。

一八世紀に身体の自由や財産権などの「市民的シティズンシップ」が個人に付与されたが、生きるためにぎりぎりの賃金で生活している多くの人々にとってその権利は絵に描いた餅だった。しかも個人への権利付与は、個人の自己責任という考え方を生み（権利を平等に付与している以上、その権利を行使できないのは個人の努力不足であるという考え方）、個人に対する社会的保護を不要とする考え方を強めた。

また当時の考えでは、個人による私的利益の追求が社会の発展につながり、社会が豊かになるにつれて、貧困や犯罪などの問題は自ずと解決されると考えられたため（▼第8章）、当時の国家は国内の治安維持や外敵からの防御を主に行い、国民の生活や経済活動には積極的には関与しなかった（夜警国家）。

このように生活環境が不平等な状態で機会の平等が唱えられたため、貧富の差はますます大きくなった。しかも、もはや従来の共同体からの保護をあてにできない（▼第4章）。そこで各国政府は「救貧法」にもとづいて最低限の範囲で困窮者の救済を行った。救貧法は高齢者、障害者、小さな子どもをもつ母親、孤児など、働く能力がないとみなされた困窮者を救済の対象とし、それらの人々を最低水準で生活している労働者の生活水準以下で救済した（劣等処遇の原則）。他方、労働能力があるとみなされた困窮者は、働けるのに働かなかった罰として劣悪な環境で強制労働を課された。イギリスの有名な例では、肥料作りのために骨を砕く作業中、人々は腐りかけの骨を争って食べはじめたという。労働によって怠惰な性格を矯正するとの考えにもとづき、まともな食事も摂れない状態で強制的に働かされていたのである。

この考えは長く続き、イギリスで一八三四年に改正された救貧法でも政府の方針は変わらなかった（世界に先駆けて産業化の進んだイギリスでは一五三一年に救貧事業が始まり、一六〇一年に救貧法が定められた）。一九世紀にヨーロッパでは多くの国で救貧法が定められたが、いずれも給付やサービスの水準が低く、受給することによって社会的に落伍者の烙印を押された（スティグマ）。貧困層の人々にとって、救貧法の対象となることは恐怖と恥辱以外のなにものでもなく、結果としてどれほど労働条件が悪くても「最もひっ迫した層を除いて他の人々すべてを市場に参加」（エスピン‐アンデルセン 1990＝2001：23）させることになった。

政府による最低限の保護を補完するものとして慈善活動が行われた。一九世紀に活動は活発化し、比較的裕福な人々（たとえば田舎では牧師の妻、都会では中・上流階級の女性）が担い手となって病人、高齢者、売春婦、孤児などを対象に、診療所や食堂、学校を開いた。またボランティアとして家庭訪問を行い、対象者へのインタビューにもとづいて各家庭の事情に応じたサービス（仕事の紹介など）を行うなど、ケースワークの活動を開始した。

しかしこれらの活動は増え続ける貧困層に十分に対応できなかった。たとえ一人ひとりは熱心に活動していたとしても、つねに人員や資金が不足していたからである。そのうえ、活動家は貧困の原因を個人の怠惰な性格と考え、信心深く、正直かつ勤勉な人以外は「救済に値しない人」とみなして非人間的な救貧法の適用を許した。結果として、これらの慈善活動は貧困を個人の問題とする考え方や貧困層が置かれている状況を変えるための批判的視点を十分にもたなかった。

貧困は個人的問題か？

一九世紀に貧困の原因を個人に帰するのではなく、社会の問題としてとらえる見方が出てきた。貧困を社会問題とみなし、社会改良の必要性を訴えたのがセツルメント運動である。これは都市の労働者街やスラム街に大学教師や学生が移り住み、近隣住民と交流しながら地域住民が生活環境の改善に取り組むよう促す運動である。慈善活動とは異なり、セツルメント運動は活動家と対象者の関係を上下関係ではなく水平関係とし、貧困を貧民一人ひとりの問題であるだけでなく労働者全体の問題と考える。福祉の手法という観点からは、セツルメント運動はコミュニティ・オーガニゼーションなど社会に着目して問題解決する流れを作った。

同時期に「社会調査」が始まった。救貧事業や慈善活動が行われるなかで、貧困は本当に個人の問題なのだろうかという疑問が生まれたためである。C・ブースは『ロンドン民衆の生活と労働』(1889-1903)のなかで、ロンドンに住む人の約三分の一が貧窮状態に置かれており、その原因は雇用機会不足や低賃金によることを明らかにした。貧困の理由を社会環境や社会構造と関連づける視点は、本当に探す気になれば人は職に就けるはずだし、病気や高齢期に備えて倹約しておけば貯蓄があるはずなので、個人の努力次第で貧困は防げるはずだと考えていた中・上流階級の人々を驚かせた。

一九世紀半ばから、当時の社会を批判的に分析したのがK・マルクスである。彼は近代社会が生産手段をもつ資本家と、生産手段をもたずに労働力を売ることで賃金を得る労働者からなる社会であることを指摘した。そこでは労働者は「需要と供給の法則」の名のもとに労働力を安く買い叩かれたり、代わりの働き手が失業者として多くいたために容易に解雇されるなど、雇用主に対して労働者は実質的に交渉権を持たなかった。

こうして、近代社会は資本家を正規のメンバー――市民(citizen)――とする社会であり、それ以外の人々は職業の自由や財産権など自律的に生活するために必要な権利――市民的シティズンシップ(civic citizenship)――を実質的にもっていないという状況が明らかになった(▶第8章)。

社会権の確立に向けて 一九世紀から二〇世紀にかけて行われたこれらの実践と研究を通して、貧富の差、失業、インフレ、恐慌など当時の資本主義体制の矛盾点の克服が求められるようになった。それは労働者による権利獲得運動と社会保険制度導入に代表される、下からと上からの動きによって行われた。

まず権利獲得運動については、労働者は賃上げ、労働時間の短縮、労働環境の向上、不当な解雇の禁止、労使協定の実質化などを雇用主や国に求めた。しかし労働者は一人ひとりでは交渉力をもたないため、労働組合を結成して労働者全体が団結することによって権利の獲得を目指した。とはいえこれらの要求が通るには時間が必要であり、その間、労働組合を通して組合

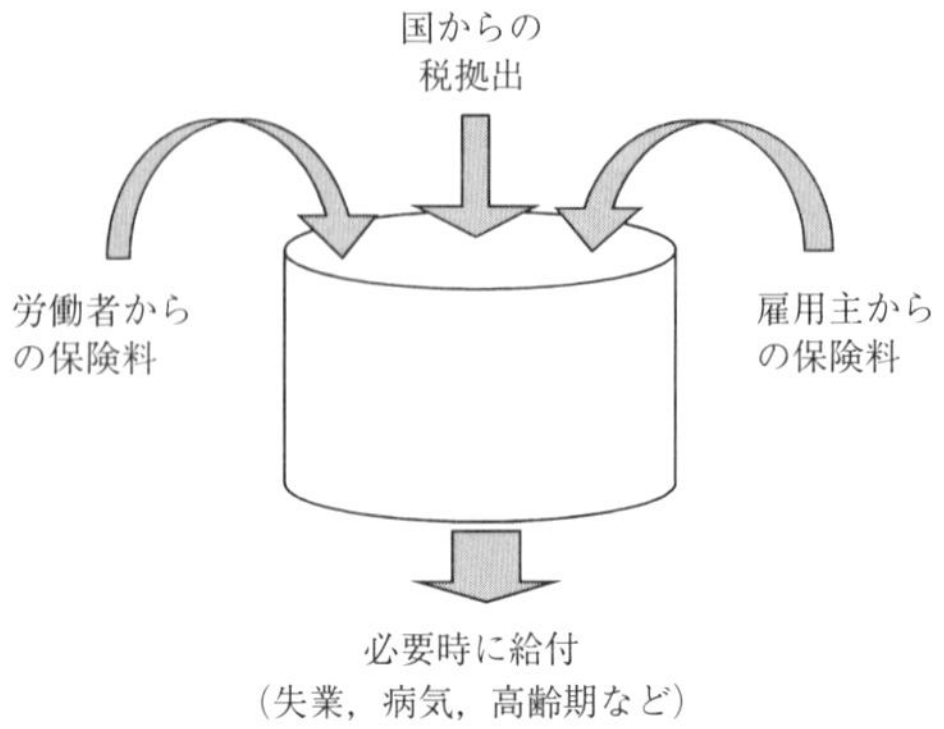

図 10 - 2　社会保険制度の仕組み

員は相互扶助的に疾病給付、老齢年金、葬祭給付などを提供し合った。

労働者はまた、政党活動を通して権利獲得運動を行った。一九世紀以降、各国で男子普通選挙が導入され、参政権としての「政治的シティズンシップ」は普遍的権利へと近づいた（従来は一定の財産をもつ男性のみが参政権を得た）。そして労働党など労働者を支持母体とする政党の議員が生まれると、国会は工場法や公衆衛生法の制定をはじめ、住宅、食品、保健、教育、労働組合の法的保護など、労働者の生活の保護や権利獲得にかかわる立法をせざるをえなくなった（▼第9章）。

他方、上からの動きとして一八八〇年代、ドイツのビスマルク時代に「社会保険制度」が制定された（図10 - 2）。社会保険とは失業や病気、高齢期など収入が減少するときに備えて加入者（労働者や雇用主）と政府が保険料と税金を積み立てておき、失業時などにその積立金から給付金が出されるという仕組みである。当時、疾病保険、労災保険、老齢保険などが整備されたが、これは国家が困窮者の救貧だけでなく、一般の労働者に「防貧」の手段を提供しはじめたことを示す（O・ビスマルクは労働者の自助的な保険制度を制度的に吸収して社会保険制度を作った）。

ただしビスマルクが目指していた社会は民主的な権利を有する市民（citizen）による社会ではなく、従順な臣民からなる君主制国家であったため、社会保険給付は病気や失業など人生の危機に際して君主から人々に与えられる恩寵であり、社会保険制度は人々の君主への忠誠心や社会秩序を維持する手段として位置づけられた。

恩寵としての社会権であったとはいえ、ドイツでの諸権利の法制化はその後、各国で社会権の法制化を促し、中世から続く救貧的な社会政策とは異なる、現代へと連なる近代的社会政策の起源となった。これは、伝統的な自由主義社会に社会主義的要素を加えることによって社会主義から資本主義社会を守る試みでもあった。とりわけ一九一八年のロシア革命による社会主義国家の成立、一九二九年の世界恐慌による不況の後はそうである。

こうして労働者の権利獲得、国家による秩序維持という異なる方向からの影響を受けて、二〇世紀初頭以降、「国家が個人の自由を制限するためにではなく、その助力なしには自らを守れない人々の自由を拡大するために、介入しはじめた」（ブルース 1968＝1984：241）。この傾向は第二次世界大戦後に福祉国家体制としてさらに強まる。

福祉国家体制（形成期）における生活と福祉

多くの人が「福祉国家」としてイメージする社会は、第二次世界大戦後の先進諸国である。本項「福祉国家体制（形成期）における生活と福祉」では、一九四〇年代から一九七〇年代半ばを対象とする。以下ではまず、豊かになっていく時代の生活を簡単に振り返ってみよう。そして社会学者G・エスピン‐アンデルセンの議論を軸にして、戦後の福祉国家体制の基本モデルと社会的リスク管理という考え方を手がかりに、この時期の福祉の目的と手段を考えてみたい。

工業化に伴う生活の変化

世界大戦の戦場となった多くの先進諸国では、戦後、人々は栄養失調や物不足に悩まされ、都市や道路は破壊された状態から再出発することになった。しかし以下で概観するように、人々の生活やインフラの状態は工業化とともに急速に改善する。

多くの家族が戦後、洗濯機、テレビ、冷蔵庫などの家電製品や自動車、住宅を購入した。戦前であれば比較的豊かな家族しか手に入れることができなかったあこがれの製品を手に入れ、家事の重労働から解放され、多くの家族が満足感のある快適な生活を送ることができるようになった。人々の高い購買意欲は企業の業績向上につながり、人々に雇用の確保と賃金上昇をもたらした。そして自由に使えるお金が増えることで人々の購買力がさらに高まり、経済成長と人々の生活の豊かさが手を取り合って進んだ[2]（▼第1章）。

この流れは家族のライフスタイルを変えることになる。社会が豊かになるにつれて、専業主婦のいる家庭が増加したのである。当時、多くの人にとって専業主婦はあこがれの存在だった。それは、なによりも共働きでなくとも生きてゆける「豊かな」生活をあらわし、また、家に帰れば家族を愛情深く世話する母／妻がおり、清潔で行きとどいた衣食住があるという「幸せな」生活をあらわしたからである。

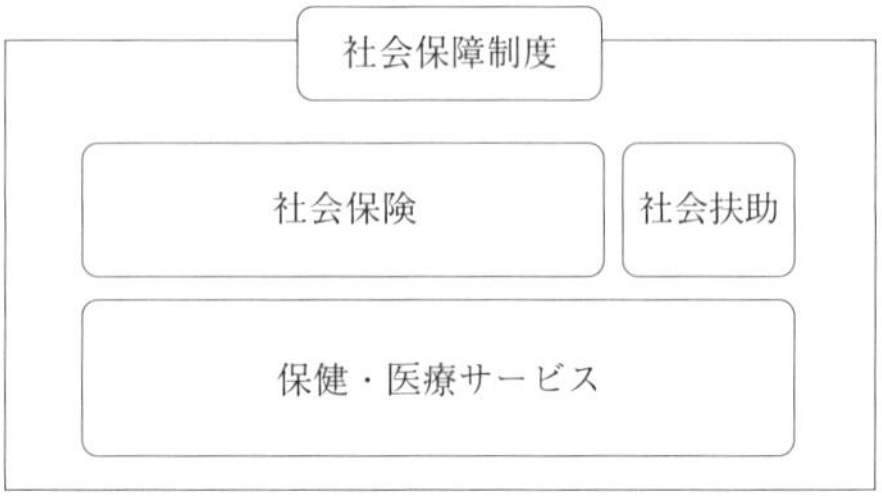

図10－3　ベヴァリッジ報告による社会保障制度の枠組み

また経済成長により財政状況がよくなるにつれて、社会保障制度も充実するようになる。戦後の各国の社会保障制度は一九四二年にイギリスで出されたベヴァリッジ報告を参考にしているが、同報告は社会保険制度を社会保障制度の中心にすえ、それに社会扶助と保健・医療サービスを加えている（図10－3）。当時は人々が就労先と安定した賃金を得られたため、社会保険が人々の生活を保障するうえで有効と考えられたのである。そして社会保険料を払うことができない貧困層に対しては社会扶助（救貧法から発展した制度。日本では生活保護制度にあたる）によって最低限の基本的ニードを満たすのに十分な所得を保障し、全国民に対しては保健・医療サービスが提案された。

福祉国家体制の基本モデルとバリエーション

戦後の社会保障制度は政府、企業、家族（労働者と扶養家族）という主に三つのアクター（行為者）の相互作用のなかで整えられてきた（図10－4）。このように複数のアクターがかかわっているにもかかわらず、福祉国家体制と呼ぶ理由は、政府が社会保険制度の運営、社会サービスの提供、産業・雇用政策の実施などを通して戦後の人々の生活と福祉に大きく影響を及ぼすようになったからである。

福祉国家体制の整えられ方は国によってさまざまであるが、その基本的特徴を図10－4に沿って簡略的に述べると、まず、労働者が企業で雇用され、労働の対価として賃金を得る。その賃金は日常生活や余暇のためにモノやサービスの購入に充てられるが、それにより企業の業績が向上し、雇用増加や賃金増加、福利厚生の充実につながる。

次に、労働者や企業は税金や社会保険料を政府に支払い、政府は労働者に対しては社会保障給付や社会サービスの提供を行い、企業に対してはインフラ整備を行う。社会保障給付としては健康保険や年金などの社会保険給付や、社会扶助の給付が行われる。社会サービスとしては医療、保健、福祉、教育分野のサービスや、ごみ収集や道路補修や公園清掃など生活に密着したサービス（いずれのサービスも税金を用いて実施している）が行われる。企業活動を行いやすくするインフラ整備としては、道路や港湾の整備、電力を供給するダム建設などに加え、国内の産業・雇用政策や、関税や知的財産に関する他国との交渉などが行われる（▼第8章）。

最後に家族についてであるが、社会が豊かになり、労働者（主に男性）が家族のメンバーを養うことができる賃金（家族賃金）を得られるようになると、家族は労働者とその扶養家族に分かれはじめる（専業主婦の増加など）。このとき、労働者は企業などでモノやサービスなどの生産労働に携わることによって賃金を得て、家族を養う。あるいは働くことができない時期は社会保険給付を得て、家族を養う。一方、扶養される家族のうち主に妻は、家事や育児など再生産労働に携わる。(3) こうして「性別役割分業」にもとづく家族が福祉国家体制のなかに位置づけられた。

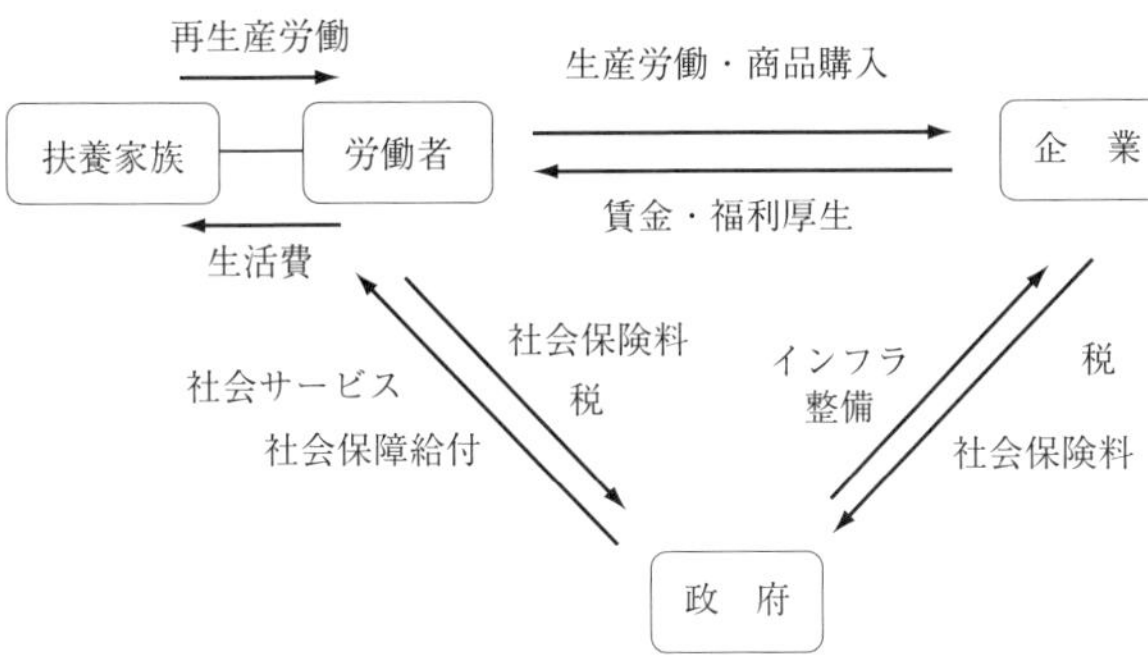

図 10 - 4　福祉国家体制の基本モデル

これら政府、企業、家族（労働者と扶養家族）の三者の関係は「完全雇用」（就労の意思と能力のある人すべてが働いている状態）のときにうまくいく。図10－4で示したように社会保障制度の財源は企業や労働者からの税や社会保険料であるからである。失業者が少なくなれば、社会保険や公的扶助の受給者が減る一方で税収は伸びる。そうすれば労働者全体の生活水準の向上に合わせて給付水準を上げることも可能となり、それは給付の最低水準の上昇を意味する。そこで各国政府は工業地帯の形成やJ・M・ケインズのマクロ政策にもとづく公共事業の実施などにより、失業を小さく抑えようとした。W・ベヴァリッジの社会政策とケインズの経済政策が組み合わさった第二次世界大戦後の先進諸国における福祉国家体制をケインズ＝ベヴァリッジ体制と呼ぶ（▼第15章）。

各国はケインズ＝ベヴァリッジ体制のもとで独自に福祉国家体制を整えてきたが、エスピン－アンデルセンによるとそれらは三つのパターンに分けることができる（エスピン－アンデルセン 1999＝2000）。その三つを個人や家族がどのように豊かな生活をかなえようとしてきたのかという点から分類してみる。一つ目の自由主義モデルはアメリカ合衆国など個人や家族や企業の自由を重視する社会でみられる。この社会では税や社会保険料を介した政府と労働者との関係はやや薄く、施策の対象は低所得者に限定される（選別主義的福祉政策）。そして一般に労働者とその家族は企業との関係（賃金や福利厚生、購入する商品など）によって生活の豊かさを追求する。二つ目の保守主義モデルはドイツやフランス、イタリアなど福祉国家体制の成立期に理想とされた家族（一家の働き手と専業主婦がいる家族）の生活を守ることに力点を置く社会でみられる。この社会では労働者の雇用保護が重視され、扶養家族は主に賃金と社会保険給付により保護される。人々は税金や社会保険料の高さと引き替えに、一家の稼ぎ手の賃金と社会保険給付（年金など）を充実させることによって家族の生活の安定をはかる。三つ目の普遍主義モデルは北欧諸国など、誰もが給付やサービスの受け手であり担い手である社会でみられる。この社会では、税を中心的な財源として、全住民を対象に給付やサービスを行う（普遍主義的福祉政策）。そしてその財源確保のため、性別にかかわりなく、就労の意思と能力のある人すべてが働く状態（完全雇用）を目指して、教育や雇用政策に力を入れる。人々は税金や保険料の高さと引き替えに、一人ひとりが自分の望む生活を送る可能性を高める。

これら三つは特徴を明確にするために分類したモデルであり、実際には各国はそれぞれの特徴を併せもつし、時代によって変化することもある。イギリスは時代とともに第三から第一のモデルに接近しているといわれ、日本は第一と第二のモデルを合わせたタイプであるといわれている。

社会的リスク管理

福祉国家体制では人々は政府や企業との関係のなかで生活の豊かさを追求していることをみてきた。その方法はさまざまなタイプに分かれるが、いずれも就労を基礎に組み立てられている。そして各国政府が社会保険料や税を用いて社会保障制度や雇用政策などを運用することにより、制度の持続可能性と人々の生活の保護と平等化をはかっている。福祉国家体制の設計や運営の背後にあるのが「社会的リスク管理」という考え方である（エスピン‐アンデルセン 1999＝2000）。

病気、怪我、障害、老齢、失業、妊娠・出産など誰にでも起こりうる収入低下の要因をリスクと呼ぶと、社会保険はリスクを政府と労働者と企業が税と社会保険料を用いて共同管理する仕組みといえる。この仕組みにより病気のときや高齢期など人生の一時期に働かなくても生きていけるようになり（労働力の脱商品化）、労働力を売る側の交渉力を高めた（▼第11章）。

社会保険の対象となるリスクが社会的リスクと呼ばれる理由は二つある。一つはリスク状況に置かれた本人や家族が個人的に問題解決するのでなく、税金や保険料を使って社会的に解決するからである。もう一つは、リスクによって引き起こされる困難な状況が個人の努力不足によって生じているのではなく、個人が置かれている社会的環境の影響を受けて生じていると考えられているからである。リスクを社会的リスクととらえる点で、福祉国家体制形成期は貧困を個人の問題と考えた近代市民社会形成期とは福祉に対する考え方が異なる。

社会的シティズンシップと政府の役割

福祉国家体制では政府が社会保障制度の運営を通して社会的リスク管理を行ったが、その根拠は「社会的シティズンシップ」である。社会的シティズンシップの第一の柱は、人は誰であれ一定の水準を満たした生活を送る権利があるというものである。これが社会サービスや給付を受ける権利として結実し、人々の生活水準の保障と平等化につながった。たとえば新しい技能をもたない労働者であっても職業教育や最低賃金制度によって職に就き、一定水準の賃金を得られるようにした。また相対的に賃金が低い労働者に対しては家族手当などの諸手当を支給することで所得格差を小さくした。

社会的シティズンシップの第二の柱は教育を受ける権利である。政府は公教育や奨学金制度の充実などによって教育を受ける権利を保障することを通じて、親から子へと貧困が引き継がれるのを防ごうとした（▼第3章）。また公教育は産業発展のための人材を広く育成し、完全雇用の実現を容易にするなど企業や政府にとっても利点がある（▼第5章）。

人々が市民的シティズンシップや政治的シティズンシップを行使するのを助けた点で、公教育がシティズンシップに与えた影響は大きい。たとえば教育を受けることにより、人々は出身階級や親の職業にかかわらず収入の高い職業や尊敬される職業に就くことができるようになった。あるいは必要な情報を集めて議論し、より望ましい生活や社会の実現に向けて要求する能力を身につけるようになった。

このことは、近代市民社会形成期には一部の人にしか実現されていなかった財産権や言論の自由などの市民的シティズンシップが、社会サービスや教育を受ける権利など社会的シティズンシップを通して、中・上流階級だけでなく労働者階級の人にも実現したことをあらわす。福祉国家体制のもとで、身分制社会から市民社会へと社会が変化したのである（しかし現実には、いずれの社会にも社会差別が存在するのであるが）。

その後は、シティズンシップを根拠に、誰もが一定の質を保った人間らしい尊厳ある生活を送ることができるようにすることが政府の役割となった。そのような考え方の変化を受けて、一九六〇年代以降、政府は社会保険や社会扶助の給付水準の向上、住宅の質の向上、社会サービス提供などさまざまな面で社会福祉行政を充実させていった。そしてそれらの制度を必要な人が使うことができるよう、ケースワークの手法の充実やそのための人材育成にも力を入れていった。

福祉国家体制（再編期）における生活と福祉

前項「福祉国家体制（形成期）における生活と福祉」でみたように、一九五〇年代、一九六〇年代に就労を通して先進諸国では経済成長と生活水準の向上、給付水準の向上が進んだ。多くの国では（とくに保守主義モデルや普遍主義モデルの福祉国家体制を採用したヨーロッパ諸国では）、給付は生存のための最低水準ではなく、中間層にとっても受給してもいいと思える水準に設定されるようになった。低所得者層だけではなく中間層も受益者とすることにより、中間層と低所得者層の分断を防ぎ（低所得者のみを対象とする制度は、税金によってその財源を負担している中間層の反発を受けやすい）、彼らが福祉制度の担い手であり続けるようにしたのである（ナショナル・ミニマム）。また中間層を受益者にすることは、政府への支持を維持するのに役立った。

本項は「福祉国家の危機」が叫ばれはじめる一九七〇年代半ばから現在を扱う。変化のきっかけは一九七三年の石油危機に端を発する不況であったが、高学歴化や商品市場の成熟に伴う雇用と家族の安定性の崩壊という構造的な問題もあった（▼第2・8章）。

雇用と家族の安定性の崩壊

まず雇用の変化について取り上げよう。福祉国家の基本モデルは工業社会を念頭に置いていたが、一九七〇年代半ば以降、先進諸国ではサービス社会が進展する。なぜなら石油危機後、生産のコスト削減や国際化、大量生産・大量消費のライフスタイルに対する批判などの結果、国内では工業より対人サービス業（医療・保健、福祉、教育、接客など）での求人の割合が高くなっていくからである。それに伴い不安定・低賃金労働者が増加した。

求職者にも変化があった。社会が豊かになるにつれて高学歴の人が増えた結果、学歴や技術に見合った職を求めても必ずしもそうした職に就けるわけではなくなった。他方で、社会で求められる学歴や技術についていけず、就職できない人も増えてきた。さらに女性の高学歴化により女性の就労意欲も高まった結果、完全雇用はますます困難となった。こうして雇用の安定性が崩壊し、新たな就労支援が必要になった。

次に、家族の安定性の崩壊とは、ここでは（女性の就労率の上昇に伴う未婚や離婚、共働き家族の増加によって）専業主婦による家庭でのケアをあてにできなくなった状態をあらわす。それによってサービスとしての育児や介護などの需要が顕在化し、従来の福祉国家体制に再編を迫ったのである。その対応として、保守主義モデルの福祉国家体制の国々（とくにドイツや南欧諸国）では一九七〇年代および一九八〇年代に男性の賃金を補完する家族手当を増やすことによって、労働者と扶養家族からなる家族の生活を従来の家族形態のまま安定させようとした。また普遍主義モデルの国々では社会サービスと職業訓練の充実により男性も女性も働くことができるようにすることで、一家の稼ぎ手を増やし、生活を安定させようとした。普遍主義モデルの国々では職業訓練を受けた女性がケアワーカーとして社会サービスの提供を担ったため、女性は社会サービスの需要と供給の両面から福祉国家体制の再編にかかわったことになる。なお市場原理の強い自由主義モデルの国々は、社会サービスや手当の点で他のタイプの国々ほど積極的な対応を採らなかった(4)。

日本はとりわけ一九八〇年代以降、女性をパートタイム労働者とすることにより（「一〇三万円の壁」はこの時期に作られた）、家庭内の再生産労働者を確保すると同時に、女性が家計を補助することで男性の賃金の伸び悩みに対して家族が自助的に対応することを求めた。その結果、日本は保守主義モデルと自由主義モデルの特徴を併せもつことになる。

こうして一九七〇年代半ば以降、従来の福祉国家体制が前提としていた雇用と家族の安定性が崩壊し、福祉国家体制の再編が求められたが、これは現在にいたる課題である。再編の大きな流れとしては、国によって実施時期は異なるものの、大きくは一九七〇年代、一九八〇年代ごろに社会サービスの充実をはかり、その後、一九九〇年代から長期失業者や若年失業者への取り組みを強化した。恒常的な失業率の高まりなどもはや雇用を基礎に置けない社会については第3節にまわし、ここでは社会サービスの充実を取り上げよう。

ライフコースのリスクへの対応

ライフコースのリスクとは社会的リスクの一つで、妊娠・出産期、高齢期など人生の一時期に貧困に陥るリスクが高まることをあらわす。社会サービスの充実は、政府がライフコースのリスクの管理方法を変えたことを意味する。従来は、女性が家庭で育児や介護など家族のケアをすると想定されていたため、金銭面からライフコースのリスクに対応していた。たとえば子育てにお金のかかる時期に家族手当の支給や扶養控除を行ったり、高齢期の年金を充実したりするなど。しかしそれでは不十分となった。なぜなら従来の性別役割分業社会では、就労しながら子育てするという生活スタイルが想定されていないため、就労と子育てが両立しにくい。そのため妊娠・出産より就労を選ぶ人が増え、少子化が問題となったからである。またこの時期に先進諸国では寿命の伸びによる高齢化と介護期間の長期化も問題となった。そこで政府は保育や介護など社会サービスの充実や、育児・介護休業とその所得補償の整備などケアの担い手の支援を進めた。

また、もう一つのライフコースのリスクへの対応として高齢期の所得補償の問題がある。一九七〇年代半ばの不況以降、完全雇用を果たすことが困難となったため、その解決策として、とくにヨーロッパ諸国では、早期退職という手段が用いられるようになった。早期退職に伴う所得補償として早期年金制度が用いられた。これは人々の社会的シティズンシップを保障することが政府の役割となったために、政府が従来の「労働者（人生の多くの時期を労働に当てていた人）」に該当しない人の生活の平等と保護をも行いはじめたことを意味する。

対象者の拡大という意味ではさらに、一九六〇年代末以降、新しい社会運動として女性、障害者、エスニックマイノリティなど、従来の福祉国家体制の主要アクターである「労働者」では十分に代表されない立場の人々の権利（シティズンシップ）を求める運動が活発化した。また環境問題や、第三世界の問題（先進諸国の生活は第三世界の搾取を抜きにして成り立たない）、原水爆反対運動や平和運動など、従来の三つのアクターによる政治では軽視されてきた問題を扱う動きが盛んになった。それらの運動は、福祉国家体制のもとでは社会保険を通して主に「雇用者とその家族のシティズンシップ」の保障にのみ目が向きがちであった現状を批判し、国籍や社会集団を問わず、より多くの人々のシティズンシップを保障するよう促した（▼第9章）。

こうして、福祉国家体制の再編期に、行政による福祉プログラムがさらに充実した。それと並行してそれらのプログラムを個別に適用するためのケースワークやケアワークの方法と人材育成も充実した（福祉の手法が細分化され、専門職化も進んだ）。

専門職は多くの場合、行政職員あるいは施設職員として、生活上の支援を必要とする個人や家族のニーズを判定し、適切な援助を受けられるようにする。しかし雇用や家族が不安定になるなかでの社会福祉プログラムやケースワークの充実は、政府の過重負担をもたらした。そこで各国政府は財政支出の伸びを抑えるために福祉国家体制の改革を進めたため、一九八〇年代、一九九〇年代以降は、従来は政府が提供するものだと思われていた社会サービスを企業やボランティアやＮＰＯなどが提供する傾向が強まる。この時期以降の改革は行政制度の効率化という側面と、社会的シティズンシップの切り崩しという二つの側面をもつ。

3　個人の生活の保障と社会の持続可能性の両立

さてここからは現在の社会、つまり雇用に基礎を置く福祉国家体制がうまくいかなくなってきた社会を出発点にして、今後の社会を構想するための視点を考える。現在、日本では働きたくても職がなかったり、たとえ職に就いたとしても低賃金や長時間労働によって転職を余儀なくされたり、健康を損なってしまう人が数多くいる。またアルバイトやパート労働のように社会保険の対象外となる労働の割合が増えたうえに、それらの労働が企業にとってなくてはならない労働とされている。

ヨーロッパ諸国でもすでに一九八〇年代には雇用の不安定化、社会保障費の増大、少子高齢化などが問題となっていた。これらは社会保険制度の対象とならない人の増加、財政危機、生産人口の減少と従属人口の増加をもたらすことになったが、こうした問題は従来の福祉国家体制では解決できない。

雇用に基礎を置く福祉国家体制のもとで社会的リスク管理を十分に行うことができないのであれば、新たな問題に応じて、新しいかたちで社会的リスク管理を行う必要がある。個人の生活の保障と社会の持続可能性を両立させるため、ここでは「労働」とみなされる活動の幅を広げること、「労働」に付随するものと考えられてきた権利と義務をさまざまな活動を行う「個人」に移すことを考える。

地域市民社会の形成──時間と労力の制約をゆるめる

ドイツでは連邦家族省が『第七次家族報告書』（2006）のなかで新たな家族支援を提案したが、それはライフコースのリスクへの新たな対応といえる。従来、ドイツの家族政策は家族をケアする既婚女性が働きに出ずにすむよう金銭給付と税制上の控除措置が中心であった。しかし児童手当はヨーロッパでも高水準の給付レベルを保っているにもかかわらず、出生率は低下した。少子高齢化が進み続け、今後、福祉国家制度の支え手が減少してしまうことを考えると、家族支援のあり方を考え直す必要が出てきたのである。ここでの新たな支援の鍵となるのが、時間の使い方と地域での労力の使い方の柔軟性である。

まず一つ目の時間について。私たちは知らず知らずのうちに企業や産業社会に合わせた時間の使い方をしている。たとえばふだん、私たちは決まった時間に学校や職場に行き、仕事や勉強が終われば帰宅する。ときには帰宅途中でどこかに立ち寄ることもあるし、休日に出かけることもあるが、就業時間や休日は基本的に雇用主が決める。あるいは人生の過ごし方を考えてみても、小学校入学までに基本的な生活習慣を身につけ、二〇歳前後で学校を卒業するころには企業で働くことができるくらいの学力と経験を身につけるというように、人生の各ステージに課題があり、それらは社会的に決められている（そのため内容や年齢区分は時代や地域によって異なる）。また性別によって、あるいは障害とみなされるものの種類や程度によって、各人に果たすよう期待される内容は異なる。

しかしどの立場の人であれ、一九世紀末に社会保険制度を創設したビスマルクが想定した人生の過ごし方と大筋では変わらない。それは就学期間に続いて就業期間があり、その後に年金生活期間があるというものである。だが育児、介護、看護などは女性が家族ケアとして担うことを前提として制度が作られているため（逆にいうと、児童手当や年金は整備されたが、育児や介護それ自体は従来の制度のなかで十分に考慮されてこなかった）、女性の就労率が上がり、平均余命が伸びた時代に、育児や介護のニーズを満たすために必要な時間が大幅に不足することとなった。

これを解決するためにドイツで注目されたのが、男女ともに育児と就労に携われるようにするための育児休業制度の改革と、(5) 二つ目の鍵となる地域での活動である。地域での活動例として、二〇〇四年に連邦家族省大臣と商工会会頭が中心となって開始した「家族のための地域同盟」という事業が挙げられる。この事業はヨーロッパ連合（EU）や各種財団からの資金援助を受けて行われ、同盟を通して仕事と家庭の両立を実現することを目的とする。同盟には各地の市町村議会、市役所・町村役場、企業、商工会、労働組合、ボランティア、福祉施設、教会、その他の各種団体など幅広い地域のアクターが参加している。

各地の同盟は、たとえば働く親が預けやすい時間帯に保育園を開園するよう保育園や役所に求める。また企業に対して、在宅勤務を可能にしたり、保育園と開園時間について交渉するよう求めたりする。さらに家族との生活をできるだけ犠牲にせずに就労できるよう、地域同盟が親に代わって企業と柔軟な労働時間について話し合ったりする。あるいは高齢者など地域の人々が就労中の親に代わって子どもの世話をすることもある。

こうした取り組みを全国的に進めるため、ドイツ政府は各地にサービスセンターを設置して各地域で行われている活動を紹介したり、センターの職員が同盟の立ち上げや組織運営、活動の展開方法に関する情報提供や助言を行ったりしている。このようにしてドイツ政府は従来の社会保険による給付中心の家族政策を補完しようとしているのである。

地域での取り組みは時間政策としても意味をもつ。まずライフサイクル上は、親にとって、とりわけ母親にとって、福祉国家体制の人生モデルでは再生産活動に専念する時期とされていた時期に就労しやすい環境が作られつつある。また高齢者にとっても、高齢期といういわば引退後とされていた時期に活躍の機会がもたらされた。また離婚などにより働き手が一人の家族であったとしても、地域同盟の力を借りて、親は就業しやすくなる。(6) 次に、一日の生活サイクルを考えた場合、従来のように企業の就業時間に合わせて家族の時間を使うのではなく、企業が家族の時間に合わせて就業時間を組む可能性が高まった。

こうして時間と地域の労力に着目することにより、ドイツの育児支援は給付によって行政と家族で問題解決をはかろうとする制度から、それ以外のさまざまなアクターを含む取り組みへと視野が広がった。官民の壁を越えたさまざまなアクターの協力（社会的協働）のもとで、ライフサイクル上も生活時間上も人々の生活に柔軟に対応できる体制を地域で整えることによって、政府はさまざまなライフスタイルをもつ人々のシティズンシップを保障しやすくなる。

だがそれだけではなく逆に、こうした体制により、より多くの人々が従来の人生モデルにとらわれずに自分の望む生活を送りやすくなる（▼第3章）。それはたとえば子育てと就労を両立することかもしれないし、失業中や定年退職後など雇用されていない時期にＮＰＯ、ボランティア、社会的企業などの形態で子育てに携わるということかもしれない。またはこうしたかたちで子育てに携わるために仕事を辞めることもありうる。

いずれにせよ地域全体の労力の使われ方を柔軟に最適化するための出発点となるのは、「自分が望む生活（自分にとって豊かな生活）を送りたい」という気持ちであり、「そのためには周りの人や組織とどう関係していけばいいのだろう」と考えることである（これは誰もが日常生活のなかで普通に行っているはず）。その際の協力の輪（関係する人や組織のネットワーク）が大きくなったとき、地域に地域市民社会が形成されるのかもしれない。

活動の多様化を可能にする仕組みづくり

とはいえ個々人が実際に自分の時間や労力を柔軟に使いたいと思っても、雇用にもとづいて社会保障が行われているあいだは実行しにくい。そのため政府による社会的リスク管理方法を再考する必要がある。現在は転職、休職、離職、失業などが一般化している時代であることからも、その再考は必要である。フランスの社会学者R・カステルは、仕事に就いているあいだだけでなく、就いていないあいだも対象となるような社会的所有の形態を作ることによって、人々の生活の保護と社会の柔軟性や持続可能性を両立する必要があると言う（▼第11章）。

ここで補足説明すると、社会的所有の例として年金がある。一人ひとりの労働者が給与の一部を積み立てて形成した年金は、労働者全体が使う権利を共有している共同の資産と考えられる。通常、私たちは貯金など私的所有にもとづく個人の蓄えによって病気や失業から身を守るが、それ以外に社会保険を軸とする社会保障制度によっても病気や失業から身を守っているのである。カステルはこの社会的所有の担い手を労働者以外にも広げることを提案する。

そのため彼は、職業教育を受けている期間、育児休業期間、NGOやNPOの活動に携わっている期間など仕事に就いていない期間を職歴の中断とみなすのではなく、むしろそれらの期間を職歴の構成要素とみなすことを提案する（カステル 2003＝2009：89）。これは社会的所有にもとづく共同の権利を拡大することを意味するだろう。[7] 教育、NPO活動、育児・介護など就労以外の活動を行うことを権利として確立することにより、福祉国家体制のもとでは依存期間とみなされていた期間が活動期間とみなされるようになる。それにより雇用に付随していたシティズンシップを雇用から解放し、その根拠を活動している個人に戻すことができる。

活動期間を社会保障制度に組み込む試みはすでに始まっている。たとえばスウェーデンでは職業訓練の受講者には生活費が支払われるが、それらの所得補償は「活動給付（aktivitetsstöd）」として出される。活動給付は課税対象であり、社会保険の受給のために必要な保険料の納付期間や給付額の算定を行う際に算定対象となるなど、社会保障制度に組み込まれている。

あるいは個人が自由にまとまった活動期間をもつための制度を作り出すという考え方もある。オランダでは二〇〇六年から「ライフコース協定（Levensloopregeling）」が始まった。これは、雇用者は毎年の給与の最大一二パーセントを非課税扱いで貯蓄しておき（貯蓄額の上限は年間給与の二・一年分）、後に長期休暇を取って、休暇中の生活費としてその貯金を使うことができるようにした制度である。これにより、まとまった期間を仕事以外の活動にあてることができるようになった。

このように活動期間を重視することはシティズンシップの根拠を労働ではなく個人の活動、さらにいえばその活動主体である個人に移すことにつながるため、社会的所有の「権利の連続性」（カステル 2003＝2009：88）を確保することもできるだろう。(8)

4　今後の豊かな生活に向けて

第1節で廊下の幅に関するエピソードを紹介したが、たとえばフランスで住宅補助を受けるためには広さや暖房設備などで一定の水準以上の住宅に住む必要がある。背景には誰もがある一定以上の生活水準を満たすべきという社会的シティズンシップの考え方がある。

またドイツでは豊かな生活を送るための工夫として、休暇中にホテルに滞在するのではなく、誰か他の人の自宅を借りることがあるという。有給休暇が六週間あり、旅行したくても宿泊費が高くついてしまうため、旅行中の留守宅を他の旅行者に貸し出す「住宅の物々交換」を行うのである。そうした旅行者を仲介するＮＰＯもある。

ドイツでこのような物々交換が盛んになっているのは、福祉国家制度を充実させたためにドイツでは税金が高く、一般に

表10－1　福祉をめぐる個人と社会

	保護の単位	保護の形態	シティズンシップ
身分制社会	集　団	共同体からの保護	—
近代市民社会	個　人	個人によるリスク管理	市民的シティズンシップ
			政治的シティズンシップ
福祉国家体制	雇用者とその家族	社会的リスク管理	社会的シティズンシップ
地域市民社会	個　人	社会的協働によるリスク管理	社会関係的シティズンシップ

人々の可処分所得が低めであるという事情がある。そのためお金を使わない物々交換が重宝されているのである。とはいえ、家を貸すことが可能なのは、人々が一定程度の教育を受け、ある程度、生活が同質的であるためなので、これも福祉国家体制を経たからであるが。

現在、物々交換は衣料品、大工仕事、庭仕事などでも行われている。日常的な交換の場合も家の交換と同様に、関心をもつ人を仲介する組織があいだに入っている（▼第12章）。仲介組織という点では、「家族のための地域同盟」も労働者と企業を、あるいは子育てのニーズをもつ家族と労力提供者を媒介する点で同様の働きをしている。これらの交換関係はお金をかけずに心地よい暮らしを可能にするための工夫といえる。

私たちは毎日の生活に不安や不満がないわけではない。仕事がない、仕事内容に見合った給料にしてほしい、年金があてにならなくて不安、子どもが産まれたら預ける場所はあるだろうか、子どもは楽しく学校に通えているだろうか、親の介護と仕事は両立するだろうか、年をとって車を運転できなくなったらいまの家に住み続けられないかもしれない、年金が少ないので畑仕事ができなくなったら食べていけない、等々。

これらの事柄に対応するため、いままで国民全体を対象とする社会保障制度を整え、必要な人が制度を使えるようケースワークの手法を発展させてきた。しかし、完全雇用を基礎に人々の生活が標準化されていった福祉国家体制の形成期とは異なり、今後はライフコースの多様化とともに人々のニーズはますます多様になるだろう。そのような状況では、住民自身が自分の住む地域をよりよくするために、夢、望み、アイデアを目標達成へとつなげるコミュニティ・ワークの視点が必要となる。またその活動を住民主体で進めるためのコーディネーターも必要だろう（太田 2010）。ここでの福祉をかなえる手段は政治家や行政機関が中心となって国民のために計画し、実行してきた社会保障制度というよりは、そうした社会保障制度を住民自身の生活に合わせて修正したり、日々の生活を心地よくするために社会保障制度でカバーできない望みを社会や地域で協力しながらかなえる、実践的な生活保障の試みである。

これは住民の側からみれば、自分の生活を自分で組み立てることができるよう、シティズンシップの権利が（いままでに獲得した自由権、参政権、社会権を用いて）さまざまな制度や組織、人間関係にアクセスする権利へと深まることを意味する（表10-1）（▶第3章）。

現在は就労する意思があったとしても就労できるとはかぎらない時代である。そうであるならばシティズンシップを雇用者という立場からいったん切り離し、個人を根拠にしなおす必要があるだろう。そして第3節で述べたように、就労を含むより広い活動を社会に対する貢献、またはシティズンシップに付随する義務とみなす必要がある。その活動の例として家族のための地域同盟での活動が挙げられるし、国際協力など国境を越えて行われる活動を含めることもできる。

このようにシティズンシップの根拠を変えるとき、「フリーライダー（ただ乗りする人）」とみなされる人も変わってくる可能性がある。雇用に基礎を置く社会保険を中心に社会保障制度が組み立てられているとき、典型的なフリーライダーとは生産年齢であるにもかかわらず就労していない人だったかもしれない。それらの人は税金や社会保険料を支払わずに公的扶助などを受給するからである。しかしその枠組みが変化したとき、時間や労力を提供せず、就労により個人的な所得ばかりを増やそうとする人が、場合によってはフリーライダーとみなされる可能性がある。もちろん、労力ではなくお金を提供することも評価されるべきであるが。

新たな社会的保護の枠組みでは従来の社会保険が不要というわけではないし、就労の価値が下がるわけでもない。働く権利は追求されるべきであるし、医療や教育を誰もが受けられるようにしておく必要がある。しかし産業構造や人口動態の変化により、雇用にもとづくシティズンシップでは対応しきれなくなっているため、従来の社会保険を補完する新たな仕組みが必要である。そうであるなら、新たなやり方で互いに時間や労力を持ち寄って心地よい生活を送るための工夫を考えてみてはどうだろう。福祉とは、幸福、繁栄、うまくいっている状態のことなのだから。

（1）植民地獲得のための戦争や植民地の反乱を鎮圧する際に、体格や健康状態のよい兵士が必要である。そのため国民の生活水準を向上させる政策（福祉政策）が求められた。

（2）一九五五年は日本では高度経済成長が始まる年であり、「電化元年（家電製品が量産されるようになった年）」と呼ばれる年でもある。一九五五年時点では家電の普及率は欧米より低かったが、その後、急速に普及した。たとえば冷蔵庫をもっている世帯の割合は、一九五七年は全世帯の二・八パーセントであったが、高度経済成長が終わる一九七五年には九六・七パーセントとなっている（内閣府「消費動向調査」）（▼第8章）。

（3）再生産労働は生産労働に対置される。生産労働がモノやサービスを生み出す労働で、対価として賃金や社会保険給付を得られるのに対し、再生産労働は家事や育児など労働力を再生産する労働であり、対価として賃金が支払われない労働である。たとえば仕事を終えて帰宅した労働者が清潔な家で食事を摂って疲れを癒し、ふたたび生産労働に向かえるようにするという意味で家事は日々の労働力を再生産している。また育児により次世代の労働力を再生産している。このように人が生活するうえで再生産労働は不可欠であるにもかかわらず存在自体が無視されているという状況を批判するため、また再生産労働に携わる人が女性に偏っているという状況を批判するため、再生産労働という言葉が使われはじめた。

（4）自由主義モデルの社会でも女性の就労率は上昇した。その要因として高学歴化のみならず、一九七〇年代半ば以降の不況で男性の賃金が伸び悩んだ結果、家計にとって女性の収入が必要となったという事情もある。家族手当が充実していないため、豊かな生活を送るためには自分で稼がなければならず、また将来の生活のため、老後の資金を自分で貯めておかなければならないからである。

（5）先進諸国では育児をきっかけに家庭内での性別役割分業（福祉国家体制のもとで定着した家族形態や時間の使い方）が固定する傾向にあるため、男性が育児休業を取得できる環境づくりはリスク管理の方法を新しくするうえでも重要である。

（6）このことは、「家族への支援」というときの家族が福祉国家体制のように夫婦とその未婚の子からなる核家族を前提にしなくなり、共働きや一人親の家族が従来の性別役割分業にもとづく核家族と同様に対象に含まれるようになったことを示す。

（7）共同の権利にはいたっていないが、日本でも職歴の構成要素が広がってきている。以前は履歴書に学歴と正社員としての職歴のみを書いていたが、現在はアルバイト、ボランティア、ＮＰＯ活動などさまざまな経験を書くようになってきているからである。

（8）さまざまな活動を行うためには乗り越えなければならない壁がある。たとえば長時間労働や地方分権など。長時間労働が恒常的になると、活動のための時間や気力を保つことが困難となり、そもそも日常生活についてなにかを感じる余裕すらなくなる。また誰かのアイデアややる気がうまく生かされ、活動がスムーズに行われるためには、住民がアイデアを実現するのを政治家や行政機関が可能にする必要がある。そのためには地方分権を進め、地方自治体の裁量を高める必要があるだろう。

参考文献

ブルース、モーリス（1968＝1984）『福祉国家への歩み——イギリスの辿った途』（秋田成就訳）法政大学出版局。

カステル、ロベール（2003＝2009）『社会の安全と不安全——保護されるとはどういうことか』（庭田茂吉ほか訳）萌書房。

エスピン - アンデルセン、G（1999＝2000）『ポスト工業経済の社会的基礎——市場・福祉国家・家族の政治経済学』（渡辺雅男・渡辺景子訳）桜井書店。

エスピン - アンデルセン、G（1990＝2001）『福祉資本主義の三つの世界——比較福祉国家の理論と動態』（岡澤憲芙・宮本太郎監訳）ミネルヴァ書房。

マーシャル、T・H＆トム・ボットモア（1992＝1993）『シティズンシップと社会的階級——近現代を総括するマニフェスト』（岩崎信彦・中村健吾訳）法律文化社。

太田美帆（2010）「スウェーデンのイェムトランド県における地域創生の基盤づくり——『実現するもの』と『可能にするもの』の協働」神戸学院大学『人文学部紀要』三〇号、二一五〜二二九頁。

リーデル、マンフレート（1990）『市民社会の概念史』（河上倫逸・常俊宗三郎編訳）以文社。

Beveridge, W. (1942) *Social Insurance and Allied Services*, London: His Majesty's Stationery Office.

第11章　病　気——社会システムと病者——

中川輝彦

病気は，単なる心身の変化ではない。病者や病者にかかわる人々の生活もまた変化を求められるのである。（撮影：森田良成）

この章で学ぶこと

社会システムの多くは、病気を制度化している。複数の人々が参加し、協力することで成り立つ営みでは、病者や病者にかかわる人々はどのようにふるまうべきかが、あらかじめ定められていることが多い。こうした約束事は、病気の症状以上に、病者の生（生活・人生）を左右することもある。

病気を扱う学問といえば、医学である。医学は、多くの病気の物理・化学・生物学的な仕組みを解き明かし、一部の病気については有効な治療法を開発してきた。しかし病気や病者をめぐる約束事や人々のふるまいの大部分は、医学の視野の外にある。

そこで本章では、病気はどのように制度化されているのか、病気をめぐる制度は人々の営みにどのように作用しているのかを、社会学の知見にもとづいて考える。この作業を通じて、病気の社会的側面をとらえるための視点を示す。

1　病気の社会学？

社会学のテキストに「病気」というタイトルの章があることをいぶかしむ読者もいるかもしれない。病気についての学問といえば医学であり、社会学ではない。病気の専門家といえば医師であり、社会学者ではない。社会学者は社会の専門家かもしれないが、病気については素人ではないか。こうした疑問が生じることは当然である。

本章は、こうした疑問に答えなければならない。本章の課題は、病気には社会的側面があること、その認識に社会学は貢献できること、そして病気の社会学的な認識方法を示すことである。また病気を医療・医学の問題としてだけとらえること、すなわち病者や医療関係者以外の人々にとっては「遠い」問題であると考えることは、おそらく多くの人々にとって望ましくない結果をもたらすことも指摘したい。

まず病気には社会的側面があることを指摘しておこう。次に示すのは、厚生労働省の「働く人のメンタルヘルス・ポータル

サイト」に紹介されている「うつ病などの心の病気や過労死の事例」の一つである。(1)

Mさんは、半導体を開発・製造するK社の技術系部署の課長(男性)です。(中略)

さて、X年五月の定期人事異動で課長に昇格したMさんの様子に変化が見られたのは、X年八月の下旬でした。急に言葉数が少なくなり、無表情になったと言います。部内ミーティングで部下の名前を度忘れする、課長として発言を求められる場面で的確な発言ができないなど、九月に入って仕事面への支障がでてきました。

上司のA部長はMさんを呼び、話を聞いてみました。Mさんは深刻な表情でこのように答えました。「もう疲れました。しんどいです。私を登用してくれたA部長には申し訳ありませんが、実は退職を考えています。自分は課長としてやっていくには能力不足と思います。体調も悪く八月中旬から寝付けないし、朝早く目覚めてしまう。疲労感が強く、仕事に集中できません。会話中に言おうとしたことを度忘れしてしまうため、怖くて発言もできなくなってしまいました」。

A部長の紹介でMさんが、はじめて社内の健康相談室を訪れたのはX年一〇月初旬でした。うつ病のおそれがあると考えた産業医の紹介で、Mさんは精神科診療所を受診し、「うつ病により、三か月程度の自宅療養が必要」という診断を受けました。A部長は産業医から、「うつ病で退職したい気持ちになることもあるので、万が一療養中に、退職届がでても慰留して産業医に連絡がほしい」と指示されました。(中略)

X+一年四月、職位は担当課長に異動し、復職が実現しました。A部長の補佐業務ですので、直接の部下はおらず、Mさんにとっては重圧感の少ない復職であったといいます。A部長はMさんが休養を開始してから、Mさんの課長ポストを兼務してきましたので、六~一二か月をかけて徐々に徐々にもとの課長職への復帰を目指すことを目標にしました。

時短勤務については、最初の一か月間だけ九時から一六時までの六時間勤務を行い、その後は残業をせずに定時勤務を行うこととなりました。

X+一年一二月、産業医との定期面談で許可がおり、Mさんは元の課長職に復帰しました。主治医への定期通院と薬の服用はまだ継続していますが、集中力・判断力も以前とそれほど遜色はなくなりました。(後略)

Mさんの「うつ」という病気は、Mさんの精神の変化であり、身体の変化である。同時にそれは、Mさんの生活の変化であり、Mさんのいる職場、さらにはMさんが働いているK社の変化でもある。Mさんの「うつ」により、K社の職務の配分は変化した。Mさんの休業後は、Mさんに割り当てられていた職務は、A部長に割り当てられた。半年後に、Mさんが復職するとA部長の職務の一部が分割されてMさんに割り当てられた。さらにその八カ月後には、Mさんの病前と同じ職務の編成となり、Mさんは「元の課長職」を任されることになった。こうした職務の配分の変化は、Mさんの精神にも、身体にも還元できない変化、K社内の分業の変化である。分業は、社会（科）学の古典的テーマである（▼第8章）。その意味でこの変化は「社会的」と形容するのにふさわしい。

病気に社会的側面があるということは、病者の生（生活・人生）は、身体的・精神的変化によってすべてが決定されるわけではないということである。病者に対して周囲の人々が、どのようにふるまうのかにより、病者の生はまったく異なったものになる。Mさんは、診断、一時休職、Mさん向けのポストでの復職、病前のポストへの復帰という軌跡をたどった。Mさんの軌跡についてさまざまなifを考えることができる。仮に「実は退職を考えています」とMさんから伝えられたA部長が、そうするようMさんを促したとすれば、おそらくMさんは退職していたであろう。仮にK社がMさんに六カ月の長期休職を認めるのではなく、Mさんを解雇し、別の人を雇っていたら、Mさんの生はまったく異なったものとなったであろう。K社（おそらくA部長の判断も加味されたのであろう）は、ゆくゆくは病前のポストに復帰させることを前提にMさんを復職させたが、すべての会社がそうするわけではない。建前の上または表向きの規則の上ではともかく、病気を理由とする長期の休職を好まない企業は少なくないといわれる。K社は、たまたまそのような企業ではなかった、あるいはそのような対応をとらなかったということである。病気休職後は、その事実が職務遂行能力が低いことの証とされて「閑職」に回されることもある。Mさんに対するK社の対応は、たまたまそのようなものではなかったのである。病気の社会的側面に焦点を当てるとは、こうした病者と病者をとりまく人々の相互作用のプロセスも含めて病気を考えることである（▼第7章）。

以下では、病気の社会的側面を考えるための枠組みを示す。

2 病気と社会システム

病気のパーソンズモデル

ここでは病気をめぐるT・パーソンズの議論（1974：427-475）を参照する。どうしてパーソンズなのか。彼の議論は、いまから半世紀以上前に同時代の西洋社会を念頭に行われている。だから必ずしも日本の現状にあてはまるわけではない。さらにいえば当時の西洋社会の記述としてもすべて正しいわけではない。しかしパーソンズは、病気の社会的側面を描くための方法を示した。そしてそのアイデアの一部はいまでも通用する。

パーソンズは、病者を社会システムに位置づけることで、病気の社会的側面を描くことを試みる。「社会システム」は、複数の人々の秩序立った営みであり、その成員あるいは参加者がそれぞれ「地位」に応じて割り当てられた「役割」を演じることで成立する（パーソンズ 1974：32 引用は、邦訳のあるものは参照したが、訳し直している部分もある）。「病気」とは、心身の「『通常の』機能が妨げられている状態」であり、「社会的役割の効果的遂行を困難にする」[2]（パーソンズ 1974：425-427）。このため成員の病気は、その成員が参加している社会システムの存続の妨げとなる。ただしどのくらい妨げとなるのかは、どのような地位・役割にある人が病気になるのか、病状はどのようなものかにより異なる。

パーソンズは、社会システム、なかでも一国の社会のような「全体としての社会」（パーソンズ 1974：25）は、病気という問題を解決する仕組み、すなわち成員の誰かが病気になってもそのことがシステムの存続の妨げにならない仕組みがなければ長く存続できないと推測する。現在、存続している「全体としての社会」にはそうした仕組みがあるにちがいないというのである。そのうえでパーソンズは、西洋社会という「全体としての社会」は、病気という問題をどのように解決しているのかを問う。

この問いに答えるにあたり、パーソンズは制度化された医師の役割と病人役割に注目する。医師の役割の中心となるのは、医学を応用することで病者の病気からの回復を促すことである。医師は、医学を習得して、これを行わなければならない

（パーソンズ 1974：442）。

しかし医師の診療は、それだけでは病気という問題を解決できない。病者が医師にかからなければ、いかなる医療技術といえども病者の回復を促すことはできない。したがって人々を医療へと導く仕組みが必要になる。それが制度化された病人役割、すなわち病者と病者にかかわる人々の役割の複合体である。

この複合体は、病者と病者にかかわる人々に①から④の責務を課すことで、病者を患者（医療の対象者）となるよう促す。①病者は「通常の社会的役割の責務」を免除される。ただし「何がどこまで免除されるかは、病気の特性や深刻さに左右される」。病者にかかわる人々は、病者が通常の社会的役割から離れることを認めなければならない。病者もまたそうすることが責務である。②病者は「意思の作用」によって回復する責務を免除されている。ここでの前提は、「意思」の力で病気自体を治療することは不可能であるという認識である。病者と病者にかかわる人々は、こうした認識を共有しなければならない。③病者と病者にかかわる人々は、「病気であることは、それ自体望ましくないと認め、『回復する』ことを望む義務」を受け入れなければならない。病者は、自らが「望ましくない」状態にあることを認め、そこから「回復する」ことを望まなければならない。また病者にかかわる人々はこれを支持しなければならない。④病者は「医師の助けを求め、回復のプロセスにおいて医師に協力する義務」を負う。この義務もまた「どれくらい強く課せられるかは病状次第である」（パーソンズ 1974：432-433）。

以上を「病気のパーソンズモデル」と呼びたい。以下では、このモデルのなにを受け入れ、なにを受け入れるべきではないかを検討することで病気の社会学モデルを洗練する。

病人役割の検討

パーソンズは、社会システムの成員の病気をそのシステムの存続にかかわる問題であると仮定した。そして社会システムにおいて成員の病気という問題はどのように解決されているのかという観点から、病気の社会的側面を描こうとする。本章も、こうした方法を継承するが、パーソンズの議論のすべてを受け入れるわけではない。さしあたり問題を二点指摘できる。

第一にパーソンズによる病人役割の描写は、必ずしも実際の人々の意識・行動と合致しない。西洋近代社会あるいは近代医療という西洋近代のパーツを導入した非西洋社会（日本社会もここに含まれる）に議論を限定したとしても、そうである。[3] パーソンズの病人役割論は、それに続く多くの調査研究を生み出したが、少なくない研究が彼の議論の経験的妥当性を疑っている（進藤 1990：93-96）。また病人役割の制度化は、成員の病気という「全体としての社会」にとっての問題を解決する唯一の方法でもない。たとえばナチス・ドイツでは、いわゆるＴ４作戦（一九四〇年一月から八月にドイツ国内〔占領地を除く〕だけで七万人以上の精神病院の収容者を殺したといわれる）が実施されている。この実施の前提には、回復の見込みのない人々を排除・抹殺することにより、心身の不調の成員を減らすという発想があった（小俣 1997：21-36）。これは極端なケースかもしれないが、成員の病気という問題の解決が一つではないことを示すには十分であろう（▼第４・15章）。

第二に「全体としての社会」をめぐる仮定にも問題がある。パーソンズは「全体としての社会」が、複数の「部分社会システム」ないし「サブシステム」（パーソンズ 1974：25）からなるものと仮定している。この仮定自体は、さしあたり問題ない。[4] しかしパーソンズが、病気について論じる際に「全体としての社会」がひとまとまりのもの、複数のサブシステムが綻びなく統合されたものであるかのように論じていることは問題である。というのもサブシステムごとに病者の位置づけが異なる可能性や、そのことに由来するサブシステム間の齟齬や病者の経験するリアリティの多元性が描けなくなるからである（▼第６章）。たとえば家族というサブシステムは会社を休むことを求め、会社というサブシステムは出勤することを求めるという齟齬が描けない。

こうした難点を避けつつ、病者を「全体としての社会」に位置づけるためには、まず「全体としての社会」のサブシステムのそれぞれに関して、どのように病者が位置づけられているのかを明らかにする必要がある。そして各サブシステムにおける病者の位置づけと、諸サブシステムの布置および相互作用を視野に入れつつ、あらためて病者を「全体としての社会」に位置づけなければならない。

病気の定義

病者を「全体としての社会」にあらためて位置づける前に、病気の定義についても考える必要がある。パーソンズは心身の状態を基準に両者を区別したが、どのような状態が病気であり、どのような状態が病気ではないのかを区別する包括的な基準・原理はないと考えたほうがよい。たしかに個々の疾病や障害のカテゴリーについては、それを適用する基準（つまり診断基準）はある。[5] しかし疾病一般、障害一般について、なにが疾病ないし障害であり、なにがそうではないのかを定めるような基準・原理は、仮に現代医療・医学の内部に限って探したとしても発見できないだろう。しかも個々の疾病・障害カテゴリーの定義はしばしば変化する。社会学において「医療化」や「脱医療化」として知られる変化である。[6] 前者はそれまで医療が扱うべきものとはされていなかった事象ないし問題が、医療が扱うべきものとなることであり、後者はその逆である。医療化は、しばしば疾病・障害のカテゴリーの新設・拡張を含み、脱医療化はそれらのカテゴリーの廃止・縮小を伴う。

なにが病気でなにが病気ではないのかの区別は、人の定めた約束事であり、それゆえ変化する。このことを前提とするなら、意味づけないしラベル付与に注目する以外に病気を定義する術はないだろう。ここでは、病気とは「病気」として意味づけられている、ないしは「病気」というラベルを付与されている心身の状態であると定義する（▼第14章）。

医療の検討

病気の再定義に伴い、医療もまたとらえなおさなければならない。病気を「病気」として意味づけられたものと定義するなら、「病気」というラベルの付与という医師の診療行為に注意を向けなければならない。

医師は、近代医療を確立した社会（たとえばパーソンズと同時代、あるいは現代の西洋社会、現代日本社会）では、唯一の実効的な病気ラベルの付与者である。医師以外の人々が、医師の診断を受け入れないことや、医師にかかることなく自他を「診断」することは、ある程度は可能である。しかし学校、会社、行政機関など「公的」な場では、医師の判断が重んじられる。このような場では、医師の診断書は、実質的に事実を記述・証明したものとして扱われる。

医療は、誰がどのような病気なのかを同定する営み、誰かに特定の疾病・障害のラベルを付与する営みである。「病人役割の検討」のところで述べたように，病気というラベルにはそれ自体として望ましくないことという含みがある。とするなら医師は，E・フライドソンのいう「道徳事業家」（Freidson 1988：252-255）であるといえよう。道徳事業家とは，なにが望ましく，なにが望ましくないかについての自らの判断を他者に共有させることを目指す人である。診断を下すことは，患者が望ましい状態にあるのか，望ましくない状態にあるのかを判断することである。前述のように，医師の判断は相対的に重んじられる。したがって医師は好むと好まざると，自らの診断が含まれる価値判断を他者に押しつけるポジションにいる。医師は「善についての観念を他者に押しつける特権」（Freidson［1970］1988：371）をもつ道徳事業家であり，医療は特権性を帯びた道徳事業なのである（▼第7章）。

3　病人役割の機能分析

機能分析の導入

第2節では，パーソンズの議論を手がかりに社会システムに病気と病者を位置づけるとともに，彼の議論の問題点を指摘した。第3節では，こうした指摘をふまえてあらためて社会システムに病気と病者を位置づける。

とはいえここで，この課題をすべて達成することは難しい。この課題には，①「全体としての社会」を構成するサブシステムのそれぞれにおける病者の位置づけを明らかにし，②サブシステムの布置や相互作用を視野に入れつつ，「全体としての社会」に病者を位置づけることが含まれる。課題②は課題①の達成を前提としており，課題①は既存研究の知見を再構成するだけではなく，新たな調査にもとづく研究を必要としている。「全体としての社会」を構成するサブシステムとしては（私たちになじみ深く，ただちに思いつくものだけでも）家族，学校，会社，医療，国家などがある。このうち家族，医療，国家は，それなりに病気や病者に焦点をあわせた研究の蓄積があるが，学校，会社についての蓄積は少ない(7)。相対的に蓄積のある家族，医療，国家についても，既存の研究で十分であるという保証はない。

ここではサブシステムにおける病者の位置づけを検討する視点，すなわち既存研究の活用や新たな調査研究を導く問いや仮説を設定する際の枠組みとなる社会システムのモデルの構築を目指す（▼第6章）。これは課題①を達成するための視点を構築する作業である。

あらためてパーソンズを参照しよう。彼は、心身の不調者の発生を「全体としての社会」の存続にかかわる問題と想定し、それがどのように解決されるのかを問うことで「全体としての社会」をモデル化した。同様の想定は「全体としての社会」のサブシステムの多くについても可能だろう。社会システムは、そこに参加する人がいなくなれば消滅するし、システムの要求する行為能力がなければ参加は難しいので、成員の心身の不調（パーソンズ的な意味での病気）は当該のシステムの存続の妨げとなるだろう。ただしシステム内で割り当てられる役割によっては多少の不調は許容されるし、患者団体のように特定の病気であることが参加の条件となることもある（この場合もその団体の活動に参加するための行為能力は必要である）。

しかしパーソンズが描いたような病人役割の制度化だけが、心身の不調者の発生という社会システムの問題の唯一の解決策というわけではない。論理的可能性としては、システムへの参加が難しくなった人をそのシステムから追放し、新たに成員を補充するという解決も考えられる。たとえば非正規雇用者を病気で休ませるより、解雇して新たに別の人を雇うことを選ぶ会社も少なくないだろう（▼第2・8章）。

したがって、心身の不調者の発生という問題のさまざまな解決方法を視野に入れなければならない。そこでR・マートン（マートン［1949］1957＝1961：16-77）やN・ルーマンの定式化した「機能分析」を参照しよう。機能分析のキーコンセプトとなるのは「準拠問題」と「機能」である。「準拠問題」は、分析において焦点が当てられる問題である。社会システムの分析では、分析対象となるシステムが成立するために解決されなければならない問題を「準拠問題」として措定できる。「機能」とは、そのように措定された準拠問題を解決する作用である。ここでのポイントは、一つの準拠問題に対して複数のありうる解決（つまり機能）が、少なくとも可能性としては想定できることである。仮に特定の方法により準拠問題を解決している社会システムを分析対象とするのであれば、その準拠問題の複数のありうる解決（ないし機能）を探索し、それらを実際に採用されている解決も含めて比較することで、その社会システムの特性を浮き彫りにできる。社会システムの機能分析とは、こうした手続きによって社会システムを描く手法である（ルーマン 1992：20）。

以下では、心身の不調者の発生を準拠問題とする社会システムの機能分析を行う。心身の不調者の発生という問題のありうる解決（その一つが病人役割の制度化である）を探索し、比較することで、病者の位置づけに注目して社会システムのモデルを構築する。

分析対象の設定

分析対象となる社会システムを定めよう。はじめから「全体としての社会」を構成するサブシステム一般に妥当する議論を展開することは難しいだろう。特定のタイプの社会システムを想定して、それを分析するほうがうまくいくと思われる。

ここでは会社のように成員の多くが、システムに参加し、労働を提供し、その対価として金銭を得ている社会システムを分析対象としたい。このタイプの社会システムにおける病者の位置づけは、これまで社会学では十分に検討されてきたとはいいがたい。これを放置するのは、病者の「全体としての社会」の再定位の大きな妨げとなると思われる。

分析対象となる社会システムについて、あらかじめ二点ほど仮定しておきたい。第一に、分析対象はルーマンのいう「公式組織化」が進んだ社会システムであると仮定する。すなわち誰が成員か、その成員であるためにはなにをしなければならないのかが、システムの内外に示され、システムにかかわる人々（たとえば成員やその候補や「クライアント」）もまた成員はそのようにふるまうであろうとある程度一致して予期しているような社会システムである。こうした成員資格を定義する人々の予期の布置が、社会システムの「公式組織」の中心となる「成員役割」を構成する。成員役割は成員であろうとするかぎり、なにを行い、何を行ってはならないのかを定義する（ルーマン 1992：35-45）。こうした成員役割を構成する規則とそうした規則により守ることが義務づけられている規則、つまり成員であればそれを守ることを一致して予期されている規則（たとえばどのような地位にある人がどのようなことをなすべきなのかを定めた規則）を組み合わせることで、大規模かつ複雑な社会システムを構築することが可能になる。たとえば大きな会社は、「公式」の規則を組み合わせて、個々の成員に個々の地位に応じた公式の役割を与えることで、秩序立った大規模かつ複雑な活動を可能にしている（ルーマン 1992：72-79）。なお予期している人々は、すべての規則の個々の内容まで把握している必要はなく、なにがそのような規則に含まれ、なにがそのような規則に含まれないかを必要に応じて区別する術を知っていればよい。

第二に、分析対象となる社会システムは、公式組織上の目的の一つとして、分業を通じてモノ、サービスなどの財を生産することを掲げていると仮定する。そのシステムの成員は、成員であり続けようとするかぎり、そうした目的を公然と否定したり、目的達成に貢献することを拒否することは許されない。ただしなにが目的となるべきか、どのように目的に貢献すべきかを議論することは許されることもある。社会システムによる生産活動は、複数のタスクに分割されて成員のすべて、または一部にその地位に応じて課せられる。(8) 個々の成員が自らのタスクを遂行し、それらが整合的に組み合わされることで生産活動は成立する。たとえば多くの会社では、なんらかのモノ・サービスなどを生産し、販売することで利益を得ており、これに失敗すれば存続が危うくなると想定されている(し、実際そうなるだろう)。会社でのモノ・サービスや製品の生産・販売という活動は分割され、分割されたタスクは地位に応じて個々の社員に割り当てられる。そして分割されたタスクがあらためて結びつけられることで、モノ・サービスの生産・販売という活動が成立するのである(▼第8章)。

病人役割の機能

社会システムは、心身の不調者の発生という問題をどのように解決するのか。社会システムは、そのシステムの成員を扱う際に健康/病気というコード(ここでは、解釈上の規則を意味する)を用いるか否かで区別される。ここで「健康」とは、病気ではないという意味である。このコードを用いるか否かで、システム内で割り当てられたタスクの不履行者の扱いが違ってくる。

仮に社員の一人が会社を休んだとしよう。健康/病気というコードを用いる会社であれば、休んだ理由がなにか(たとえば遊びに行くためか、体調が悪いためか)により、その社員の扱いは違ってくる。逆にそうしたコードを用いない会社——たとえ公式には病者の処遇が特別に定められていても、実質的にそうした規定が意味をもたない会社——では扱いは変わらないだろう。(9) 病者に特別な地位が与えられることはない。したがってパーソンズの描いたような病人役割が制度化されることはない。システム内で割り当てられたタスクを遂行できない成員は、理由のいかんを問わず利用可能な猶予が過ぎれば(たとえば実質的に取得可能な休暇を使い切れば)、そのシステムからの退出を迫られるだろう。

健康/病気というコードを用いない社会システムは、健康/病気のコードを用いることで生じる諸々の問題（どのような問題かは後で述べる）を免れる。その代わりに、このコードを用いるシステムであれば免れられる、あるいは比較的免れやすい問題に直面することになる。こうした社会システムは、心身の調子を崩した成員に回復の猶予を与えることが病人役割を制度化したシステムに比べて難しいため、それだけ頻繁に成員を失うことになる。当該のシステムによる生産活動に生じた「穴」(つまり担い手を失ったタスク)をどのように埋めるのかという問題が頻繁に生じるのである。システムは、生産活動の全体を見直す、その「穴埋め」を残された成員で行う、または新たに成員を補充するといった解決をとらざるをえない。どの解決にも問題はある。システムが公式の目的としている生産活動全体を見直すには、多かれ少なかれ手間がかかるだろう。そもそもシステム内外の事情でそうした見直しはできないかもしれない。残された成員に「穴埋め」をさせるためには、そのための負担を成員に強いなければならない。新たに成員を補充するとしても、首尾よく補充できるかどうかわからない。とくに固有のスキルを要求するタスクであれば、補充することは難しいだろう。ただし成員の補充が容易であれば、このことは問題にならない。「誰にでもできる」タスクの要員を「使い捨て」にすることは、そうではない要員を「使い捨て」にするより容易なのである。

こうした「使い捨て」は、それを予期する成員の反応を生じさせる。そうした反応のなかには、生産活動の妨げになるものもある。その社会システムにとって「有為な人材」が「使い捨て」を嫌って逃げ出すかもしれない。システムにとどまることを判断した成員も「使い捨て」にされないための術策をめぐらせるだろう。そのような成員は体調不良でも多少無理をして自らのタスクを遂行するかもしれない。こうした行いもまた、生産活動の妨げになることがある。というのもタスクの遂行・達成が期待できるようにみえた成員が、じつは体調不良で肝心なところでタスクを達成できない可能性が生じるからである。

これに対して健康/病気というコードを用いる社会システムは、病人役割を制度化できる。病人役割を制度化したシステムでは、心身の不調者の状態に応じて通常課せられているタスクを部分的、あるいは全面的に免除するという対応を組織的にとることが可能になる。このことにより、病状次第でタスクの不履行は正当なものになる。さらに制度化された病人役割は、病者をして通常のタスクから離脱するよう促す。病気であるにもかかわらず、タスクの遂行を続け、かつそのタスクを達成できなかったならば、その病者は二重に咎められることになるからである。「二重に」というのは、病者としての責務を果たさなかったうえに、そのことが原因で生産活動を妨げたことによって咎められるということである。また病者の周囲の人々も休むことをすすめるだろう。そうすることがその人々の責務だからである。

病人役割を制度化した社会システムは、回復のために猶予を与えることで頻繁に病気の成員をシステムから排除しなくてすむ。このことは「有為な人材」を失う可能性を小さくするし、成員の退出により生じる問題を小さくする。また病者の「使い捨て」から生じる成員の反応、すなわち成員が自らの不調を隠してタスクを遂行し、結果として集合的な生産活動が妨げられるという可能性を抑えられる。

病人役割の派生的問題

しかし病人役割は生産活動に貢献するだけではない。うまく解決しなければシステムにおける生産活動の妨げ、つまりシステムの公式の目的の達成の妨げとなり、それを解決しなければシステムの存続を危うくする可能性のある問題を生じさせる。こうした問題を「派生的問題」(ルーマン 1992)と呼ぶなら、次に考えるべきは制度化された病人役割の派生的問題である。

病人役割を制度化した社会システムは病気の特性や深刻さに応じて「通常の社会的役割の責務」を病者から免除しなければならない。このときシステムでは、そのシステムの名において、病気と目される成員の状態はどのようなものであり、どのような範囲でタスクの免除を認めることが正当かを、誰かが判断し決定しなければならない。このような判断や決定はなかなか厄介である。

こうした判断は、部分的には医師に委託できる。医師は、当該成員の病名を判断し、病状を特定し、可能であれば予後を告げる。現在の「先進国」の大半の公式組織では、診断を正当に下すことができるのは医師だけとされている。しかし医師の診断は、病気と目される成員が、その社会システムにおいて課せられているタスクの遂行可能性についての判断と同一視できるとはかぎらない。もちろん「到底、出社できない」とか、逆に「日常生活には支障がない」といった大まかな判断であれば、医師にも可能だろう。しかし当該システム固有の複雑なタスクは、実際にそのタスクにかかわる人でなければ把握しにくく、部外者である医師には判断が難しいだろう。こうしたケースでは、部外者である医師の判断を無理にでもシステムの判断とするか、システムの内部で、誰かが病者の状態をあらためて評価し判断しなければならない。

医師に委任するにせよ、社会システム内部で誰かが判断を下すにせよ、病者からどのくらいタスクを免除するのかの判断を誤ることは、システムの生産活動を妨げる。仮に病気の成員のタスクの遂行可能性を過大に評価してしまったなら、結果としてその成員は割り当てられたタスクを遂行することができず、生産活動が阻害されてしまう。逆に、病者による役割の遂行可能性を低めに見積もると、少なくとも次のような二つの問題が発生する。第一に、ある成員に対するタスクの免除は、免除されたタスクをシステム内の誰かに割り当てるか、システムの外部に委託することで「穴埋め」されなければならないが、病者のタスクの遂行可能性の過小評価は免除されるタスク、つまり「穴埋め」されるべきタスクの範囲を必要以上に大きなものとしてしまう。第二に「病気」がそうした過小評価の契機となり、そのことが成員により予期されると、成員のあいだに病気を隠すという行動パターンが生まれることになるかもしれない。そもそも健康／病気という区別を用い、病者に通常のタスクの遂行義務を免除するということ自体、病気が成員としての能力の低さのしるしであるという含みがある。こうした含みが強く意識されれば「不当に低く評価されないために」成員は病気であることを隠しはじめるかもしれない。いずれにせよこうした行動パターンは、制度化された病人役割の機能、すなわち病者を生産活動から離脱させるという作用を弱めてしまう。

これを避けるためには、病者の状態をタスクの遂行能力との関係において正確に判断するしかないが、それがそもそも難しい。そうした判断は、当該のシステム内部で行われるときでも、医師による診断をもとになされるだろう。しかし医師の判断には、パーソンズのいう「不確実性」がつきまとう。すなわち医療における「多くの実際的状況において、既知の要因と未知の要因がある。両者の関係はわからない。未知の要因が作用したために、既知の要因の分析から得られた予測が外れることがある」（パーソンズ 1974：444）。不確実性は、医師による診断や予後の予測を誤らせる。回復までどれほどかかるのか、病状はどのように変化するのか、こうしたことに関する予測を確実に行うことは、たいていのケースで難しい。しかも長期的になればなるほど、そのような予測は難しくなる。長期にわたり回復しない疾病においては、病状が変化し、その変化は正確には予測しがたいところがあるからである。このことは長期にわたり病気が続いている人々（慢性病者）についての研究（たとえばストラウスほか 1984＝1987）が強調するところである。

仮に病者の状態についての判断の問題が解決されたとしても、別な問題が残る。それは病者がタスクを免除されることから生じる問題である。つまり一時的にせよ遂行者を失ったタスクの「穴埋め」という問題である。社会システムは、誰かに（たいていは成員だが、システムの外部に委託される可能性もある）そのタスクを移転させることで、病者のタスクからの離脱がシステムの生産活動の遂行の支障にならないようにしなければならない。通常のタスクからの病者の離脱が短期間であればまだしも、長期にわたる離脱が見込まれる場合はそのような措置は決定的に重要になる。当該のシステムは、こうしたタスクの再配分、すなわち病者から他の成員へのタスクの移転（ここでは外部委託については措く）について、二つの決定をしなければならない。第一に遂行者を失ったタスクをどのような範囲の人々に再配分するのか、第二にそのタスクを誰にどのように配分するのかの決定である。

第一の決定、すなわちタスクの再配分の行われる範囲の決定にはジレンマがつきまとう。すなわち再配分の範囲を狭くとるなら、病者のタスクからの離脱の影響が広範囲に及ばずにすむ。しかしタスクの移転先が限定されるので、タスクを移転された成員ないしサブシステムの負担が過剰になり、タスクを遂行できなくなる可能性が高まる。(10) 責務の再配分の範囲を広くとるなら、負担の集中とそれに伴う問題を避けられるが、病者のタスクからの離脱の影響は広範囲に及ぶ。

第二の決定、すなわち誰にどのようなタスクを配分するのかの決定もまた容易ではない。タスクを移転される成員にとっては、移転されてくるタスクは余分であり、しばしば純然たる負担の増加である。そのような負担増は、なんらかの手立てが講じられなければ不満を生じさせるかもしれない。負担が過剰になれば、その成員がもともと担当していたタスクも含めて、タスクの遂行が妨げられるかもしれない。これらのことに配慮しつつ、決定は下されなければならない。さもなければシステムの生産活動が阻害されるだろう。

ここまで暗に社会システム内で責務の再配分についての決定が公式に下されていること、つまり公式組織上しかるべき地位にある成員がシステムの名において決定を下していることを前提に論じてきた。しかしシステムが公式には決定を下さないという状況もありうる。より正確には、どのような範囲で責務を再配分するのか、またその範囲の内部で誰にどのように責務を再配分するのかを公式に決定する——成員であろうとするかぎり、公然と反することのできない決定として提示する——ことをしないということもありうる。

決定を公式化するか否かは違いをもたらす。どのような意向が決定に色濃く反映されるかが異なってくるのである。公式に行われる場合は、公式の権力関係、すなわち公式組織上のヒエラルヒーの上位に位置する成員やサブシステムの意向が反映されやすく、非公式に行われる場合は非公式な権力関係において優位にある成員やサブシステムの意向が反映されやすいだろう。どちらにせよ相対的に上位にある、あるいは「強い」サブシステムの成員あるいはサブシステムは、そうではない成員あるいはサブシステムに比べて自らの意思を貫徹することが容易であろう。しかしタスクの再配分が公式化されている場合は、されていないときと比べて、決定はシステムが公式に掲げている目的とあまりに乖離したものにはなりにくいと考えられる。

社会システム内部で、タスクの再配分が非公式に行われるなら、成員の「自発的」な選択、あるいは非公式の交渉の結果として、病者のタスクは引き受けられることになる。このためタスクの再配分の範囲はきわめて限られた範囲になるだろう。病者に課せられていたタスクが遂行されないことで、直接、自らのタスクの遂行に支障をきたすことになる成員が、自らのタスクを遂行できないことで被る不利益を避けるためにやむなく行うということが多くなる。各自のタスクの遂行上、病者とかかわりのある人以外は、病者のタスクを引き受けようとはしないだろう。仮に引き受けたいと考えたとしても、それは難しい。というのもシステムのために用いることが義務づけられている時間などの資源を、公式に課せられたものではないタスクのために割くことは、それ相応の理由がなければ難しいからである。こうしてタスクの再配分の範囲は、きわめて限定されたものとなり、そうした負担の集中による弊害が生じる可能性が高まる（▼第12章）。

予防の制度化

健康／病気というコードを用いることで可能になるのは、病人役割の制度化だけではない。社会システムは、そうした区別を前提に、病気の予防ないし健康の維持・増進という責務を個々の成員に課す、またはシステムの成員が集合的に追求すべき目的とすることができる。ここで問いたいのは、そうすることでシステムになにがもたらされるのかである。

予防というコンセプトは、現在の選択が未来の心身の状態（健康／病気というコードで測られた心身の状態）を左右することを前提としている。こうした前提からすると、病者は過去におけるその人の行いが「悪かった」から病気になったとみなされることになる。さらに過去において、その人が予防という観点から「望ましい」行為を選ぶことができたと仮定すると、その人はあえて病気になることを選んだという説明が成立する。もちろん予防の効果について、そこまで断定的な主張が行われることは、一部の病気（たとえば感染症の一部）を除いて、医学内部ではまれである。通常は予防についての主張は「確率論的」に語られる。(11)「これをすると病気になりやすく、あれをすると病気になりにくい」という表現がとられる。しかしどうしてある人が病気になったのかを過去に遡って説明する際、その人の過去における行いが病気の原因となったという説明をとられることがしばしばある。たとえば「彼は肺がんになったが、それは彼が愛煙家だったからだ」といった具合にである。現代社会では、選択したことには責任をとらなければならないという原則、つまり「選択‐帰責の原理」がしばしば用いられる（佐藤俊樹 1993：137）。「選択‐帰責の原理」と予防論が組み合わされると「病気になったのはその人の責任である」という「犠牲者非難イデオロギー」つまり自業自得という観念が病者に適用されやすくなる。(12)

ある社会システムが、予防を個々の成員の責務としたとしよう。このように責務が設定されたからといって、実際にそのシステムの成員が予防的な行いをするとはかぎらない。確実なのは、そのような責務を設定することで、そのシステムは暗に予防論的な観点から成員の健康状態を解釈することを宣言する、ということである。すなわち犠牲者非難イデオロギーないし病気の自業自得論が、そのシステムではもちだされやすくなる。ただし、医学研究は一部を除いて病気は予防できると保証しているわけではない。つまり厳密には自業自得論が、医学的にオーソライズされるわけではないことには注意が必要である。(13)

予防の制度化は、多少なりとも病人役割が機能することを妨げるだろう。病人役割は、病者に通常課せられているタスクの遂行義務の免除という特権を与え、それに伴い遂行されなくなる責務とその負担を引き受けることを病者に関係する人々に要求する。これに対して予防の制度化から派生した自業自得論は、こうした特権を疑う。病者は自業自得なのにどうしてその人に特権を与えなければならないかというわけである。病人役割が公式組織化されていれば、こうした疑念は表明されにくいだろう。しかし非公式にはそうしたことは囁かれるだろうし、このことは公式組織が許容する範囲内で、病者の権利を縮小するよう作用すると思われる。

予防の制度化は、病気を社会システムの成員としての行為能力があまり期待できない人であることのしるしとする可能性がある。予防できるはずの病気になったという事実が、その人の自己管理能力がないことの証とみなされるのである。病気の予防という心身の自己管理ができない以上、他のことに関しても自己を管理することはできないという類推、さらには自己を管理できない人が社会システム内のタスク（たとえば仕事）を十分にできるはずがないという類推が生じるかもしれない。こうした類推の正しさはともかく、そうした類推をする人はいる。仮にこうした類推にもとづく見解が社会システム内部で有力になるなら、病人役割の機能が妨げられる。病気が自己管理能力の欠陥を示すとなれば、病気と認定されることを成員が避け、自らの心身の不調を隠すよう促されるにちがいない。

現在、予防として知られているのは、個々人の自己管理を強調するものだけではない。たとえば、会社のメンタルヘルス対策においては「職場単位」の対策の必要が主張されることがある。(14) こうした社会システムの部分、つまりサブシステム単位の予防論もまた、個人単位の予防論と同じ論理構造を有している。すなわち現在の選択（なにをするのかの選択）が未来における健康状態を左右するという因果関係を前提としているのである。異なるのは、前述の個人単位の予防論では、選択の主体となる個人と健康状態を左右される個人が同一であったのが、今度は同一であるとはかぎらないという点である。サブシステム単位の予防論もまた、おそらく多くは「確率論的」であろう。そのとおりに実行すれば必ず予防できる方法があると主張することは、厳密な意味で医学的なオーソライズを求めるかぎりはできないからである。とはいえ前述の個人単位の予防論が自業自得論に転化したように、こうしたサブシステム単位の予防論が「この人が心を病んだのはあの人が悪かったからだ」という「悪者探し」に転化する可能性がある。

サブシステム単位の予防を制度化した社会システム（たとえば「職場単位」のメンタルヘルス対策を行っている会社を念頭に置いている）では、ある人の心の不調は、その人のいるサブシステムの誰かがまちがったことをしたことのしるしとみなされやすい。ここに前述の「選択 - 帰責の論理」がもちこまれると、誰が悪かったのか、誰に責任があるのかという「悪者探し」が始まる。誰も「悪者」にはなりたくないだろうから、「悪者探し」は責任の押しつけあいという様相を帯びるだろう。サブシステム単位の予防というコンセプトがなければシステム内部にもちこまれなかった対立や争いが行われる可能性が、ここに生じるのである（▼第12章）。

4　病気の社会学の可能性

第3節では、会社を念頭に社会システムにおける病者の位置づけを検討し、これをモデル化した。こうしたモデルは、今後の研究の手がかりとなる。仮に第1節で紹介した事例のK社のような病人役割を制度化している会社を調査・研究するなら、次のような視点から分析が可能だろう。その会社には、病人役割の制度化に伴う派生的問題は観察されるのか。観察されるとすれば、どのような解決が試みられているのか。観察されないのであれば、それはどうしてか。予防は制度化されているのか。予防の制度化に伴う対立は観察されるのか。観察されるとすれば、そうした対立の帰結はなにか。また観察されないとすれば、それはどうしてか。これらの問いにもとづいて調査対象の会社を描き、同時に社会システムにおける病者の位置づけのモデルを洗練できる。また健康／病気というコードや病人役割を制度化していない会社についても、同じように制度化していないことの帰結について問いを立てて調査、分析が可能である。

ここで注意すべきは、第3節の議論は、「全体としての社会」のサブシステムの特定のタイプを想定した推論であり、そこから得られたモデルは、新たに（右のような）調査研究を行うことで検証・修正されなければならないことである。加えて会社以外の社会システムについても、研究を進める必要があるだろう（▼第10章）。これらの研究が蓄積された後、諸サブシステムの研究の知見にもとづいてシステムの布置と相互作用を視野に入れて分析を行う必要がある。こうした一連の研究をふまえて、はじめて「全体としての社会」に病気と病者を位置づけることが可能になる。

これらは今後の研究の課題である。ここでは病気を医学・医療の問題としてのみとらえることの弊害を指摘するにとどめよう。

病気には社会的側面があり、それは医学的視点ではとらえがたい。心身の不調者の発生が、その人を成員とする社会システムに問題を発生させること、そして社会システムにおいてその問題の解決が試みられていること、そうした試みが新たな問題を生み出すことは、病気の心理的・身体的側面に注目していただけでは記述も説明もできない。現代医学の中心的な枠組みである生物医学は、病気の実体や過程や原因を、生物学や物理学や化学的な枠組みで解明し、治療法を考案する（佐藤純一 2010a：56）。しかしそれは病気の社会的側面を考える枠組みではない。病気を医学的問題としてのみ考えることは、病者にどのような地位・役割が割り当てられるのか、このことに伴う問題は誰がどのように解決しているのか、また負担はどのように配分されるのかといった問いを放置することになる。医学的思考、少なくとも生物医学的思考は、そのような問いを考えるのにむいていない。

病者や病者にかかわる人々に理不尽なことが起きていないか、起きているとすればそれはどのような原因で起きており、それを防ぐためにはどうすればいいのか。こうした問いを考えるためには社会学的な思考が不可欠である。病気の社会学の必要性と可能性はここにある。

（1）ここで参照しているのは、厚生労働省が社団法人産業カウンセラー協会に委託して開設した「こころの耳」というサイトである。このサイトは「職場のメンタルヘルス対策（自殺予防対策を含む。）及び過重労働対策について、事業者、労働者、家族等からの基本的な問いかけに対し、迅速に、かつ、的確に対応できる基盤を整備すること」を「目的」に掲げている。http://kokoro.mhlw.go.jp/（2012.9.7）

（2）社会学、人類学では illness は「病」と訳されることが多いが、本章では「病」とほぼ同義で日々の生活で使われることの多い「病気」という語を用いる。

（3）黒田浩一郎によると「『近代医療（modern medicine）』とは、近代社会における狭義の『医療』の主要な形態である。近代社会と同じく、近代医療も歴史上、一八世紀から一九世紀前半にかけて、ヨーロッパで最初に成立するため、その起源を示すために『近代西洋医療（modern Western medicine）』ということもある」。近代医療の特性としては「①知識の側面での近代医学、②治療者の側面での専門職としての医師を中心とする医療、③治療の中心的な場という側面での病院、④医療への国家の大規模な関与」

の四点が指摘できる（黒田 2005：149）。

（4）「さしあたり」と述べたのは、厳密にいえば次のような問題があるからである。パーソンズのいう「全体としての社会」を横切って成立し、しかも「全体としての社会」に深くかかわる社会システムもあるからである。たとえば医学研究という営み、つまり社会システムは、一国の社会（という「全体としての社会」）の内部では完結していない。アメリカで発表された論文が、ただちに日本における研究で参照されることも珍しくない。こうしたグローバルな社会システムは、パーソンズの「全体としての社会」とそのサブシステムという構図には位置づけにくい。こうした一国の社会を横切って成立する社会システムについては、A・ギデンズによる「抽象的システム」とその各社会における「脱埋め込み」と「再埋め込み」をめぐる考察（ギデンズ 1993）が示唆的である。

（5）「疾病」は disease の訳語である。なお disease は、一般に生物医学的（「生物医学」については後述）に病気をとらえるとき用いられる語である。本章も、この用法に従っている。

（6）医療化と脱医療化については、P・コンラッドとJ・シュナイダーの論考（コンラッド・シュナイダー 2003）が詳しい。近年の動向についてはコンラッドの論考（コンラッド 2006）を参照のこと。

（7）医療というサブシステムにおける病者の位置づけは「医療社会学」といわれる研究領域の古典的テーマである。国家の医療政策は、医療社会学の他、政治学でも医療政策のプロセスが研究されている。家族については、医療社会学の他、家族社会学でも論じられている。医療社会学の展開については、進藤雄三の論考（1990）が詳しい。医療社会学の概説書としては、筆者の共編著（中川・黒田 2010）がある。医療政策の政治学的研究としては、J・キャンベルと池上直己の論考（キャンベル・池上 1996）が、やや古いが優れている。A・ストラウスらの「慢性」の病気の古典的研究（ストラウス他 1984＝1987）は病者との関係において家族をクローズアップした病気・病者研究でもある。家族社会学では、高齢者・障害者のケア・介護の研究が蓄積されている（井口 2010）。こうした研究における「高齢者・障害者」には、病気のためにケア・介護が必要になった人が少なからず含まれている。

（8）タスクは task のカタカナ書きである。この語は、作業、職務、任務といった訳語があてられることが多い。

（9）現代日本では、法、つまり国家というサブシステムの定めた規則によって、会社（というサブシステム）は病気の従業員には一定の配慮をしなければならないことが定められている。こうした法的規定の効果についての考察は、サブシステムの相互作用という主題に入り込むことになるので、ここでは措く。

（10）ここでいう「サブシステム」は、会社という社会システムのサブシステムである。したがって「全体としての社会」からするとこれは「サブシステムのサブシステム」である。

(11) 「確率論的」という表現は「確率論的病因論」（佐藤純一 2010b：105-108）から借りている。

(12) 佐藤純一は「生活習慣病」を事例に、確率論的病因論から「犠牲者非難イデオロギー」が生み出されるプロセスを分析している（佐藤純一 2010b）。

(13) とはいえ医師が、医学的にオーソライズされないまま、犠牲者非難イデオロギーを主張することもある（佐藤純一 2010b：122-124）。

(14) 第１部で取り上げた厚生労働省の「働く人のメンタルヘルス・ポータルサイト」には「ストレスを減らし心の健康を増進するための職場環境等改善方法や事例」も紹介されている。http://kokoro.mhlw.go.jp/tool/employer/diagnosis/index.html（2013.5.7）

参考文献

井口高志（2010）「支援・ケアの社会学と家族研究——ケアの『社会化』をめぐる研究を中心に」『家族社会学研究』二二巻二号。

小俣和一郎（1997）『精神医学とナチズム——裁かれるユング、ハイデガー』講談社。

キャンベル、Ｊ＆池上直己（1996）『日本の医療』中央公論新社。

ギデンズ、Ａ（1993）『近代とはいかなる時代か？——モダニティの帰結』（松尾精文・小幡正敏訳）而立書房。

黒田浩一郎（2005）「病／医療と社会学理論」宝月誠・進藤雄三編『社会的コントロールの現在』世界思想社。

コンラッド、Ｐ＆シュナイダー、Ｊ（2003）『逸脱と医療化——悪から病いへ』（進藤雄三監訳／杉田聡・近藤正英訳）ミネルヴァ書房。

コンラッド、Ｐ（2006）『医療化の推進力の変容』（進藤雄三・松本訓枝訳）森田洋司・進藤雄三編『医療化のポリティクス』学文社。

佐藤純一（2010a）「生物医学」中川輝彦・黒田浩一郎編『よくわかる医療社会学』ミネルヴァ書房。

佐藤純一（2010b）「生活習慣病」佐藤純一・土屋貴志・黒田浩一郎編『先端医療の社会学』世界思想社。

佐藤俊樹（1993）『近代・組織・資本主義』ミネルヴァ書房。

進藤雄三（1990）『医療の社会学』世界思想社。

ストラウス、Ａほか（1984）『慢性疾患を生きる——ケアとクォリティ・ライフの接点』（南裕子・木下康仁・野嶋佐由美訳）医学書院。

中川輝彦・黒田浩一郎編（2010）『よくわかる医療社会学』ミネルヴァ書房。

パーソンズ、Ｔ（1974）『社会体系論』（佐藤勉訳）青木書店。

マートン、Ｒ（1961）『社会理論と社会構造』（森東吾・森好夫・金沢実・中島竜太郎訳）みすず書房。

ルーマン、Ｎ（1992）『公式組織の機能とその派生的問題（上）』（沢谷豊・関口光春・長谷川幸一訳）新泉社。

Freidson, E. (1988) *Profession of Medicine : A Study of the Sociology of Applied Knowledge*, Chicago and London : The University of Chicago Press.

第12章　争　い——人間の自由とシステムの進化——

内海博文

社会秩序の手がかりは，ゲームの楽しさにあるのかもしれない。(撮影：森田良成)

この章で学ぶこと

争いのない世界は理想的に思えるが、現実の人間世界に争いはつきものである。だが少し視点を変えれば、争いは否定的なものとはいいきれない。人間の自由という理念と結びつけて考えれば、むしろ争いは人間の世界に必要な現象といえるかもしれない。この章では、争いに関するアプローチという観点から、近代市民社会論や社会学／人類学の議論を整理し、それにもとづいて、競争とコンフリクトという二つのタイプの争いについて考えてみる。そこに浮かび上がるのは、近代における争いを処理するシステムの重要性である。人間の自由と秩序の両立には、紛争処理システムの発展が欠かせなかった。だが現代においてもうまく処理できないコンフリクトが数多くある。人間が自由という価値を手放さないのであれば、紛争処理システムをさらに進化させていく必要があるだろう。そんなことを考えてみたい。

1　競争とコンフリクト

田中芳樹氏の小説『銀河英雄伝説』（以下『銀英伝』）は、一五〇〇万部以上を売り上げたベストセラーである。銀河系を舞台にしたSFだが群像劇に重きを置いている。専制政治の銀河帝国と民主主義を掲げた自由惑星同盟の盛衰を背景に、二人の主人公と仲間の歴史が描かれる。見せ場は帝国と同盟の戦争であり、なかでも主人公たちのそれである。政治的立場を越えて認め合う二人の軍事的天才が戦略と戦術を駆使して繰り広げる戦争は、チェスやサッカーといったゲームのように息詰まるものである。

ただし戦争の賛美が『銀英伝』の真意ではない。あっけなく凄惨に死ぬ一兵士の描写は戦争の悲惨さを嫌というほど知らしめる。安全な場所から戦争を賛美し愛国心を鼓舞する政治家や、権勢欲や虚栄心、精神論に憑かれたリーダー、部下に責任転嫁する上司といった人物は、戦争の醜悪さをみせつける。戦争以外にも、暴動やクーデター、宮廷闘争や政権争い、暗殺や陰謀、宗教と政治の争いなどが登場するが、その多くは主人公たちの戦争とは違って敵手への敬意を欠いたものである。さまざまに描かれる争いの過酷さや醜さが、主人公たちの戦争をいわば浄化する役目を担っている。

愚劣さという点でひときわ際立っている争いが、同盟側の主人公に対する査問会と冤罪のシーンである。

査問会のシーンでは、戦争と祖国愛を賛美してやまない政治権力者たちが主人公を精神的リンチにかける。手続きを無視したこの査問会では、主人公の「反抗的」で「不見識」な言動があげつらわれる。当然主人公は査問会の法的根拠や手続きを問う。だが説明はなく、その態度自体が「不遜」で「反抗的」、「不見識」とみなされる。事態はエスカレートし、やがて査問会はこう告げる。主人公の態度は秩序を乱し、査問会の権威と品格を傷つけるものである、よってその品性を告発せねばならない、と。なかでもたちが悪いのは、この査問会のでたらめさを（一人を除いて）誰も指摘しないことである。自分たちの規程無視は棚に上げ、愚にもつかないことをシリアス顔で規則違反だと言い立てる。民主国家とは思えない茶番である。

冤罪のシーンは輪をかけてたちが悪い。この時点で同盟は帝国に占領されている。帝国による完全統治を避けたい同盟政府は、介入の口実を与えないという理由で主人公を逮捕する。同盟や民主主義を守るために、噂や風聞を利用して主人公を謀殺しようとするのである。このシーンでおもしろいのは、逮捕の首謀者たる政治家が自分を事態の被害者だと思っていることである。空気を読んでいるつもりなのか、帝国の思惑をご丁寧に先取りする。かくもまぬけでありながら（だからこそ）、自分を悲劇のヒーローと勘違いする。私個人は君を信じている、だが私情と組織は別である、帝国の介入を避けるには君を逮捕するしかない。苦悶の表情でそう語る。ついには国家のための自己犠牲こそ人間の最も崇高な行為だといいだす始末である。この政治家に主人公の仲間が投げつけるセリフは辛辣である。「手足を切りとるのは、たしかに痛いでしょう。ですが、切り捨てられる手足から見れば、結局のところどんな涙も自己陶酔にすぎませんよ。自分は国のために私情を殺して筋をとおした、自分はなんとかわいそうで、しかもりっぱな男なんだ、というわけですな。『泣いて馬謖を斬る』か、ふん。自分が犠牲にならずにすむなら、いくらだってうれし涙が出ようってものでしょうな」。

しかしこれらのシーンは、単に醜悪なだけでなく、意外なほど厄介である。たしかに査問会や冤罪は法的根拠や証拠を欠いている。しかしその行為は、民主主義体制下で力を与えられた者たちが行うという点で、たとえまがい物であれ、最低限の正当性の仮面を被っている。ゆえに主人公も簡単には逆らえない。個人の権利や人権をもちだして反論するのが関の山である。

だがその反論も国家の権威や存続といった言葉の前に封じられる。結局、軍事的天才である主人公も自力では危機を克服できない。危機を脱するのは、外的要因や仲間たちの違法な救助のおかげである。その意味で主人公は査問会や取り調べのゲームに勝利したわけではない。いわばゲームそのものをひっくり返すことで、かろうじて処分や謀殺を免れる。

『銀英伝』は若者向けの娯楽小説だが、査問会や冤罪のシーンは娯楽小説を越えた奥行きをもつ。これらのシーンは、たしかに理不尽でバカバカしい。だがこの手の茶番劇は、現実にも意外とたくさん転がってはいないだろうか。対等に競い合うゲームの顔をしながら、実際にはゲームにならない不利な条件を押しつけられ、それへの異議申立ても許されず、ゲーム自体を強引にひっくり返すしか逃れる方法がないという状況が、である。とくにそうした状況を経験したことがある人は、これらのシーンに妙な生々しさを感じるだろう。人間の「争い」に関して『銀英伝』は、たぶんいいところをついている。

一般に人間の「争い」という現象は、二種類に区別される（Outhwaite ed. 2006 : 106）。一つは同じ価値をめぐって競い合うゲームとしての「争い」である。通常これは「競争」と呼ばれる。もう一つは異なる価値のあいだの競い合いであり、いわばゲームの正当性をめぐる競い合いである。ここではこれを「コンフリクト」と呼んでおく。『銀英伝』でいえば、主人公たちの戦争はかぎりなく純粋な競争に近い。これに対して査問会や冤罪のシーンは、法のもとでの競争にみせかけたコンフリクトである。

以下では、社会学／人類学での「争い」へのアプローチの大きな流れを概観したうえで、とくに競争とコンフリクトの区別を念頭に置きながら、人間の「争い」について考えてみたい。

2　個人・争い・秩序

個人という考え方と人間の自由

社会学／人類学を含む近代の社会理論にとって争いは重要なテーマである。たまたまそうなのではない。それなりの理由がある。

近代とは「近代性」の開花によって特徴づけられる時代である。「近代性」とは、近代においてさまざまなレベルと方面で開花する、新しいものの考え方やふるまい方、関係性や制度の総称である。[1] 近代性の具体的な姿を一言で説明するのは難しいが、あえて中心にあるものを一つ挙げれば「個人」という考え方であるだろう。

“individual（個人）”という言葉は、“in-”と“divide”の組み合わせからなる。“in-”は「できない」の意味であり、“divide”は「分ける」の意味である。近代の幕開けにあたって古典的な物理学や化学は、物質の「それ以上分けられない」最小の構成要素として「原子」を発見した。原子の社会バージョンが「個人」である。社会を分割していって、「それ以上分割することのできないもの」として発見されるのが「個人」である。[2]

近代以前の西欧では、人間は個人ではなかった。個人という考え方より力をもっていたのが、身分である。言葉遣いや服装、居住地や職業、結婚や政治参加といった事柄は、個々人の自由ではなく身分によって制限されていた。この身分の壁を個人という考え方は突破する。人間が個人であるとは、人間が身分のしばりなく、考え方やふるまい方、関係性などを自由に選べるということである。個人という考え方を生み出したのは、身分にしばられない人間の自由という理念であった。

個人と争い――秩序問題

しかし個人という考え方は新しい問題も生じさせる。考え方やふるまい方、関係性をそれぞれの人間が選べるということは、人間同士の違いが大きくなることである。違う人間が集まると争いが生じやすくなる。違う人間たちが争いを乗り越えて共存するにはどうすればいいか。個人という考え方を重視するなら、こうした問題につきあたる。良くも悪くも安定していた身分からなる秩序を解体し、個人という単位を新しく発見した近代は、諸個人の社会はいかにして可能か、という問いを抱え込む。社会学で「秩序問題」と呼ばれている問題である。[3]

秩序問題に先駆的に取り組んだ思想家が、T・ホッブズである。『リヴァイアサン』（1651）でホッブズが秩序問題の解法として提示したのが、契約と代表である。ホッブズによれば、諸個人は放っておけば「万人の万人に対する闘争」という、お互いがお互いに対して「狼」である状態に陥る。だがその愚かさにやがて気づく。「万人の万人に対する闘争」を避けるために人々がみつけだすのが契約と代表である。契約とは、諸個人が生まれながらにもっている力のいくつか——暴力など——を放棄し、お互いの共存のために国家という強力な統治機構の制作に同意することである。これに対して代表とは、独占した暴力によってあらゆる人に畏怖の念を抱かせる強力な国家を、諸個人の意志に従属させることである。諸個人を越えた力をもちながら諸個人に従属するという、矛盾した性質をもつ「偉大なリヴァイアサン」(硬い鱗と巨大さで最強の生物とされる旧約聖書中の海の怪物)あるいは「人工的人間」としての国家。秩序問題に対してホッブズが示したのは、いわばその政治学的解法である(▼第9章)。

『リヴァイアサン』で言語化された秩序問題は、一見すると争いを否定するかにみえる。だが見方を変えれば次のようにもいえる。人間を身分という観点からとらえておけば、秩序問題が問題とするような争いはそもそも生じない。なのに人間を個人と考えることで、人間の秩序にわざわざ争いをもちこむのが秩序問題である。なぜ争いをもちこむのか。それが人間の自由の拡大を意味するからである。その意味で秩序問題という問いの立て方は、単に争いを避けようとするのではない。自由の拡大を意味するかぎりでむしろ争いを愛好する。争いをできるだけ許容すると同時に、それでもなお破壊されない秩序を構想する。これがホッブズの示した秩序問題である。

ホッブズとは別のかたちで秩序問題の解法をみつけたのが、A・スミスである。スミスの『国富論』は別の箇所で触れた(▼第8章)。ここではホッブズと対比させて、スミスの解法を整理する。ホッブズにおける契約と代表に相当するのが、スミスでは分業と交換である。またホッブズにおいて契約と代表によって作り上げられるのは国家という秩序だが、スミスにおいて分業と交換が作り上げるのは市場である(▼第7章)。これら概念の違いに表現されているのは次のような違いである。ホッブズにおいては、国家という秩序を作り上げる際に、契約と代表という意識的な行為が必要である。これに対してスミスのいう市場という秩序の場合、その制作に必要なのは分業と交換であり、これらは際立って意識的な努力を必要としない、とされる。それらは諸個人による私利私欲の自由な追求という、多くの人々にとっていわば「自然」に思われる方法で実現される、という。この点でスミスの解法のほうが、争いの許容と秩序の両立に関して無理が少ない。ホッブズと対比させていえば、スミスは秩序問題の経済学的解法を示したといえる。

以上のように近代は、個人という考え方を人間世界にもちこんだ時代である。だから争いの問題と向き合わなければならなくなる。近代の社会理論にとって争いが重要なテーマになる理由である。そこに登場してきたホッブズやスミスの社会理論は、近代市民社会論としてまとめられる。現実の専制的な王権や身分制度に対して、自由な諸個人＝市民による民主的な社会を構想したからである。近代市民社会論は、自然についての科学的思考とともに一七、一八世紀の西欧啓蒙思想の中心となり、一八世紀末のアメリカ独立戦争やフランス革命などを経て近代の到来に多大なインパクトを及ぼした（▼第５章）[4]。その影響はいまも継続中である。ホッブズやＪ・ロック、Ｊ・Ｊ・ルソーやスミスらの社会理論を知らずとも、人間の自由や個人という考え方は私たちの生活のさまざまな場面に浸透している。国家や市場も制度としてある程度定着をみている。またこれらの考え方や制度が検討しなおされる場合、ホッブズやロック、ルソーやスミスらの市民社会論があいかわらず参照される。たとえば社会を律する「正義」の探究を課題とする政治哲学的な「正義論」も、これらを重要な手がかりに展開されている（Ｊ・ロールズ）。

近代市民社会論と社会学／人類学

社会学や人類学も近代市民社会論の子孫であり、その影響を陰に陽に受けている。一方で社会学や人類学は、近代における社会理論として、個人や自由という考え方に価値を置くという規範的なスタンスをもちこみやすい。他方で社会学や人類学は、近代についての社会理論として、自らの価値観がどうであれ、個人や自由という考え方を重視する近代性の展開、という現実の分析に従事する。規範的な態度で臨むにせよ、現実分析という態度で臨むにせよ、社会学や人類学は個人や自由という考え方を無視できない。ゆえに社会学や人類学は、自由と秩序の両立という秩序問題に直面する。社会学や人類学は、秩序問題を中心とした争いの問題にさまざまな角度からアプローチしてきた。

社会学／人類学における秩序問題あるいは争いへのアプローチを時期によってあえて分ければ、二〇世紀の前半と後半に分けられる。それぞれの特徴を簡潔にいえば、前者は人間像の修正であり、後者は文化概念の修正である。

二〇世紀前半の社会学／人類学と秩序問題――人間像の修正

二〇世紀前半の社会学における秩序問題へのアプローチは、近代市民社会論での人間像との違いという観点から整理できる。

近代市民社会論が出発点としたのは、個人としての人間が生まれながらに共通して備える「人間本性（人間的自然）」という考え方である。人間本性としてホッブズは自己保存を挙げ、スミスは自己利益の追求を挙げた。いずれも特定の本性を備えた複数の人間が出会えばどうなるか、という議論構成になっている。

これに対して二〇世紀前半の社会学は、近代市民社会論の人間像の制限を取っ払う。たしかに人間は自己保存や自己利益の増大を望むという性質をもっているかもしれない。しかしそれだけが人間の性質ではない。近代において新たな姿をとって現れる宗教的信仰や「愛情」を拠り所にする近代家族は、自己保存や自己利益だけでは説明しがたい（▼第4章）。「遊び」と呼ばれる活動は、自己保存や自己利益が目的のすべてになったときには「遊び」ではない（▼第6章）。職場での労働ですら、単純な自己保存や自己利益を越えたわけのわからないことでいっぱいである（▼第8章）。近代市民社会論が想定したよりも人間は複雑である、と社会学はみた。自己保存や自己利益を越える人間の性質を視野におさめつつ、あらためて秩序問題に向き合おうとしたのが、二〇世紀前半の社会学である。

これを争いへのアプローチとしていいなおせば次のようになる。二〇世紀前半の社会学は、人間像の修正という作業を通じて、近代市民社会論がそうであったよりも積極的に争いを秩序のなかに取り込もうとした。E・デュルケムの「アノミー」の概念や、T・パーソンズの「二重の状況依存性（ダブル・コンティンジェンシー）」といった概念はその典型である。「アノミー」とは、諸個人の相互行為が共通の規範によって適切に規制されない状態のことである（▼第8章）。「二重の状況依存性」とは、異なる考えと実行能力をもった自己と他者が、それぞれの行為に際して互いに相手の考えや実行の仕方に依存しているため、どちらの側も（つまり二重に）自分の考えや実行を思いどおりに遂行できるか不確定であるという、人間の相互行為の基本的な特性である。いずれも人間の性質が複雑であり、それゆえ人間世界にさまざまな争いが存在しうることをあらわそうとした概念である。こうした見方がでてきた一つの理由は、たとえば二〇世紀前半に起こった二つの世界大戦やホロコースト（大量虐殺）である。国家や市場という秩序問題の解法がそれなりに作動しているはずの二〇世紀に生じた現実の争いは、人間の性質や争いの多様性を問い直し、あらためて秩序問題を検討することを要請した。そこに痛感されたのが、共通の価値や規範といった「文化」の重要性である。自由や個人という考え方が主流になる近代にあっても、共通の価値や規範による「アノミー」や「二重の状況依存性」の制御は必要である。できるだけ自由や個人という考え方とぶつかることなく、秩序を可能にする「文化」を模索すること。これが二〇世紀前半における秩序問題の社会学的解法である。

同時期の人類学にも、人間像の見直しがみてとれる。二〇世紀初頭は、人類学が長期滞在型のフィールドワークを開始した時代である。フィールドワークを通じて人類学者は、近代市民社会論で想定された合理性からは理解できない世界を身を以て経験する。B・マリノフスキーの『西太平洋の遠洋航海者』(1922)には、トロブリアンド諸島を輪のようにめぐる「クラ」と呼ばれる交換制度が登場する。近代的な見方からすれば、「クラ」は物質的な利益を目的にした経済的交換にみえる。だがこの見方ではクラは理解できない。経済だけでなく、同時に宗教・親族・政治などにわたる多義的な意味をもった現象とみたとき、はじめてそれは理解できる。人類学がみいだしたのは、政治・経済・文化・社会といった具合に人間世界をばらして考え、そのどこかに注意を集中したがる近代西洋の見方では理解できない人間の世界であり、近代西欧の想定する合理性とは異なる合理性に即して行為する人間の姿である。ただし、人類学によるこの人間像の見直しは社会学のそれよりも根本的である。社会学は、近代市民社会論の想定よりも人間が複雑であることを指摘したが、個人という考え方は基本的には維持した。これに対して人類学は、個人という人間像の普遍性に疑問を差し挟んだ。個人という人間像はいつでもどこでもあてはまるものではなく、近代西洋に特有の考え方ではないかという疑問である。社会学のように個人の多様性に気づいただけでなく、人類学は個人という考え方を含めた人間の多様性に気づいたわけである。

個人という人間像の普遍性を疑問視する人類学は、個人という人間像にもとづく秩序問題や争いの問題とあまり関係がないようにみえる。しかし個人という考え方からはみだす人間の可能性をみいだした人類学は、国家や市場のような個人を基礎に置いた秩序とは異なる多様な秩序もまたみいだした。同じ「文化」をキーワードにしながら、個人という人間像を前提にした「文化」を模索した社会学に対し、人類学はそれぞれの社会を可能にしている価値や規範といった多様な「文化」の理解を試みた。ここに人類学は、秩序問題という問題の立て方や争いへのアプローチをひっくり返す可能性を高めていく。ただしそれが明確に意識されるのは二〇世紀後半である。

以上のように二〇世紀前半の社会学／人類学は、人間像の修正という作業を通じて、共通の価値や規範に基礎づけられた、国家や市場とは異なる社会秩序という問題領域を開拓した。この秩序像の変更に伴って、争いもまた政治闘争や市場競争にとどまらない複雑な現象としてイメージされるようになった。そうした争いの根底にあるものとして注目されたのが文化である。(5) 単なる自己保存や自己利益ではなく、ものの見方の相違が争いを生み出しているという見方である。偏った信念という意味で用いられる「イデオロギー」概念の浸透は、この時期の社会学や人類学の特徴をあらわす一例である。

二〇世紀後半の社会学／人類学と秩序問題——文化概念の修正

二〇世紀後半における秩序問題や争いへのアプローチは、社会学者・人類学者と研究対象とされる人間のあいだの関係の変化を特徴とする（▼第15章）。従来までの社会学や人類学は、研究対象とされた人々を、自分たちの見方にもとづいて一方的に記述してきたのではないか。いわば社会学者や人類学者による、自分たちのイデオロギーに対する反省からこの変化は生じてくる。それに伴い秩序問題や争いのとらえ方も変化する。個人を前提にした秩序問題という問いの立て方自体、西洋中心的な偏った見方ではなかったか。同様に、そうした秩序問題を前提とする争いのとらえ方も不十分ではなかったか。二〇世紀前半の人類学のもっていた可能性が現実のもとになる。

社会学においてこの変化は「コミュニケーション」概念の重要性として現れてくる。従来の社会学は、個人という人間像をもとに秩序問題を考えてきた。そこに不足していたのは、社会学によって研究対象とされている当の人々が、自分たちや他者をそもそもどのようなものとしてイメージしながらふるまっているか、またそうした人々が秩序というものをどのようにイメージしながら作り出しているのか、という視点である。社会学は本来人々のリアリティを重視するという視点をもっていた。しかし二〇世紀前半における社会学の発展とともにその視点はいささか弱まっていった。人々における人間と秩序のイメージを理解するという視点の重要性が、二〇世紀後半にあらためて高まりをみせる。この作業には、個人と社会秩序という概念セットでは不十分である。ここで重要になるのが「コミュニケーション」概念である。

「コミュニケーション」とは、個々の人間と社会秩序のあいだに位置する人々の相互作用のことであり、それを通じて人々の分かちもつ人間のイメージや秩序のイメージが生み出されてくる過程である。二〇世紀前半の社会学での文化概念と対比させていえば、個々の人間のいわば外側にある固定したものとしてイメージされてきた文化を、それが生み出され、維持され、変化していく過程（プロセス）としてイメージしなおすところに現れてきたのがコミュニケーション概念である。コミュニケーションという観点から眺めることで秩序問題は、諸個人の秩序はいかにして可能かという社会学者目線の問いではなくなる。代わって、コミュニケーションのなかで秩序がどのように想像され、その構成要素とメカニズムがどのようにとらえられ、どのような実践やモノによってそれが実現されているかを明らかにする、という問いに変換される。これが二〇世紀後半の社会学における秩序問題へのアプローチである。E・ゴッフマンやエスノメソドロジーはその代表格である（▼第6・14・15章）。

同時期の人類学も、類似した反省に取り組んでいく。ただし人類学は、個人という人間像にもとづいた秩序問題、という問題の立て方や争いへのアプローチへの批判を、二〇世紀前半から蓄積してきた。社会学のようにわざわざコミュニケーション概念を導入して、人々における秩序の方法を解明するという方向にアップデートする必要はないはずである。だがそれでも人類学は、人類学者と対象とされる人々の関係を問い直していく。とりわけ力を注いだのは、研究対象とされた人々における秩序の想像と、自分たちにおける秩序の想像との絡み合いという問題である。二〇世紀前半の人類学的な文化概念と対比させていえば、従来の人類学は、西洋とは異なるそれぞれの文化の個性を強調するあまり、文化をスタンドアロンで存在する独立の存在とみなしてきた。しかし世界各地のさまざまな文化の現状は、昔から続く伝統というより、西洋文化とのコミュニケーションのなかで成立してきたのではないか、そしてそのコミュニケーションの一端を人類学が担ってきたのではないか。こうした観点から人類学のリハビリテーションに取り組んだのが二〇世紀後半である。M・ダグラスやC・ギアツはその代表格である。

以上のように二〇世紀後半の社会学／人類学は、文化概念の更新を通じて、固定的な社会秩序のイメージを問い直し、プロセスとしての社会秩序というイメージを開拓した。この秩序像の変更に伴って争いのイメージも、社会学者・人類学者があらかじめ中身を確定するのではなく、人々による秩序の想像と実践のなかで作り出されているもの、というイメージに変わっていく。加えて社会学や人類学にとって争いは、もはや高みの見物のように他人事として観察できるものではなくなる。社会学／人類学というコミュニケーションは、人々の秩序の方法や争いの分析を通じて、人々における秩序の方法と争いの経験に影響を与えているからである。原因と結果がわかりやすい因果関係を結ぶのではなく、お互いがお互いの原因となり結果となる様をあらわす「再帰性」概念の流行は、この時期の社会学／人類学の変化をあらわす一例である。

近代市民社会論の場合と比べれば、現代の社会学や人類学にとって争いははるかに複雑な現象である。それは異なる人々の接触を通じて現実の争いの複雑さが増してきたことに加えて、社会学／人類学による争いのとらえ方が変化してきたからである。手持ちの枠組みに即して眺めるのではなく、人々の目線から争いをとらえるかぎり、争いは複雑でしかありえない。そうした方向に社会学／人類学の争いのとらえ方が変化してきた理由は、一つには現実の社会が自由の深化・拡大という価値を持ち続けてきたからであり、もう一つには社会学や人類学も自由の深化・拡大という価値を持ち続けてきたからである。つまり、人間の自由を重要なものだと考えるかぎり、争いを社会学／人類学によって一刀両断してしまうのではなく、当事者の目線により以上配慮するしかない。その意味で社会学や人類学の歴史は、人間の自由の拡大という近代的価値に即して、秩序という問題のなかにより多くの争いを取り込もうとしてきた歴史だといえる。近代市民社会論の傍流である社会学や人類学は、近代市民社会論の直系である経済学や政治学、法学など以上に、その問題設定を色濃く継承してきたといえるかもしれない。

3　システムと争い

分割できる紛争と分割できない紛争

自由という観点からみた場合、秩序により多くの争いを取り込もうとする姿勢は重要である。頭から争いを否定したのでは自由の深化は望めない。しかしそのことは、争いの賛美という安易な意味で理解すべきではない。たいていの争いは心底呆れるほどくだらない。なのに嫌になるほど面倒くさい。人死にすら出る。だからそんな争いのすべてが人間の自由を拡大するとは、よほどの脳天気でなければいえないだろう。争いについてもう少しつっこんで考えるために、開発経済学者A・O・ハーシュマンの議論を参照するところから始めよう（ハーシュマン 2004：272-291）。

争いへのアプローチの手がかりとして、ハーシュマンは「分割できる紛争」と「分割できない紛争」という概念セットを提示する。「分割できる紛争」とは、誰がより多く得て、誰がより少なく得るかをめぐる「多いか-少ないか型」の争いである。本章の冒頭と対応させていえば競争に相当する。分割できる紛争ないし競争は、対等なプレイヤー同士が特定の争点をめぐって繰り広げる、いわばゲームとなった争いである。それは交渉や妥協によって解決可能だが、解決はあくまで一時的であり、状況が変われば競争が再開される。これに対し「分割できない紛争」とは、複数の価値のあいだでのゲーム化されていない争いであり、ゼロサム的な「あれか-これか型」の争いである。本章の冒頭との対応でいえばコンフリクトに相当する。分割できない紛争ないしコンフリクトは交渉や妥協が難しく、相手の完全な排除という発想につながりやすい。相手を排除することで争いを最終的に解決し、争いのない正しい社会にいたる、というわけである。

ハーシュマンによれば、第二次世界大戦後に発達してきたのは、分割できる紛争の実践である。例として階級闘争が挙げられる（▼第3・8章）。一九世紀において階級闘争は、分割できない紛争と思われていた。そこに階級を永久に葬り去ろうとする社会主義や共産主義が生まれてきた。これに対し第二次世界大戦後の資本主義諸国では、社会保障や労使交渉の制度化などにより、階級問題は交渉や妥協によって「どうにか切り抜ける」ことができる分割できる紛争に変わっていった（▼第10章）。

ハーシュマンは、こうした分割できる紛争に関する経験の積み重ねが、争いへのアプローチにとって意義をもつという。現時点では和解できないと思われている分割できない紛争にも、交渉と妥協の技術によって「分割できる」部分をみつけだすことは不可能ではない。ただしハーシュマンは、すべての争いをそう簡単に分割できる紛争ないし競争に変換できるとは考えない。たとえば戦争や領土問題といった争いは、なにかしらの経済的利害（石油などのエネルギー資源や排他的経済水域など）という「分割できる」争点と結びついている。だが、だからといってそれらは「分割できる」争点だけで発生しているわけではない。妥協的解決の困難な「あれか-これか型」の側面――この世から相手の民族の殲滅を心底願うといったような側面――をもっている。分割できない紛争は、分割できる紛争の実践をそれなりに重ねてきた現代でも、新たな高まりをみせる。それは、われわれがまだうまく管理する術を知らない「新しい、知られていない巨大な一群の問題」であり、経験を積むことでしか解決方法を手に入れられない、とハーシュマンはいう。

紛争処理のシステム化

ハーシュマンのいう分割できる紛争の実践の蓄積は、別の言葉でいえば、「紛争処理のシステム化」（中野 1994：125）と表現できる。ここでいう「システム化」とは次のような意味である。人々のコミュニケーションが狭い範囲に限定され、特定の文化が人々の生活をそれなりに支配している場合、対面的コミュニケーションで争いの和解や調停をはかることも可能である。しかし価値が多様化し、さまざまなメディアや装置によってコミュニケーションの規模や速度、複雑さが増した近代では、争いはしばしばあまりに複合的になり、原因とされる個々の行為と結果にも大きなアンバランスが生じる（航空機パイロットの誤操作が大惨事を引き起こすように）。さまざまな争いにおいて個々人が「責任をとる」ことは、（責任をとろうという）動機においても実際の行為においても困難になる。ここに現れるのが「紛争処理のシステム化」である。争いの処理は、対面的な交渉による和解や調停ではなく、標準化された基準や手続きにもとづいて行われるようになる。

交通事故の処理はそれを実感しやすい事例である。原則として交通事故は、当事者の対面的な交渉や和解だけでは処理されない。警察の介在によって法律に基づいた責任が一義的に確定される。事故処理上の示談交渉や損害の賠償も保険制度を介して行われる。個々の事案ごとに当事者間の交渉や妥協といったアドホック（場当たり的）な処理がされるのではなく、事故処理のためのいわばゲームが設定されており、そのゲームの遂行が実際の事故の処理と同一視されている。紛争処理のシステム化の例としては、他にも商品へのクレームや航空機事故への対応などが挙げられる。

あるいは紛争処理のシステム化という言葉を広くとれば、市場や国家といった制度自体、システム化の産物である。ホッブズやスミスの議論が示すように、国家や市場は、価値についての合意が容易には成立せず、対面的な交渉や妥協によって争いを処理することが困難な状況にあって、紛争処理用に発明されたゲームである。それは諸個人の自由と秩序の両立という関心に即して、複雑な諸要素からなる現実を近似的に簡略化することで、人々をその都度の対面的な交渉や調整、妥協といった作業から解放する（モノを買うたびに値段や支払い手段をいちいち交渉したり、政治的代表者を選び出すたびに手続きから決め直すとすれば、どんなにか大変なことだろう）（▼第7・11章）。

それがなければ複雑になりすぎる現実の争いを、簡略化した近似的ゲームに変換すること。それが紛争処理のシステム化である。ハーシュマンのいう分割できる紛争の実践の蓄積とは、さまざまな争いに関して人々を対面的な交渉によるその都度の和解や調停から解放するような、紛争処理のシステム化が進展してきた事態を指している。王のような権力者が個々の争いに対してアドホックに恣意的な処理を行うのではなく、普遍的な法の制定と運用によって争いに関する処理を均質化しようとする、近代の「法の支配」といわれる現象はその典型である。

システムの批判と進化

社会のシステム化は、社会学ではしばしば批判の対象となってきた。狭くは「法（制）化」と呼ばれ、広くは「官僚制」や「合理化」（M・ヴェーバー）、「自己規律化」（M・フーコー）や「システムによる生活世界の植民地化」（J・ハーバーマス）といった概念とともに批判的に分析されてきた（▼第8章）。「法化」とは、家庭や隣人、職場の人間関係など、法律には馴染まないとされてきた領域にまで法にもとづく紛争処理が入り込んでくることである。「官僚制」や「システムによる生活世界の植民地化」といった概念は、それぞれ強調点や論理は異なるが、システムの特徴である現実の簡略化や画一化が人々の生活に浸透することで、生の意味の喪失やアイデンティティの危機といったネガティブな効果をもたらす点に注目する。

むろんこうした批判的分析も、社会のシステム化の避けがたさやメリットを知らないわけではない。社会のシステム化は自由という近代的理念を実現する仕掛けであり効率性という利点をもつ。デメリットがあってもシステムを放棄してすむわけではない。だがそのことを認めつつも、社会のシステム化に一定の距離を置くのが社会学や人類学である。なぜか。

社会のシステム化は、複雑な現実をより単純な別のもので見立てる、という想像力の産物である（▼第6章）。争いの現実はそのまま扱うにはあまりに複雑すぎるので、よりシンプルな近似的な紛争処理のゲームで現実を置き換える。しかしいったん制度化された想像力は、想像力という言葉の柔らかさからすれば意外なほど強く、人々の行為を方向づける。それがうまく現実を構成できるとき、それ以外のかたちで世界を想像することすら困難になる。社会学や人類学は、あるシステムがいかに有益で不可避であろうとも、あくまで現実を一面的に切り取った見立て遊びの産物であることを忘れるべきではない、と考える。というのも、どれほど優れたシステムであれ、現状のシステムでは適切に処理できていない分割できない紛争が存在しているからである。一つの見立てにすぎない現状のシステムを現実と安易に同一視し、分割できない紛争を処理できなくても仕方ないものとして放置するのは、自由や自由の平等といった近代の建前からすれば、矛盾であり怠慢である。コンフリクトを取り込めるようなかたちへとシステムを進化させること。それは近代性が抱え込んだ避けがたい課題である。二〇世紀の社会学や人類学が、自分たちの用意した枠組みから争いを眺めるのではなく、人々の目線から争いをとらえる方向に変化してきたのも、その課題を敏感に感じとってきたからである。

コンフリクトの三類型

システムとの関係に絞ってコンフリクト（分割できない紛争）を整理すれば、少なくとも以下の三つが区分できる。

① 現状のシステムが対応できていないコンフリクト（システム外コンフリクト）
② 現状のシステムの不全が生み出すコンフリクト（偽装された競争）
③ 現状のシステムの健全な作動が生み出すコンフリクト（システム内コンフリクト）

それぞれ以下のようなものである。

①は、現状のシステムにそもそもうまく乗らず、紛争処理のシステムの外側で生じている争いである。たとえば家族や友人といった親密な関係での争いや、戦争や領土問題などの国家間の関係における争いが挙げられる。いずれも以前に比べれば紛争処理のシステム化が進んでいる。戦争や内戦に関していえば、二〇〇二年に設置された戦争犯罪等を管轄する国際刑事裁判所や真実和解委員会などの発展は、戦争処理のシステム化の一例である（石田 2011）。とはいえ家族や友人、国家間の関係にはシステム化されていない部分が多くあり、それらは争いの案件ごとに当事者が対面的に交渉することでアドホックに処理す

るよりほかない。家族や国家間の関係以外にも、まだどのシステムもうまく取り上げてくれない争いは、たとえば貧困や被災、疾病や移民、ステップ・ファミリーといった場面で数多く存在する。紛争処理のシステムに乗っていないこのタイプのコンフリクトは、「システム外コンフリクト」と呼べる。

②は、現在のシステムが建前どおりまともに作動していれば適切に処理されるはずだが、実際にはまともに作動していないために生じる争いである。裁判システムに私的な血縁関係や人間関係が深く関与しているケースや、市場システムに企業規模の過剰な格差が存在しているケースなどが挙げられる。サッカーで喩えれば、これらは一方のチームが審判と深い関係をもっていたり、一方のチームが一一人なのに他方が一〇〇人であるようなものである。これがコンフリクトを生み出すのは次のような理由による。ある争いに関して紛争処理のシステムがすでに確立されている。それは対等なプレイヤーが特定の争点をめぐって繰り広げる一種のゲームであるという建前ゆえに、正当性を帯びている。たとえば経済学では、プレイヤー同士が自由な競争を繰り広げることで財の効率的な配分が実現される完全競争市場が理想として想定されており、そのかぎりで市場は正当な紛争処理システムとされている。だが実際の市場は建前どおり機能していない（▼第7章）。経済学でも認められているように、完全競争市場のゲームなど現実には存在せず、あるのは不完全市場である。その結果、システムがきちんと作動していれば適切に処理されるはずの争いが適切に処理されない。システムを普通に作動させればよいのだが、それが容易ではない。だから、不適切な作動をしている現在のシステムを仕方ないとして受け入れるか、システム自体をひっくり返すか、しかないと感じられる。このタイプのコンフリクトは「偽装された競争」と呼べる。

③は、紛争を処理しようとするシステムの適切な作動が、意図せずして生み出している争いである。これは「官僚制」や「生活世界の植民地化」といった概念で社会学が伝統的に議論してきた現象である。生の意味喪失やアイデンティティ・クライシスといった抽象的なかたちで議論されることが多く、わかりやすい争いのかたちをとりにくい。だからといって重要性が低いわけではない。ある種の自殺や引きこもり、うつ病などを、ある正当な紛争処理システムの作動（たとえば会社）が個々人に及ぼす効果によって引き起こされる一種の争いとみなせば、重要性をイメージしやすいかもしれない（▼第11章）。また自殺や引きこもりに対する支援活動の高まりも、そうした争いが存在する傍証とみなせる。このタイプのコンフリクトは、

「システム内コンフリクト」と呼べる。

以上の分類は理屈上のものであり、現実のコンフリクトはこれらの混ざり合ったものとして現れてくる（たとえば②と③の区別はしばしば難しい）。またいずれのタイプのコンフリクトもさまざまな形態をとりうるが、一人では解決が困難であるゆえにしばしば集合行動のかたちで現象する。集合行動の典型は、たとえば二〇一一年の東北地方太平洋沖地震後の脱原発運動のような社会運動だが、(6)過激な場合には暴動やテロといった非合法の組織的暴力として現れることもある。

これらのコンフリクトは、ハーシュマンのいう、われわれがまだうまく管理する術を知らない「新しい、知られていない巨大な一群の問題」である。それを解決する方法は、やはりハーシュマンのいうように、結局のところ、経験を積むことでしか手に入れられないかもしれない。だが、もし私たちが人間の自由やその平等といった理念を放棄しないのなら、解決のための主な方向性は以下のようなものでしかない。現代のコンフリクトを取り込めるようにシステムを進化させる、というのがそれである。

もとよりこれは新しいものではない。近代性と呼ばれる考え方やふるまい方、関係性や制度の展開を貫いてきた方向性である。人間の自由やその平等という理念とともに幕を開けた近代は、原理上、争いの時代である。だから社会は自由と秩序を両立させるための仕掛けを工夫してきた。紛争処理システムはその中心的なものである。そして社会学や人類学も近代性の一要素である。ゆえに争いと秩序の分析を重要なテーマとし、現実のシステムに対して一定の距離を保った分析を行ってきた。その作業は、今後の社会学や人類学においても変わらず重要なものであり続けるであろう。

4　偽装された競争

最後に、偽装された競争に焦点を合わせておこう。偽装された競争は、上述のコンフリクトのなかでもとくにたちが悪い。システムが建前どおり機能していないにもかかわらず、対等なプレイヤーによる正当な競争のような顔をしているからである。冒頭で触れた『銀英伝』のエピソードも偽装された競争の一種である。

偽装された競争を理解するうえで有益なのが，G・ベイトソンが「ダブルバインド」と呼んだ状況である（ベイトソン 2000：297）。それはたとえば次のような状況である。言葉では「愛している」と言いながら，態度によって子どもを寄せつけない親がいる。この親との関係において子どもは「愛」と「憎悪」という矛盾したメッセージを受け取る（二重の束縛）。子どもが「愛」の言葉に応えようとすると「憎悪」の身ぶりによって拒否され，「憎悪」の身ぶりに応えれば「愛」の言葉によって非難される。矛盾を指摘しようにも，親は「愛している」と言い張る。その結果，子どもは苦痛や不適応症状を経験する。この症状に親は理解を示さない。自分は立派な親であり，おかしいのは子どもだと思うだけである。ダブルバインドの条件としてベイトソンは，①重要な関係，②矛盾するメッセージ，③それについての論評が阻害される状況の三つを挙げている。

偽装された競争はダブルバインドである。それは，自由と秩序を両立させる紛争処理システムという点で「重要な関係」①である。また偽装された競争は，対等なプレイヤーによる正当な競争を標榜しながら，実際にはまともな競争になっていないという点で「相矛盾するメッセージ」②を発している。この状況に置かれたプレイヤーは，どちらのメッセージに応じればよいのかわからない。競争のメッセージに応じれば不適切なシステムの作動によって裏切られ，不適切なシステムの作動に不適切な行為で応じれば競争のメッセージによって非難される。偽装された競争の矛盾を指摘しようにも，システムの正当性を主張される。ひっくり返そうとすれば，正当なシステムからの逸脱とされる。偽装された競争は「それについての論評が阻害される状況」③にある。

コンフリクトのなかでも偽装された競争に注目するのは，第一に，それが普通にみられるからである。偽装された競争といえば大げさだが，この手の状況は身の回りにいくらでも転がっている。先に挙げた市場もそうだが，市場の主要なアクターである会社にも多くの偽装された競争がある。会社は市場において利益や生産性の最大化を目指す組織であり，個々人にとっては異なる人々が共通の目的に向けて行う職場である。会社や職場は，経済法や労働基準法，労働組合法などのもとにある。これらルールは市場や労働の健全なゲーム性を保つのに必要なルールである。しかし実際の会社はそんなふうには機能しない。サービス残業というユニークな名前の賃金不払い労働が行われる。雇用者と被雇用者の契約の対等性を確保するための組合は平気で御用組合になる。会社内の地位体系という，市場でのゲームのスムーズな遂行という目的に即した限定的なものにすぎないものが、勤務時間外の私生活にも及んだり、逆に私的な人間関係が会社の人間関係に当たり前に入り込む。会社のゲーム性を忘れて専横的にふるまう経営者もいれば、昇進や評価に私的な好悪感情を平気でもちこむ上司もいる。そもそも会社は、意外なほど利潤の最大化を目指さない。私的な人間関係にもとづいて明らかに不合理な施策すら採用する。それは駄目だろうという施策も「他がやっているから」とか「上が言っているから」という理屈で実施される。その失敗の責任は、言い出しっぺの誰もとらず、しばしば下の現場の人間のせいにされる。それくらい適当なくせに、社会人＝会社人は「ニート」や「フリーター」よりはるかに立派だとドヤ顔でいわれる（▼第8章）。しかしこうした問題を指摘したところで、その行為自体が「不遜」で「反抗的」「不見識」とみなされる。あまりにしつこいと、精神的な病理や上司への嫌がらせといったレッテルすら貼られる。自由と秩序を両立するためのシステム、という建前が破られる偽装された競争は、枚挙にいとまがない。

第二に、偽装された競争は他のコンフリクト類型に及ぼす影響が大である。偽装された競争がシステム外コンフリクトに発展する例として、先に触れた脱原発運動にもう少しだけ触れておこう。

そもそも原発をめぐる紛争処理のシステム化の度合は、他の類似のケースに比べてもかなり低い。たとえば航空機などもひとたび事故が起これば甚大な被害を引き起こす。だが航空機事故に関しては、長い年月のあいだに、相対的に高い自律性をもった事故調査委員会（運輸安全委員会）、法的責任や損害賠償の範囲、保険制度などがそれなりに確立されている。これに対し原発では、そもそも政策決定機関からして人事システム等に疑念が多い。事故調査委員会も事故のたびに設置されるアドホックなものである[7]。保険制度も、大事故の損害賠償にはまったく対応できないレベルの企業向けの原発保険があるだけである。個人レベルでは原発事故をカヴァーしていない（▼第7章）。

もちろんシステム化の程度の低い原発であっても、裁判といういわば最低限の紛争処理システムは存在する。一九七三年に提訴された伊方原発訴訟以来、国の原子炉設置許可の取り消しを求める行政訴訟や、原発の運転停止を求める民事訴訟が行われてきた。その意味で、原子炉や原発をめぐる紛争に関してもシステム化の実践が多少とも積まれてきたといえる。たとえば伊方原発裁判は、当時日本初の科学裁判と呼ばれたが、原告が提出した大部の資料は原発の危険性を科学的に立証しようという姿勢において優れていた。

だが原子炉や原発をめぐる裁判システムが適切に作動してきたかといえば、疑わしい（磯村・山口 2013）。国側の安全性の主張を全面的に採用する論点先取や、原告に課せられた異様に高い立証責任は、代表的な疑問である。人事等を含めた最高裁による裁判統制や、最高裁判事の関係企業への天下りなど、もっと隠微な疑問点もある。しかし疑いがどれだけ濃厚でも、裁判は正当な紛争処理システムという顔をもつ。裁判の内部でシステムに疑義を差し挟むのは容易ではない。いったん結審すれば、判決や裁判システムをひっくり返すのは難しい。二〇一三年時点で、原発訴訟で原告が勝訴したケースは二件しかない（それらも上級審で覆されている）。原発訴訟というシステムは偽装された競争といえる。

二〇一一年の福島第一原発の事故以降、反原発・脱原発運動が各地で盛り上がりをみせている。システム外コンフリクトである。デモ活動や署名活動を中心としたそれは、原発に対する反対を主張する。だが原発反対を掲げた社会運動は、単なる反原発運動ではなく、その底流には原発をめぐる紛争処理システムへの異議申立てもあるように思われる。政策決定機関や事故調査、責任と賠償、保険制度といった原発をめぐるシステムが適切に設定され運営されてきたなら、今回の事故をめぐってシステム外コンフリクトが大規模に噴出することもなかっただろう。飛行機事故をめぐる大規模なシステム外コンフリクトが現在では想像しにくいように。だが原発をめぐるシステムは十分に適切なかたちで確立されてこなかったし、最低限の訴訟システムすら適切に作動してこなかった。そこに生じてきた反原発運動は、原発への賛否を重要な争点としつつも、ダブルバインドを抱えた原発紛争処理システムに対して、システムの外側から「ちゃんと話をしろ」「ちゃんと調整しろ」と訴えていると考えられる。原発をめぐる偽装された競争は、反原発運動の生みの親の一つだろう(8)。

原発訴訟や反原発運動は、特別な出来事のように思うかもしれない。だがそれに類する偽装された競争は、身の回りに転がっている。多すぎて慣れてしまっているとすらいえる。たぶんその一つひとつは、多くの場合たいしたことではない。だが、ささいな偽装された競争が大量に集まれば、人間の世界は矛盾に満ちたダブルバインドの世界となる。それがシステム外コンフリクトに転化されたりシステム内コンフリクトと結びつくことで、社会運動、テロや内戦、自殺やうつ病などが生み出されているとしたらどうだろう(9)。にもかかわらず、社会運動、暴動やテロ、自殺やうつ病などを、ダブルバインド状況での親のように、おかしな人の行動とみなしているとしたらどうだろう。このあいだまで原発訴訟や脱原発運動に懸命な人たちを変わった人たちとみていなかっただろうか。職場の組織的な問題を訴える人たちをお近づきになりたくないおかしな人と思っていないだろうか。これが、偽装された競争を支える最も強力で根の深い土台である。

さて私たちは、偽装された競争にどのくらい無関係だろうか。

(1) 近代性(モダニティ)については、厚東(2006)を参照。

(2) 個人については、作田(1996)を参照。

(3) 秩序問題や後述の「二重の状況依存性」については盛山(2011)を参照。また秩序問題は、どのような支配であれば正当とみなされうるか、という正当性の問題とも密接に関連する。支配の正当性に関しては、服従者の信念に焦点を合わせたヴェーバーの支配の三類型(個人的な才覚にもとづいたカリスマ的支配、伝統を根拠にした伝統的正支配、合理性を備えた法にもとづく合法的支配)がよく知られている。この観点からみれば秩序問題とは、カリスマ的支配や伝統的支配が中心的であった前近代から合法的支配が中心的となる近代への移行にあたって、いかなる合法的支配がありうるかをめぐる問題であるといえる。

(4) 市民社会論については植村(2001)、啓蒙主義については弓削(2004)を参照。

(5) 文化概念の多様な意味については、ウィリアムズ(2011)を参照。同書は英語における語彙の変遷や意味上の多様性を知るうえで有益である。

(6) 社会運動については、小熊(2012)やハーシュマン(2008)を参照。

(7) 二〇一一年の福島第一原子力発電所事故を機に、事故調査委員会に関する議論や実践が活発になっている(畑村・安部・淵上 2013)。また原発訴訟についても今後少なからず変化していく可能性がある。注目に値する。

(8) 福島原発事故を受けて二〇一二年に、「わが国にとって初めての試み」(第一回国民的議論に関する検証会合議事概要、座長の古川元久国家戦略担当大臣の発言)となる「国民的議論に関する検証会合」が開催された。意見聴取会・討論型世論調査・パブリックコメント・報道機関による世論調査等の結果を、今後のエネルギー・環境政策の決定にどう生かすかを検討するためである。内容は国家戦略室のホームページ(http://www.npu.go.jp/policy/policy09/archive12.html)やユーチューブで閲覧可能である。世論が大事とはよくいわれるのに、国民的議論を政策決定に生かす手法がこれまで検討されてこなかったことも興味深いが、会合内の議論において、今後のエネルギー・環境政策に関する現時点の国民の意見がどうであるかという問題と、そもそも国民的議論と政策をどう結びつけていくかという問題を、区別しようとしていながら混同しがちであった点も興味深い。偽装された競争という観点からすれば、エネルギー・環境政策に限らず、さまざまな争点に関して今後より重要になるのは後者の問題である（▼第5・9・15章）。その実現を検討するためのこの手の会合が、今後どのように進化していくかにも注目する必要があるだろう。

（9）偽装された競争がシステム内コンフリクトに波及するとは、たとえば次のような事態である。会社のある部署――財務課にでもしておこう――で、部署を管轄する課長以下の職員は、語の正確な意味に近いかたちで「官僚制」的に業務を運営している。つまり、私的な人間関係に左右されることなく、ルールと職位と文書に則って財務課を運営している。だが財務課で行っているのは、不正な会計処理である。会社が市場で生き残っていくためにこの会計処理をしろと会社の上層部から指示されている。だから不正な会計処理を拒むことは難しい。その結果、財務課の課長以下の職員は、自分たちの仕事をまともに官僚制的に遂行しようとすればするほど悪事の片棒を担がされることになり、病んでいくかもしれない。この観点からすれば、従来の社会学においていわれてきた官僚制の問題のあるものは、じつは官僚制そのものの問題ではないのかもしれない。

参考文献

石田慎一郎（2011）『オルタナティブ・ジャスティス――新しい〈法と社会〉への批判的考察』大阪大学出版会。

磯村健太郎・山口栄二（2013）『原発と裁判官――なぜ司法は「メルトダウン」を許したのか』朝日新聞出版。

ウィリアムズ、レイモンド（2011）『完訳キーワード辞典』（椎名美智・武田ちあき・越智博美・松井優子訳）平凡社。

植村邦彦（2001）『市民社会とは何か――基本概念の系譜』ナカニシヤ出版。

小熊英二（2012）『社会を変えるには』講談社。

厚東洋輔（2006）『モダニティの社会学――ポストモダンからグローバリゼーションへ』ミネルヴァ書房。

作田啓一（1996）『個人（一語の辞典）』三省堂。

盛山和夫（2011）『社会学とは何か――意味世界への探究』ミネルヴァ書房。

中野敏男（1994）「社会のシステム化と道徳の機能変容」山之内靖ほか編『（岩波講座社会科学の方法X）社会システムと自己組織性』岩波書店。

ハーシュマン、アルバート・O（2004）「民主的市場社会の柱としての社会的紛争」『方法としての自己破壊――〈現実的可能性〉を求めて』（田中秀夫訳）法政大学出版局。

ハーシュマン、アルバート・O（2008）『連帯経済の可能性――ラテンアメリカにおける草の根の経験』（矢野修一・宮田剛志・武井泉訳）法政大学出版局。

畑村洋太郎・安部誠治・淵上正朗（2013）『福島原発事故はなぜ起こったか——政府事故調核心解説』講談社。

ベイトソン、グレゴリー（2000）『精神の生態学』（佐藤良明訳）新思索社。

弓削尚子（2004）『啓蒙の世紀と文明観（世界史リブレット）』山川出版社。

Outhwaite, William (ed.) (2006) *The Blackwell Dictionary of Modern Social Thought*, Blackwell Publishing.

第Ⅲ部　社会学／人類学をする

第13章　調べる——社会学／人類学の歩き方——

上田　達・栃澤健史

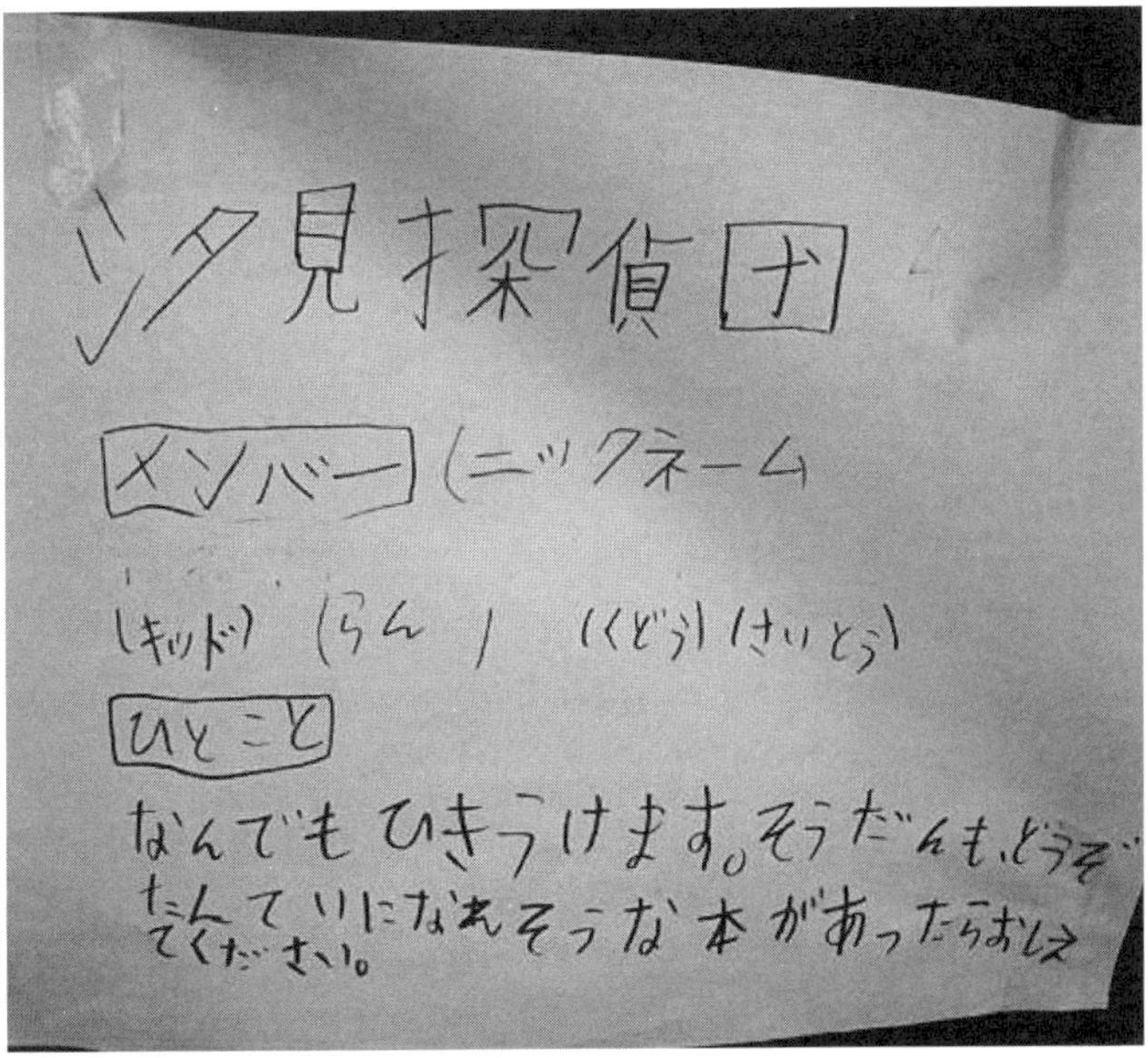

ある民家に貼られていたお知らせ。誰もが，興味を持った時に「調べる」営みを始められる。（撮影：小村知久）

この章で学ぶこと

社会学や人類学を学ぶことの成果は、自分自身が研究しなくても、すでに誰かが研究した内容を勉強することで得られそうである。しかし、大学生であればレポートや卒業論文というかたちで学ぶ人自身が社会学や人類学を研究すること、すなわち「調べる」ことが求められる。

調べるやり方については事前に教科書を読んだり、授業で習ったりして手順を学ぶことができるので、あとは粛々と作業を進めていけばよさそうに思われる。しかし、実際に始めようとしたり、始めてみたりするとなぜか思ったようには進まない。

この章では、社会学的／人類学的に調べる際に直面する難しさや困難を乗り越えるための手がかりについて考察している。それらの難しさや困難は自分でも原因がはっきりしないことが多い。本章の前半部では調べはじめるまでに直面する難しさについて、後半部では調べはじめてから直面する困難について主に述べる。調べることの本質は、自分で調べてそれらの困難に直面して考えることにある。社会学や人類学を学ぶことの成果は、こうした調べることが楽しみに変わるときに得られる。

1　楽しそうだから調べる

「社会学または人類学を勉強する」といったときに、具体的にはなにをすることをイメージするだろうか。通常、社会学や人類学の本を読んで、あるいは社会学者や人類学者の講義を聴いて、基礎的なものから専門的なものにいたるまでの情報や知識を自分の頭に入れるということがイメージされるのではないか。

思い返してみると、私たちが小さいころから親や先生に「ちゃんと勉強しない」と言われてやってきた（やらされてきた）ことは、机に向かって教科書を読んだり、練習問題を解いたりして各科目の内容を覚えるということである。そうした机に向かって読み書きをする作業を「勉強」と呼ぶし、その成果はテストで良い点をとるということで表現されるものだと考える。したがって、社会学または人類学という主に大学で生産される専門知識（学問）の場合も、それらを勉強するといえば、小さいころから慣れ親しんできた勉強のイメージの延長で考えるのは当然のことかもしれない。実際、大学の場合であっても、「勉強しなきゃ」とか「学生なんだから勉強しなさい」という言い方をするときは、きちんと講義に出席して、聴講しながらノートをとり、講義ノートやテキスト・参考書を読んで内容を覚えて、試験に備えるという一連の流れを指すことがほとんどである（▼第5章）。

こうしたふだん慣れ親しんだ意味で「勉強する」ものとして社会学や人類学と接しようと思うならば、おそらく次のような疑問が浮かぶのではないだろうか。すなわち、社会学や人類学を勉強するとなんの役に立つのかという疑問である。小学校から高校まで学校に通って勉強するなかで、誰しも一度は「勉強してなんの役に立つのか」という疑問をもったことがあるだろう。親や先生に疑問をぶつけたり、友だち同士で語り合ったり、自問自答したりという経験を多くの人がしたはずだ。そして結局のところ「将来大人になったら役に立つ」という曖昧な答えに辿りついて、自分を納得させたのではないか。しかし、大学生ともなると「将来」や「大人」というのは、すぐ目の前に迫ったことである。なんとなく曖昧に「役に立つ」のでなく、もっと明確になにに役に立つのかということがわからないと不安であるし、困ると考えるのが人情というものである。具体的にいえば、社会学や人類学を勉強すると就職活動に役立つのか、あるいはビジネスにおいて役に立つのかという疑問や不安が典型であろう。

二一世紀になってから、大学においては社会で役立つ実践的な教育の必要性ということがよくいわれている（▼第8章）。この場合の社会とは労働市場や経済活動領域のことを専ら指しており、実践的な教育とは個人にとって仕事をするうえで、経済界にとっては主に企業にとって人材（とくに労働力）として役立ちそうなことを意味する。この意味で社会学や人類学が役に立ちそうかどうかと尋ねられると、より実務や実践を重視する他の専門領域、英語を中心とする語学、あるいは国家資格や就職セミナーの勉強に比べて、どちらかといえば役に立ちそうにないと答えるしかない。あるいは、多くの大学生が従事しているアルバイトという社会勉強と比べても役立つかは怪しいものである。とはいえ、そんなふうに答えながらも、おそらく多くの社会学者や人類学者は役に立つと考えているのである。しかし、具体的な数値によって示される因果関係として証明できる類のものではないと考えているために、真面目な社会学者や人類学者ほど役に立つと言うのをためらって「役に立たない」

と答えてしまいがちである。かくして、世間では社会学や人類学は「役に立たない」「つぶしがきかない」「意味がない」という評価が定着し、社会学や人類学を専攻する大学生は肩身が狭く、興味や関心があっても深くかかわることに躊躇してしまうことがしばしばである。

ここで大学においてなにが役に立つ勉強なのか、そして社会学や人類学がいかに社会にとって（そして個人にとっても）役に立つ勉強であるかという議論を展開することも可能である。そうすることで、社会学や人類学を学びたいけれども役に立つかわからないので踏み出せないという不安に答えることができるかもしれないし、そうすることが親切であるのかもしれない。しかし、この章では「なにかの役に立つ勉強」ということから離れて社会学や人類学と接することを考えてみたい。すなわち、社会学や人類学を「勉強する」ものとしてではなく、特定の目的をもたず、単に「社会学をする」あるいは「人類学をする」ものとしてシンプルに考えるのである（▼第6章）。話をすり替えてごまかそうとしているように思われるかもしれないが、これから説明するように、結局のところ「社会学や人類学を勉強する」とは「社会学や人類学をする」ということの一部であるから、そう考えたほうが正しいのである。

たとえば、スポーツを考えてみよう。ここではサッカーを取り上げることにしよう。もしサッカーに興味があってボールを蹴ってみたいと思い、実際に仲間とボールを蹴ったならば、私たちはそれを「サッカーをする」という。この場合の「する」は「プレイする」という意味である。サッカーをするのが楽しくて、うまくなりたければ、試合をするだけではなく、キックやトラップ、ドリブルやシュートを練習するだろうし、プロの試合をビデオで、あるいは実際に観戦もするだろう。より本格的にサッカーをしたければ、クラブチームに加入したり、スクールで習ったりするだろうし、試合に勝ちたいと思えば、ランニングやウェイト・トレーニングなどのフィジカルトレーニングも行うだろう。なぜサッカーを始めたかといえば、楽しそうだから、やってみたいからであり、なぜ続けるのかといえば、プレーするのが楽しいからであろう。サッカーをする目的や効用としては、健康維持であるとか、人間関係を築く練習になるとか、はたまた防犯であるとかが挙げられるだろうが、これらはすべて副次的なものである。こうした「サッカーをする」ことと同じように、「社会学や人類学をする」と考えても悪くはないだろうし、むしろ大事なのではないか。

社会学や人類学もまたサッカーと同様にやってみたいから、あるいは興味があるからというただそれだけの理由で始めるのでもまったくかまわないはずである。「社会学すること」や「人類学すること」を楽しむこと自体が目的で十分である。重要なのは楽しいことであって、目的や効用はサッカーと同様に副次的なものであり、後からついてくるものと考えるべきであろう。サッカーにおいてプレイをもっと楽しむために必要であった練習の類は、社会学や人類学においては専門書を読んだり講義を聴いたりという「勉強」としてイメージされる具体的な作業になる。ときにその作業自体は辛いものであったり、パートごとにみると直接関係がなさそうに思えて無駄に思えることがある点も同じである。

とはいえ、サッカーと社会学や人類学でうまく対応させられない部分は残る。それはサッカーでプレイや試合に相当することが社会学や人類学ではなににあたるのかイメージしにくいということである。サッカーで「プレイ」に相当することを社会学や人類学ではなにとしてとらえるのか、また「試合」に相当するものをなにとしてとらえるのかである。おそらく社会学や人類学を学ぶ学生にとって、「試合」が「試験」として、試合の勝敗が「成績（点数）」として考えられているのが一般的であろう。点数や成績という語彙はサッカーでも使用するし、サッカーで点を決めたら嬉しいように試験で高得点なら嬉しいにちがいない。しかし、サッカーの得点はゲームの要素であって、サッカーのプレイを楽しむという大きな目的に比べると次元の異なる目的である。

ところが、とくに大学では試験の点数をとること（あるいは単位取得）が一番重要な目的と考えられがちである。このように試験を社会学や人類学のゲーム（試合）とみなすことは適切ではない。想像してみよう。サッカーの場合、往年の名チームや名選手の名前をよく知っていて、名チームの優れた戦術や名選手の優れたテクニックについてもよく知っているのに、自分では一切プレイしたことがない人をサッカー選手と呼べるだろうか。あるいはドリブルもシュートも上手にできるがサッカーの試合はしたことがない人が、サッカーをやっているといえるだろうか。どちらも否である。その人はファンとしては一流であったり、別の遊びとしては上手な人であっても、サッカーをプレイしている、試合というゲームを楽しんでいるわけではない。同様に、著名な社会学者や人類学者の名前を知っているし、彼らの理論の要点もよく知っているが、自分では社会学や人類学をやっている感覚がない（場合によって、自分ではやっていない）人をプレイヤーと呼ぶことはできないし、社会学や人類学をやっているとはいえない。試験で良い点をとることは、練習やトレーニングにすぎず、いわゆる「勉強」という作業単体が上手なことの証明にしかならない。

それでは、サッカーのゲーム（試合）に相当するものは、社会学や人類学においては一体なんなのか。自分でボールを蹴ってゲームに参加するというサッカーのプレイに相当するものが、社会学や人類学ではなにになるのか。すなわち、「社会学をする」または「人類学をする」というときの「する」とはなんであるのか。私たちは、ここでの「する」が意味するのは「調べる」と「表現する」であると考える。自分自身でなにかを調べる。これが社会学や人類学においてプレイするということであり、その調べ方、調べたことの深め方とまとめ方、さらに調べてまとめたことを表現するやり方といった一連の手続きや方法がゲーム（試合）に相当すると考える。そして、このゲームをプレイすることは素朴に楽しいのである。

ここからは、社会学または人類学を「勉強する」ものとしてではなく、「調べる」ことと「表現する」というゲームであり、プレイを楽しむものとしてイメージしていただきたい（▼第14章）。以下ではサッカーと同様に、社会学や人類学にもルールや戦術があり、プレイは決して一人ではできないために協力が重要であり、辛いときも楽しいときもあるということを紹介したい。やってみたい、おもしろそうと思った人が始めるためになにが重要か、やっている最中に躓いたときにどうすればよいか、続けることでなにが得られるのかということを伝えるつもりである。

2　調べはじめるために

社会学や人類学を実践するには調べるゲームをプレイせよ、といきなりいわれても困惑するかもしれない。調べると一言でいってもなにを調べたらいいのかわからない。自分が興味をもっている対象が調べるに値するものなのかに確信がもてない。こうした不安がついて回るかもしれない。しかし、社会学や人類学であれば、そこに人間がかかわりをもつかぎりにおいて、対象を限定的にとらえる必要はまったくない。少女漫画、K-POP、Jリーグなどのように、自分がこれまでに好きだと思ってきたものでもいい。ストリートダンサー、ホームレス、デモする人々のように、自分の周囲で気になりはじめているものでもいい。身の回りの事柄はなんでも調べる対象になりうる。

とはいえ、この「なんでも調べる対象になりうる」という言い方が、もしかすると困惑をまねき、調べはじめることを躊躇させる原因なのかもしれない。自分の身近にあって、自分が関心をもつことを対象にせよ、といわれるからこそ、調べることを始めようと思っても二の足を踏むということが考えられる。

そうした躊躇を疑問のかたちにするならば、大きくは次のような二つの疑問として表現されるだろう。自分にとって関心があることや好きなことがよくわからないが、どうやってみつけたらよいのか？ 自分の身の回りのことを対象に調べたとして、そんなものが大学で学ぶ学問なのか？ これまでの私たち社会学者や人類学者の経験から、これらの疑問に答えると、もしかすると少しは調べはじめやすくなるかもしれない。

どうやって対象をみつけたらよいのか？

自分の関心や好きなことをどのようにみつけたらよいかという問題は、どのように調べはじめたらよいのかという問題と直結している。したがって、やる気はあるが具体的に始め方がわからなかったり、少し始めてみたがすぐに挫折してしまったりする初学者にとっては、切実な問題である。実際、ゼミの研究発表や卒業論文に取り組もうとしている学生が「あらかじめ決められている研究テーマや研究対象があれば、始めやすいのに……」とか「テーマを自分で考えるのが難しい」とかいうのをよく耳にする。他人に口を出されてしばられたくはないが、自由に選べといわれても不安で嫌だというのは、すごく自分勝手で贅沢な悩みのようにも思われる。他人から見れば、単にサボっているだけ、あるいは努力が足りないだけではないのかと叱られそうである。しかし実際のところ、この問題は侮ることができない問題である。

おそらく、調べはじめるにあたって、多くの人は社会調査の入門書や教科書を手に取ることで、どのように調べはじめたらよいのか、解決の糸口を探そうとするだろう。社会学や人類学において、調べるという言葉を聞いて、まず思い浮かぶのが「調査」だからである。そして、社会調査の入門書や教科書では、調査の流れとして次のような工程表が書いてあるにちがいない。

①　調査計画を立てる
②　調査を準備する
③　実際に調査を行う
④　調査内容を分析し考察する
⑤　アウトプットを作成し報告する

普通、どの入門書や教科書でも、「①調査計画を立てる」ことから始めよ、と教えている。それは大学の授業として行われている社会調査の授業で教わる場合もたいてい同じである。さらに、そこでの作業内容としては、おおよそ次の手順が示されているだろう。

①　問題意識を明確にし、テーマを決定する。
②　具体的な問い（仮説やリサーチ・クエスチョン）を立てる
③　調査対象と調査方法を決める

あとは入門書や教科書の教えにしたがって、この手順のとおりに取り組めば、始められそうなものである。しかし、実際は、この手順どおりにやろうとしても、あるいは手順どおりにやろうとするからこそ、うまくいかないという場合がある。むしろ、それが普通であるようにも思われる。どうしてそうなるのか。

仮に、自分の好きなことや関心があることとして、野球を思いついたとしよう。自分は好きな球団の応援のために球場に足を運ぶほどプロ野球のファンであり、野球が好きである。それゆえ、プロ野球に関するなにかを調べてみたいと思う。もう少し具体的なテーマを考えていると、最近はメディアでプロ野球の人気がなくなってきているということを思い出す。そこで、自分のテーマとして「プロ野球人気について」、もう少し具体的に「プロ野球人気の衰退について」というテーマにしようと決める。これで「①問題意識を明確にし、テーマを決定する」にメドがついたので、次は、「②具体的な問い（仮説やリサーチ・クエスチョン）を立てる」や「③調査対象と調査方法を決める」のステップへ進むため、自分のテーマについてゼミの先生に相談したり、ゼミで発表したりすることになる。

すると、「なぜプロ野球の人気について調べたいと思うか?」「そもそもプロ野球人気はどのように測定するのか? ファンの数か? テレビの視聴率か?」「他のスポーツとの比較が必要なのではないか?」「なにかプロ野球の歴史について調べたのか?」「プロ野球人気に関する先行研究は勉強したのか?」などとさまざまな質問やコメントをしてもらうだろう。これらの質問やコメントは、より問題意識やテーマを具体的にし、なにをどのように調べていけばよいかという次のステップに進めるために必要なことで、する側からすればよかれと思って行われる。ここで、一つでも「ああ、そうそう」と思えるような質問やコメントに出会うことができれば、次の「②具体的な問い（仮説やリサーチ・クエスチョン）を立てる」や「③調査対象と調査方法を決める」というステップに進むことができるかもしれない。

一方、ここでピンとくる質問やコメントに出会うことができなければ、さまざまな質問やコメントに答えるうちに自分でもなにがやりたいのかわからなくなったり、もっと別のことをテーマにしたほうがよいのかなとも思えてきたりするだろう。そうなると、なかなか問題意識やテーマが明確にならないので、いつまでたっても調べはじめられなくなる。おそらく、ここで「自分の関心や好きなことをどのようにみつけたらよいか?」という疑問が生じて悩むのだろう。

最初に断っておくが、この疑問にまつわる悩みは多くの初学者に共通するものであるので、必ずしも能力や努力の欠如の問題なのではない。さらに結論を先にいっておけば、「自分の関心や好きなことをどのようにみつけたらよいか?」という疑問に対しては、最初に「自分の関心や好きなこと」を無理にみつける必要はなく、はじめから「問題意識やテーマ」を明確にする必要は必ずしもない。それがどういうことなのか、私たち社会学者や人類学者のこれまでの経験から答えていくことにしよう。

問題意識やテーマが定まらなかったり、明確に設定できなかったりして躓いている場合、この躓きにはいくつかの原因となるポイントがある。まず、調査の入門書や教科書に書いてある工程表のとおりに進めようと真面目に考えすぎているということが挙げられる。たしかに、調査というものは手順にしたがって進めていくものである。しかし、それを滞りなく順番どおりに進めることができるとすれば、それはかなり経験を積んだ研究者の場合であって、はじめから「仮説やリサーチ・クエスチョン」が定まっている場合である。普通、経験を積んだ研究者の場合であっても、なにか新しい研究を始める際に、はじめから問題意識やテーマが明確で、それにもとづいた仮説やリサーチ・クエスチョンがさっと立てられ、調査対象や調査方法を定められるわけではない。ベテランになってくれば、ある程度それも可能になるだろうが、その場合、問題意識やテーマを明確にするという作業を省いているか、後から問題意識やテーマを明確にするからである。初学者の場合、それは無理なのであって、調べはじめる際の問題意識やテーマは、「仮のもの」「曖昧なもの」でかまわない。それは調べながら明らかにしていけばよく、結果として問題意識やテーマがわかるというつもりでいればよい。そこにこだわって明確になるまで始めないのなら、永遠に始めることができないといってよい（▼第14章）。

また、しばしば先行研究をよく勉強すればわかるといわれることもあるが、真面目に勉強することによって知識が増えるとますます自分がなにかを調べる意味がわからなくなるということがある。自分の問題意識やテーマが定まっていなければ、先行研究の範囲が途方もなく広くなり、読む本にきりがなくなってしまうからである。これまでの研究をふまえて新しいことを発見するというやり方は、ほぼ不可能であってすすめられない。したがって、仮の曖昧なテーマが決まったら、それに関して自分で思いついたなにかを調べたり、先生にすすめられたなにかを調べたりするのが得策である。もしやってみて自分が期待したものと違って、それほどおもしろくなかったり、続けるのが嫌になったりしたら、そこで調べる対象や方法を変えてみればよいのである。このようにいうと、そうなったら無駄ではないか、時間や手間がもったいないと思われるかもしれない。しかし、それはまちがいである。

そもそも、失敗や結果として無駄になることを積み重ねながら、行きつ戻りつゴールに辿り着くのが、調べるというプロセス全体の姿である。調査の入門書や教科書に書いてあるように、工程表のとおりに進んだと思うとすれば、それは後知恵でそのようにみえたり、結果として大きな流れでは順番にしたがって進んだということである。どの調査の入門書や教科書にも必ず書いてあるはずだが、調査には試行錯誤や紆余曲折がつきものである。そこから学ぶべきは、調べることに最短距離でストレートに無駄なく行われるルートは存在しないということである。もしそのように滞りなく進んでいる、あるいは進んだとすれば、むしろそれは失敗である可能性が高い。これについては、次節で詳しくみることにしよう。

大学で学ぶことなのか？

続いて、「自分の身の回りのことを対象にして、そんなものが大学で学ぶ学問なのか？」という疑問について考えてみよう。このような疑問（あるいは疑念といってもよい）をもつ人は、おそらく真面目に大学の学問を考えている人である。とくに卒業論文に取り組もうとしている学生で、学生時代の集大成として胸を張れるような研究論文を完成させたいと強く思う人だろうと予想される。そう考えている人にとって、せっかく自分が一生懸命取り組んだ研究の成果である卒業論文が、他人から「そんなもの研究して大学の学問なの？」と言われたり、「そんなものが卒論だったら大学は楽しかっただろうね」と揶揄されたりすることは、ぜひとも避けたいことであろう。それゆえ、「自分の身近にあるものならなんでもよい」とか「自分の関心のあるものや好きなものがよい」とすすめられることに抵抗をもつのではないだろうか。

この疑問を初学者が抱いてしまう背景としては、しばしば社会学に対して「社会学はなんでもありで楽しそうだ」とか、人類学にたいして「人類学は旅行ができて楽しそうだ」というように語られる一般的な評価と関係しているだろう。それは一般的な世の中の評価であるだけではなく、社会学や人類学の専攻がある大学の内部でさえ、ときどき皮肉交じりに言われているのを耳にする。そうした皮肉な評価の背後にあるのは、趣味について好き勝手に書くような研究が大学の学問なのかという批判である。それゆえ、これから自分で調べるというゲームをプレイしようと入り口に立った人が、社会学や人類学に対して大学の学問として不信感をもつことはまったく不思議ではない。それどころか、これは初学者だけの問題なのではなく、つきつめていくと、「科学とは？」あるいは「学問とは？」という根本的な問いへと行き着く重大な問題である。事実、「科学なのか？」あるいは「学問なのか？」という専門領域のアイデンティティにかかわる問題は、社会学や人類学が誕生したときから抱える課題であり、初期の社会学者や人類学者も頭を悩ませたのである。それは現在においても同様で、社会学者や人類学者のあいだでいまだに議論が続いているような複雑で難しい問題である（▼第15章）。

したがって、これも結論からいえば、初学者が、自分が始める前に今から始めようとしていることの存在意義を問う必要は必ずしもないように思われる。疑い深いことは調べるためには重要な資質であるが、度が過ぎると調べるところまで辿り着かない。とはいえ、これではあまりに人を食ったようないい方であろう。そこで、「こんなものが大学の学問なのか?」という批判がなにを指しているのか考えてみよう。おそらく、この批判には二つの意味が込められている。一つは研究対象についての批判であり、もう一つは研究方法についての批判である。

まず研究対象が大学の学問としては不適切(ないしは不真面目)であるという批判について考えてみよう。このように社会学や人類学を批判したり揶揄したりする人は、この節の冒頭で調べる対象として例に挙げた少女漫画、K-POP、Jリーグ、ストリートダンサー、ホームレス、デモのなかで、どれが調べる対象として不適切だというだろうか。どれも不適切だというかもしれないが、私たちの経験から言って、ホームレスとデモなら、真面目でよいといいそうな気がする。というのも、ホームレスやデモは、新聞やテレビなどのマス・メディアにおいて社会問題として、あるいは政治問題として報道されるように、わかりやすく「真面目な」現象にみえるからである。それに対して、少女漫画、K-POP、Jリーグ、ストリートダンサーは、マス・メディアにおいては趣味や娯楽の領域として扱われることが多い現象である。はたして本当にそのような線引きは妥当であろうか(▼第2・6章)。

それを判断するために、一つわかりやすい例を挙げよう。「孤独なボウリング」――そういうタイトルの卒業論文があったとしたら、それをボウリングという趣味に関するものにすぎず、大学では不適切な研究だと批判するだろうか。じつは、この「孤独なボウリング」というのは、アメリカの政治学者であるR・パットナムが著した研究書のタイトルであり、この本は社会学者にもよく読まれ、評価されている著書である。『孤独なボウリング』(2006)においてパットナムは、建国以来、アメリカ社会の基盤をなすコミュニティが一九七〇年代以降に衰退していることについて論じている。そこでは、コミュニティをなす人々の信頼やつながりが社会関係資本(ソーシャル・キャピタル)として概念化され、その社会関係資本の指標として選挙の投票率、PTAなど地域組織への参加、ボランティア活動など多様な活動の時系列的な変化が統計的なデータによって検証され、その結果にもとづいて現在のアメリカにおけるコミュニティの衰退とその原因が考察されている。その議論を象徴する現象が、サークルではなく独りで行うボウリングであり、それが本のタイトルになっているわけである。この本をボウリング研究として嘲笑うとすれば、それは本の内容を知らない人である。このことをもって、研究対象で大学の学問に不適切かどうかを判断することがまちがいであることがわかるだろう。重要なのは、研究対象がなんであるかではなく、その対象をどのような視点で分析したり考察したりしているのかということである。別の言い方をすれば、研究対象そのものではなく、どのようなテーマなのかということで研究は評価されるのである。『孤独なボウリング』の場合、ボウリングはテーマではなく研究対象であり、テーマはアメリカ社会における共同性のあり方（の変化とその原因）といえよう（▼第3・4・10章）。

ここで、先ほど説明した調べることは手順どおりにいかないという話を思い出してもらいたい。パットナムのような経験を積んだ研究者は、あらかじめ問題意識やテーマがあって、研究対象を設定したことだろう。しかし、初学者の場合、最初に問題意識やテーマが明確ではないのだから、まずは「ボウリング」についてなにかを調べることを通じて、たとえば可能性の一つであるが「共同性のあり方」という自分の問題意識やテーマに辿り着くようにすればよいのである。自分の身近なもので関心のあることや好きなことが調べる対象になりうるし、まずはそこから始めたほうがよいと初学者に対して私たちが主張しているのは、このためである。

それでは、社会学や人類学に対する研究方法への批判についてはどのように考えたらよいのか。もし社会学や人類学が学問らしい方法あるいは科学的な方法をもっておらず、なにか適当に資料やデータを集めたり、自分で勝手に思いついたことを書いたりしていると思って批判しているのならば、それは誤解かまちがいである。科学というものを事実にもとづいた推論を積み重ねることで論証していく営みだと定義するならば、社会学や人類学もこの範疇に含まれる。したがって、研究方法という点でも社会学や人類学は、調査対象に合わせた調査方法を蓄積し、洗練させてきたので心配には及ばない。なにを対象にして調べはじめてもかまわないが、調べる方法はこれまでの社会学や人類学が蓄積し、洗練させてきたやり方を参考にするとよい。もし調べる対象がなかなか思いつかなかったり、もっと具体的に対象を絞りたいと思っていたりする場合は、研究方法から考えてみてもよいかもしれない。そこで以下では、社会学や人類学の研究方法を「調べ方」としてまとめて提示することにしよう。

① 出かけて調べる（参与観察・フィールドワーク・エスノグラフィー）
② 資料を調べる（歴史社会学・メディア分析）
③ 数えて調べる（統計的調査）
④ 理屈を調べる（理論・学説）

社会学や人類学が洗練させてきたそれぞれの方法は、それぞれの調査対象と密接に関連している。いつでもどこでも通用するアプローチはないし、調査対象が四つのアプローチをいつも受けつけるわけでもない。自分で研究を進めるうえで、どれか一つを選択するのがいつも正しい選択であるとはかぎらない。自分が興味をもった対象にどうアプローチするかを簡単に決めることはできないだろう。重要なのは、適切な助言者の存在である。ひとたび対象を定めたらどのような手法が考えられるかは社会学や人類学の教員に尋ねてみるといいかもしれない。

3 調べはじめる

問いを立てる

興味を向ける対象が定まれば、調べるための問いを立てるのが望ましい。しかし、問いに答えを与えるプロセスは単線的なものではない。問いを立てても、それは暫定的なものだと割り切ろう。アクションを起こすきっかけとしてとりあえずの問いを立てればよい。いわば、なんでもよい。「なぜ」「どのように」「誰が」「どこで」、こうした言葉で始まる疑問文を発するところから始めよう。

問いを立てるにあたって、さしあたってなんでもいいと述べたものの、先に進みにくい問いもある。イエスかノーで始まるような問いがその一つだ。どうしてだろうか。それは、答えの可能性があらかじめ狭くなってしまっているからだ。イエスかノーかで答えられることは、じつはさほど多くない。例を挙げよう。ＳＮＳは若者のコミュニケーションにおいて重要であるのか？　という問いは、イエスとノーの答えを導く種類の問いだろう。最初に断っておきたいのだが、この問いがまったくダメな問いであるとは思わない。しかし、「若者のコミュニケーション」のなかにＳＮＳが根づいているという認識からスタートしている。周りを見渡せば、なるほどそうであるかもしれない。でも、若者特有の現象であるのかどうかは見極める必要があるだろう。もし、老人や子どもにとっても重要なツールたりえているのならば、あるいは、その他のコミュニケーションツールとの関係など、自分がフォーカスを当てる対象の周りに目が向けられない可能性がある。

同様に避けるべきは「〇〇とはなにか」である（▼第６章）。この種のまちがいの亜種として「〇〇について調べる」というものがある。例を挙げよう。「Ｋ-ＰＯＰとはなにか」という類の問いである。多くの場合、この問いは問題に直面する。よくある失敗の一つ目は、対象に関する参考文献を検索で調べて、読んでつなげるというものだ。本を参照してもいいんでしょう、といわんばかりに、一冊以上の本を「まとめる」ものだ。勤勉さを示すバロメーターとして参考文献の数は増えるかもしれないが、方向性は同じだ。文末や表現を変えながらＫ-ＰＯＰとはなにかを記述する。同じことは「〇〇について調べる」でも起こりうる。大学生の仕事として「自分で調べる」ことが大事であるので、あるトピックについて本を数冊読んで勉強する。本を読み、知識は増える。「調べる」感じを出すためにウェブサイトにアクセスして情報を得ることもできるだろう。こうしてさまざまな角度から「〇〇について調べる」ことが論文で求められると思う人は少なくない。そうした努力が無駄だというわけではない。しかし、「調べる＝百科事典的知識の蓄積」ではない。そうであれば、まずは対象に関連する問いをそのままストレートに発すればいい。なんでだろう、どうしてだろう、どういうふうに、など。もっとも、後述するように、最初の問いを暫定的なものととらえて柔軟に対応できるのならば、問いの立て方にさほどこだわることはないかもしれない。重要なのは、次に記すように、最初に立てる問いがあくまでも調べるプロジェクトの起動のためのものだということだ。

問いを立てたら

ひとたび問いを立てたら、関連する情報や知識を集めることができるだろう。確認しておかないといけないのは、調べるにあたって臨機応変であることの重要性だ。実際に調べる過程では変わるということにネガティブなイメージをもつべきではない。調査の主題を定めて、調査計画を立てて、調査を進めて成果を得るというプロセスが調べるプロセスであるように、一般に思われているかもしれない。たしかにそれはまちがいではない。しかし、それは事後的にそうであったといえるだけで、調査を始める最初の一歩から頂上を目指して歩みを進められる人は幸せである。社会学者であれ、人類学者であれ、調査地に行くまでに十全な調査計画を練る。自らの研究対象についての先行文献を読むのは準備の第一歩だろう。文献の渉猟はプロと呼ばれるための第一歩だ。調査地へのアクセスが可能であるならば、調査と呼ぶものを始める前に現地に足を運んでみるのも重要な準備作業となる。誰もがそうした綿密なステップを踏むはずだ。しかし、少なくとも私を含めて周囲の調査者は不幸せ者ばかりだというのが現状だ。

調査の前に立てた問いは、多くの場合、調査を始めると変更を余儀なくされる。一体どうしてそうなるのだろうか。それは実際に対象に深く立ち入る前に立てた問いが、しばしば的を外しているからだ。立てた問いは人々の生活に関係しないケースもあるだろう。よりホットなトピックをみつけだすかもしれない。そのときに違和感を感じながら突き進むべきか、問い自体を見直すべきかと問われたら、後者である。

テーマというのは暫定的だ。テーマを設定してなにかが見通せるわけではない。むしろ、前もって定めたテーマに固執しすぎるのは「誤解」の源になる。目にしたことのある研究成果のアウトプット（書籍、論文）が一貫しているかのようにみえるのは、結果としてそうなったのであって、最初からそのとおりに進んだわけでは決してない。蛇足ながら、本書を構成する各章においても同じことがいえるし、本書全体もそうであるかもしれない。そのアウトプットの厳密さ、一貫性のままに調査が行われているわけではない。多くの場合、行ったり来たりを繰り返し、ぶれながら、揺れながら調査は進む。とくに長期間のフィールドワークにおいては、あるトピックについてわかったと思えた次の瞬間にそれを爽快なまでに裏切るような情報に出会ってしまう。そうすると、立てた問いとその答えという組み合わせはふたたび疑問に付される。聞こうとしていることは意味のあることなのだろうか。自分の問いは彼らにとって意味のある問いなのか。別のトピックのほうがよいのではないか。こうした悩みはつねにつきまとう。こうした逡巡を経て、ようやく一定の理解を得られるのは随分時間が経ってからだ。その後で出されるアウトプットにおいて、ようやく調査の営みは時系列として再構成される（▼第14章）。

調査をはじめることでテーマが変わる。自分の思っていたことが得られない。これは失敗ではない。それを失敗と思わないことが肝要である。自分の見たかったことが見られないからといって、対象へのアプローチを中断させてはならない。自分が対象に合わせていたチューニングがずれているのは、ある種必然である。意見や主張が一貫している人は、一般に高い評価を得る。一度決めたことを次々と変えていけば、周囲は振り回される。ぶれない人はぶれる人よりも社会的には信頼されるだろう。リーダーたる人間が備えておかねばならぬ資質とされている。しかし、それは社会生活においてであり、調べる過程ではあまり賞賛されるべき特性ではない。研究者はぶれた人間だといいたいわけではない。もちろん、アウトプットにおいては一貫した筋道をつけて論じる必要がある。そこはぶれない人間でありたいと私たちも思う。だが調査ではぶれない姿勢は邪魔者だ。

例を挙げよう。執筆者たちの指導するある学生は卒論に向けて主題を設定した。文献を読んで「まとめ」を作ることでなにかがわかるかのように当初は思っていたようだ。当然ながら調べることの実感はそこになく、社会のリアリティに触れたような痕跡も残らない。そこで文献のみに依拠するのではなく、自分で電話をかけて話を聞いてみるように促した。すると、調査は思わぬ方向に進みはじめ、本人の関心も当初のものから発展的に変化した。そもそもの主題設定も微妙に変化を遂げ、事態は好転していった。また、別の学生はある音楽ジャンル「について」書く、と話していた。四年生になって彼はそのジャンルについての文献を集め、そこに書かれていることを「まとめる」作業に没頭した。彼のイメージではその作業の継続が卒論を完成させると思っていたのだろう。しかし、中間的な報告を聞いても、彼らしさのようなものはなにもみいだせなかった。すべてどこかに書かれていることをただリフレイズして、社会学なり人類学なりを名乗るのはいかにも奇妙だ。彼自身もそのことには気づきはじめており、読んだ本のなかから、音楽ジャンルの説明をするのにファッションアイテム抜きに説明できないことに気づきはじめた。そこから、彼はファッションと音楽のジャンルとの結びつきがどのように成立しているのかという問いを立てることができた（▼第1章）。

これら二つの事例は、いずれも最初に出した問いとは違うかたちで完成品ができた例である。

どう始めてもよい

「調べる」といってもなにを調べたらよいのか、またなにから始めたらよいのか、ということは、初心者を悩ませる大きな問題である。大学においては、課題として出されたレポート、ゼミでの研究発表、そして学生時代の集大成となる卒業論文がある。

社会学や人類学を講義で聞きかじったことのある人ならば、私は○○学的立場から調査をするのだ、といいたくなるだろう。あたかもそうした区別が視点の違いであるかのようにとらえると、この言葉は理解できる。あるいは、量的‐質的アプローチという区分を立てて、私は△△的な、といういい方もそうだ。しかし、そうしたアプローチは、あくまでも手段にすぎない。自分が調べたいことはなんなのかがわかったうえで、それを明らかにするために手段があるとまずは考えるべきだ（▼第15章）。調査技法のノウハウはいずれ必要が迫れば手に入る。ある事象の量的な変化に注目してアプローチしたほうがいいのか、質的な面からみたほうがいいのか。第2節で述べたように、社会学や人類学は調査のノウハウを蓄積してきたし、先人たちの仕事は大いに参考にすべきだ。ただ、どちらかの立場に立ってから始めようとすると視野狭窄に陥ってしまうことには気をつけておきたい。調査を進めてから必要なツールや参照すべきアプローチを求めるのでも遅くない。

仮に上に述べるようなアプローチの違いがあるとしても、そのいずれかだけから世界をみることがいいのかどうか。ここで筆者たちが念頭に置くのは哲学者の大森荘蔵がいう「重ね描き」である。大森（1994）は西洋近代において起こった世界の把握の仕方の変化について、略画的世界観から密画的世界観への移行であったとする。大森がいうところの略画的世界観とは、水の動きのなかに意志や目的を感じるような世界の把握の仕方である。この見方はしばしば擬人的な表現を伴う。濁流になった川は怒り狂っているかのように表現され、ときに生命体を温かく包む存在のように描かれる。こうした把握の仕方は、自らを取り巻く世界をおよそ把握するのに適切だった。しかし、この見方は近代的な科学の成立とともに放逐される。近代的な科学者であれば、水は H_2O の分子の結合であり、川の流れは一定の法則をもった運動であると記述される。このように、対象を精密に観察して、分析を通して法則を打ち立て、数量化して世界をとらえる見方を密画的世界観であると大森はいう。近代以前の略画的世界観が、知識や情報の蓄積とともに世界を精密に分析して把握する密画的世界観に取って代わられた、というのが大森による説明になる。しかし、と大森は問いかける。二つの世界観は調停が不可能なのであろうか。科学者が水をH_2Oの分子結合であるととらえるときに、同時にそこに怒り狂う水をみいだすことも可能であると大森は指摘する。大森はこの一方的な移行が誤りであるとして、両者を用いた世界の把握の仕方を提示する。「重ね描き」と呼ばれる方法である。

対象社会についての質的なデータの収集と量的なデータの収集はどちらか一方で十全なものになるわけではない。質か量かを分けることはプロフェッショナルになるうえでは重要かもしれない。しかし、私たちの日常を顧みると、量と質とを分けて考えることなく「重ね描き」ながら世界と向かい合っているのではないだろうか。

プロ野球観戦を例にとってみよう。プロ野球観戦にはいくつかの楽しみ方があるが、ここではプロ野球というゲームを理解することに絞ってみよう。プロ野球というゲームには数的なデータがあふれている。プロ野球の結果を伝える新聞記事を思い出してほしい。チームスポーツだから、チームの勝ち数や負け数が記され、それを勝率というかたちで表現している。野球が他のスポーツと違うのは、個人の記録を数値化しようとする執念めいたものがそこにある点だ。野球の結果を伝える記事には必ず打順や登板した投手が掲載され、結果について数的なデータが記される。打者であれば何回打席に入って、何回安打を打ったのか、投手であれば何イニングを投げて打者何人に対して安打を何本打たれたのか。それだけではない。打者であれ投手であれ、シーズンを通したデータが掲載されている。打率や防御率、本塁打数や勝利数などである。こうしたデータは観戦時に使われる。球場に足を運ぶ際に、参照するデータ本を持たずに行くと楽しみは半減する。野球観戦者はスタジアムで繰り広げられる熱戦を理解するために、数的なデータを用いるのだ。スタジアムに行けないのならば、テレビの前で数値化されたデータの数々を見ることになるだろう。視聴者に対して、放送者側は種々のデータを提示しながら試合の模様を中継する。「右投手に対して打率は……」「得点圏に走者を置いたときの打率は……」「五回を終わった段階での投球数と球種の割合」――これらの数字がテレビ画面上に次々と示し出される。数的なデータは、プロ野球というゲームを理解するために必須であろう。

しかし、数的なデータが野球観戦を奥深いものにしているとしても、数的なデータのみでプロ野球が理解できるわけでもない。彼らが楽しむのは野球というゲームの劇場性である。それは簡単に数的なデータに落とし込むことができない。「江夏の二一球」「10・8」「メークドラマ」のような、これら数えきれないドラマが、野球観戦をさらに興味深いものに駆り立てる。それらは、数では示しようのないストーリーの集積である。プロ野球の結果を伝える新聞紙面を思い出してほしい。上に述べたような数字が紙面を飾る一方で、記者によって文章が書かれている。それは技術面での改善、精神面での変化、シーズンを通した展望などの解説である。こうしたストーリーは単純に数では表現しきれないなにかを含んでいる。これらのストーリーの集積が欠けたときに、数値化されたデータがどれだけ積み上げられていたとしても野球観戦のおもしろさはないだろう。打率が、球数が、球種が、といった数的なデータは重要だ。しかし、それ以上に彼らのあいだに続いてきたプロ入り前からの確執や友情についてのデータによって、眼前の野球というゲームをより深く楽しむことができるようになる。

「調べる」作業を始める前に量か質かを選択するのは、野球というゲームを理解する際に、どちらか一方を選ぶことに似ている。もちろん、プロになるのなら、専門性を高めるべきだ。しかし、まずは、自分が関心をもった対象のおもしろさを味わおう。野球観戦がおもしろくなってきたのなら、量や質にこだわることなく、いろいろなデータを集めてみよう。それらを重ねて描くとき、野球というゲームをよりよく理解することになるはずだ。

4　歩き続けるために

父　……問題は、一つひとつの知識がどんなぐあいに織り合わさっているかということだね。お互いにどう支え合っているのか。

娘　教えて。

父　一つのことと、もう一つのことを合わせたときに、二つのことにしかならないときもあるが、それが足し算のようにではなく、かけ算みたいに組み合わさって、四つのことになるときもある。

娘　一と一を掛けると四？　パパの掛け算、おかしいわよ。

父　そうかな。

（ベイトソン 2000：63-64）

社会学や人類学において大事なのは、なめらかに見える日常に引っかかりを覚えて、その探求に努める試みである。自分はこう思っていた、でもなにかが違う、あるいは、自分はこのことがわかった、でもなにかまだわからないことがある、という思い。「現実」に触れたときの噛みきれない違和感。如何ともしがたい引っかかり。端的にいえば自分の思っていたこととのズレ。こういうノイズのようなものが重要である。なんでもいい、と最初の方に書いたが、社会学や人類学が始まるとすれば、調査対象に対する違和感を感じたときからである。

この手の引っかかりはなにも遠いところにあるだけではない。人類学の講義をすると、「人類学って楽しそうですね。私もいつかフィールドワークしたいです」という声を聞くことがある。たしかに、B・マリノフスキー以後の人類学者は「村を研究するのではなく、村で研究する」(C・ギアツ)ことを頭に入れながら、ホームを離れてフィールドに旅立っていった。J・クリフォード(2002)がいうように「旅(travel)」が人類学を特徴づけてきたといえるだろう。

しかし、フィールドワークによってもたらされてきたものを考えると、「旅」に出ることはさして重要でない。たしかに、ある種のテレビ番組が伝えるように、海外の調査地でカルチャーショックを経験することは少なくない。一般受けするゲテモノや排泄に関するネタを経験すれば、喜々としてそれを語りたくなる気持ちはわかる。こうしたネタを毛嫌いする人でも、待ち合わせ時間や社交のあり方について、なんらかの違和感を感じて、それを言語化することができる。海外に行けば、大小さまざまなこの手の引っかかりと直面せざるをえない。それは、人々にとっての当たり前を感得しやすい外部者としての地位を確保しているからだ。ある社会に生きる人々は、さまざまなことをとくに問題化することなく受け入れている。

例を挙げよう。私たちにとって「頭を下げる」という行動が「挨拶をする」という行為を意味する。「サル」という音は哺乳類の動物を意味し、その場所から離れることをも意味する。これらの結びつきは当該社会の人々にとくに問題視されることがない。しかし、私たちの外側にいる人たちは頭を下げるという行動を挨拶と解釈することができないかもしれないし、サルという音が動物や行為を意味しているとは思わないだろう。それは私たちにとっての当たり前にすぎない。外国に行ってよそ者としてある社会に入り込むと、こうした当たり前の束を視野にとらえやすいのは事実だ。しかし、当たり前の束はいうまでもなく外国にのみあるのではなく、私たちの周りにもある。身の周りに注意深く視線を向けることで、私たちの周りにズレを感じることができる（▼第2・6章）。

ズレに対して引っかかりを覚えれば、それについての問いを立てるというかたちで言語化して、それにもとづいて情報収集を進めていけばよいと述べてきた。繰り返すが、重要なのはそのプロセスが不可逆的でもなければ、直線的でもないということである。立てた問いは現実に触れるなかで変わり続けるし、集めるべき情報も集め方もその都度変わっていく必要がある。このプロセスが重要である。

しかし、最終的には集まった情報をもとになんらかのアウトプットをしなければならない。それは卒業論文というかたちかもしれないし、なんらかのレポートかもしれない。たしかに問いを立てたのだから、それに答えるのは必須である。「なぜ」という問いで始めたのなら、「であるから」という答えが最終的には要求されるだろうし、「どのように」なら「かくかくしかじかのように」という答えが求められる。ただ、調べていけばいくほど、情報量は増えて、書かなければならないことは蓄積されていく。本を読み、資料を収集してデータを集め、人に会ってインタビューする、という調べる営みはアウトプットの字数を多くしていくはずだ。そして書いていると、その作業が単純な足し算でないことに気づくはずだ。書きながら情報の蓄積以上のなにかのつながりを部分と部分のあいだにみいだすことだろう。集めた情報以上のことがそこにみいだせていれば、そのアウトプットは成功といえるだろう。

答えがどのようなものであるべきなのかについて、本節の冒頭にあるベイトソンによるダイアローグはヒントを与えてくれる。G・ベイトソンは娘との会話のかたちで、私たちの知識のあり方を示唆的に示す。娘が指摘する「おかしな足し算」は常識的にみると、たしかにおかしい。常識的な計算においては、一＋一＝二が正しく、それ以上でもそれ以下でもない。高校までに学んできた勉強に慣れ親しんだ身には当たり前過ぎる加法の算術だ。いわゆる勉強のやり方に従えば、答えはそこにあるものであり、学ぶものはその答えを探し求めなければならない。また、探し求める方法もできるかぎり効率的なものが求められる。そうした勉強に慣れ親しんだ者は、父のいっていることに納得がいかない娘に同意できるはずだ。

けれども、社会学や人類学において調べる営みを考えると、父のいうことが的外れであるとはいえない。社会における人間の営みについて私たちの理解は部分的なものにすぎない。これこそが真理である、あるいはこれ「だけ」が求めていた解である、といえたとしたら、それは社会学や人類学のアリーナから遠いところにいるといわざるをえない。その意味で、社会学や人類学は高校までの真理探究型の学習とは違う種類の学びなのが特徴だ。たくさんの情報をつなぎ合わせて、その足し算によってなんらかの解を導き出すだけではない。集めたものはその組み合わせ方によって、足し算以上の計算になるのかもしれない。また、導き出される解は単純な足し算ほどには予測可能なものではないのかもしれない。調べていくなかで主題が変わり、問いの立て方が変わっていく、すなわち、現実をとらえなおす見立てが変わっていけば、もはやその営みは単純な足し算ではなくなっているはずだ。人間の営みについて興味をもち、手と足を動かしながら考えるという学びのあり方をおもしろいと感じたときこそが、社会学や人類学のアリーナの真ん中に立っているときである（▼第14章）。

二〇世紀の初めに日本各地を歩きながら「調べごと」を実践した今和次郎は、次世代を担う人々に「調べごと」を行うよう促す一文を残している（▼第2章）。調べることを始めようとする私たちにとっても力強く響く言葉である。今は次のように記す。

さう云ふ學術も、誰でももつてゐる注意力、直覺力、推考力で自由に編み上げていくことが出來るものだと私は考へ、而してまたどんなしらべものでも、この美しい態度を離れてやつたのでは駄目だと思つてゐる。あきたらば止めて、つまらないと感じたらば止めて、その代り面白いと思つてやるときには、いつまでも續けて、倍も二倍も、やらないときのうめ合せとしてやる。かうしてやつた結果からでなければ、いくら厚い本が書かれてあつても、いのちのない仕事に過ぎないのだと考へてゐる。

少年少女諸君！美術家を氣取つた自由畫にひたり、文學者を氣取つた童謡をかいたりすることの時間をさいて、少ししらべ物をやる小研究家になつて見やうと云ふ氣になつて見ませんか（今 1927：3-4）。

今がいう「美しい態度」は、社会学者であろうと人類学者であろうと、調べる人間がもつべきものである。興味をもった対象にアプローチして「自由に編み上げていく」ことこそが、初学者にとって踏み出すべき一歩であり、学問を続ける者が踏みしめていく一歩であるはずだ。もちろん、道のりは平坦ではない。今がいうように「飽きること」や「つまらないと感じること」もある。本章で繰り返し述べたように、紆余曲折や「ふりだしにもどる」ことはまれではない。しかし、そのときはやめて休みなさい、その代わりにおもしろいと思ったとき（や締切が近くなったとき）には続けなさい、と今はいう。そうした道のりの先に「いのちのある」仕事ができあがるはずだ。

今が述べるように、今の生きた時代は美術や文学に耽溺する若者が多かったようだ。現代を生きる私たちの周りにも、今の時代と同様に楽しいことがたくさんある。しかし、「調べる」ということもそれなりに楽しい。誰でももっている「注意力、直覚力、推考力」を用いて自分が興味をもった対象にアプローチしていくのは、意外に楽しい。冒頭で述べたように、サッカーをプレイするように、楽しいから始められることとして、いかがでしょうか。時間をさいて、少し「調べ物」をしてみませんか。

参考文献

大森荘蔵（1994）『知の構築とその呪縛』筑摩書房。

クリフォード、ジェイムズ（2002）『ルーツ』（毛利嘉孝他訳）月曜社。

今和次郎（1927）『民俗と建築――平民工芸論』磯部甲陽堂。

パットナム、ロバート（2006）『孤独なボウリング――米国コミュニティの崩壊と再生』（柴内康文訳）柏書房。

ベイトソン、グレゴリー（2000）『精神の生態学』（佐藤良明訳）新思索社。

第14章　表現する——解放への格闘と創造の悦び——

景山佳代子

想像は創造。言葉のピースを組み替えて，新たな物語をつくる自由がここにある。（撮影：森田良成）

この章で学ぶこと

社会学／人類学を学ぶとレポートや論文課題を書く場面が訪れる。「なにを書いていいのか」「どこまで書いたら終わりなのか」がわからないまま、ただ一つの「正解」などない課題に取り組むのは、決して楽な作業ではない。だが同時にそれは、独特の悦びも経験させてくれる。

私たちは「言葉」を使って世界を認識する。言葉が用意する枠組みのおかげで、日々の生活を、あるまとまりをもった世界として経験することができる。ただこれは同時に、言葉が作る「常識」というものの見方に縛られ、「私」のリアリティがそうした常識の前に沈黙を強いられることも意味している。社会学／人類学の論文を書くことは、自分が「当たり前」に見過ごしていたことを言葉にし、知らない間に縛られていた価値観やものの見方を脱し、そこからこぼれ落ちていた自分の「言葉」を探し出し、新たな世界を表現することでもあるのだ。

1　なぜ書くのだろう

大学での学びを特徴づけるものの一つがレポートや論文の作成ではないだろうか。テーマを設定し、先行研究にあたって資料を収集し、分析を繰り返してデータの取捨選択を進めていく。こうした一連の作業は時間も手間もかかるうえに、一体どこまで書けば「完成」なのかという終わりがみえない。受験勉強のようなただ一つの「正解」もないので、どう書けば「うまくまとめられる」のかわからず、焦りばかりがつのっていく。大学のレポートなのだから「学問らしく」書かなければ、と思ってしまうと、もういけない。本やインターネットで「頭の良さそう」な文章を引っ張ってきて並べ、書いている本人にさえなにを書いているかがわからないレポートができあがる。「こんなことのなにがおもしろいんだろう」と思いながら、それでも単位が必要だからと締切に追われてレポートや論文課題に取り組み、ますます書くことが嫌になっていく。

しかし書くことの苦しみを経験するのは、学生に限られるものではない。長年、学問に携わり、論文を書くということを仕事にしている社会学者／人類学者にとっても、書くことはやはり苦しい。現にこの原稿もどれほど苦しい思いで書いていることか……。

それでは、「書く」ことがそれほど面倒であることを知っていながら、なぜ「書く」という作業を学生に要求するのか。あるいはもっと素朴に、そんなに苦しい思いをしながら、なぜ社会学者／人類学者は書くことをやめないのか。

レポートや論文課題が出される理由については、書店に並ぶレポートの書き方や大学での学び方といった本に目を通してもらえれば、いろいろと答えがみつかるだろう。レポートや卒論の作成は「テーマ設定→先行研究のフォロー→データの収集→分析・考察」という大学での学びのプロセスを集約しているから。文章を書く技術の向上や、論理的思考の訓練になるから。あるいは就職後にも必要とされる能力を鍛えるためとか。こうした理由はどれももっともだし、教員は学生にこうした力を身につけさせようと論文指導しているのはまちがいない。

ただこれらはレポート課題などを課す理由の一側面について語っているにすぎないし、さらには、もう一つの問い——苦しいと言いながら、なぜ社会学者／人類学者は書き続けるのか——に対する答えにはならない。

この二つの問いに同時に答えるなら、それが独特な悦びをもたらすから、ということになるだろうか（▼第13章）。散々、論文を書くのは苦しいといったあとに、まったく矛盾するようだが、それが率直な理由だから仕方ない。そしてその悦びは、なにも社会学者／人類学者といった専門家だけが経験するものでもない。レポート課題に取り組み、「先生、もうどう書いていいかわからんわぁ」と泣き言を漏らすほど必死に格闘した学生もまた、この悦びを経験する。最初は嫌々始めていたはずが、なにかの拍子に自分で体を動かしはじめ、自分が調べてきたこと、考えたことにこだわりはじめる。こうなってくると教師が「締切だぁ、単位だぁ」とお尻を叩かなくても、書きたいことがほとばしってくる。もちろん、ここから論文の「形式」を整えるまでにはさらにひと手間もふた手間もかかる。しかし「これを書きたい」というものがみつかったときの悦びさえ味わってもらえれば、それ以降の手間はそれほどのものではない。

あの瞬間の顔。そしてレポートを書き終え、曲がりなりにも自分の言葉をかたちにしたときの達成感や充実感。そういう悦び、知的興奮に触れた学生は、レポート提出のときの表情が違う。そこには社会学者／人類学者が感じている、学ぶことの楽しさがあふれだしている。レポートや論文作成といった課題をなぜ課すのか、なぜ苦しみながらも社会学／人類学の論文を書き続けているのかと問われれば、この楽しさ、もっといえば自分で考え、それを表現するという悦びを経験してほしいし、経験していたいからにほかならない。

レポートや論文を書くことを通じて表現するには、当然、それを仕上げるために学んでおくべきハゥ・トゥがあり、それは絶対に無視できない。ただ「表現する」というタイトルのこの章では、あえて論文を書くためのハゥ・トゥ部分には触れず、社会学者／人類学者が一体これらの学問を通じて表現しているものがなんなのか、そうした表現方法によってなにを経験しているのかに焦点を絞り考えてみたい。もちろんハゥ・トゥとまったく切り離して表現が成立するわけはないので、必要に応じて論文をいかに書くかという部分も論じていくことになると思う。その場合もつねに、なにを表現したいと思っているからそういう手続きになるのか、ある手法をとることでどんな表現につながるのかという点を意識して読んでもらえればありがたい。

2　社会学／人類学の表現の対象と言葉の関係

私たちがなにかを表現するという場合にはじつはさまざまな方法がある。音楽や絵画、写真といった表現形式もあれば、スポーツやファッションなど身体による表現もある。そして社会学／人類学であれば、主に「言葉」によって表現する。[1]

社会学／人類学が研究対象とする「社会」は、自然科学の研究対象のような実体をもつものではない。シャーレに「社会」を流し込んで培養し顕微鏡で観察したり、質量を計測したり、標本採集して展示することもできない。ではどうやって「社会」なるものを研究対象にし、捕捉しているのかといえば、それは言葉によるしかない。

たとえば言葉を習得する以前の赤ん坊にとって、世界は私たちが「当たり前」にみているものとはまったく異なるかたちで存在している。言葉をもたない赤ん坊には「民家」や「コンビニ」「学校」「駅」を別々のものだと認識する目はないし、道を歩く「犬」と「猫」を区別することもできない。「民家」と「コンビニ」や、「犬」と「猫」を別々のものとして認識できるのは、単にそれら対象自体の特性によるのではない。私たちは「言葉」によって、自分たちの生きる環境を分節化し、秩序立て、意味ある世界として経験している。私たちが社会をいまみているように認識することは、言葉によって初めて可能になっているのである。

こうした世界と言葉の関係について言語学者の鈴木孝夫は次のように述べている。

> ことばというものは、渾沌とした、連続的で切れ目のない素材の世界に、人間の見地から、人間にとって有意義と思われる仕方で、虚構の分節を与え、そして分類する働きを担っている。言語とは絶えず生成し、常に流動している世界を、あたかも整然と区分された、ものやことの集合であるかのような姿の下に、人間に提示して見せる虚構性を本質的に持っているのである（鈴木 1973：43）。

「絶えず生成し、常に流動している世界」を、「あたかも整然と区分された、ものやことの集合である」かのように私たちに提示する働きが、言葉にはある。このおかげで、私たちは日々変化しているはずの生活に一貫性をみいだし、「いつもと同じ」世界として混乱することなく対処できるようになっている（▼第6章）。

と同時に言葉は、なにが「当たり前」なのかというものの見方を用意してもいる。私たちは言葉を日常的に使用することで、言葉による恣意的な（虚構の）分類を「自然」なものとして執行することになる。

たとえば「キョウダイは何人いますか？」と質問されたとする。これに「兄が一人、弟が一人います」という回答をしても、日本語を母語とする私たちは不自然さを感じない。しかし英語を母語とする人ならどうだろう。"I have two brothers." と答えれば十分で、「兄／弟、姉／妹」のように誰が「年上／年下」なのかは明示されない。英語を使う社会の人間関係において、どちらが「年上／年下」かは、明示するほどの分類ではないということである。逆にいえば日本では、人間関係において「年上／年下」「目上／目下」といった分節の設定が、非常に重視されているということだ。日本語を使い、日本語で世界をとらえるとき、それを母語とする私たちは年齢や地位による上下の差異を、より「自然」なものとしてコミュニケーションのなかで実践する。日本語を使うということは、単に日本語で意思疎通をはかるというだけではなく、日本語がもつ世界観・価値観を、私たちが日々執行し、そのようなものとして社会を再生産しているということでもあるのだ。

言葉は私たちの現実世界のあり方を規定し、私たちのものの見方、感じ方の初期設定となる。それは私たちを縛る囲いでもあれば、私たちが日常生活を、秩序をもったまとまりある世界として経験するための基盤でもある。社会学／人類学は、こうした社会と言葉の関係を解きほぐす学問だともいえる。社会学／人類学の論文は、言葉を通じて、私たちが生きる現実世界の「虚構性」を明らかにする（▼第6章）。

これは「わたし」が「社会」のなかで取り結んでいた、安定した秩序を足元から切り崩す営みでもある。それまで信じていた世界の見え方・自分の価値観が、ある時代・社会のなかでの産物にすぎないと知るとき、「わたし」は、不安や怒りといった「苦しみ」と向き合うことになる。と同時に「わたし」は言葉を使う主体となって、「こうしなければ」という常識を書き換えられることを知る。それは新たな社会認識＝「虚構」を創り出すことに関与することでもある。言葉が作る世界に埋もれていた「わたし」が、個人的なものにすぎなかった違和感や生きづらさを、論文というかたちで社会的な言葉につなぎ、組み替えていく。そこに他に代えがたい「悦び」がある。哲学者の中村雄二郎はいう。

われわれが「言葉」によって「考え」、「表現」すべきものとしてなにかの問題をもつようになったとき（中略）われわれはしばしば、自分が問いなおされ、ときにはさらにすすんで——その問題をうまくとらえあぐねるとき——自己が解体の危機に曝されるのを感じることがある。それまで自分のうちにあった内的平衡が破れるといってもいい。そうしたときに感じる一種の危機感、不安感は一体なんであろうか。また、「言葉」による「思考」と「表現」によって、その課題にこたえたとき、とくにそれがうまくいったときに感じる爽快さは、なにゆえであろうか。一体、そこで、「言葉」によってなされたのはなんであったのか（中村 1971：146）。

レポートや論文を書くことは苦しい。それを知っているのに「書け」というのは、それを書いたときの「爽快さ」を知っているからかもしれない。自分の問いに向き合い、『「言葉」による『思考』と『表現』によって」答えていくとき、私たちは借り物ではない「自分の言葉」を手にすることになる。この経験は、自分で考え、生きるということの基盤になる。「こうでなければならない」と思い込んでいた現実の「虚構性」を理解し、自分の言葉によって自らの社会認識を表現する。そのとき「社会」は私たちにとって変更不可能な運命などではなく、言葉を通じて働きかけ、意味づけなおせる選択肢／可能性の場としてとらえられるようになる（▼第15章）。

言葉は私たちが生きる社会を成り立たせるルールだ。そのルールを熟知し、働きかける術を学んだとき、私たちはそのルールに縛られるのではなく、ルールを使って自由に生きられるようになる。サッカーのファンタジスタが自由にグラウンドを駆け回り、華麗なプレイで私たちを魅了するのは、彼／彼女がゲームのルールを熟知し、そのなかでのプレイの可能性を想像／創造しているからにほかならない。社会学／人類学は私たちにこの社会の仕組みを理解させ、そのなかで「自由」な個人として生きる方法を学ばせてくれる。レポートや論文を書くことは、自分と世界の関係を認識し、世界とのかかわりを主体的に創造する実践なのだ（▼第6章）。

では、そんなふうにレポートや論文という課題に取り組むにはどうすればよいのだろうか。次節ではその点について述べてみよう。

3　論文を書くということ

はじまりはいつもあと――書きたいことは書いたあとにみえてくる

レポートや論文を書きはじめるとき、真っ白なファイルや原稿用紙を前にして、「はぁ、なにから書きはじめたらいいのだろう」と、書き出しに迷う人は少なくないだろう。「はじめに」とか「序章」、「問題設定」といった章題のようなものをつけてはみたものの、それ以降、まったく書くべきことが浮かんでこない。パソコンの前に所在なく座り、無意味に時間だけ過ぎていく。焦りすぎてついついインターネットゲームを始めてしまい、無駄に数時間を費やした末、自己嫌悪にどっぷり浸る。これは私自身の経験談である。

自己弁護をするわけではないのだが、レポートや論文の書きはじめというのは、学生でなくても難しいものだと思う。というのも「はじめに」の部分は、その論文がどのような流れで、なにを論じ、結果どのような考えにいたったかがわかっていなければ書けないものだから。しかし論文を書きはじめる前からこれを明確に理解し、そのとおりに議論を進められる人はそう多くないだろう。

ではどうすればよいのか。前章「調べる」での指摘は、「書く」という段階についてもそっくりあてはまる（▼第13章）。「調べはじめる際の問題意識やテーマは、『仮のもの』『曖昧なもの』でかまわない。それは調べながら明らかにしていけばよく、結果として問題意識やテーマがわかるというつもりでいればよい。そこにこだわって明確になるまで始めないのなら、永遠に始めることができないといってよい」。この文中の「調べる」は、そのまま「書く」に置き換えられる。

レポートや論文に取り組むとき、なにを書きたいかは漠然としている。自分がなぜある事柄について書こうとするのか、それでなにを自分が明らかにしようとしているのかは、たいていの場合は曖昧なものである。「それでもなぜか気になる」という思いをほとんど唯一の動機にして、データを集めたり、先行研究にあたってみたり、文献に目を通すといった作業を行うしかない。そうして集められたさまざまな情報が、「なにか関連がありそうな」断片として少しずつ自分のなかに蓄えられていく。「書く」ということは、このいまだ自分にも明確には意識されていない、自分のなかにある断片的な情報を少しずつつなげ、一つのまとまりあるかたちへと紡いでいく作業なのである。

私には画才がないので推測にすぎないが、論文を書くこうしたプロセスは、絵を描く場合とも似ているのではないだろうか。真っ白なキャンバスの前で絵筆を握る。こんな色を使ってみようか、こんな線を引いてみたい。どんな絵を完成させるかがはっきりと定まっているわけではないが、自分のなかにあるイメージを探りながら絵の具をのせていく。キャンバスに現れてくる「実際の」色や線を見ながら、自分が思い描くそれとのギャップを修正し、少しずつ近づけていく。自分がなにを描きたいかを、自分がキャンバスに描いているものによって気づいていく。

レポートや論文を「書く」こともこんなふうに進んでいる。書きたいことのイメージがまったくないわけではないが、それが自分自身にとって明確になるのは、「書く」というプロセスを通じてであり、このレポート、この論文で自分はなにを書きたいのかは、「書いてみてからでないとわからない」ということになる。

そういうと「そんな殺生な、書き終わってなにもなかったらどうすんねん！」という声が聞こえてきそうである。だが、もし大学生なら、自分が大学という恵まれた環境にいることを思い出してほしい。レポートや論文を書けといった張本人＝教員のほかにも、論文を書くことを仕事の一つとする教員＝専門家がわやわやといるのが大学である。学生というのはこの専門家を自分の学びのための資源として使うことが許されている身分なのだ。レポートや論文課題については、提出日のかなり前からその告知がされているはずだから、レポートの進め方についてアドバイスをもらいに研究室に行くとか、話しやすい教員に質問に行くといった対策をとることは可能だ（提出日前日とか前々日といったタイミングで行くと、「もっと早くからなぜしなかった」と怒られるかもしれないが）。

どう書いていいかわからないという人は、いま述べたように、はじめから明確な問題を設定しようとしなくてもよいのだということを心にとめてほしい。それは書いているうちにかたちをとってくる。そしてレポートや論文を書き上げるのに、すべてを自力でしようなんて思わなくてもいい。学生である自分は、レポートや論文というものの書き方を学んでいるのであって、それが仕上がるようにサポートし、書き方を教えるのは教員の職務でもある（とくにレポートや論文課題を出したなら）。さらに、後でも詳しく述べるが、「書く」という作業は決して書き手一人によってなされるものではなく、教員をはじめとしてさまざまな「他者」を必要とするものでもある。とにかく「なにを書きたいかは、書いたらわかるんだ」と信じて、文字を打ちはじめてみよう。

メモも「書く」ことに変わりはない

とはいえ、その打ちはじめることができないんだ、というさらに本質的な問題をついてくる人のためには、じつはパソコンに向かってレポートや論文を書きはじめる以前から、「書く」という作業にはすでに取り組んでいるはずだ、ということを指摘しよう。

レポートや論文の作成というのは、「テーマ設定」→「データ収集（調べる）」→「分析（考える）」→「書く」という手順で進んでいくものだと思われるかもしれないが、実際の作成作業を振り返ると決してそんなことはない。「テーマ設定」をする

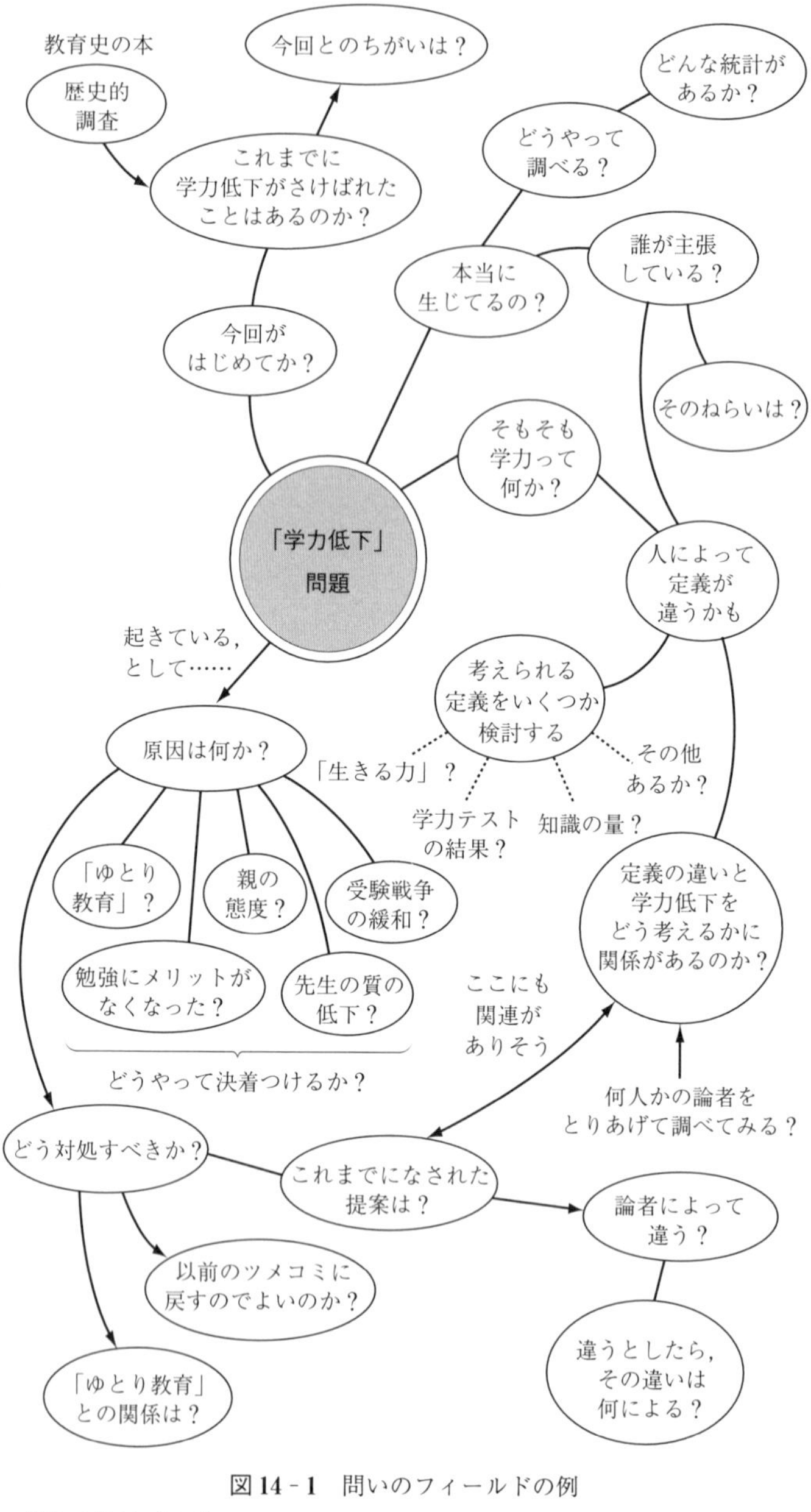

図 14 - 1　問いのフィールドの例

出所：戸田山（2012）。

ときも、漠然とした「テーマ」をノートに書きなぐり、それに関連して思い浮かんだことやキーワードをメモするというかたちで「書く」ことは始まっている（戸田山 2012：133、図14 - 1）。たとえば好きなテーマでレポートを書けといわれ、好きなアーティストのことが浮かんだとする。でもそのアーティストをどう取り上げればレポートになるのかわからない。そういうときには、このアーティストに関連して自分がなにを連想するかをノートや裏紙にでも書いていくとよい。ライブに行ったときのファンの服装や小物、声援の仕方に目がいっているのか、それともそのアーティストがこれまで発表してきた作品と、それがどう評価されてきたのかが気になるのか、あるいはテレビやラジオ、ネット、ライブなどメディアによるメッセージの伝えられ方の差異に関心があるのか、などなど。

こうして自分が最初に思い浮かべたものから連想される事柄をとにかく書き出していけば、自分がどんな関心をもっているかを調べるための手がかりが得られるようになる。もちろん最初の手がかりは大雑把でかまわない。とにかくそれをキーワードにして「調べる」という作業に進んでみるといい。自分にとってのキーワードを使い、ネット検索や図書館での文献検索を行ってみる。たとえば「日本語教育」に興味をもってそれをキーワードに検索をしてみると無数にヒットする。「日本語教育の方法」というものもあれば「日本語教育のウェブ活用」や「海外での日本語教育」「地域の日本語教育」などさまざまであろう。これらを見ることで自分にとって興味があるのは、「日本語教育」のなかでも「日本国内」に暮らす「外国人労働者」のための日本語教育だな、という具合に絞られてくる。こんなふうに本や論文、統計データを「調べる」ときに、私たちはそれについてのメモを「書く」ことを同時に行う。これがレポートや論文を「書く」ための非常に重要な作業となる。

なんとなく関心や興味があったことについて本やデータを読んでみると、「やっぱりそうなんだ」と納得のいくことが書かれていたり、逆にまったく予想外の事実に出会ったりする。こうした「予想どおり」や「予想外」といった感覚は、データや文章に初めて接したときが最も鮮烈である。同時に「なぜだろう」といった疑問なども浮かびやすい。ただその感覚は時間の経過とともに薄れ、またテーマについての他のさまざまなデータに目を通しているうちに「当たり前」のものに変わってしまいやすい。だからこそ本やデータにあたるとき、自分がなにかを考えたり、感じたことは必ずすぐにメモにして書きとめるようにする。本であれば付箋を貼り、自分が引っかかった文章をページ番号とともに正確に書き出し、その文章を読んで自分のなかに浮かんだ言葉を――単語でもいいから――メモしておく。データならばどのような点に目がとまったのか、そのデータを目にしてどのようなことを考えたり連想したのかをメモする。メモを書く作業は自分が調べたものについての記録であり、それ以上に自分がなにに興味関心があり、どんな問題意識をもっているのかを考える作業になる（▼第2章）。

テーマ設定のためのメモも、本やデータを調べているときに作成するメモも、すべて一つのファイルにまとめていく。ルーズリーフなどを使うのでもよいし、パソコンを使うのでもかまわない。パソコンを使う場合は、たとえば「二〇一三年度前期〇〇概論レポート」といったタイトルのフォルダを作り、そこにインターネットで調べたデータファイルや、ワードなどで作成した読書記録をまとめて保存していくのもよい。また読書記録などを保存するときは、過去に作成したファイルも残すようにする。ワードファイルであれば、画面上段に表示される「ファイル」というタグを開き「名前を付けて保存」を選択し更新していく癖をつけるとよいだろう。レポートを作成しているときに万一作成中のファイルに不具合が生じた場合でも、それよりも一つ手前のバージョンがあれば、書いたデータを全部消失しても復旧しやすいし、アイデアが行き詰まったときに自分が最初どんなことを考えていたかを振り返って、意外なヒントを得ることだってある。

テーマを決めて、データを調べて、分析するという作業が終わってはじめて書きはじめるわけではない。「書く」というのは、レポートや論文作成にとりかかる最初の段階からすでに始まっていて、書きなぐるように作ったメモや、データを見ながら感想を書きとめたメモもすべてレポートや論文作成の大事な要素となる。レポートや論文の「はじめに」から書こうとすれば行き詰まるかもしれない。でも自分が作ってきたノートを見返し、「あぁ、こういうことたしかに考えたなぁ」「これはレポートに使えそうだな」と思った言葉を、順番などは意識しないでとりあえず並べていってみる。それなら比較的気楽にとりかかれるだろうし、そうやって文字を打つという作業をしているうちに、一見思いつくままに書き出したようにみえていた自分のメモに共通点をみいだすこともあるだろう。少しずつ文字数が増えていくことで、なんだか書ける気がしてくるという効果もある。

論文は「書く」という作業を通じて次第にできあがる、完成図の決まっていないパズルのようなものかもしれない。まずは自分のメモからパーツを書き出して、どんなパーツを自分がもっているのかを自分自身が把握していく。別々のことを書いていたつもりのメモが同じ事柄を説明するものになっていたり、あるパーツとあるパーツがつながりそうなのに、そのあいだを埋めるためにはもう少し別のなにかが必要だと気づいていく。

レポートや論文を書くために積み重ねてきた「テーマ設定」や「調べる」「考える」といったプロセスのすべてに、「書く」ということがかかわっている。自分が書いて残してきた言葉こそが、自分が一体なにを書きたいのか、なにを問題と考えているのかを明らかにするたしかな手がかりとなるだろう。自分の言葉が、きっとなにかを教えてくれる。

先行研究を調べ、さまざまなデータにあたり、自分が感じているなにかをあらわすための言葉をメモし、レポートや論文のパーツを作っていく。メモしたもののなかには書き進めてみると今回はあまり必要ないと思われるものもあるだろうし、逆にメモをしたときはそれほど気にもとめていなかったけれど、やがて自分が書こうとするなにかの核だと気づくものもある。そうやって取捨選択を繰り返しながら、パーツパーツのつながりをかたちにしていくわけだが、これが案外と厄介な作業になる。

誰かと対話し、異同を楽しむ

同じ「書く」といってもツイッターやフェイスブック、ラインやメールなどと違い、レポートや論文は論理的に書くことが求められる。なんの脈略もなく「今日はガッツリいきたくて、〇〇家で大盛りツユだく食べたよ！」「私はカフェでパンケーキ！超美味しかった」といったことを書くことはできない。あるいは「日本は美しい国であるために、国防力を強化しなければいけない」といった論理的になんのつながりもないことを、いかにもつながりがあるように書いて主張するようなこともしてはいけない。「美しい国」とはどのような意味なのかを明示し、「美しい国」であることと「国防力の強化」が関係していることの論拠を示さなければ、それは単なる独りよがりな思い込みになる。

もちろん日常会話や世間話、雑談のように、伝え合っていること自体が互いの関係性にとって重要なコミュニケーションなら、論拠や論理的つながりなどはそれほど意識する必要はないだろう。しかしレポートや論文には、このような日常会話とは異なる「議論」という形式のコミュニケーションが必要になる。自分がなぜAという事柄とBという事柄について論じるのか、その二つがどのように関連し合っているのか、そもそもAやBとは一体なんなのかといったことを、自分以外の人間にも理解されるように相手に伝えなければならない。そうして議論のための道具立てを共有したうえで、自分の議論の運びが論理的に納得のいくものなのか、それとも矛盾や飛躍があって反論されるものなのかを他者が検討できるようにする。

だが自分の手元にあるパーツやそれらの関係づけ方が自分以外の人間にとっても理解可能なものかどうか、「議論」という形式のコミュニケーションになっているかを、自分一人で判断することは難しい。自分が知っていることのなにを他の人は知らないのか、自分が言いたいことを人に伝えるにはどう伝えればいいのかわからないからである。

授業で「自分の好きなこと」をテーマにレポートを出したとき、たとえばパチスロをテーマにした学生が、ウィキペディアからの説明を貼り付けた、こんなレポートを提出することがある。

僕はスロットによく行きます。いま僕が使っているのは五号機と言われるものに分類されるようです。五号機は射幸性が強くなりすぎた四号機のあとのもので、二〇〇六年頃に登場したリプパンはずしや、二〇一三年現在ホールに多数設置されているART機種、AT機種など波の荒い機種が次々と開発され、二万枚クラスでの獲得も可能な機種が多く出ているようです。

パチスロをテーマにすること自体はかまわない。しかし「私が知っていることはあなたも知っている」という思い込みで、パチスロのことをダラダラと記述しただけでは、レポートにならない。文中に登場する四号機や五号機とはそもそもなんのことなのか、リプパンはずしや二万枚クラスの獲得というのがどういうことなのか。パチスロにまったく興味がなく、パチスロを知らない読み手がこの説明を読んでどれほど理解できるかが考慮されていない。パチスロをしている自分にとっての「常識」を、自分以外の人間も当然知っているという思い込みがここにはある。しかしレポートや論文では、他者からの異論や反論を想定し、自分がなにを、どのように考えているかを書かなければならない。自分が前提にしている情報や知識、価値観が人と同じとはかぎらないというところから出発するからこそ、どうすれば伝わるのか、伝えるためにはなにを説明しなければならないかを意識せざるをえない。

とはいえそれを自分一人だけで考えるのには限界がある。自分以外の人間にとって、自分の議論のどの部分が理解しにくいかを知ろうと思えば、結局、自分が書こうとしているものを、自分以外の人間に話して、彼／彼女の感想や意見を聞いてみるのが一番手っ取り早い。人に話してみると、意外なところで質問をされたり、反論をされることになる。「海外にもパチンコってあるの？」「パチンコ屋に開店前から並んでいる人って、どういう人なの？」「あんなんにお金使うって、意味わからない」など。そうして質問されることで、自分自身には「当たり前」すぎて気づいていなかったけれど、いわれてみればなるほど不思議だ、という新たな問いがみつかったり、パチスロに一度も行ったことのない人に話をわかってもらうには、なにをどう説明する必要があるかがはっきりしてくる。さらにこうして人に話すことで、なにをどのような順序で書けば自分の考えが伝わりやすくなるのか、自分がどの部分を理解できていないのかなども明確になっていく。レポートや論文を「書く」ということは、他者と「対話」をするということ——実際に誰かと話をするということでも、自分のなかで想定した他者からのツッコミを予想するということでも——も含んでいるのである。

書くための対話の相手は誰でもよい。教員でもよいし、親戚のおばさんでもいい。先行研究のなかでみつけた本や論文も、それを読むことで私たちはその著者と対話をしている。友人でももちろんよい。同じ大学に来て、いつもなんとなく一緒にいて、自分とそれほど大差はないだろうと思っていた友人と、ふだんとは少し違う対話をしてみると、意外な発見に驚くかもしれない。自分が知らない本を結構読んでいることがわかったり、いつも冗談を言っているだけだと思っていたのに、将来は発展途上国のために活動する目標をもっていたと知らされたり。レポートや論文を書くというのは一見孤独な作業にみえるが、それは具体的に目の前にいる相手や、自分が想定する読者といった、他者と言葉を共有していく「対話」そのものでもあるのだ。

そしてこのような対話を私たちの日常のコミュニケーションと切り離して考える必要もない。日常会話で同じ日本語を使っていても、じつは意味を共有していないということは案外多い。たとえばAさんは「一生懸命働く」という意味を、自分の限界も超え、労働時間の枠外であっても働くと理解している一方、Bさんは決められた時間内に集中して効率よく働くと理解しているかもしれない。この場合、AさんもBさんもお互い自分は「一生懸命働いている」と主張するが、Aさんからみれば時間どおりに退社するBさんは仕事よりもプライベートを優先していると見えるかもしれない。BさんにすればAさんはだらだらと終業時間後も職場に居残り、残業代を稼いでばかりいるように見える。使う日本語が同じだからといって、それで指し示している意味が同じだとはいえない。だからこそ自分が言っていることの意味を、相手も同様に理解するだろうという思い込みをいったん外し、自分がなにを伝えようとしているのか、どういう意味である言葉を使っているのかを明らかにしなければならない。

自分と同じだろうと思っていた「他者」の言葉に違いをみいだし、違いがあることを前提にお互いにとって了解可能な意味を探っていく。レポートや論文に求められる他者との対話のおもしろさは、日常の私たちの関係性もまた豊かなものに変えてくれるだろう。

「未完成」であることを前提にする

レポートや論文を書く場合の悩みには大きく二つあるようだ。これまでにみてきた「なにを書いていいかわからない」という悩みと、もう一つが「どこまで書いていいのかわからない」という悩みである。

社会学／人類学の（というより学問の）問いに終わりはない。私たちが対象にしているのは社会であり、そこに生きる人間である。ずっと生活をともにしている家族や、価値観や趣味が似ていると思っていた恋人だって、ときに「えっ？　なんでこんなことを言う（する）のだろう？」とわからなくなることはままある。むしろ私たちが「わかった」と思えることなんてごく一部のことにすぎない。面と向かってコミュニケーションをしている相手だって完全に理解することができないのに、社会学／人類学が明らかにしようとするのは、個別具体的な人間が集まって作る社会であり、そうして作られた社会のなかで生きている人間という集団なのである。これだけでも問いに終わりがない、という意味が了解してもらえるだろう（▼第15章）。

さらに社会は、時間と空間の変移によってダイナミックに変動する。と同時にそうした変動にあってもほとんど変化することなく維持される構造がある。この変化しながら同一である状態をイメージするには、自分自身の成長を振り返るとよいかもしれない。大学生であれば、自分が生まれた約二〇年前、幼稚園に通っていた十数年前、友人関係や恋愛について悩みを抱くようになった思春期のころといった具合に振り返ると、不思議な感覚に襲われないだろうか。ここまでの約二〇年という時間を歩んでいるのは「山田太郎」や「岡本花子」という同一人物であることはまちがいないのに、自分を作っている髪の毛、爪、皮膚、細胞、血液といったものは生まれ変わり、変化し続けている。アルバムの写真に映る赤ん坊、それを眺める現在の自分、そしていまからさらに二〇年後の自分は異なる姿をしていながら、それでもなお同一性を維持している。社会も同じである。社会学／人類学は、社会の変動と、変動のなかでなお維持される社会の構造を明らかにしようとする（▼第2章）。

このような問いに終わりがあるとすれば、それは私たちの生きる世界が消滅するときか、あるいは私たちが疑問をもつことを禁じられたり、考えることすら忘れたときだろう。レイ・ブラッドベリのSF小説『華氏四五一』が描くのは、私たちが「問い」をもつことを忘れた社会である。私たちになにかを考えさせる本は非常に危険なものであり、発見されしだい消防車が駆けつけ、燃やされてしまう。本を読んで社会に疑問をもつような人間は危険人物であり、そうした人物は灰にされる本と同じ運命を辿ることになる。その世界の住人は部屋の四方に設置されたテレビからの呼びかけに四六時中浸り、世界とはこういうものだと知って安心する。焚書を担当する消防署の署長が、本に興味をもちはじめた主人公に語りかける。

とにかく平穏無事がなにより大切だ。国民には、記憶力のコンテストでもあたえておけばいい。それもせいぜい、流行歌の文句。州政府の所在地の名でなければ、アイオワ州における昨年度のとうもろこし生産量はいくらといった問題がいい。不燃焼の資料を頭にいっぱいにさせ、うんざりするほど《事実》をつめこんで、窒息させてしまうことだな。（中略）そうこうしているうちに、国民はそれぞれ自分も相当の思索人だと思いこんでしまう。うごきもしないのに、うごいているような気持ちを意識してくることになる。それで彼らは幸福になれるのだ。（中略）まちがっても、哲学とか社会学とかいった危険なものをあたえて、事実を総合的に考える術を教えるんじゃない（ブラッドベリ 1975：104-105）。

日本の社会学の立場の低さを思うと、社会学がこのように評価されているのは羨ましいかぎりだが、それはさておきこの消防署長の言葉は、なぜ私たちがレポートや論文を書くのかを端的に教えてくれる。論文を書くという作業は、私たちの疑問を出発点にして少しずつ蓄積した《事実》と《事実》の関連をみいだし、物事を「総合的に考える術」となる。「日本で自動車生産量が多いのはどの地域ですか」――「東海地方」といった一問一答式のクイズに答えるだけでは、私たちがどんな社会に生きているかを理解することはできない。しかし先の一問一答に、「日本国内で日系人が多い地域はどこか」「日本の四大公害とはどこで起きたものか」といった一つひとつの事実をつなぎ合わせていったとき、私たちの社会についての一つの姿が見えてくる。

レポートや論文といった課題には必ず提出締切があり、その日までに、要求されている論述形式を整えて、完成させなければならない。論文というのは、問いと仮説を立て、データで検証し、結論を出すものだと教わるし、実際にこのような構成をとっている。しかし「結論」というのは、決してクイズの正解と同じ意味ではない。クイズであれば出された問題に対して「正解」をいえば、そこで終わりだ。でも社会学／人類学の問題は、そのようなものとはまったく違う（▼第13章）。そこには生き、動き、考える人間がいる、社会がある。調べられていく一つひとつの事実とは、「不燃焼の資料」などではなく、そのどれもが生命を燃やし、活動している人間一人ひとりによる刻印であり、その人間が作りかつ作られる社会が「生きている」という証である。「書く」ことは、私たち人間の作り出す刻印を読み取り、私たちがよりよく生きていくための方法を探る、あるいは創造することでもある。一つの論文の「結論」は、いつも次の問いを解く手がかりとして開かれたものである。その結論を新たな問いとして引き継ぐのは自分自身かもしれないし、他の誰かかもしれない。すぐに答えがわかることよりも、より長く、より多くの人の心を惹きつける問いを立てることが重要になる。ある時代、ある地域の人々が考えた問いが、また違う時代、違う地域の人によっても受け継がれ、そうすることで私たちの社会を見る目はより広く、多角的なものへと変わっていく。

書くことで私たちは時代も空間も超え、出会うことのかなわぬ人に自分たちの声を届け、対話することになる。書くことで、私たちは自分自身も気づかなかった自分の言葉に出会うことになる。書くことで、「事実」と「事実」のつながりをとらえなおし、まったく異なる世界の広がりに気づくことになる。それはどうしようもなくエキサイティングな営みである。だから学生に社会学／人類学のレポートや論文を書くことを経験してほしいと思うのだ。そしてだからこそ、これほど書くことが苦しいといいいながら、社会学者／人類学者は書くことをやめることができないのだ。

4 沈黙からの解放と世界の創造

社会学の方法の一つに、「エスノメソドロジー」と呼ばれるものがある。私たちの日常実践を解き明かす方法としてアメリカの社会学者H・ガーフィンケルが提唱したもので、その流れに位置づけられるものとしてドロシー・スミスの「Kは精神病だ」(スミス 1974＝1987) がある。Kと呼ばれる女性が友人に精神病であると定義されるにいたったインタビューデータを分析したものだ。この論文を読むと、レポートや論文を「書く」ことの効果のようなものが垣間みえる。簡単に内容を紹介してみよう。

精神病とされたKについて、Kの友人アンジェラにインタビューした結果がゼミ中に口頭で報告される。報告の内容から、スミスも含めゼミに参加している誰もが、Kがだんだんと混乱していると考え、いずれ精神病院に入れられるだろうと予想していた。しかし後に、スミスがこのインタビューのタイプ原稿を目にしたとき、Kは精神病であるという定義づけについて疑念を抱くようになる。たとえばアンジェラが、Kは「どこかおかしい」と認めるようになった、ある暑い夏の日の出来事はこんな具合だった。

> 暑い日に私たちはよく海辺やプールにでかけた。そして私は、(中略) ただ水につかって日光浴をするくらいだった。ところがKは (プールの端から端まで) (中略) 三十回は泳ぐと言い張った。彼女と知的な会話をするのは非常に難しかった (スミス 1974＝1987：94)。

インタビューを文字にした原稿からは「起こっていることとは相当異なったイメージが描け、しかもこのインタビューの中にある証言に基づいて、少なくともそれとは別な暫定的なイメージを何の苦もなく描けた」(スミス 1974＝1987：88)。アンジェラはここで、暑い夏の日に海辺やプールに出かけたなら「ただ水につかって日光浴をする」ことが正しく、その基準に照らしたとき、Kのように「三〇回は泳ぐと言い張」ることは異常だと定義している。しかしなぜこのような定義が可能なのか。なぜアンジェラたちの行動（水につかって日光浴をする）は正常で、それとは異なる行動をした（三〇回は泳ぐ）ことが異常になるのかはわからない。さらにアンジェラはこれとは別の箇所で、Kは「たいへんな運動家である」とも語っていた。体を動かすことが好きなKなら、暑い日にジリジリと陽射しに照りつけられるよりも、冷たいプールの水を切って泳ぐことのほうが、ずっと快適だったかもしれない。しかしそのような解釈の可能性は、アンジェラの語りからは排除されている。アンジェラは、ある状況に居合わせた人物として、そこで起きた「出来事」を語っている。が同時に、どのような「出来事」を取り上げ／無視し、それらをどのような「出来事」として意味づけるかというアンジェラの語りによって、「Kはどこかおかしい」という「状況」がまさに作り出されてもいたのである（▼第11章）。

アンジェラという「目撃者」が自明にしている基準や、定義づけの仕方によって取捨選択された「事実」が、「見えない」枠組みとなって聞き手に提示される。最初にこのインタビュー内容を口頭でのみ聞いたとき、その場に居合わせた者たちは、報告者から聞かされたアンジェラという「目撃者」の語り、彼女が提示する枠組みのなかで、Kを理解することになった。しかし、アンジェラによって用意された文脈を書かれた文字でみると、「Kが精神病だ」と判断される根拠となった語りの一つひとつが、吟味される「対象」となっていく。そして語り手と聞き手が一緒になって作っていた枠組み自体が、分析可能なものに変わっていくのである（▼第6章）。

さらにこのインタビューデータの分析からは、語られる側となったKの言葉はつねに、アンジェラという語り手を通して発せられていたことが明らかにされる。アンジェラの語りにおいては、Kがなぜプールを三〇回泳ごうとしたのか、なぜただ水につかって日光浴をすることをしなかったのか、という事実は、「Kがおかしい」というアンジェラの主張の傍証としての意味しか与えられていない。仮にKがなんらかの説明を試みたとしても、その説明自体が「Kがおかしい」というアンジェラの語りに回収されることになるだろう。Kの言葉はKを離れ、彼女は沈黙の闇に閉じこもっていくしかない。「Kは精神病だ」という論考は、常識や基準を設定する言葉は、ときにその基準とは外れる「他者」を排除し、彼／彼女が経験しているのとはまったく異なる意味づけを強制する力をもちうるということを示唆してくれる。そのとき彼／彼女は自らの言葉を失い、沈黙するのである。

日本で暮らす一人のフィリピンの女性リサ・ゴウは次のように語っている。

> 指摘すべきことは、言葉が私たちのリアリティや痛みをつかみ損なった時、その結果は沈黙することです。そして、沈黙は死です。（中略）私たちは決して何でもいいから生存しさえすればいいというわけにはいかないのです。だから、私は語ることを選択し、的確に表現すること、表明することを選択するのです（ゴウ・鄭 1999：70-71）。

言葉が私たちの「リアリティや痛み」を伝える道具となっているとき、私たちは言葉によって世界とつながり、自分を世界のなかに位置づけることができる。だが言葉が規定するものの見方や感じ方によって、自分の「リアリティや痛み」がとりこぼされ、排除されるという局面もまた同時に起こりうる。このとき私たちは語る言葉をみいだせず、他者から強制される語りのなかで沈黙するほかなくなっていく。沈黙させられた痛みは、この世に存在しないものとして処理されていく（▼第5・9章）。

このようにいうと、いまはそんな沈黙を強いられる人はほとんどいないのでは、という答えが返ってくるかもしれない。SNSが発達し、ラインやフェイスブック、ツイッターなどで簡単に自分たちの声を聞いてもらうことができるようになった。携帯電話やパソコンを使って、好きなだけ情報を発信することができるのだから、と。しかし本当にそうだろうか。

いつも一緒に行動する仲間内での、「あれどう思う?」「あぁ、あれね。あれ、マジびっくりやわ」といった前提を共有した語りが、一日に何十万、何百万とネット空間に浮遊する。趣味や興味、関心などが同質な「私たち」との出会いが繰り返され、そこで異質な「他者」との対話は排除されていく。「わたし」が感じ考えていることは、読み手に伝わるだろうということを無意識に前提し、多くを語らずとも「わかってもらえる」という（幻想かもしれない）居心地の良さのなかで文字を打つ。これに比べれば、前提を共有しない「他者」との会話は面倒なものであり、結果的に似た者同士の「私たち」の世界へとよりいっそう埋没することにもつながっていく。そして「わたし」は「私たち」の一員であるために、「私たち」がなにを語っているのか、なにを感じ、どう考えているかを過剰なほど敏感に探り、その声を自分の声とみなしていく。個人が発信源となるメディアが発達し、自分の言葉を発信するチャンネルが増えたとしても、そこで語られるのが自分のものではない「誰か」の言葉であるなら、それは沈黙と変わらない。

ところがレポートや論文でなにかを「書く」とき、言葉にされていくのは「私たち」の語りからはみだしてしまう「わたし」の声である。先のSNSの例を引くならば、ラインでの他愛もない（正直、どうでもいい）メッセージの繰り返しに辟易していながら、それをやめられない自分の声。それほど仲間に入りたいわけでもないのに、自分だけがメンバーから外されることには恐怖を感じ、必死でそれを追いかけている「わたし」への違和感。こうしたことを日記やメモなどで文字として書き留めることで、自分が「こういうものなのだ」と思い込んでいた（思い込もうとしていた）ことを、距離をもって眺められるようになる。そうして「わたし」の違和感を言葉にしていくことで、自分が身を置く社会への疑問が明確に意識されるようにもなる。いつも友だちと同じ話題を共有しなければならない、教室でもどこでも一人でいると寂しい人だと思われるのでは、と不安だったけれど、なぜ私たちは友だちがいないことを恥ずかしいと思うのだろうか。なぜ友だちとはすべてを共有しなければならないと考え、友だちなのに違いを見せないようにするのだろうか。そもそもなぜ自分たちは「同じである」ことを確認するためだけのコミュニケーションを生み出しているのか、このようなコミュニケーションを成立させている条件は一体何なのか。

ここでの「書く」という行為は、自分が当たり前にみなしていた事象を、それが置かれていた文脈からえぐりだし、まったく新たな文脈のなかに置きなおすという作業である。それは「こうでなければならない」という自分の思い込みに問いを抱き、「わたし」に沈黙を強制していた定義づけを解体することでもある。誰かに与えられた定義のなかで「わたし」という存在を解釈するのではなく、「わたし」が見ている世界を、「わたし」の言葉によって表現する。強いられていた沈黙を破り、自分の「リアリティや痛み」を届ける言葉を探し出し、紡ぎ出していく。強いられた沈黙の痛みを理解すれば、沈黙を強いられた他の誰かの声にも耳をすますことができるようになる。論文を書くということは、他者のなかで生きる「わたし」の言葉を立ち上げ、その言葉を他者と共有可能なかたちに翻訳していくことかもしれない。自分の言葉で、私たちは一人ひとり違う人間であることから出発し、そのうえで連帯可能な世界の創造を模索しているのかもしれない。

（1）むろん表現の形式は言葉だけではない。たとえば映像を用いた人類学／社会学もある。映像人類学については、Crawford and Turton (1992) や北村・新井・川瀬編著（2006）を参照。

参考文献

北村皆雄・新井一寛・川瀬慈編著（2006）『見る、撮る、魅せるアジア・アフリカ！――映像人類学の新地平』新宿書房。

ゴウ、リサ&鄭暎恵（1999）『私という旅――ジェンダーとレイシズムを越えて』青土社。

鈴木孝夫（1973）『ことばと文化』岩波新書。

スミス、ドロシー（1974＝1987）「Kは精神病だ――事実報告のアナトミー」『エスノメソドロジー――社会学的思考の解体』（山田富秋・好井裕明・山崎敬一編訳）せりか書房。

戸田山和久（2012）『新版 論文の教室――レポートから卒論まで』ＮＨＫ出版
中村雄二郎（1971）「言葉・表現・思想――「制度」としての言語と「語る主体」との間で」服部四郎・沢田允茂・島田節夫編『岩波講座哲学11（言語）』岩波書店。

ブラッドベリ、レイ（1975）『華氏四五一』（宇野利泰訳）早川書房。

Crawford, Peter, and David Turton ed., 1992, Film as ethnography, Mancheste.

第15章　学　史——社会学と人類学の歴史——

内海博文・高桜善信

無関係だと思っていたものが一つのものとして結びつくとき，世界の見え方が変わるかもしれない。(撮影：森田良成)

この章で学ぶこと

社会学と人類学は、それぞれ生まれてから一〇〇年ちょっとの歴史をもつ。学問と名のつくもののなかではそれほど長い歴史ではないが、それなりの長さではある。それを概観するのが本章である。社会学と人類学の歴史についての語り方は無数にあるが、ここでは大きく四つの時期に分けてみる。社会学／人類学の誕生以前（一九世紀半ばまで）、社会学／人類学の形成期（一九世紀後半から二〇世紀初頭）、社会学／人類学の発展期（二〇世紀前半と後半）、社会学／人類学の現在（一九九〇年代から）である。一つ目から三つ目までの時期のキーワードは、それぞれ、個人主義と全体論、社会的なもの、システムとコミュニケーションである。社会学／人類学の現在をあらわすキーワードは、グローバリゼーションである。しかし、社会学／人類学の方向性は、現時点では必ずしも定かではない。ここではさしあたり、社会的なものとシステムという観点から見取り図を描いている。一人でも多くの読者が、社会学／人類学に興味を抱き、自らも社会学／人類学をしてみようと感じて新たな一歩を踏み出してもらえれば、幸いである。

1　社会の不確かさと社会学／人類学

「社会とはそういうものだ」というけれど……

「社会とはそういうものだ」。――そういわれてしまうと社会の話は続けにくい。「社会についてこれ以上とやかくいうな」、「なにをいってもしかたがない」といわれているようなものだからである。

これに対して社会学や人類学は、「そういうものだ」とされる社会に関して謎や疑問、問いや好奇心をもつ。その前提にあるのが「社会の不確かさ」の感覚である。社会は変化する。これまでも社会は変わってきたし、これからも変わっていく。だから社会学や人類学にとっては、社会がいま「そういうもの」であることのほうがむしろ謎であり不思議である。また社会は、「そういうもの」よりずっと複雑なものである。だから社会学や人類学は、「そういうもの」では片づけられない社会の姿に関心をもつ。「社会は不確かである」という感覚にもとづいて、眼前の社会に関して謎や問いを設定ないし発見し、それを解き明かそうとしてきたのが、社会学や人類学である（ルーマン 1985：10）。

このようにいうと「社会の不確かさ」の感覚が特別なものに聞こえるかもしれない。だがそれは特別な感覚ではない。大半の人間社会は、自分たちの社会について説明する「ことば」をもつ。ここでいう「ことば」とは、自分たちの社会がどのようなものかを解説する、政治や経済の言葉、宗教や科学の言葉、文化や常識の言葉、歴史や神話の言葉のことである。「社会とはそういうものだ」という発言もそうした「ことば」の一種に数えられる。こうした「ことば」の前提には、そもそも「社会の不確かさ」の感覚がある。「社会の不確かさ」を知っているからこそ、社会について解説する「ことば」や、「社会の不確かさ」を打ち消す「ことば」が重ねられる。社会学や人類学も、「社会の不確かさ」にもとづいて人類が連綿と紡ぎ続けてきた社会を物語る「ことば」の一種にすぎない。

だが同時に社会学と人類学は、社会の「ことば」として独自の性格をもっている。「社会の不確かさ」に関してつねに意識的であった、という点においてである。このことは社会学／人類学が生まれた場所と時期に関係がある。社会学／人類学が生まれたのは一九世紀末のヨーロッパであり、政治学・経済学・法学などの他の社会科学や人文学に比べれば遅咲きである。二つの学問が他の学問よりも遅い時期にヨーロッパという場所で誕生したことで、社会学や人類学は、社会を語る他の「ことば」とは一線を画した、「社会の不確かさ」に対してつねに意識的な学問として発展してきた。

本章では社会学と人類学の歴史を概観する。(1) 社会学と人類学の大まかな流れを知ることは、社会学と人類学の現在を考えるうえで役立つだろう。また本テキストの各章の議論を理解するうえでも役立つかもしれない。ただし、社会学や人類学の歴史はさまざまな観点から記述できる。本章の議論も、社会学史・人類学史をイメージするための一つの手がかりにすぎない。関心をもった社会学者や人類学者がいれば、他の教科書や解説書、さらにはその著書（の一部）を直接読んでもらいたい。本章では得ることのできないインスピレーションを得ることができるだろう。

2　社会学／人類学の誕生以前と形成期

全体論と個人主義

社会学や人類学の性格は、先行するヨーロッパの社会の「ことば」から「継承されたもの」と「新しいもの」から成り立っている。先行する「ことば」は無数にあるが、それらは「全体論」と「個人主義」に大別できる(2)。

しかしこのように話を始めても、近代以降の「個人主義」的な社会のイメージが染みついている現代の私たちには、ここでいう「全体論」をイメージするのは難しい。イメージの手がかりとして、ここでは宮崎駿監督の映画『もののけ姫』に触れておこう。

『もののけ姫』にみる全体論と個人主義

映画『もののけ姫』の舞台はシシ神の森である。シシ神あるいはディダラボッチの取り仕切るこの森は、一つの「全体」的な世界をなしている。その世界のなかで人は特別な存在ではない。モロの君《きみ》や乙事主《おっことぬし》をはじめとする他の生き物やコダマのような精霊、種々の動植物などとともに、「全体」のなかに居場所を与えられた一要素にすぎない。犬神や猪神が人間より大きい姿をしていることは、「全体」的な世界のなかでのヒエラルキー（序列）をあらわしている。だが犬神や猪神にしても、やはり「全体」的な世界の一要素にすぎず、「全体」的な世界を乱すことは許されない。シシ神の森（あるいは、シシ神の森そのものであるシシ神ないしディダラボッチ）はあらゆる要素を超越した存在であり、個々の要素にとってはいわば運命とでもいうべき抗いがたさを有している。

そうした世界にあえて抗おうとするのが、エボシ御前のタタラ場（製鉄所）である。タタラ場の住人にとってシシ神の森は、抗いがたい超越的な運命ではない。誰の所有物でもない土地であり、人間が人間のために利用できる資源にすぎない。土地を手に入れるためにタタラ場の住人は犬神や猪神と対峙する。ただしタタラ場はただの人間世界ではない。シシ神の森を取り囲むように広がる大半の人間世界とは異なり、それは身分制度から自由である。男たちだけでなく、戦争のなかで人狩りに売られた女たちや社会的に排除された病者たちも「個人」として尊重されている。「個人」としての人間たちが集まって作り出しているのが、タタラ場という一つの国ないし社会である。

ヨーロッパにおける社会の「ことば」を支配してきた「全体論」と「個人主義」という二つの思考パターンをイメージするうえで『もののけ姫』は有益である。シシ神の森はあらゆる存在に対して超越的な価値をもった「全体」とみなされており、部分はそれを自然な（所与の）ものと受けとめている。部分同士は上下関係を含んだ相互依存関係をなしているが、すべての部分は「全体」に深く結びついている。これが「全体論」的な社会のイメージである。これに対してタタラ場は、「全体」が部分に対して超越性をもっていない。最も高い価値をもっているのは部分たる「個人」である。「個人」を出発点にして作られたタタラ場という社会は、運命ではなく「個人」の要求に応じて人為的に作り直すことができる。これが「個人主義」的な社会のイメージである。

個人主義的社会理論と近代

ヨーロッパにおける社会の「ことば」は、大まかには、全体論から個人主義へ、という流れで理解できる。それは、『もののけ姫』の最後で、シシ神の森にタタラ場の住民が挑み、シシ神ないしディダラボッチの死とともにシシ神の森に関する主導権が人間に移ったストーリーをなぞるかのような歴史である。

ヨーロッパにおいて強い影響力をもってきた全体論的な社会の「ことば」の例としては、キリスト教の「ことば」が挙げられる。長きにわたってヨーロッパでは、キリスト教の語る全体論的な秩序——たとえば「神の国」と「地上の国」という秩序——にあらゆる諸国家や諸個人が結びつけられてきた。

しかしこの全体論的な秩序は、宗教改革や近代的自然科学の発展などのなかで徐々に解体されていく（▼第5章）。一六四八年のヴェストファーレン条約による、宗教から相対的に独立した国家の誕生はその一例である。そしてそうした世俗的な国家も、個人主義的な社会の「ことば」の台頭により、諸個人の合意にもとづいた人為的な秩序とみなされるようになる(3)。個人主義的な社会の「ことば」の例としては、運命に対する人間の意志を重視したN・マキャヴェッリの『君主論』(1513?〜1514?)をはじめ、「万人の万人に対する闘争」という前提から出発して新たな政治的秩序を構想したT・ホッブズの『リヴァイアサン』(1651)、国家から相対的に独立した社会の概念を提示したJ・ロックの『統治二論』(1689)やJ・J・ルソーの『社会契約論』(1762)、国家と区別された社会を市場経済として描き出したA・スミスの『国富論』(1776)などが挙げられる(▼第5・8・9章)。これらは、人間が本質的にもっている「自然(本性、自然的性質)」の検討から出発して、そこから必然的(自然)に導かれる社会や国家がどのようなものかを考察した。自然法といわれるこうした発想をもとにして、諸個人の契約や合意、交換などからなる社会や国家が構想された。

一八世紀後半から一九世紀のヨーロッパの諸社会では、個人主義的な社会の「ことば」をベースに、現実社会の作り替えが生じていく。啓蒙主義が現実化していく時代である。一部の人々の頭のなかの思想であった個人主義的な社会の「ことば」が、現実に影響を及ぼしていくのである。現実社会の作り替えを支えた社会の「ことば」のなかでも基礎的な概念になったのが、個人・市場・国家である。まず人間は自由で平等な個人であり、個人としての人間にこそ最も高い価値がある。次に、そうした個人によって作られる社会が市場である。諸個人が自分の利益を追求していくことで、市場は自然に社会的な幸福を実現する。最後に諸個人の自由な市場を維持するには、法の支配やそれに実効性を伴わせる強制力が欠かせない。そうした強制力として、契約と代表にもとづいて制作されるのが国家である。個人主義的な社会の「ことば」にもとづいた現実社会の作り替えの例としては、アメリカ独立戦争(一七七五〜一七八三)とバージニア権利章典(一七七六)、「自由・平等・友愛」の標語で知られるフランス革命(一七八七〜一七九九)と人間および市民の権利の宣言(一七八九)といった、市民革命が挙げられる。日本の明治維新(一八六八)もその亜流である。

個人・市場・国家といった社会の「ことば」は、現実社会の作り替えを通じて浸透し、近代と呼ばれる時代を彩る中心的な「ことば」となっていくのである。

個人主義の洗練と全体論の再生

一九世紀は個人主義的な社会の「ことば」がより洗練されていく時代である。利益の最大化を目指す経済人という人間像を前提にした古典派経済学（D・リカード、J・S・ミル）や、「最大多数の最大幸福」を原理とする功利主義的な政治学や法学（J・ベンサム、J・S・ミル）がそれである。ここに近代的な経済学や法学、政治学が成立する。

だが個人主義的な社会の「ことば」が隆盛を極めた一九世紀は、全体論的な社会の「ことば」が復活してくる時代でもある。個人主義以前の過去へのノスタルジーが理由の一つである。加えて一九世紀のヨーロッパには、個人主義的な社会の「ことば」をはみだす現象が現れはじめていた。無制限な自由競争が支配する市場の破壊的な影響や、歯止めのかからない政治権力などである。しかし、より洗練された理論の完成を目指した一九世紀の個人主義的な社会の「ことば」は、近代を生み出した原理からはみだす現実を無視ないし例外視した。社会を語る主流の「ことば」になった個人主義的な「ことば」は、かつてのような「社会の不確かさ」の感覚を持ち合わせることなく、個人・市場・国家という概念によってとらえられるものだけに関心を集中した。個人主義的な「ことば」が放置したこの現実への対処にあたって再生をするのが、全体論的な傾向をもった社会の「ことば」である。時代に先駆けるようにE・バークの『フランス革命についての省察』（1790）は、保守主義的な立場から個人主義や「人間の権利」に根差した人間像とそれにもとづく社会構想を否定した。C・H・サン＝シモンの『産業階級の教理問答』（1802）は、革命が社会の全体性を破壊したとして、近代的な社会を有機的組織として再生する必要を説いた。G・W・F・ヘーゲルの『法の哲学』（1821）では、国家という全体によるさまざまな対立物の統合が試みられた。

近代社会の経験的分析と認識論的批判

個人主義的な社会の「ことば」への批判は、一九世紀半ばごろから洗練度を増す[4]。まず、個人主義的な「ことば」におさまりきらない現実に対し、「こうあるべき」という規範的な全体論によって単純に批判をするのではなく、経験的な分析をふまえた考察によってアプローチする学問動向が生まれてくる。「どうあるべきか」という規範的な議論をする前に、「実際にはどのようになっているのか」という経験的な分析を重視するタイプの研究である。

A・トクヴィルの『アメリカの民主政治』(1835/1840) は、民主的な政治体制を社会的状況と関連させて分析し、中間集団や宗教によって政治を補完する必要があると指摘した。K・マルクスの『資本論』(1867/1885/1894) やF・エンゲルスの『イギリスにおける労働者階級の状態』(1845) は、諸個人を資本家と労働者とに分断する階級という観点から、近代の社会問題を分析した。A・コントの『実証哲学講義』(1830～1842) は、人間社会の観察と法則の発見を目的とする実証主義を主張し、ラテン語の socius (仲間、同盟) とギリシア語の logos (論理、学問) を組み合わせて sociologie (社会学) という言葉を作った。F・ルプレーの『ヨーロッパの労働者』(1855) は、観察やインタビューを通じたモノグラフ (特定の対象に関する調査・分析) の先駆けとなった。H・マーティノーの『アメリカの社会』(1837) は、アメリカ社会の包括的な分析によって民主主義や女性の扱いに関する批判的考察を展開した。

また近代社会の経験的な分析からさらに立ち入って、近代の社会像を支える個人主義的な「ことば」の呪縛の解除を試みる、メタ・レベル (高次) の近代批判も現れてくる。(5) J・J・バッハオーフェンの『母権制』(1861)、H・S・メインの『古代法』(1861)、N・D・フュステル・ド・クーランジュの『古代都市』(1864)、F・ニーチェの『悲劇の誕生』(1872) は、近代の理想的モデルになった古代ギリシアやローマのイメージの批判的転換を通じて、人間と社会に関する新しい認識枠組みを切り拓こうとした (厚東 1987)。

さらにこの時期には、人類学の祖となる業績も現れる。非西洋の異文化への強烈な関心に突き動かされた人類学は、経験的な分析の重視と個人主義的な認識枠組みの解除という志向を、これまでのどの学問より強くあわせもった新しい学問であった。というのも、彼らが対象とした非西洋社会は、同時代の西洋社会の本流である個人主義的な社会の「ことば」ではうまく理解できなかったからである。だから個人主義を含む近代西洋的な認識枠組みを解除し、経験的に分析するよりほかなかった。アニミズムを論じたE・タイラーの『原始文化』(1871) や、現地調査にもとづいて親族体系や政治組織を分析したL・モーガンの『古代社会』(1877)、膨大な数の神話や呪術、信仰の記録を集積し分析したJ・フレイザーの『金枝篇』(1890) などである。同時代の社会進化論や植民地主義を背景にしてはいたが、人類学は近代西洋が好む理性的な個人や人為的な社会とは異なる人間と社会のイメージを多彩な文献データにもとづいて示した。なお人類学ではないが、臨床的な経験と無意識という概念を手がかりに、理性的な個人という近代的な人間像を解体したS・フロイトの『夢判断』（1899）もこうした流れに属している。

これら一九世紀半ばから後半の学問動向は、いずれも「社会の不確かさ」の感覚を、これまでのどの学問よりも明確に備えていた。個人主義的な社会の「ことば」から始まった近代西洋社会が変化してきたという現実や、個人主義的な社会の「ことば」がまったく通用しない非西洋社会という現実を目の前にして、社会というものが変化するということ、そして個人主義的な社会の「ことば」が想定しているよりも、社会というものがずっと複雑なものであることを痛感したからである。

これらの先行学問を源泉にして社会学は誕生する。

「社会的なもの」と社会学の誕生

一九世紀末になると、ヨーロッパでは個人主義的な社会の「ことば」の限界が多くの人々の目にはっきりしてくる。個人・市場・国家という概念からはみだす新たな人間の集合性やそれに結びついた現象が、さまざまな領域やレベルで現れてくる。これまでにない規模の大都市の誕生や地域共同体の変貌、株式会社や工場の発展、新しい形態の家族や宗教の登場、人間の広範囲にわたる大移動と集住に伴う新しい文化の誕生、大衆とマス・メディアの発展、群衆や暴動、労働運動や社会運動の発生、民族主義や人種主義の流行、政党や社会保険、クラブ、科学者団体の発展、国民や民族を掲げた戦争やクーデターなどの諸現象である。

個人主義的な社会の「ことば」のように個人・市場・国家に関心を集中するなら、こうした人間の新しい結びつきや現象は余分なものであり学問的にあまり意味のない現象である。だがどれだけ個人主義的な諸概念が浸透しようとも、人間はさまざまな領域やレベルの集団のなかに生まれ落ち、生涯それらから完全に逃れきることはない。個人・市場・国家という概念ではすくいとられることのないさまざまな集合性のなかで人間は生活し、言葉をはじめとするいろんなふるまい方を身につけ、自己像や社会像を獲得し、喜びや苦悩を経験する。さらに人間の集団は、一人ひとりでは実現や対処の難しい事柄への対応を可能にする資源でもある。じつはこうした人間のさまざまな集合性こそ、市場経済や政治権力以上に、人間の生活を支えている屋台骨なのではないか。近代とは、個人・市場・国家とともに、人間のさまざまな集団が新しく出現した時代であり、そこにこれまでにない新しい現象が生じているのではないか――こうした思考により、個人・市場・国家に注目する他の学問ではすくいとられない人間の集合性＝「社会的なもの」に目が向けられる。この「社会的なもの」の学として一九世紀末のヨーロッパに誕生するのが、社会学である。[6]「社会学とは、すなわち集団の力の自覚である」（カステル 2009：38）。

ただし社会学は、先行する他の多くの学問のように特定の理論枠組みや方法論にもとづいた学問とはいいがたい。「社会的なもの」に注目するさまざまな「ことば」の、いわば寄せ集めである。

とはいえ、人間の集合性をめぐる多様な考察がわざわざ社会学という名前で一つの学問にまとめられたからには、そこになんらかの共通点がある。近代の個人主義的な社会の「ことば」や全体論的な社会の「ことば」から継承した問題意識をもちながらも、新しい人間像と社会像にもとづいた経験的な分析を重視するというのがそれである。すなわち、社会学は近代社会を対象とし、そこでの人間の自由や平等、連帯などに関心をもつ。この点で、近代の個人主義的な「ことば」や全体論的な社会の「ことば」の子孫だといえる。ただし社会学は、個人と全体のいずれかに偏りはしなかった。個人ないし全体の一方に過剰に肩入れすることなく、さまざまな思考や方法を駆使して貪欲に近代社会へと接近し続けてきた。この点で、一九世紀後半の新しい人間像・社会像をめぐる思索や経験的分析を重視する姿勢から強い影響を受けている。

なぜ個人か全体かという選択を回避するのか。近代を名乗る社会は、個人主義的な社会の「ことば」どおりでもなければ、全体論的な社会の「ことば」どおりでもないからである。たしかに近代の人々は、個人主義的であったり全体論的であったりする想像力や実践にもとづいてさまざまな集合性を作り出している。だが、だからといってそこに生み出されている集合性が、「ことば」どおりであるわけではない。個人主義的な社会の「ことば」や全体論的な社会の「ことば」を明らかにはみだす現実が、次々と生み出されている。だから個人主義的な社会理論や全体論的な社会理論のいずれかを選ぶだけでは、近代社会の現実には届かない。近代西洋社会の変容は、同時代の多くの人々に「社会の不確かさ」の感覚を与えた。この感覚にもとづいて社会学は誕生する。その課題は、個人主義的な社会の「ことば」や全体論的な社会の「ことば」に安易に寄りかかることなく、同時代の人々が作り出しているさまざまな集合性を解明することであった。

社会学の方法もこうしたスタンスから導かれる。社会学が当初から用いてきた方法は、いまでいう参与観察やインタビュー、内容分析や統計的調査、実験や歴史資料の分析など多岐にわたる（▼第13章）。研究方法上のこの節操のなさには、しかし単純な共通点が認められる。特定の方法だけを正当な方法とみなすのではなく、いまだ十分に表現が与えられていない「社会的なもの」という人間の集合性へのアプローチに使えそうな方法であればなんでも使ってみる、というのがそれである。

かくして社会学は成立した――それは、個人・市場・国家を柱とした西洋社会の変化のなかで生まれた「遅れてきた学問」であったがゆえに、「社会の不確かさ」の感覚に先行の諸学問よりも意識的な学問であった。したがって社会学は、結果的には唯一の確固たる体系をもつことはなかった。このような体系的な枠組みは、むしろ変化する社会の理解にとって妨げですらあった。個人・市場・国家という枠組みを好む先行学問からはみだす「社会的なもの」に注目しながら、近代社会とはどのようなものか、なぜ近代社会はいま目の前にあるようなかたちで成立しているのか、を経験的に解き明かそうとした新たな学問。それが社会学であった。

社会学の古典

一九世紀末から二〇世紀初頭は、社会学の形成期といえる時代である。この時期に社会学の重要な業績が生まれてくる。それらは、後代の社会学にとって思考や方法の礎となり、繰り返し立ち返る問題構成を提示したという意味で、古典的といえる業績である。

E・デュルケムの『社会分業論』（1893）は、諸個人に還元できない社会的事実という観点から、近代の規範の変容によって生まれるアノミー現象や、分業にもとづく個人主義的な連帯を分析した。F・テンニースの『ゲマインシャフトとゲゼルシャフト』（1887）は、ゲマインシャフトとゲゼルシャフトという人間の集団性に関する二つの概念を提示して「社会的なもの」の分析に基礎を与えた。G・ジンメルの『社会分化論』（1890）は、相互作用という観点にもとづいて近代の個人主義な生活様式の社会的性質を分析した。M・ヴェーバーの『プロテスタンティズムの倫理と資本主義の精神』（1904～1905）は、主観的な意味という観点から西洋近代の合理化の過程を分析し、その功罪を考察した。K・マンハイムの『イデオロギーとユートピア』（1929）は、社会状況によって思考や意識が制約されるという存在拘束性の観点から人間の思考の変化を分析した。

またこの時期、統計的な社会調査も登場する。C・ブースの『ロンドン民衆の生活と労働』（1889〜1903）やB・ラウントリーの『貧困』（1901）は、センサス（人口調査や国勢調査など、大規模な統計的全数調査のこと）や家族への間接的な調査を用いて、生活や労働条件などの社会的配置を写真に撮るかのように描き出した。やがて統計的な社会調査の主流は、対象のデータをすべて集める全数調査から少数のサンプル（標本）で全対象（母集団）を代表させる標本調査に移行する。A・ボーレーによる一九一二年のレディング市の労働者調査はその先駆けである。

ヨーロッパに生まれた社会学は、まもなくアメリカに伝わる。ハルハウスと呼ばれるシカゴのセツルメント・ハウス（劣悪な環境の地域で専門家が支援活動を行うための施設）を中心的な拠点にして移民問題や女性問題に取り組んだJ・アダムズを先駆として、一八九二年には世界初の社会学科がシカゴ大学に設置される。ここを拠点とするシカゴ学派を中心に発展をみるアメリカ社会学は、二〇世紀には社会学の中心地の一つになる。W・トマスとF・ズナニエツキの『ヨーロッパとアメリカにおけるポーランド農民』（1918〜1920）は、移民のライフヒストリーから社会の解体と再組織化の過程を分析した。シカゴ学派とかかわりの深いG・H・ミードの『精神・自我・社会』（1934）は、コミュニケーションという観点から自我の社会性を分析した。シカゴ学派以外にも、フィラデルフィアのアフリカ系アメリカ人の各家庭を回ってインタビューをし、その社会経済的状況を記述したW・E・Bデュボイスの『フィラデルフィアの黒人』（1899）、他者との相互作用にもとづく自我（鏡に映った自己）の社会的形成を論じたC・H・クーリーの『人間性と社会秩序』（1902）、誇示的消費という概念を用いて消費の観点から近代社会の成り立ちを分析したT・ヴェブレンの『有閑階級の理論』（1899）、分化・拡大するアソシエーションとそれらを内包するコミュニティという近代社会像を提示したR・マッキーバーの『コミュニティ』（1917）、社会移動という観点から近代社会の不平等性を明らかにしたP・ソローキンの『社会移動』（1927）が挙げられる。

形成期の社会学者たちは、近代社会を支える中心的要素でありながら、経済にも政治にも還元できないがゆえに注意が払われてこなかったさまざまな人間の集合性を、私たちが目や口にすることのできる「ことば」にし、それについて思考をする道を拓いたのである。

3　社会学／人類学の発展期

社会学の発展

二〇世紀は社会学の発展期である。その発展は大きく二〇世紀前半と後半に分けられる。二〇世紀前半の特徴は、さまざまな「社会的なもの」のなかでも国民という単位に特別な地位が与えられるようになる、という点にある。キーワードはシステムである。二〇世紀後半の特徴は、あらためて「社会の不確かさ」の感覚に立ち戻り、人々のリアリティという観点から「社会的なもの」を分析し直した、という点にある。キーワードはコミュニケーションである。

二つの世界大戦と国民

総力戦と科学技術の利用によって戦争を劇的に変えた第一次世界大戦（一九一四～一九一八年）や、ファシズムの台頭と未曾有の諸国民の衝突が見られた第二次世界大戦（一九三九～一九四五年）を経て、多くの人々の社会をめぐる想像力は大きく変化する。国民という単位を、自らの暮らしが埋め込まれた「全体」として思い描く想像力が、広く定着をみる。人間は、家族や友人、学校、会社、宗教などさまざまな「社会的なもの」に所属しているが、なかでも国民で構成された社会＝国民社会を、自らの生存にとって最も重要な意味をもつ全体社会、あるいは、自らの生存がその存続に決定的に依拠している生存単位として経験するようになる。

二〇世紀の社会学の変化は、人々の想像力のこうした変化と対応する。さまざまな「社会的なもの」のなかでもとくに国民という単位に特別な地位を与えるような社会学の発展である。

人類学とシステム

国民を特権的な単位とみなす二〇世紀社会学に重要な発想をもたらしたのが、人類学である。人類学にとって二〇世紀初頭は、フィールドワークにもとづいた民族誌が登場する時代である（▼第13章）。M・モースの『贈与論』（1924）は、贈与という非商業的関係が社会の成り立ちにおいてもつ重要性を示した。B・マリノフスキーの『西太平洋の遠洋航海者』（1922）は、参与観察を確立し、クラという贈物交換からトロブリアンド島社会を分析した。A・R・ラドクリフ＝ブラウンの『アンダマン島民』（1922）は、社会全体に対して儀礼がもっている機能を分析した。R・ベネディクトの『文化の型』（1934）は、社会進化論や人種主義を批判する文化相対主義を提示したF・ボアズを継承して、集団の文化的パターンを分析した。E・エヴァンズ＝プリチャードの『アザンデ族における妖術、託宣、呪術』（1937）は、災いや不幸が妖術という観点から理解される世界と託宣と呪術による世界の再構築の方法を分析した。C・レヴィ＝ストロースの『親族の基本構造』（1949）は、言語学的な知見を転用して、一見無秩序に見える非西洋社会の多様な婚姻と親族のなかに、関係論的な法則性をみいだした。

人類学の古典的な業績を通じて確立されてきたのが、以下のような社会認識のスタイルである。まず人類学は認識の対象となる人々を、調査者の属する世界とは別個の一つの世界に属する住民として眺める。そのうえで対象社会の独自性を解明するために、その集団に特有の制度や慣習、観念などに注目する。さらに人類学は、対象社会に観察される制度や慣習、観念が、個々ばらばらに存在しているとは考えない。それらは緊密に結びつき合った一つの体系＝システムを作り上げているとイメージする。そのシステムのなかで各要素は一定の役割（機能）を果たしているとイメージする。あるいは諸要素は、共通の文化によってパターン化されているとイメージする。最後に、一つのシステムという観点から明らかにされた特定社会を、他社会のシステムと比較する。相対主義や機能、文化や比較といった概念にもとづいて、小社会でのフィールドワークを通じて民族誌を著す、という人類学の基本的な社会認識のスタイルがここに確立される。

システムと社会学

緊密に結びついた諸要素からなるシステムとしての社会、という人類学の見方は、二〇世紀社会学にとってもモデルとなる。社会学にとって、それはまったくの新しい見方というわけではない。だが人類学は、社会を一つのシステムとしてとらえるお手本ともいえるやり方を、民族誌のかたちで説得的に示した。人類学で有効性が検証されたこの見方を、社会学は異文化の小社会ではなく自分の生活する大社会、とりわけ国民社会に適用しようと試みる。ここに二〇世紀前半を代表する研究が現れてくる。

T・パーソンズの『社会大系論』(1951)は、近代社会をまさに一つのシステムとしてとらえることで、システムとしての社会を成り立たせている諸要素とそれらの相互関係を理論的に分析した。W・H・ベヴァリッジの『社会保険と関連サービス(ベヴァリッジ報告)』(1941)は、経済学者J・M・ケインズとも連携しながら、従来的な公的扶助と社会保険を社会保障システムとして現代化し、完全雇用・社会保障制度・自発的活動を核とした国民社会を構想した。K・ポランニーの『大転換』(1944)は、一九世紀におけるグローバルな市場システムの自律と対抗的な社会運動の発生、そして二〇世紀初頭におけるグローバルな市場システムの崩壊と国民社会の成立を描き出した。フランクフルト学派と総称されるグループでは、近代において人間の理性が作り出した諸システムを通じて自然や人間自身までもが抑圧されることを論じたM・ホルクハイマーとT・アドルノの『啓蒙の弁証法』(1947)や、近代社会のシステムによる伝統からの解放が人々の孤独感や無力感、権威への追随を引き起こしているとするE・フロムの『自由からの逃走』(1941)が著わされた。O・コックスの『カースト・階級・人種』(1948)は、マルクス主義的な観点をベースにした歴史的考察により、システムとしての資本主義とカースト・階級・人種の関係を分析した。

自由・平等・友愛を掲げてスタートしたはずの近代社会で、なぜナチズムをはじめとする排他的な現象や、ジェノサイドや暴力的な争いが現れてきたのか。こうした問題意識にもとづいて、システムという観点から国民社会を分析し、国民社会はどのような要素からなるのか、それらはどのように結びついているのか、そこにどんな問題が生じているのか、どのような仕組みでもってその問題に対処すればよいのか、を問うたのが、これらの社会学的研究である。これらを通じて社会学は、大学等でも十分に制度化されていき、社会を語る主流の「ことば」の一つになる。

マクロ社会学・メゾ社会学・近代化論

一つのシステムとして想像された国民社会は、二〇世紀前半の社会学の基本的な分析単位となった。以後、社会学はいくつかの展開を辿ることになる。

第一に、前述した諸研究を継承して、近代社会に対するマクロな分析が展開された。産業社会論や大衆社会論、消費社会論が代表的なものである。D・リースマンの『孤独な群衆』(1950) は、社会での適応の形式によって分類された社会的性格という観点から、アメリカ社会における他人志向型の増大を論じた。C・W・ミルズの『パワー・エリート』(1956) は、アメリカ社会における政治・経済・軍事エリートの結合と市民の自発的結社の衰退を分析した。D・ベルの『イデオロギーの終焉』(1960) は、イデオロギーから科学へという発展によって資本主義対共産主義という対立枠組みが終焉すると論じた。経済学者J・K・ガルブレイスの『ゆたかな社会』(1958) は、欲望に合わせて生産の増大をはかる社会から、生産によって欲望を喚起する社会への移行を指摘した。

第二に、第一のマクロな社会診断にもとづきながら、メゾ(中間) レベルの社会学的研究が数多く生み出される。ここでいうメゾレベルとは、国民と個人のあいだにある集団を指す。家族、友人関係、企業、職場、宗教団体、政治団体、組合、社会運動、農村、漁村、地域社会、学校、犯罪集団、専門家集団、余暇集団、階層、階級などである。これら人間の諸集団を、国民という全体システムを構成するサブ(下位) システムに見立てて、成り立ちや発展を分析するのがメゾ社会学である。第二次世界大戦後の社会学で主流になるのがこのタイプの研究である。それに伴って社会学は、家族社会学・宗教社会学・都市社会学・農村社会学・労働社会学・科学社会学といった幅広い専門領域へと本格的に分化していく。メゾ社会学の先駆的な例としては、参与観察によって都市の移民コミュニティの構造を明らかにしたW・F・ホワイトの『ストリート・コーナー・ソサイエティ』(1943)、科学社会学的研究や自己成就予言などの多彩な考察を残したR・マートンの『社会理論と社会構造』(1949)、異質性や寛容の高まりといった大都市の生活様式を論じたL・ワースの「生活様式としてのアーバニズム」(1938)、ラジオが投票行動に与える影響をパネル調査 (同じ対象者に定期的に同じ質問をすることで、時間による変化を明らかにする調査手法) によって分析し、最初の実証的なメディア研究となったP・ラザースフェルドらの『ピープルズ・チョイス』(1944) などが挙げられる。

第三に、マクロ社会学とメゾ社会学の多くが近代化論の一翼を担っていく。近代化論とは、一九五〇年代から一九六〇年代のアメリカを中心として、当時の資本主義経済の「先進国」であった西側諸国において隆盛を極めた、「途上国」の開発に関する社会の「ことば」である。いかにして発展途上国は先進国が到達した状態へと発展するのか、という問いに、冷戦を背景にした西側世界の観点から取り組んだ近代化論は、政治学や経済学をはじめとするさまざまな社会科学から実際の政策までが交錯する巨大な知の潮流であった。代表的な業績であるW・W・ロストウの『経済成長の諸段階』(1960)は、伝統的社会からのテイク・オフ(離陸)という経済成長のモデルを示し、西側諸国による途上国への開発援助に多大な影響を与えた。

ミクロ社会学とコミュニケーション

二〇世紀半ばごろから隆盛をみるのが、ミクロ社会学としてまとめられる流れである。マクロ社会学が国民社会に目を向け、メゾ社会学が国民社会のなかの中間的な集合性に目を向けたとすれば、ミクロ社会学が焦点を合わせたのは人間の対面的な相互作用ないしコミュニケーションである。ただし対象の規模の小ささがミクロ社会学の特徴ではない。最大の功績は、対象となる人々の経験を重視することで、社会学にあらためて「社会の不確かさ」の感覚を取り戻したことにある。

対象となる人々の経験の重視は、もともと社会学の基本的な姿勢であった。個人・市場・国家からはみだす人間の集合性に目を向けた初期の社会学は、こうした姿勢の産物であった。マクロ社会学やメゾ社会学で分析の単位とされた国民社会やサブシステムとしての人間の集合性も、対象となる人々が国民という単位に特別な意味を与えてきたことに注意を払うことで確立されてきた。だが制度化が進むと「社会の不確かさ」の感覚が失われる。社会を語る主流の「ことば」の一つになった社会学は、システムとしての国民社会やサブシステムとしての集合性という自らの認識枠組みを疑わない、という硬直性をみせはじめる。先進国の全体システムやサブシステムのあり方を自明視し、発展途上国をいかにして先進国の全体システムの状態に近づけるか、を問うた近代化論はその典型である。こうした同時代の社会学に対してミクロ社会学は、社会学の基本姿勢への回帰を試みる。キーワードになったのはコミュニケーションの概念である。

コミュニケーションとは、人々が自分自身を含めた人間やさまざまな生物、モノや事象とのあいだで、意味にもとづいたやりとりを行うことであり、さらには、このやりとりを通じて相互に作用する過程のことでもある。研究者があらかじめ用意した枠組みに即して人間の世界を見るのではなく、近代社会を構成するさまざまなコミュニケーションに着目することで、人々が自己や他者、社会をどういうものとして「見立て」ているのか、そうしたイメージにもとづいてどんな実践が行われているかを解明する。こうしたミクロ社会学の性格は、ヴェーバーなどの社会学の古典ともつながっているが、人類学との類比でとらえればさらに理解しやすくなる。ミクロ社会学を特徴づけていたのは、対象となる人々を調査者とは別の一つの世界に属する住民として眺める、そのために対象となる人々の経験を重視する、という人類学の最も基本的な態度を、社会学に取り込もうとする姿勢である。つまり、自分の暮らす社会を見知らぬ社会として眺めるという、社会学にとっては最も実行の難しい人類学的構えを実行することであった。ミクロ社会学は、いわば近代社会の人類学であった（▼第2・6章）。

ミクロ社会学的な業績としては、以下のようなものが挙げられる。A・シュッツの『社会的世界の意味構成』(1932)は、ヴェーバーの行為論やE・フッサールの現象学から出発して多元的な現実の姿をとらえようとした。E・ヒューズの『社会学的まなざし』(1971)は、仕事・人種・医療といった異なる事象をつなぎ合わせて分析する社会学的想像力を示してみせた。H・S・ベッカーの『アウトサイダーズ』(1963)は、規則の設定と適用によってある人々が逸脱したアウトサイダーとして構築されるプロセスを分析した。P・バーガーとT・ルックマンの『現実の社会的構成』(1966)は、客観的現実と主観的現実の弁証法という観点から、日常世界の成り立ちを分析した。人類学の訓練を経て社会学者となったE・ゴフマンの『行為と演技』(1959)は、演劇論(ドラマトゥルギー)という観点から日常生活を分析し、人々が共に在るというありふれた事態がいかに細やかで複雑なやりとりのなかで可能になっているかを膨大な例証とともに示した。エスノメソドロジーの始祖であるH・ガーフィンケルの『エスノメソドロジーの研究』(1967)は、エスノメソッド(人々の方法)という観点から、日常生活の秩序が暗黙の期待や根拠なき信頼によって生み出されている様子を分析した。人類学者でありながら近代社会の分析を多く残したG・ベイトソンの『精神の生態学』(1972)は、サイバネティクスやシステム論を逆手に取るかたちで、システム的に構成された近代社会とそれを成り立たせるコミュニケーションの様態を分析した。

ポストモダンとミクロ社会学

ミクロ社会学の展開は、二〇世紀後半における現実世界の変化とも連動していた。西洋を中心とする先進諸国とアジア、アフリカ、ラテンアメリカなどの発展途上国の関係の変化や、先進諸国内部での多様な社会運動（環境、反戦、フェミニズム、マイノリティの人権などを争点とする市民や学生などによる社会運動）などである。西洋近代に対する西洋社会自身による批判の「ことば」が、これまでにない規模で出現をみたのが二〇世紀後半である。近代以後を意味する「ポストモダン」という概念の流行は、この時代の風潮を示す。これら現実の変化と連動した「社会の不確かさ」の感覚のなかで、硬直化しはじめていた社会学の枠組みの見直しをはかったのがミクロ社会学である。

学問として制度化された結果、特定の現象のみが学問的に意味があるという硬直した態度に陥っていた従来の社会学に対し、人々の経験に着目したミクロ社会学は、人々の日常の風俗からサブカルチャーやスポーツのようなポピュラーな現象まで、研究の素材と視点を大きく広げた。またミクロ社会学は、二〇世紀後半のマクロ社会学やメゾ社会学にも多大なインパクトを及ぼした。そのインパクトは、従来のマクロ社会学やメゾ社会学が前提としてきた空間像と時間像というメタ・レベルにまで及んだ。空間像に関しては、国民社会という分析単位の自明性が疑われるようになる。とりわけ、人間世界を国民社会ごとに分割し、西洋を中心とするヒエラルキーのなかに非西洋の国民社会を劣ったものとして位置づける、西洋中心主義ないし自民族中心主義（自分たちの文化的前提やバイアスにもとづいて他の社会を判断する態度）的な「見立て」が批判された。時間像に関しては、空間像と密接に関連するかたちで、従来の社会学が前提としてきた単線的な進化論的時間像が批判される。時間の流れのなかでさまざまな国民社会は、完成形とみなされた西洋の国民社会と同じ方向に進化していくという、やはり自民族中心的な「見立て」である。いずれにおいても批判の対象になったのは近代化論的発想である。

コミュニケーションとしての社会学／人類学

ポストモダンと呼ばれた西洋社会による自己批判の季節を経て、二〇世紀後半の社会学や人類学は、システムとしての社会という見方からさらに立ち入った考察を展開することになる。自分の暮らす社会を見知らぬ社会として眺めるミクロ社会学の洗礼を受けた社会学は、コミュニケーションという水準から種々の集合性やシステムといった空間性の創出、歴史や物語といった時間性の創出をとらえなおすようになる。また非西洋社会の文化を完結したシステムとみなしてきた人類学も、その視線に潜む自民族中心主義に対する反省や、民族誌の対象や読者との新しい関係性の模索といった作業を開始する。これ以降の社会学と人類学は、自分たちが社会の特権的な観察者ではなく、社会を作り上げているコミュニケーションの一種にすぎないことをこれまで以上にふまえて展開されるようになる。

二〇世紀後半の代表的な社会学の研究としては次のようなものが挙げられる。R・ウィリアムズの『文化と社会』(1959)は、文学や思想における文化概念の変化を手がかりに、近代イギリス社会の変化を描き出した。I・ウォーラーステインの『近代世界システム』(1974/1980/1989)は、A・G・フランクらの従属理論に着想を得て、資本主義システムを中核‐半周辺‐周辺に振り分けられた諸国からなる世界システムととらえた。A・トゥレーヌの『声とまなざし』(1978)は、従来の労働運動から新しい社会運動への移行という仮説のもと、新しい社会運動の可能性を実現するための社会学的介入を実践した。E・サイードの『オリエンタリズム』(1978)は、西洋の旅行者や軍事的指導者、植民地統治者、芸術家などによる東洋(オリエント)の記述と、そうした他者記述を通じた西洋という自画像の構築を分析した。M・フーコーの『監獄の誕生』(1975)は、犯罪処罰の近代的変容を手がかりに、近代啓蒙時代以降における自己規律と監視を通じた権力作用を論じた。J・ボードリヤールの『消費社会の神話と構造』(1970)は、私たちが取り交わすモノが有用性よりも社会システムによって与えられたイメージによって消費されるという記号論的消費を論じた。P・ブルデューの『ディスタンクシオン』(1979)は、消費・文化的趣味・生活様式といった象徴的な次元でのふるまいや思考が、差異化の実践として階級構造の再生産においてもつ重要性を指摘した。J・ハーバーマスの『コミュニケーション的行為の理論』(1981)は、合理化をシステムと生活世界という観点からとらえなおし、合意形成による行為調整や生活世界の合理化をはかるためにコミュニケーション的合理性の概念を提示した。N・ルーマンの『社会システム理論』(1984)は、コミュニケーション概念を中心に据えたシステム論を展開することで、社会システム論のアップデートを成し遂げた。A・ギデンズの『近代とはいかなる時代か』(1990)は、人々が自らの社会的営為を省察の対象とすることで変容するという再帰性を、近代の特徴としてとらえた。U・ベックの『危険社会』(1986)は、環境問題など社会的に生産されたリスクが地球的規模で再配分される今日的状況を指摘し、リスクへの不安を構成要素とした社会的連帯の方向性を示唆した。N・エリアスの『文明化の過程』（1969）は、西欧における文明化概念の発展と国家社会の近代的再編を分析し、西欧近代の人間像や社会像の変遷を分析した。

人類学では、M・ダグラスの『汚辱と禁忌』（1966）が、認識における分類図式におさまりきらないものと穢れなどの観念とが結びつけられる文化的・社会的な仕組みを分析した。C・ギアツの『文化の解釈学』（1973）は、人々が意味の網の目に絡め取られる一方で、人々によって意味の網の目が紡ぎだされるとの観点から、文化を解釈するあり方に新たな道を拓いた。M・ストラザーンの『贈与のジェンダー』（1988）では、欧米のジェンダーや人格、行為観などを調査対象の社会に投影することの問題性を説き、メラネシア社会のジェンダーのあり方が欧米のジェンダーと異なることを指摘した。G・マーカスとM・フィッシャーの『文化批判としての人類学』（1986）は、調査対象者の観点からみた文化像や、調査対象地とそれ以外の世界との相互浸透を巨視的にとらえた実験的なエスノグラフィーを提示した。B・ラトゥールの『科学がつくられているとき』（1987）は、近代科学を人類学的手法を用いて分析し、科学の発見や発明がその作成段階でモノや人々のネットワークに大きく影響される様相を示した。J・クリフォードの『文化の窮状』（1988）は、調査者と対象とされる人々がともに文化を創造する者であるという観点から、民族誌を書くことの意味を拡張してみせた。

4 一つの見取り図としての現在

グローバリゼーションと社会学／人類学

二〇世紀末から二一世紀初頭にかけて、東西冷戦の終結、メディア環境の変化、新興国の経済成長、資本・モノ・情報・人間の国境横断的な移動の常態化、国際機関の発展などにより、国民国家が設けてきた境界線はかつてほど自明なものとは想像されにくくなる（▼第3・7・8・9章）。この時期に時代の趨勢をあらわす言葉として登場してきたのが、グローバリゼーションである。グローバリゼーション概念の流行は、地球（グローブ）という単位が、全体社会ないし生存するための単位として、多くの人々においてかつてないほど強く意識されはじめたことを意味する。

こうした社会情勢の変化を受けて、社会学や人類学も変化しはじめる。グローバリゼーションは私たちの生活にどのような変化や問題を生み出すのか、グローバリゼーションとはそもそもどういった変化なのか。二〇世紀末以降、社会学と人類学の分野ではこうした問題関心をもつ研究が数多く展開されてきた。社会学ではR・ロバートソンの『グローバリゼーション』(1992)が、グローバリゼーションは世界を均質化するよりもむしろローカルな多様性を増大させると指摘した。J・アーリの『社会を越えた社会学』(2000)は、近代およびグローバリゼーションのもとで常態化している人やモノの移動を軸に、社会学の新たな基礎概念と問題構成を示した(▼第3章)。M・カステルの『情報都市』(1989)は、情報技術のネットワークで編成された脱領域的な「フローの空間」がローカルな地域を組み込むことで、社会空間での人々の営みに変化が生じているとした。Z・バウマンの『個人化社会』(1999)は、グローバリゼーションや個人化による社会的分断の現状とその問題提起を行ったほか、道徳性に根ざした人間像とその社会関係の可能性も示唆した。R・カステルの『社会問題の変容』(1995)は、賃金労働と「社会的なもの」による保護の歴史を通じて、福祉国家以後の社会の不安全化を分析した。人類学では、A・アパデュライの『さまよえる文化』(1996)が、「エスノスケープ」など五つの風景(スケープ)を手がかりに、人々の移動や情報技術の展開で各アクターの想像力が多次元的に結びつく状況を示し、それらを把握するエスノグラフィーの必要性を説いた。J・コマノフとJ・L・コマノフの『千年紀資本主義とネオ・リベラリズムの文化』(2001)は、投機的取引を特徴とする現代のグローバル化した「千年紀資本主義」が、そのカジノ的性質ゆえに世界中でオカルト的現象を生み出しているとした。

社会学や人類学がグローバリゼーションを論じる際の特徴は、地球規模での経済的・政治的・文化的な一体化や画一化よりも、これまでつながっていなかった諸要素がさまざまに結合し、その相互依存を通じて諸要素が変化し、そこにまた新たな結合が生み出されていくといった、より複雑な様相を重視する点にある。それだけにグローバリゼーションの社会学/人類学は、百花繚乱の状態にある。しかし、グローバリゼーションに伴う社会変動は、社会学/人類学それ自体のアップデートをはかるための機運にもなりうる。

最後に、本書の他の章の議論もふまえながら、現代の社会変動と社会学/人類学について一つの見取り図を示しておこう。

「社会的なもの」の一九世紀と現代

かつてK・ポランニーの『大転換』(1944)は、一九世紀のヨーロッパを「二重の運動」として描き出した。運動の一つは、全体としての社会から個人主義的な市場経済が自律(ポランニーの言葉では「脱埋め込み」ないし「離床」)していく過程である。もう一つは、野放しの自由競争が支配する市場の破壊的な影響から生活を守ろうとする対抗運動(「社会の防衛」)である。これとのアナロジー(類推)でいえば、現代の市場経済のグローバルな発展は、市場経済の再度の「脱埋め込み」の過程といえる(▼第7・8章)。またポランニーのいう「社会の防衛」に似たグローバルな市場経済への対抗運動も、現在世界各地で展開されている(▼第4・9章)。現代はさながら一九世紀のヨーロッパのようである[7]。

だがそこには違いもある。一九世紀ヨーロッパに市場経済がもたらした脅威は、一九世紀後半から二〇世紀にかけてある程度鎮められた。それを可能にしたのが、多様な「社会的なもの」の発展と、国家によるケインズ主義的な経済政策や経済計画、福祉国家の建設といった国家主導の社会的保護である(▼第8・10章)。だが二〇世紀末ごろから「先進国」では、経済成長の鈍化等の理由により、従来的な国家主導の「社会的なもの」の維持が困難になる。「途上国」では、脱植民地後における国家主導の「社会的なもの」の制度化にしばしば難航してきた。「先進国」であれ「途上国」であれ、再度の「脱埋め込み」を遂げつつある市場経済の脅威を鎮めるうえで二〇世紀的な国家主導の「社会的なもの」に十分頼ることができない。これが現在の状況である[8]。

社会学/人類学のアップデート①——社会的なものとシステム

社会学/人類学の形成期にも似た、だがまったく同じというわけではない現代の社会変動にアプローチするために、現代の社会学/人類学は、既存の「見立て」や「ことば」のアップデートに努めている(▼第6章)。そのアップデートがどの方向に進むかはわからない。ただこれまでの議論にもとづけば、今後重要になるであろう課題を少なくとも二つは挙げられる。「社会的なもの」とシステムへの注目である。

「社会的なもの」への注目については多言を要さないだろう。グローバリゼーションは、従来ある程度棲み分けが可能であった人・モノ・情報などのあいだに、新しい接触を生み出している。そこに発生する新しい消費や風俗、愛情のかたちや教育などを通じて、新しい「社会的なもの」が生み出されたり、これまでの「社会的なもの」に変化が生じたりしている（▼第1～5章）。国家主導の「社会的なもの」だけで人々の生活を十全に支えることが難しいとすれば、今後はますます、それぞれは地味で目立たないが多様な「社会的なもの」によって人間の生活は支えられることになるだろう。だから、グローバル市場の発達による社会の変化がどれだけ大きなものであろうとも、あるいはむしろだからこそ、「社会的なもの」に注目することの意義は増すことはあっても減じることはない。市場経済や国家の「ことば」からはみだす多様な人間の集合性＝「社会的なもの」を記述し、それを私たちが語り聞くための「ことば」として練り上げていくことは、社会学／人類学にとって引き続き重要な作業であり続ける。

システムへの注目については多少説明が必要だろう。ここでのシステムは、二〇世紀前半の社会学／人類学よりも限定的な意味で用いている。「社会的なもの」のなかでも、とくに人間の自由と秩序、あるいは、自由と平等の両立を目的とした紛争処理の仕組みを指す（▼第11・12章）。裁判制度やそれに類する制度だけでなく、市場や国家、会社や教育機関、ローカルな自治体や国際機関といったさまざまな組織体も、本来こうした目的を共有するシステムとしての性質をもつ（▼第7～12章）。

グローバリゼーションの時代は、多くの社会学的／人類学的研究によれば、人間の生活の均一化よりも多様性の高まりを特徴とする時代である。そこでは、融合や相互理解だけでなく、反発や抗争も高まりをみせるだろう。異なる生活様式を備えた人々の排除や虐殺によって多様性の高まりを抑止することは、いまなお採りうる選択肢である。だが二〇世紀型国民社会の経験が教えるところによれば、それは中長期的にみて、たいていのところ問題を複雑にするだけである。二〇世紀型国民社会とは違った、新しい共存のあり方が問題になる。ただし、世の中にはいろいろな人間が存在する、といった素朴な相対主義によって、多様性のなかでの共存が可能になるわけではない。多様性のなかで共存する知恵が必要になる。ここで重要になるのがシステムである。さまざまなレベルで起こる食い違いや争いをシステムによって適切に処理する経験を積み重ねることで、短期的には異なる価値の共存がどうにか可能になる。処理を通じて得られた新しい「ことば」が相応の説得力をもって社会のなかで浸透をみれば、中長期的には、国民社会に代わる生存単位として語られはじめている「人類」や「人間」といった集合

性もリアリティを帯びるようになるかもしれない。(9)

そのためにはシステムの適切な作動が欠かせない。たとえば、市場は価格をシグナルにしてアクター同士の関係を調整する点で、紛争を処理するシステムという性質を本来的にもつ。だがシステムとしての市場は、理念として語られてきたような自由かつ平等な競争として十全に作動してきたかどうか――そもそもそうしたものとして作動するか――疑わしい（▼第7章）。そうしたことを不問に付したまま、一方では市場を礼賛する「ことば」が信仰の教義のように説かれ、他方では市場経済への批判がやはり信仰のように繰り広げられる。紛争処理の役割をもつはずのシステムが、こうしてしばしば、争いの悪循環を生む。これまで以上に異質な価値が接触せざるをえない私たちの生きる社会では、システムの作動を記述し、その不適切な作動やシステムから排除されたコンフリクトに注目することが、これまで以上に必要になる（▼第12章）。それによりシステムの改善を図るという、いわばシステムのためのシステムとでもいえる作業が、今後の社会学／人類学にとって重要な課題となるだろう。

社会学／人類学のアップデート②――「社会の厚み」のために

社会学／人類学が研究の対象としてきたのは、個人・市場・国家という枠組みでは見えてこない人間の集合性＝「社会的なもの」である。そこに込められていたのは、個人・市場・国家だけでは実現できない人間の自由や平等、連帯を可能にする「社会の厚み」への関心である。だが「社会的なもの」の研究や調査という看板を掲げて、客観的観察者として特定の「社会的なもの」やシステムの「真理」を一方的に語る姿勢は、社会学／人類学を大学等で教えられる学問として確立し、社会的な権威を高めることに貢献する一方で、対象とされた「社会的なもの」をしばしば食い物にし、「社会の厚み」を失わせる結果すら招いてきた。(10) むやみに専門家ぶりたがる、いわば専門家から降りる能力をもたない社会学者／人類学者が陥りがちな「遊び」の喪失、あるいは「惰性化した遊び」への安住である（▼第6章）。

社会学／人類学の歴史とは、自らのスタンスがはらむこうした危険性を自問自答してきた歴史ともいえる。自問自答のなかで徐々に自覚されていったのが、社会学／人類学もまた「社会的なもの」の一部であるという単純な事実である。硬直化しつつあった同時代の社会学に逆らって、コミュニケーションという観点から「社会の不確かさ」の感覚を取り戻そうとしたミクロ社会学の興隆は、そうした自覚の現れであった。

社会学／人類学が「社会の厚み」に今後も関心をもつならば、少なくとも次の二点に注意を払う必要がある。

第一に、「社会的なもの」やシステムへの注目という取り組みは、社会学者／人類学者の専売特許ではない。「社会学／人類学をする」ことを、専門家の特殊な営みにとどめようとするのではなく、より多くの人々に開いていく必要がある。より多くの人びとがそれぞれの場所で「社会学／人類学をする」ことにかかわるようになれば、そのぶんだけ「社会の厚み」は存在感を増すだろうし、社会学／人類学もより豊かになっていくだろう（▼第13・14章）。

第二に、社会学／人類学は、さまざまな「社会的なもの」のあいだのつながりに関心をもたねばならない。特定の「社会的なもの」にだけ関心をもつことは、しばしば「社会的なもの」を食いものにしてきた社会学／人類学の歴史が教えるように、「社会の厚み」にはつながらない。そもそも、さまざまな「社会的なもの」は、そう思われているかどうかにかかわらず、複雑に結びついている。異なる「社会的なもの」が互いに支え合い、異なる「社会的なもの」をつなぐシステムが適切に作動することでのみ、社会はその厚みを増すことができる。とくに、「社会の厚み」を増すうえで二〇世紀のように国家に十分依存できない現代においては、そうである。[11] 現代において「社会的なもの」という概念で注目すべきは、人間のさまざまな集団だけでなく、それら異なる集団が相互に結びつきあうところに成り立つ複合的な集合性である。二〇世紀においてはネガであった「社会的なもの」の「あいだ」が、二一世紀にはポジになる。

「社会とはこういうものでもありうる」

冒頭の話に戻ろう。

「社会とはそういうものだ」——こう語られると、私たちは沈黙しがちである。社会を一面的に語る「ことば」は、人間の歴史において繰り返されてきたし、いまも繰り返されている。これに対し、一五〇年ほどの歴史のなかで社会学／人類学が蓄積してきた「社会的なもの」に関する「ことば」は、それとは少しばかり違うものである（▼第13・14章）。社会学／人類学の

「ことば」によって社会や自己とのコミュニケーションをはかりなおすこと――社会において「調べる」ことや「表現する」こと――で、私たちは次のような「ことば」を語り聞くことができる。「社会とはこういうものでもありうる」と。そのようにして、別様でもありうる社会を互いに語り合い、想像できる場所や機会を作り出し、新たな「社会的なもの」の創出やシステムの作動にかかわる。そのとき社会に生きるとは、既存のゲームのプレイヤーになることだけでなく、既存のゲームから距離を置いたりゲームを新しく作り直すといった、よりメタな（より高次の）ゲームのプレイヤーになることを、意味するようになるだろう（▼第6章）。適応の悦びだけでなく変化の悦び。グローバリゼーションの時代とは、おそらく、そのために社会学／人類学の「ことば」が用いられるようになる時代である。

日常において「社会学／人類学をする」。本書はそのささやかな誘いである。

（1）本章は社会学／人類学史と銘打っているが、執筆者の専門分野が社会学ということもあり、社会学を中心とした記述になっている。さらに、社会学／人類学の出身地や活動地域にも、西洋中心的な偏りがある。当然のことながら、本章で取り上げた社会学者／人類学者以外にも、重要な社会学／人類学の業績は数多くある。たとえば、日本の社会学については、塩原勉らの著作（塩原・厚東・井上編 1997）を参照。また、各章の参考文献や読書案内で挙げた著作や辞書以外にも優れた文献は多数存在している。ぜひ幅広く参照していただきたい。

（2）全体論と個人主義については、デュモン（1993）が有益である。

（3）近代的な社会認識の歩みについては、内田（1971）が多くの示唆を与えてくれる。また Swingewood（1991）にも、社会学前史について簡潔ながら示唆に富んだ記述が見られる。

（4）この時期から社会学の誕生にかけての社会思想の展開については、ヒューズ（1999）が有益である。

（5）メタ・レベルとは、対象となる事物の「背後」ないしは「越えた」水準にあることを指す。この場合は、社会認識の前提ないし背景となっている個人主義という考え方をとらえなおし、個人主義とは異なる社会の解釈や新たな像を提示する営みを意味する。

（6）「社会的なもの」や「社会」という言葉の歴史や可能性については、市野川（2006）、竹沢（2010）、菊谷（2011）、市野川（2012）、市野川・宇城（2013）を参照。

（7）どの時代とのアナロジーで現代を考えるかによって当然議論は異なってくる。ここでは一九世紀ヨーロッパとのアナロジーを用いて、現代社会の一つの側面を強調しているにすぎない。

(8) ただし、第8章で論じているように、二〇世紀的な国家主導の「社会的なもの」に十分頼ることができないにもかかわらず、国民という生存単位の強調が起きているのも、現代の特徴である。

(9) 生存単位としての「人類」や「人間」という主張としては、たとえば人間の安全保障論などがある。この「人類」や「人間」という単位にリアリティを帯びさせる超越的なもの、ないし、聖なるものの探究は、社会学/人類学のもう一つの課題となるだろう。そこでのキーワードの一つとして考えられるのは、おそらく偶然性である(▼第4章)。

(10) こうした批判としては、たとえばチェンバース(2000)。

(11) 社会学史/人類学史は、しばしば専門的な社会学者/人類学者からも敬遠されたり、意義が疑問視されたりする。昔の話より今の話の方が大事だとか、自分の専門にはあまり関係ないとか、有名な学者の権威を笠に着ているだけ、といったことが言われる。これらの主張にも一理ある。ただし社会学史/人類学史は、社会学/人類学が蓄積してきたものを知るとともに、さまざまな「社会的なもの」のあいだのつながりの感覚を身につけるのに有効だと思われる。そこに社会学史/人類学史の、今後も変わらぬ存在意義があるのではないだろうか。

参考文献

市野川容孝(2006)『社会』岩波書店。

市野川容孝(2012)『社会学』岩波書店。

市野川容孝・宇城輝人編(2013)『社会的なもののために』ナカニシヤ出版。

内田義彦(1971)『社会認識の歩み』岩波書店。

カステル、ロベール(2009)『社会の安全と不安全――保護されるとはどういうことか』(庭田茂吉訳)萌書房。

菊谷和宏(2011)『「社会」の誕生――トクヴィル、デュルケーム、ベルクソンの社会思想史』講談社。

厚東洋輔(1987)「一八六〇年代と古典古代像の転換」『年報人間科学』8号、一八一~二〇三頁:大阪大学人間科学部。

塩原勉・厚東洋輔・井上俊編(1997)『社会学理論(リーディングス 日本の社会学)』東京大学出版会。

竹沢尚一郎(2010)『社会とは何か――システムからプロセスへ』中央公論新社。

チェンバース、ロバート(2000)『参加型開発と国際協力――変わるのはわたしたち』(野田直人・白鳥清志監訳)明石書店。

デュモン、ルイ(1993)『個人主義論考――近代イデオロギーについての人類学的展望』(渡辺公三・浅野房一訳)言叢社。

ヒューズ、スチュアート（1999）『意識と社会――ヨーロッパ社会思想 1890 - 1930』（生松敬三・荒川幾男訳）みすず書房。

ルーマン、ニクラス（1985）『社会システム理論の視座――その歴史的背景と現代的展開』（佐藤勉訳）木鐸社。

Swingewood, Alan (1991) *A Short History of Sociological Thought* (Second Edition) Palgrave Macmillan.

読書案内

第1章　消　費

基本文献

ヴェブレン、ソースタイン（1899＝1998）『有閑階級の理論――制度の進化に関する経済学的研究』（高哲男訳）筑摩書房。

　消費の社会学と言えば第一に名前が挙がる古典。「誇示的消費」など独特の概念を使いながら、消費が他者に名誉を表示する社会的行為であることを論じている。

ボードリヤール、ジャン（1972＝1982）『記号の経済学批判』（今村仁司訳）法政大学出版局。

　欲求やモノの使用価値が社会的なものであることを、記号論の観点から明らかにした論文集。ボードリヤールの著作のなかでは比較的内容をつかみやすい。

石井洋二郎（1993）『差異と欲望――ブルデュー『ディスタンクシオン』を読む』藤原書店。

　初学者にはとっつきにくいブルデューの大著を解説。具体的な例が豊富でわかりやすい。ブルデューの議論を日本に適用したらどうなるかという説明もある。

おすすめ文献

レヴィーン、ローレンス・W（1988＝2005）『ハイブラウ／ロウブラウ――アメリカにおける文化ヒエラルキーの出現』（常山菜穂子訳）慶応義塾大学出版会。

　現代では「高級文化」と思われているシェイクスピアやオペラが、一九世紀には「大衆娯楽」だったことを描き出した歴史書。文化の「高尚／低俗」の区別を疑わせてくれる。

ロウ、ウィリアム／ビビアン・シェリング（1991＝1999）『記憶と近代――ラテンアメリカの民衆文化』（沢田真治・向山恭一訳）現代企画室。

　ラテンアメリカの多様極まりない民衆文化をまとめ上げた名著。ラテンアメリカにおいてどれだけ文化が政治と結びついてきたのかはっきりと認識させてくれる。

第2章　風　俗

基本文献

今和次郎著、藤森照信編集（1987）『考現学入門』（里見元一郎訳）筑摩書房。

　今和次郎の膨大な風俗研究を、初学者にも分かりやすくまとめた一冊。

井上忠司（1995）『風俗の文化心理』世界思想社。

　風俗研究の理論と方法、風俗事象の分析という二部構成。風俗研究の意義が理解しやすい一冊。

おすすめ文献

KAWADE 道の手帖（2013）『今和次郎と考現学――暮らしの"今"をとらえた〈目〉と〈手〉』河出書房新社。

今和次郎と考現学の魅力を、梅棹忠夫や井上章一、藤森照信など様々なフィールドの研究者が解剖。

加藤周一（1976）『日本人とはなにか』講談社学術文庫。

「雑種文化」という概念から、西欧の生活様式の影響をうけた日本文化を再考。日本の近代化を、西欧近代からの「遅れ」として捉えない視点を用意した。

多田道太郎（1987）『風俗学――路上の思考』筑摩書房。

日常の様々な風俗を軽やかなエッセーのように取り上げながら、底流にある日本社会の価値観や社会意識を明らかにする。日常生活の見え方を変えるアイデアにあふれている。

第3章　移　動

基本文献

リプセット、セイモア、M／ラインハード・ベンディックス（1969）『産業社会の構造――社会的移動の比較分析』（鈴木広訳）サイマル出版会。

本書での産業社会の世代間移動・世代内移動・地域移動の分析枠組みは、社会移動研究の基本。

安田三郎（2001）『社会移動の研究（第3刷版）』東京大学出版会。

開放性係数（機会の平等を測定する係数）で有名だが、それ以上に、社会移動概念を日本の社会学に位置づけた古典的研究。

中村牧子（1999）『人の移動と近代化――「日本社会」を読み換える』有信堂。

近代日本で移動が活発になったという仮説を批判的に検証。移動のとらえ方から出発し「常識」を裏切るような結論を導出。

おすすめ文献

アーリ、ジョン（1990＝1995）『観光のまなざし――現代社会におけるレジャーと旅行』（加太宏邦訳）法政大学出版局。

産業化とマスツーリズムの変遷を分析したアーリの議論を読むと、観光と社会移動は同じものの別側面であることに気がつく。現代の社会学では、観光のように一時的な移動や日々の些細な移動が注目されているが、その先鞭をつけた研究。

ヌスバウム、マーサ、C（2000＝2005）『女性と人間開発――潜在能力アプローチ』（池本幸生・田口さつき・坪井ひろみ訳）岩波書店。

ケイパビリティ・アプローチは、機会の平等という社会移動の問題意識を考え直す参考になる。本書は開発途上国の女性のケイパビリティが中心だが、ケイパビリティは地域や性別を超えた人間の問題である。

鈴木広（1986）『都市化の研究――社会移動とコミュニティ』恒星社厚生閣。

労働市場での垂直移動に注目する社会移動研究のなかで、個人の地理的移動や地域と社会移動の関係に注目する研究は貴重である。本書はその代表であり、ソーシャル・キャピタル論と社会移動研究を接合しようとする際に再び注目される。

第4章　愛　情

基本文献

テンニース、フェルディナント（1857＝1957）『ゲマインシャフトとゲゼルシャフト（上・下）』（杉之原寿一訳）岩波書店。

　ゲマインシャフト／ゲゼルシャフトという対概念を設定し、近代化による社会変動を総合的に把握することを試みた古典的著作（なお邦訳著者表記はテンニエス）。

マッキーヴァー、ロバート・Ｍ（1917＝2009）『コミュニティ』（中久郎・松本通晴監訳）ミネルヴァ書房。

　コミュニティ／アソシエーションという対概念を設定し、共同生活の単位であるコミュニティの発達を体系的に論じた一般理論社会学的著作。

デュルケム、エミール（1912＝1974）『宗教生活の原初形態（上・下）』（古野清人訳）岩波書店。

　社会的な力の源泉が集合的な感情の沸騰にあることを指摘し、社会的なものの宗教的性格を論じたユニークな著作。

おすすめ文献

アンダーソン、ベネディクト（2005＝2012）『三つの旗のもとに――アナーキズムと反植民地主義的想像力』（山本信人訳）ＮＴＴ出版。

　三人のフィリピン・ナショナリストの姿を通して、一九世紀末の反植民地主義的なナショナリズムの形成においてグローバルなアナーキストの連帯が決定的な原動力として作用したことを描き出す。

グレーバー、デヴィッド（2004＝2006）『アナーキスト人類学のための断章』（高祖岩三郎訳）以文社。

　不正と不平等が支配する社会の根本的な変革のために利用できる方法論として、人類学の遺産のなかに断片的にあらわれているがまだ実現していない、来るべきアナーキスト人類学を予示的に記述する。

ローランズ、マーク（2010）『哲学者とオオカミ――愛・死・幸福についてのレッスン』（今泉みね子訳）白水社。

　十年以上のオオカミとの共同生活を経験した哲学者が、人間という存在の意味を考察する。権謀術数に長けた人間のサル的知性とは異なるオオカミの生に魅惑された著者の思考過程の、繊細で丁寧な記述に引きこまれる。

第5章　教　育

基本文献

フレイレ、パウロ（1970＝2011）『新訳　被抑圧者の教育学』（三砂ちづる訳）亜紀書房。

　自由な人間として生きるための教育とは何かを考えさせられる。私たちの「当たり前」の教育のあり方が問われる。

ウィリス、ポール（1977＝1985）『ハマータウンの野郎ども』（熊沢誠・山田潤訳）ちくま学芸文庫。

　学校文化に「落ちこぼれ」た「野郎ども」の日常から、学校教育が労働者を再生産する過程を明らかにした古典的研究。

デュルケーム、エミール（1922＝1976）『教育と社会学』（佐々木交賢訳）誠信書房。

教育を社会的事物として考察し、教育社会学を確立しようとした古典。

おすすめ文献

イ・ヨンスク（1996）『「国語」という思想』岩波書店。

明治期の「国民国家」形成において、「国語」が果たした役割を分析。学校で習う「国語」の思想史的背景が紐解かれる。


広田照幸（2001）『教育言説の歴史社会学』名古屋大学出版会。

明治から現代までの「教育の語られ方」の変遷を言説分析によって明らかにする。教育をめぐる現代的問題とは一体何なのかを問いかける本である。


サイード、エドワード・W（1993＝1998）『知識人とは何か』（大橋洋一訳）平凡社。

パレスティナの知識人サイードによる現代「知識人」批判。「現代の知識人は、アマチュアたるべきである。アマチュアというのは、社会のなかで思考し憂慮する人間のことである」（p. 136）。

第6章　遊び

基本文献

ホイジンガ、ヨハン（1938＝1971）『ホモ・ルーデンス』（里見元一郎訳）河出書房新社。

為末大も推す基本中の基本書。ただし、ずいぶんと読みにくいことは覚悟のうえで。


カイヨワ、ロジェ（1958＝1990）『遊びと人間』（多田道太郎・塚崎幹夫訳）講談社学術文庫。

社会学・人類学の観点からなされた遊び分析の基本書。ただし緻密な分析というよりは印象批評に近し。


井上俊（1977）『遊びの社会学』世界思想社。

いわずと知れた文化社会学の古典。意外と「遊び」関連以外の論文も多く所収されている。


西村清和（1989）『遊びの現象学』勁草書房。

文学・思想の分野からなされた、遊びの体系的分析書。意外と分析的。

おすすめ文献

サレン、ケイティ／エリック・ジマーマン（2003＝2011, 2013）『ルールズ・オブ・プレイ（上・下）』（山本貴光訳）ソフトバンク・クリエイティブ。

「可能性の空間としてデザインされた遊び」としての「ゲーム」を、「ルール」の概念を中心に据えながら論じている。実践的なゲーム・デザインの現場と遊びの学術理論を巧みに混合させながら、重厚かつ軽快に論じた好著。


足立和浩（1986）『笑いのレクチュール』青土社。

笑いと遊びの精神によって硬直した近代精神を撃つ快著。ただしギャグは若干スベリ気味注意。


井上明人（2012）『ゲーミフィケーション』ＮＨＫ出版。

中心となる「ゲーミフィケーション」の概念はもともとマーケティングの方法論だが、「遊びを生活に採り入れる」のでなく「生活そのものを遊びにする」ことについて考えるヒントを与えてくれる。

第7章　市　場

基本文献

山口昌男（1982）『文化人類学への招待』岩波書店。

経済人類学を語るときに外せない「クラ交換」のお話から始まる、血沸き肉躍る人類学入門。


ジンメル、ゲオルグ（1999）『ジンメル・コレクション』（北川東子編訳、鈴木直訳）筑摩書房。

ジンメルの貨幣についての考え方は、経済を対象とする社会学的思考の一つの模範となる。


ブローデル、フェルナン（1976＝2009）『歴史入門』（金塚貞文訳）中央公論新社。

市場と資本主義の関係を長い歴史的スパンで考えるための視野を開いてくれる、歴史学の泰斗による入門書。

おすすめ文献

ベスター、テオドル（2004＝2007）『築地』（和波雅子・福岡伸一訳）木楽社。

アメリカの人類学者が、長期のフィールドワークにもとづいて築地市場を詳細に描き出した民族誌。市場というものが、具体的な細部（人々のあいだの取決めやお店の配置など）の積み重ねによって成り立つ、個性を持った存在だということを示している。


テット、ジリアン（2009）『愚者の黄金』（平尾光司・土方奈美訳）日本経済新聞出版社。

革新的な金融技術が、いかにして二〇〇八年の金融危機を引き起こすに至ったのか。人類学の博士号を持つジャーナリストである著者が、当事者たちの視点からその全体像を明らかにする。極度に専門化した領域を理解するには、「社会構造の様々な部分を結び付けようとする全体的な」（p. 355）人類学的分析が欠かせないことの例証にもなっている。


ゼライザー、ヴィヴィアナ・ロトマン・A（1979＝1994）『モラルとマーケット：生命保険と死の文化』（田村祐一郎訳）千倉書房。

日本語に訳された数少ない「新しい経済社会学」の事例研究。ある物事（この場合は人の死に保険を掛けるということ）が市場で売り買いされる商品となりうるかどうかは、文化的枠組みに依存していることを、歴史的変遷をたどりながら丁寧に描き出している。

第8章　生　産

基本文献

ウェーバー、マックス（1904/1905＝2010）『プロテスタンティズムの倫理と資本主義の精神』（中山元訳）日経BP社。

近代社会の成立を「合理化」という観点から捉えた古典。「意図せざる結果」論の見本。『人間ウェーバー――人と政治と学問』（徳永恂・厚東洋輔編、有斐閣、一九九五）もオススメ。


マルクス、カール（1867＝2005）『資本論　第一巻（上・下）』（今村仁司・鈴木直・三島憲一訳）筑摩書房。

近代社会を「階級」という観点から捉えた古典。議論を積み上げていく思考の見本。『理論劇画マルクス資本論』（原作　門井文雄、構成・解説　紙屋高雪、協力　石川康宏、かもがわ出版、

2009）もオススメ。

デュルケム、エミール（1897＝1985）『自殺論』（宮島喬訳）中公文庫。

　近代社会の病理を「アノミー」という観点から捉えた古典。訳者による『デュルケム「自殺論」を読む』（岩波書店、一九八九）もオススメ。

おすすめ文献

春日直樹（2005）『なぜカイシャのお偉方は司馬遼太郎が大好きなのか――カイシャ人類学のススメ』小学館。

　「カイシャ」の謎を、人類学的な知見に基づきながら読み解いた本。「カイシャ」に関心のある人にも人類学に興味のある人にもオススメ。

渡邊太（2012）『愛とユーモアの社会運動論――末期資本主義を生きるために』北大路書房。

　本教科書の執筆者の一人でもある著者が、自身の実践をベースに、現代の資本主義とそれへの抵抗を論じた著書。関連の多彩な議論が丁寧かつコンパクトにまとめられている点も魅力的。また渡邊も執筆した『現代思想 二〇一三年九月号 特集＝就活のリアル』（青土社、二〇一三）も、「現代思想」が「就活」を取り上げた点で画期的。

立岩真也（2011）『人間の条件　そんなものはない』イースト・プレス。

　当たり前だと思われていることを、ほんとうにそうだろうかと思い、一つひとつゆっくりと考えてみた本。「考える」きっかけになる好著。

中岡哲郎（1974）『コンビナートの労働と社会』平凡社。

　「コンビナート」の調査から、一九六〇年代以降の日本での技術・経済・社会的関係の「構造の全体像」の変化を描いた研究。研究者による外からの研究より、そのなかで生きる労働者や技術者などが主体になり、研究者は補助者にとどまる「コンビナート学」の必要性を予感した「あとがき」も興味深い。

第9章　政　治

基本文献

エヴァンズ＝プリチャード、エドワード・E（1940＝1997）『ヌアー族――ナイル系一民族の生業形態と政治制度の調査記録』（向井元子訳）平凡社。

　アフリカ北東部の牧畜民に関する古典的な民族誌。政治を理解するために、他の社会的な領域や文化的な規範を知るのが重要であることがわかる。

ギアツ、クリフォード（1980＝1990）『ヌガラ――19世紀バリの劇場国家』（小泉潤二訳）みすず書房。

　バリ島に存在した諸国家について描いた著書。私たちの社会や政治といった概念を再考するためのスタート地点たり得る。

クラストル、ピエール（1974＝1989）『国家に抗する社会――政治人類学研究』（渡辺公三訳）水声社。

　南アメリカの先住民社会を舞台に、言葉の持つ力や財の流通のあり方によって権力の集中が抑止された国家なき社会像が提示される。社会について読者の持つイメージが刷新されるはずである。

おすすめ文献

アンダーソン、ベネディクト（1983＝2007）『定本 想像の共同体――ナショナリズムの起源と流行』（白石隆・白石さや訳）書籍工房早山。

国民国家を再考するきっかけを与える良書。国民という共同体を心の中で想像されたものとし、想像を可能にしたモノや制度を描き出すことで、国家と国民との結びつきが、限られた時代と地域に生成してきた文化的な装置にすぎないことを示す。

ラトゥール、ブルーノ（1993＝2008）『虚構の近代――科学人類学は警告する』（川村久美子訳）新評論。

自然と社会（価値中立な科学と利害の渦巻く社会）を分離したがる近代的な認識論はフィクションであるとし、両者の絡み合った無数のハイブリッドに注意を促す。原題「私たちは未だかつて近代ではない」の通り、私たちの認識に再考を迫る。

杉田敦（2013）『政治的思考』岩波書店。

平易な言葉で書かれているが、考えさせられる内容は平易ではない。私たちの生きる社会の政治に言及しながら、代替的な政治の描き方に関するヒントを与えてくれる。私たちの政治を対象化するための重要な〝気づき〟をもたらしてくれる。

第10章　福　祉

基本文献

エスピン－アンデルセン、イエスタ（1999＝2000）『ポスト工業社会の社会的基礎――市場・福祉国家・家族の政治経済学』（渡辺雅男・渡辺景子訳）桜井書店。

著書は前作『福祉資本主義の三つの世界』で、先進諸国を三つの類型に分類した（第10章参照）。本書では三類型それぞれの問題点が示されている。

カステル、ロベール（2003＝2009）『社会の安全と不安全――保護されるとはどういうことか』（庭田茂吉・アンヌ・ゴノン・岩崎陽子訳）萌書房。

雇用に基礎を置く福祉国家体制以後において、新たな生産様式やライフスタイルに合った新たな社会的な保護のあり方を考えるうえで有益。

おすすめ文献

ポラニー、カール（1944＝2009）『新訳 大転換――市場社会の形成と崩壊』（野口建彦・栖原学訳）東洋経済新報社。

著者によれば、一九世紀の世界規模での市場社会の形成により、本来は商品ではない労働（人間の生活の一部）・土地（自然）・貨幣（購買力）などが商品化され、人間の生活が破壊された。だが本書が執筆された一九四四年当時、労働・土地・貨幣を商品でなくす方向に再び社会の原理が変わりつつあることも示唆した。経済人類学の名著。

ドーア、ロナルド・P（1958＝1962）『都市の日本人』（青井和夫・塚本哲人訳）岩波書店。

一九五〇年代の東京の下町の地域社会を描いた調査報告書。イギリスの社会学者である著者は留学のために来日、下宿のあった町内で聞き取り調査を行った。当時の日本社会では、働くこと、家族を養うこと、必要なときに助けてもらえるよう近所の人とよい関係を保つという「当たり前のこともできない人」が、福祉制度を利用すると考えられていた様子が分かる。戦後の日本社会の変化を考える上で参考になる一冊。

イギリス社会保険および関連サービスに関する検討を行なうべき委員会編（1942＝1969）『社会保険および関連サービス――ベヴァリジ報告』（山田雄三監訳）至誠堂。

ベヴァリッジ報告といえば、社会保険、社会扶助、保健・医療サービスが三大柱として知られる。だが実際に挙げられている三原則は、①一部の人の利害にとらわれず、②社会的進歩を目指して、③国家と個人が協力することである。ベヴァリッジ報告の面白さは、私的所有が当然であった社会に、社会的所有という新しい概念を全国的な制度として導入しようとした点にある。

第11章　病　気

基本文献

フリードソン、E（1970＝1992）『医療と専門家支配』（進藤雄三・宝月誠訳）恒星社厚生閣。

医療における分業の構造を描いた古典。Freidson（著者の姓）は、近年では「フライドソン」と表記されることが多い（第11章でもそう表記した）。

コンラッド、ピーター＆ジョゼフ・シュナイダー（[1980] 1992＝2003）『逸脱と医療化――悪から病いへ』（進藤雄三・杉田聡・近藤正英訳）ミネルヴァ書房。

医療化をキーコンセプトに、医療をとりまく制度や政治の見取り図を示した古典的著作。

ストラウス、アンセルム（1984＝1987）『慢性疾患を生きる――ケアとクオリティ・ライフの接点』（南裕子・木下康仁・野嶋佐由美訳）医学書院。

前記の二著は医療者、特に医師に焦点をあわせるが、こちらは病者（長期にわたり患う人々）の生（生活、人生）に焦点をあわせた研究。内容には定評があるが、文体のためか、やや退屈に感じられるかもしれない。

おすすめ文献

池上直己／ジョン・キャンベル（1996）『日本の医療――統制とバランス感覚』中央公論新社。

国際共同研究の成果をコンパクトにまとめたもの。医療経済学の専門家（池上）と政治学者（キャンベル）の共著。医療保険に焦点をあわせて、日本の複雑な医療制度や医療政策の形成プロセスをわかりやすく描いている。

池田光穂（2010）『看護人類学入門』文化書房博文社。

タイトルに「看護」とあるが、看護に関心がなくても興味深く読める。健康と病をめぐる諸事象を人類学的観点から分析した入門書。

マクニール、ウィリアム（1977＝[1985] 2007）『疫病と世界史（上・下）』（佐々木昭夫訳）中央公論新社。

著者はロングセラー『世界史』（上下分冊で中央公論新社から刊行中）などで知られる歴史学者。ミクロ寄生（ウィルス、細菌、寄生虫などの人への寄生）とマクロ寄生（人による人の支配）の相互作用に注目して、人類誕生以来の歴史を再構成したユニークな著作。

第12章　争い

基本文献

井上俊（1977）「ゲームの世界」『遊びの社会学』世界思想社。

「ゲーム」と呼ばれる争いをコンパクトに整理していまなお示唆に富む論考。最後に「偶然性への敬意」を持ってくるところも秀逸。

ベイトソン、グレゴリー（1972＝2000）『精神の生態学』（佐藤良明訳）新思索社。

人間世界の全体性を見失うことで生み出される病理、という問題意識に貫かれたベイトソンの代表作。分厚さに圧倒されるが、論文集なので読みやすいものから。

浜本満（2001）『秩序の方法――ケニア海岸地方の日常生活における儀礼的実践と語り』弘文堂。

私たちの秩序が、比喩に根ざした想像や見立てにほかならないことを、人類学的なエスノグラフィーとしつこいぐらいの理屈で思い知らせてくれる名著。

おすすめ文献

チェンバース、ロバート（1983＝1995）『第三世界の農村開発――貧困の解決・私たちにできること』（穂積智夫・甲斐田万智子訳）明石書店。

著者は長年の実践に基づく一連の「開発」研究で知られる。そこで描かれる開発をめぐる光景は、現代社会の各所で起こっている争いの分析でもある。社会学／人類学への批判も、地に足がついているだけに痛烈。

岡本真佐子（1996）『開発と文化』岩波書店。

「開発」をキーコンセプトとした近代とそれをめぐる争いを考察した人類学的研究。「途上国」の話がメインだが、開発という単語がいまもあちこちで使われる現代日本を考えるうえでも示唆的。続編を強く期待。

畑村洋太郎（2010）『失敗学のすすめ』講談社。

「見ない」「考えない」「歩かない」から生じる技術と組織の失敗を、マニュアル化の落とし穴やダメ上司から、失敗に不寛容な日本の組織文化まで多角的に論じる。「失敗を生かすシステム」など魅力的な提言も多い。同著者の『失敗学実践講義』（講談社、二〇一〇年）もオススメ。

第13章　調べる

基本文献

住原則也・箭内匡・芹澤知広（2001）『異文化の学びかた・描きかた――なぜ、どのように研究するのか』世界思想社。

フィールドワークを行ってレポートにまとめる方法が、初学者にも親切に説かれている。資料収集のコツなどの技術的なことだけでなく、それらの営みが持つ意味も丁寧に論じている。

小田博志（2010）『エスノグラフィー入門』春秋社。

エスノグラフィー的なアプローチを解説した本。調査の進め方やアウトプットの方法も書かれている。卒論や修論の事例もあり、調べることの具体的なイメージを持ちやすい。

現代風俗研究会（2009）『駅前観測――数えてみればこんなに分かる』新宿書房。

調査は何から始めてもいい、という時に手にとってほしい。私たちの何気ない日常から鋭く現代社会を切り取った研究報告が収められている。

おすすめ文献

ホワイト、ウィリアム・F（2000）『ストリート・コーナーソサエティ』（奥田道大・有里典三訳）有斐閣。

ダウンタウンの若者の生活世界が活き活きと描かれている。最初は出来事の記録に見えるが、次第に著者のテーマや問題意識があらわれてくる。著者が調査当時を回顧した「アペンディクス」も参考になる。

景山佳代子（2010）『性・メディア・風俗――週刊誌『アサヒ芸能』からみる風俗としての性』ハーベスト社。

研究は、研究対象ではなくテーマや問題意識で判断されるべきだとよくわかる著書。質的分析と量的分析を横断するアプローチも見所。「序論」と「補論」で語られる筆者の研究に対する考え方は、調べることに挑戦する人すべてに勇気を与える。

モラン、エドガール（1969＝1997）『オルレアンのうわさ――女性誘拐のうわさとその神話作用』（杉山光信訳）みすず書房。

「客が消えるブティック」の噂をめぐるパニック事件の解明を、著者率いる調査グループが試みる。「総合レポート」の推理もみごとだが、「調査日記」と「記録」を読めば、どのような事実の断片からどんな手順で推理が組み立てられたかもわかる。

今和次郎（2011）『今和次郎　採集講義』青幻舎。

自分にとって興味のあることを調べる。それが単なる趣味を超えて研究として結実していくことがわかる。イラストやスケッチなどの記録の方法もおもしろい。調べながら考えるという方法を試す際に参考になる。

第14章　表現する

基本文献

ベッカー、ハワード・S（1986/2007＝2012）『ベッカー先生の論文教室』慶應義塾大学出版会。

いわゆるマニュアルとは違う論文の「書き方」を解説。自分で作ってしまっている「書く」ことへの壁を、ベッカー先生の言葉で少しずつ取り去っていこう。

戸田山和久（2012）『新版　論文の教室――レポートから卒論まで』NHK出版。

レポートや卒論を書くための準備や考え方がとても分かりやすく書かれている。読者を退屈させない語りで読みやすい。

内田義彦（1985）『読書と社会科学』岩波新書。

社会科学の言葉によってものごとを捉えるとはどういうことなのか。専門の言葉（概念）を日常の言葉から立ち上げようとした経済学者・内田義彦氏の学問論。

おすすめ文献

ファノン、フランツ（1966＝1996）『地に呪われたる者』（鈴木道彦・浦野衣子訳）みすず書房。

帝国主義時代が過去とされても、言葉を奪われた人々への文化的支配は終わらない。自己を表現する言葉を取り戻したとき、私たちは人間として生きることが可能になるのだと訴える重厚な一冊。

オーウェル、ジョージ（2003＝2009）『新訳版　一九八四年』（高橋和久訳）早川書房。

　一九四九年刊行のＳＦ小説。「ビッグブラザー」に監視され、人々が考えることを忘れたディストピアは、二一世紀の社会を予言するかのよう。「人類は自由と幸福という二つの選択肢を持っているが、その大多数にとっては幸福の方が望ましい」(p. 406)。


山下和美（2001～）『不思議な少年』（1巻～続刊）講談社。

　『モーニング』で連載されている漫画。私たちの道徳や倫理、善悪の判断などが「不思議な少年」の目から相対化されていく。漫画という表現形式だからこそ描きだせる世界。


ゴウ、リサ＆鄭暎恵（1999）『私という旅――ジェンダーとレイシズムを越えて』青土社。

　「言語は力」(p. 42)。日本で日本語を母語として暮らしてきた「私たち」は、言葉の力に無頓着すぎるのかもしれない。言葉の力が誰かを圧し、言葉の力によって世界を取り戻す。そんな訴えに溢れた一冊。

第15章　学　史

基本文献

井上俊・伊藤公雄編（2008-2011）『社会学ベーシックス　全10巻＋別巻1』世界思想社。

　二八〇ほどの基本文献を、著者の個人史とともに各一〇ページ程度で解説。自己や他者、都市や文化、家族やジェンダー、メディアやポピュラーカルチャー、スポーツや政治まで、社会学の幅広い間口を一望できる。


竹沢尚一郎（2007）『人類学的思考の歴史』世界思想社。

　一五〇年にわたる人類学の複雑な歴史を、見通しよく記述した著書。人類学の営みと思考を貫く太い流れを捉えるうえで有益。


綾部恒雄（2006）『文化人類学20の理論』弘文堂。

　人類学のさまざまな立場が、「背景」「理論の特徴」「展望」という流れでまとめられている。人類学を一望するうえで便利。

おすすめ文献

太田好信・浜本満編（2005）『メイキング文化人類学』世界思想社。

　人類学の多様な考え方を、それが生まれてきたフィールドから解説したテキスト。密度の濃い記述とクリアな論旨によって、人類学的研究の立ち上がってくる瞬間に居合わせたような体験ができる。


松村圭一郎（2011）『文化人類学（ブックガイドシリーズ　基本の三〇冊）』人文書院。

　「支配的な社会のあり方」に対して、「別の可能な世界」を提示し続けてきた人類学者の「夢」ないし「闘争」、という観点から、三〇冊の人類学の基本文献を解説したブックガイド。古典とともに、現代の新しい人類学の潮流が紹介されている点も魅力的。


佐藤俊樹（2001）『社会学の方法――その歴史と構造』ミネルヴァ書房。

　「社会とは何か」「社会学は何の役に立つのか」といった根本的な疑問を背景に、デュルケム、ジンメル、ウェーバー、パーソンズ、マートン、ルーマンの学説を読解。「わかったふり」

をしない著者のおかげで「わかる」かたちで叙述されている。

厚東洋輔（2011）『グローバリゼーション・インパクト――同時代認識のための社会学理論』ミネルヴァ書房。

「グローバリゼーション」と呼ばれる現代社会の変化は、社会学理論にどんなインパクトをもたらすのか。社会学を熟知する著者が、理論上の重要なポイントに関してアップデートを試みた著書。今後の出発点になるだろう。

書名	著者	判型・頁数	価格
現代の社会学 ●グローバル化のなかで	丸山哲央編著	A5判三六〇頁	本体二八〇〇円
よくわかる社会学〔第2版〕	宇都宮京子編	B5判二四二頁	本体二五〇〇円
テキスト現代社会学〔第2版〕	松田　健著	A5判三三八頁	本体二八〇〇円
考える社会学	小林淳一 木村邦博編著	A5判三一二頁	本体二八〇〇円
社会学	碓井　崧著	A5判五三六頁	本体五五〇〇円
はじめて学ぶ社会学	土井文博 萩原修子他編	A5判二八〇頁	本体二八〇〇円
新版新しい世紀の社会学中辞典	N・アバークロンビー他著 丸山哲央監訳・編集	四六判六〇〇頁	本体二八〇〇円
新キーワード辞典	T・ベネット他編 河野真太郎他訳	A5判六九二頁	本体四五〇〇円

ミネルヴァ書房

http://www.minervashobo.co.jp/

《編著者紹介》

内海博文（うつみ・ひろふみ）

2002年　大阪大学大学院人間科学研究科社会環境学講座博士後期課程修了，博士（人間科学）

現　在　追手門学院大学社会学部社会学科専任講師

専　門　理論社会学

主　著　*The Nuclear Age in Popular Media: A Transnational History, 1945-1965* (co-authored), Palgrave Macmillan, 2012.

『文明化と暴力——エリアス社会理論の研究』東信堂，2014年（近刊）。

『国際看護学』（共編著）クオリティケア，2014年（近刊）。

現代社会を学ぶ

——社会の再想像＝再創造のために——

2014年4月20日　初版第1刷発行　〈検印省略〉

定価はカバーに表示しています

編著者　内　海　博　文

発行者　杉　田　啓　三

印刷者　坂　本　喜　杏

発行所　株式会社　ミネルヴァ書房

607-8494　京都市山科区日ノ岡堤谷町1

電話代表　(075) 581-5191

振替口座　01020-0-8076

冨山房インターナショナル・清水製本

ISBN 978-4-623-06792-3

Printed in Japan

執筆者紹介（執筆順）

内海博文（うつみ・ひろふみ）はしがき・序・第８・12・15章

編著者紹介欄参照

白石真生（しらいし・まさき）第１章

現　在　追手門学院大学非常勤講師

専　門　社会学

主　著　「近代文化のハイブリッド化と民主化——N. ガルシア＝カンクリーニの理論を手掛かりに」『ソシオロジ』第57巻１号，2012年。

「文化的シティズンシップと消費——ポストモダンにおける包摂と排除」『ポストナショナル・シティズンシップ——トランスナショナリティ研究』大阪大学21世紀COEプログラム「インターフェイスの人文学」トランスナショナリティ研究プロジェクト報告書，2006年。

景山佳代子（かげやま・かよこ）第２・５・14章

現　在　神戸女学院大学文学部総合文化学科専任講師

専　門　社会学

主　著　『性・メディア・風俗——週刊誌『アサヒ芸能』からみる風俗としての性』ハーベスト社，2010年。

「量化と質化とのあいだ——KT2システムのモノグラフへの適用事例」『先端都市社会学の地平』ハーベスト社，2006年。

「社会——「常識」を解き放ち，新たな可能性を拓く」『知る・学ぶ（日常を拓く知１）』（共著）世界思想社，2013年。

栃澤健史（とちざわ・たけし）第３・13章

現　在　大阪国際大学人間科学部心理コミュニケーション学科専任講師

専　門　社会学

主　著　「若年不安定就労と居住地——『フリーター』大都市集中説の検証」『ソシオロジ』第54巻１号，2010年。

『格差と外様性』（共著）東京大学出版会，2011年。

渡邊　太（わたなべ・ふとし）第４章

現　在　大阪国際大学人間科学部心理コミュニケーション学科専任講師

専　門　社会学

主　著　『愛とユーモアの社会運動論——末期資本主義を生きるために』北大路書房，2012年。

『聖地再訪　生駒の神々——変わりゆく大都市近郊の民俗宗教』（共著）創元社，2012年。

『ユーモア心理学ハンドブック』（ロッド・A・マーティン著）（共訳）北大路書房，2011年。

清水　学（しみず・まなぶ）**第6章**

現　在　追手門学院大学社会学部准教授
専　門　文化社会学
主　著　『思想としての孤独』講談社，1999年。
『文化社会学への招待』（共編著）世界思想社，2002年。

中川　理（なかがわ・おさむ）**第7章**

現　在　立教大学異文化コミュニケーション学部准教授
専　門　文化人類学
主　著　『人類学で世界をみる――医療・生活・政治・経済』（共著）ミネルヴァ書房，2008年。
『現実批判の人類学――新世代のエスノグラフィへ』（共著）世界思想社，2011年。
『コンフリクトから問う――その方法論的検討』（共著）大阪大学出版会，2012年。

上田　達（うえだ・とおる）**第9・13章**

現　在　摂南大学外国語学部准教授
専　門　文化人類学
主　著　『ポスト・ユートピアの人類学』（共著）人文書院，2008年
Identity in Crossroad Civilisations: Ethnicity, Nationalism and Globalism in Asia（共著），Amsterdam Univ. Press, 2009.
「居座る集落，腰かける人々――マレーシアの都市集落の事例より」『文化人類学』第75巻2号，2010年。

太田美帆（おおた・みほ）**第10章**

現　在　フランス国立東アジア研究所（Institut d'Asie Orientale, ENS de Lyon）研究員
専　門　社会学
主　著　『21世紀のヨーロッパ福祉レジーム――アクティベーション改革の多様性と日本』（共著）糺の森書房，2012年。
「スウェーデンのイェムトランド県における地域創生の基盤づくり――『実現するもの』と『可能にするもの』の協働」神戸学院大学『人文学部紀要』第30号，2010年。
『「市民」像の変容と地域社会：兵庫県三木市の広報誌を題材に』文部科学省学術フロンティア推進事業「阪神・淡路大震災後の地域社会との共生をめざした大学の新しい役割に関する実践的研究」報告書第40号，神戸学院大学地域研究センター，2010年。

中川輝彦（なかがわ・てるひこ）**第11章**

現　在　熊本大学大学院社会文化科学研究科准教授
専　門　医療社会学
主　著　『よくわかる医療社会学』（共編著）ミネルヴァ書房，2010年。

高桜善信（たかざくら・よしのぶ）第15章
大阪大学大学院人間科学研究科社会環境学専攻博士後期課程単位取得退学
専　門　理論社会学・学説史
主　著　「ベーシック・インカムの政策的意義と課題――財源，インセンティブ，フリーライダー，社会参加問題の検討を中心に」『ポストナショナル・シティズンシップ――トランスナショナリティ研究』大阪大学21世紀COEプログラム「インターフェイスの人文学」トランスナショナリティ研究プロジェクト報告書，2006年。
「液状化する社会」『社会学ベーシックス2　社会の構造と変動』（共著）世界思想社，2008年。

森田良成（もりた・よしなり）扉写真（序・第1・2・4・8～12・14・15章）
現　在　大阪大学大学院人間科学研究科特任助教
専　門　文化人類学
主　著　『人類学で世界をみる――医療・生活・政治・経済』（共著）ミネルヴァ書房，2008年。
『民族大国インドネシア』（共著）木犀社，2012年。
映像作品『アナ・ボトル――西ティモールの町と村で生きる』（ディレクター：森田良成　編集：森田良成，市岡康子）ゆふいん文化・記録映画祭（第5回松川賞受賞），第10回International Ethnographic Film Festival of Quebec (FIFEQ)，第10回Worldfilm：Tartu Festival of Visual Culture 出品。

人名索引

あ 行

足立和浩（1941-1987）　161
アダムズ，J.（Jane Addams，1860-1935）　378
アドルノ，T.（Theodor Adorno，1903-1969）　199，381
アパデュライ，A.（Arjun Appadurai，1949- ）　388
アーリ，J.（John Urry，1946- ）　388
アンダーソン，B.（Benedict Anderson，1936- ）　102，113
アンリオ，J.（Jacques Henriot，1923- ）　154，158
池上直己（1949- ）　290
井上俊（1938- ）　162
井上忠司（1939- ）　52
ウィトゲンシュタイン，L.（Ludwig Wittgenstein，1889-1951）　153
ウィリアムズ，R.（Raymond Williams，1921-1988）　386
ウィリス，P.（Paul Willis，1950- ）　75
ウェーバー（ヴェーバー），M.（Max Weber，1864-1920）　172，198，200，307，377，384
ヴェブレン，T.（Thorstein Veblen，1857-1929）　378
ウォーラーステイン，I.（Immanuel Wallerstein，1930- ）　204，386
梅棹忠夫（1920-2010）　47
エヴァンズ＝プリチャード，E. E.（Edward Evan Evans-Prichard，1902-1973）　224，226，380
エスピン‐アンデルセン，G.（Gøsta Esping-Anderson，1947- ）　251，253
エリアス，N.（Norbert Elias，1897-1990）　387
エンゲルス，F.（Friedrich Engels，1820-1895）　201，374
大森荘蔵（1921-1997）　336

か 行

カイヨワ，R.（Roger Caillois，1913-1978）　103，149
梶田孝道（1947-2006）　233
カステル，M.（Manuel Castel，1942- ）　203，388
カステル，R.（Robert Castel，1933- ）　262，388
加藤周一（1919-2008）　52
ガーフィンケル，H.（Harold Garfinkel，1917-2011）　160，361，384
カーライル，T.（Thomas Carlyle，1795-1881）　157
ガルシア＝カンクリーニ，N.（Néstor García=Canclini，1939- ）　32，203
ガルブレイス，J. K.（John Kenneth Galbraith，1908-2006）　382
カロン，M.（Michel Callon，1945- ）　184
ギアツ，C.（Clifford Geertz，1926-2006）　182，230，303，339，387
ギデンズ，A.（Anthony Giddens，1938- ）　203，290，386
キャンベル，J.（John Creighton Campbell，1941- ）　290
クラストル，P.（Pierre Clastres，1934-1977）　227，239
グラックマン，M.（Max Gluckman，1911-1975）　228
グラノヴェター，M.（Mark Granovetter，1943- ）　175
グラムシ，A.（Antonio Gramsci，1891-1937）　201
クーリー，C. H.（Charles Horton Cooley，1864-1929）　378
クリフォード，J.（James Clifford，1945- ）　387
グレーバー，D.（David Graeber，1961- ）　105，233
クロポトキン，P.（Pjotr Kropotkin，1842-1921）　105
ケインズ，J.（John Keynes，1883-1946）　253，381

ゲルナー，E.（Ernest Gellner，1925-1995）221
厚東洋輔（1945- ）55，203
コーエン，S.（Stanley Cohen，1942-2013）153
コックス，O.（Oliver Cromwell Cox，1901-1974）381
ゴフマン，E.（Erving Goffman，1922-1982）146，161，303，384
コマロフ，J.（Jean Comaroff，1946- ）388
コマロフ，J. L.（John L. Comaroff，1945- ）388
コント，A.（Auguste Comte，1798-1857）101，374
コンラッド，P.（Peter Conrad，1945- ）290
今和次郎（1888-1973）44-55，341

さ 行

サイード，E.（Edward Said，1935- ）386
佐々木毅（1942- ）235
佐藤純一（1948- ）291
サッセン，S.（Saskia Sassen，1949- ）239
サーリンズ，M.（Marshall David Sahlins，1930- ）204
サン＝シモン，C. H.（Claude Henri de Rouvroy，Comte de Saint-Simon，1760-1825）373
ジェイムズ，W.（William James，1842-1910）150
シュミット，C.（Carl Schmitt，1888-1985）103
シュッツ，A.（Alfred Schütz，1899-1959）150，152，384
シュナイダー，J.（Joseph Schneider，1943- ）290
ジョンソン，B.（Barbara Johnson，1947-2009）157
ジョンソン，M.（Mark Johnson，1949- ）143
ジンメル，G.（Georg Simmel，1858-1918）24-26，103，147，377
菅野盾樹（1943- ）160
鈴木孝夫（1926- ）347
ストラウス，A.（Anselm Leonard Strauss，1916-1996）290
ストラザーン，M.（Marilyn Strathern，1941- ）387
ズナニエツキ，F.（Florian Witold Znaniecki，1882-1958）378
スミス，A.（Adam Smith，1723-1790）180，188，196，298，306，372
スミス，D.（Dorothy Smith，1926- ）361
ド・セルトー，M.（Michel De Certeau，1925-1985）144
セン，A.（Amartya Sen，1933- ）80
ソルニット，R.（Rebecca Solnit，1961- ）106
ソローキン，P.（Pitirim Sorokin，1889-1968）68，201，378

た 行

タイラー，E.（Edward Tylor，1832-1917）374
ダグラス，M.（Mary Douglas，1921-2007）303，386
田中克彦（1934- ）139
ダマシオ，A.（Antonio Damasio，1944- ）112
タルド，G.（Jean-Gabriel de Tarde，1843-1904）21-24
ダーレンドルフ，R.（Ralf Dahrendorf，1929-2009）203
ダンカン，O.（Otis Duncan，1921-2004）74
テイラー，F.（Fredrick Taylor，1856-1915）153
テイラー，L.（Laurie Taylor，1936- ）199
デュボイス，W. E. B.（William Edward Burghardt Du Bois，1868-1863）378
デュルケム，E.（Émile Durkheim，1858-1917）98，201，300，377
テンニース，F.（Ferdinand Tönnies，1855-1936）97，377
トゥレーヌ，A.（Alain Touraine，1925- ）97，377
トクヴィル，A.（Alexis-Charles-Henri Clérel de Tocqueville，1805-1859）374
トマス，W.（William Isaac Thomas，1863-1947）378

な 行

永井良和（1960- ）42

中村雄二郎（1925- ）　348
ニーチェ，F.（Friedrich Nietzsche，1844-1900）　374
ヌスバウム，M.（Martha Nussbaum，1947- ）　80

は　行

バウマン，Z.（Zygmunt Bauman，1925- ）　388
バーガー，P.（Peter Ludwig Berger，1929- ）　384
バーク，E.（Edmund Burke，1729-1797）　373
ハーシュマン，A. O.（Albert Otto Hirschman，1915-2012）　304，307，310
パーソンズ，T.（Talcott Parsons，1902-1979）　199，273，290，300，381
ハーツフェルド，M.（Michael Herzfeld，1947- ）　231
パットナム，R.（Robert Putnam，1940- ）　87，330
バッハオーフェン，J. J.（Johann Jakob Bachofen，1815-1887）　374
ハーバーマス，J.（Jürgen Habermas，1929- ）　307，386
バランディエ，G.（Georges Balandier，1920- ）　224
ヒューズ，E. C.（Everett Cherrington Hughes，1897-1983）　203，384
ファイン，G. A.（Gary Allen Fine，1950- ）　150，158
フィッシャー，M.（Michael Fischer，1946- ）　387
フォーテス，M.（Meyer Fortes，1906-1983）　224
フーコー，M.（Michel Foucault，1926-1984）　307，386
藤森照信（1946- ）　50
ブース，C.（Charles Booth，1840-1916）　249，378
フッサール，E.（Edmund Husserl，1859-1938）　384
フュステル・ド・クーランジュ，N. D.（Numa Denis Fustel de Coulanges，1830-1889）　374
フライドソン，E.（Eliot Freidoson，1923-2005）　277
ブラウ，P.（Peter Blau，1918-2002）　74
フランク，A. G.（Andre Gunder Frank，1929-2005）　386
ブランショ，M.（Maurice Blanchot，1907-2003）　108
ブルデュー，P.（Pierre Bourdieu，1930-2002）　27，75，203，235，386
フレイザー，J.（James Frazer，1854-1941）　374
フレイレ，P.（Paulo Freire，1921-1997）　128-137
フロイト，S.（Sygmunt. Freud，1856-1939）　374
フロム，E.（Erich Fromm，1900-1980）　200，381
ベイトソン，G.（Gregory Bateson，1904-1980）　146，159，161，311，340，384
ベヴァリッジ，W.（William Beveridge，1879-1963）　253，381
ヘーゲル，G. W. F.（Georg Wilhelm Friedrich Hegel，1770-1831）　373
ベッカー，H. S.（Howard Saul Becker，1928- ）　384
ベック，U.（Ulrich Beck，1944- ）　203，386
ベネディクト，R.（Ruth Benedict，1887-1948）　380
ヘブディジ，D.（Dick Hebdige，1951- ）　31
ベル，D.（Daniel Bell，1919-2011）　203，382
ベンサム，J.（Jeremy Bentham，1748-1832）　373
ホー，K.（Karen Ho，1971- ）　179
ボアズ，F.（Franz Boas，1858-1942）　380
ホイジンガ，J.（Johan. Huizinga，1872-1945）　145
ホッブス，T.（Thomas Hobbes，1588-1679）　104，225，297，306，372
ボードリヤール，J.（Jean Baudrillard，1929-2007）　203，386
ホブズボーム（ホブズボウム），E.（Eric Hobsbawm，1917-2012）　112，220
ポランニー（ポラニー），K.（Károly Polányi，1886-1964）　173，180，188，204，381，389
ホルクハイマー，M.（Max Horkheimer，1895-

1973)　199, 381
ボーレー，A.（Arthur Lyon Bowley, 1869-1957)　378
ホワイト，W. F.（William Foote Whyte, 1914-2000)　382

ま　行

マーカス，G.（George Marcus)　387
マキャベリ，N.（Niccolò Machiavelli, 1469-1527)　372
マーシャル，T. H.（Thomas Humphery Marshall, 1893-1981)　246
マッキーヴァー，R. M.（Robert Morrison. MacIver, 1882-1970)　97, 378
マーティノー，H.（Harriet Martineau, 1802-1876)　374
マートン，R.（Robert Merton, 1910-2003)　201, 208, 382
マリノフスキー，B.（Bronisław Malinowski, 1884-1942)　301, 339, 380
マルクス，K.（Karl Marx, 1818-1883)　200, 249, 278, 374
マンハイム，K.（Karl Mannheim, 1893-1947)　200, 377
ミード，G. H.（George Herbert Mead, 1863-1931)　374
宮本常一（1907-1981)　204
ミル，J. S.（John Stuart Mill, 1806-1873)　373
ミルズ，C. W.（Charles Wright Mills, 1916-1962)　382
メイン，H. S.（Henry James Sumner Maine, 1822-1888)　374
モーガン，L.（Lewis Morgan, 1818-1881)　374
モース，M.（Marcel Mauss, 1872-1950)　105, 204, 380

や・ら・わ行

安田三郎（1925-1990)　72
柳田國男（1875-1962)　44
ラウントリー，B.（Benjamin Seebohm Rowntree, 1871-1954)　378
ラザースフェルド，P.（Paul Lazarsfeld, 1901-1976)　382
ラトゥール，B.（Bruno Latour, 1947-)　234, 387
ラドクリフ＝ブラウン，A.（Alfred Radcliffe-Brown, 1881-1955)　224, 380
ランシエール，J.（Jacques Rancière, 1940-)　236
リカード，D.（David Ricardo, 1772-1823)　373
リグニー，D.（Daniel Rigney, 1949-)　143, 161
リースマン，D.（David Riesman, 1909-2002)　382
リッツァ，G.（George Ritzer, 1940-)　203
ルソー，J. J.（Jean-Jacques Rousseau, 1712-1778)　124, 299, 372
ルター，M.（Martin Luther, 1483-1546)　112
ルックマン，T.（Thomas Luckmann, 1927-)　384
ルプレー，F.（Frédéric Le Play, 1806-1882)　374
ルーマン，N.（Niklas Luhmann, 1927-1998)　207, 278, 386
レイコフ，G.（George Lakoff, 1941-)　143
レヴィ＝ストロース，C.（Claude Lévi-Strauss, 1908-2009)　380
ロストウ，W. W.（Walt Whitman Rostow, 1916-2003)　383
ロック，J.（John Locke, 1632-1704)　299, 372
ロバートソン，R.（Roland Robertson, 1938-)　388
ロールズ，J.（John Rawls, 1921-2002)　299
ワース，L.（Louis Wirth, 1897-1952)　382

事項索引

あ 行

か 行

さ　行

た 行

な　行

は　行

ま　行

や・ら・わ行